普通高等教育农业部“十三五”规划教材
全国高等农林院校“十三五”规划教材

# 农业技术经济学

## 第四版

周曙东　主编

中国农业出版社

# 第四版编写人员


**主　编**　周曙东（南京农业大学）

**副主编**　张士云（安徽农业大学）

朱玉春（西北农林科技大学）

魏秀芬（天津农学院）

**编　者**　（以姓名笔画为序）

王　芳（四川农业大学）

邓燕雯（福建农林大学）

吕之望（中国农业大学）

许　朗（南京农业大学）

朱玉春（西北农林科技大学）

张士云（安徽农业大学）

张锦梅（沈阳农业大学）

周曙东（南京农业大学）

侯庆丰（甘肃农业大学）

魏秀芬（天津农学院）

**主　审**　顾焕章（南京农业大学）

# 第三版编写人员


**主　编**　孟令杰（南京农业大学）

**副主编**　张冬平（河南农业大学）

张士云（安徽农业大学）

**编　者**　（按姓名笔画为序）

邓燕雯（福建农林大学）

田千喜（湖南农业大学）

许　朗（南京农业大学）

贠鸿婉（河南农业大学）

李　莉（东北农业大学）

李太平（南京农业大学）

张士云（安徽农业大学）

张冬平（河南农业大学）

张改清（河南财经大学）

张锦梅（沈阳农业大学）

孟令杰（南京农业大学）

常瑞甫（农业部规划设计研究院）

**主　审**　顾焕章（南京农业大学）

褚保金（南京农业大学）

# 第二版编者名单


**主　　编**　顾焕章（南京农业大学）

**副 主 编**　褚保金（南京农业大学）

张景顺（南京农业大学）

孟令杰（安徽农业大学）

**编写人员**　（按姓名笔画为序）

邓燕雯（福建农业大学）

张士云（安徽农业大学）

张景顺（南京农业大学）

李太平（南京农业大学）

应瑞瑶（南京农业大学）

杨　颖（南京农业大学）

吴　川（南京农业大学）

孟令杰（安徽农业大学）

姜　岩（南京农业大学）

顾焕章（南京农业大学）

徐　翔（南京农业大学）

褚保金（南京农业大学）

潘军昌（南京农业大学）

# 第一版编者名单

**主　编**　顾焕章（南京农业大学）
**副主编**　张景顺（南京农业大学）
**编　者**　朱　唐（南京农业大学）
张文年（南京农业大学）
王树进（南京农业大学）
褚保金（南京农业大学）
徐　翔（南京农业大学）
聂海约（南京农业大学）
许小松（南京农业大学）
宋俊东（南京农业大学）
陆一香（南京农业大学）
张景顺（南京农业大学）
顾焕章（南京农业大学）
**主　审**　展广伟（中国人民大学）

# 序

农业技术经济学是在我国产生、由我国命名的一门农业技术科学与农业经济科学密切结合的交叉学科。这门新兴学科是在 20 世纪 80 年代国家要求提高农业技术改造和新技术应用经济效果的背景下开创和发展起来的。农业技术经济学的研究对象是农业技术进步的经济问题，寻求农业技术运用与经济效果的最佳结合。它的主要研究内容有：农业研究的经济评价，农业技术进步理论、测量和农业技术进步政策，农业技术方案的评价、比较和选优，农业生产经营和技术投资项目的经济评价，农业结构调整和生产布局的经济评价等。有许多农业技术经济研究成果已在社会上产生了重大影响和明显的社会经济效益。例如，农业科研成果经济评价方法，农业科研投资的经济分析，农业科技进步贡献率测算方法，农业科技产业化研究，农业综合生产能力研究，农作制度经济评价，农业新技术应用的经济分析，区域农业开发的技术经济评价，种植业经营规模和生产结构调整的技术经济研究等。

农业技术经济学是一门应用学科，从研究对象到研究内容，从学科理论到研究方法，都体现了鲜明的实用性。简言之，农业技术经济学一是讲述技术经济思想，二是教授技术经济评价分析方法。

技术经济思想体现在农业技术经济学的基本原理中。以“科学技术是第一生产力”为核心的经济增长理论、诱导性技术进步原理、技术经济效果原理和技术经济评价原理等基本原理，揭示了技术与经济结合的规律，指出了技术与经济最佳结合的实现途径。技术经济这种思维方式和评价原则能提高决策的科学性，达到“少花钱、多办事、办好事”的效果。

我国要大幅度提高农业生产水平，特别要保证粮食的供给，需要农业科学研究有重大突破。这就要从我国国情和农业发展目标出发，在我国农业科学研究领域选定有限目标，尽早拿出一系列突破性成果用于农业生产。这里就有重大的技术经济问题需要研究，即农业研究的重点在哪里？农业研究投资的优先顺序如何确定等。农业的发展除了保证农产品供给外，还必须考虑增加农民收入的问题，还必须考虑提高农业资源利用水平，这三者之间如何协调发展是大问题。我们通过技术经济研究，可以就如何依靠科技既提高土地生产率、资源利用率，又不断提高投入产出比，降低单位产品成本，提高农民收入，还能保护农业生态环境，走可持续发展的道路，不断提出政策建议。

依靠科技，推进农业技术进步是要大量投入的，是需要钱的，因此，就有经济效益问题。我们推进技术进步，进行技术改造，采用高新技术，目的是提高农业竞争力，增加农业效益，增加农民收入。如果不进行技术经济分析和评价，一项技术政策，或技术进步投资，或高新技术的采用结果可能适得其反，不仅没有提高竞争力，反而减少了农业的经济效益。这样的例子并不难找。因此，必须在技术经济思想指导下去推进农业技术进步。

由于农业技术具有推广范围大、影响时期长、牵扯面广的特点，许多重大的新技术应当在开题研究或是即将完成之前就要为其推广应用的技术经济效果和现实的条件进行研究评价，即在重大新技术的研究过程中间、研制前，以及研制成功推广之前，都要进行技术经济评价。评价干什么用呢？就是在这项技术研究成功以后在生产中推广应用以前，在政策上怎么把握住，保证推广以后能够取得很好的经济效益和社会效益。这个问题现在还重视不够。任何一项新的技术都有好的一面，当然好的一面是主要的，但任何一个好的技术也有它的不利的一面，总有它们需要解决的问题。我们在技术经济思想指导下，通过技术经济评价就可以搞清楚这项技术在大范围推广以后将要发生一些什么问题，然后通过决策使新技术好的方面发挥的更好，不利的一面尽量创造一些条件加以控制、避免。这样做有利于这项新技术的迅速推广并取得良好的经济效益。

农业技术经济学的分析方法、特别是定量分析方法是这门学科的另一大特色。这套分析方法包括方案比较法、个案分析法、综合评分法、生产函数和边际分析法、模型模拟和动态分析法等。加上有一套适应技术与经济最佳结合的技术经济评价指标体系，构成了比较完整的、有效的农业技术经济评价分析的分析方法体系。

农业技术经济学科的两大特点，使这门课程除了给农业经济管理专业的学生讲授外，还适合农业院校非农业经济管理专业的学生学习。在农业科研单位、农业管理部门和农业生产经营单位的农业技术人员，学习一些农业技术经济学的知识也是很有必要的。这将优化农业技术进步的环境，有利于推进农业技术进步，提高农业产业的经济效益。

中国农业技术经济研究会经常召开农业技术经济学科建设研讨会，推动着我国农业技术经济学科的建设与发展。重要的学科建设研讨会有：1980 年 3 月在广州召开的全国农业技术经济学理论与方法学术座谈会，1983 年 10 月在长沙召开的全国农业技术经济学术讨论会，1984 年 8 月在石河子召开的全国农业技术经济学教学研讨会，1987 年 11 月在桂林召开的全国农业技术经济理论方法讨论会，1988 年 8 月在呼和浩特召开的全国农业技术经济教学研讨会，1990 年 7 月在哈尔滨召开的全国农业技术经济学科建设研讨会，1996 年 6 月在南宁召开的农业技术经济学科建设和项目评估学术研讨会，2009 年 8 月在呼和浩特召开的全国农业技术经济学科发展研讨会。

由中国人民大学展广伟（主编）和北京农业大学安希伋、贺锡苹、华中农业大学沈达尊、新疆农业大学朱甸余（以上为副主编）等34位全国高等院校农经系的教授和老师，在总结农业技术经济研究工作和专题教材的基础上，集体编写出了我国第一本《农业技术经济学》教材。该教材于1981年8月出版发行。随后，由中国农业科学院农业经济研究所、中国社会科学院技术经济研究所、南京农业大学、浙江农业大学、华中农业大学等农业科研院校研究员或教授主编的《农业技术经济学》相继问世，出现了农业技术经济学科建设和发展的繁荣局面。

本教材是由南京农业大学周曙东教授主编的《农业技术经济学》教材的第四版。第一版由顾焕章教授主编，于1992年首次出版后，被评为全国高等农业院校“七五”规划教材，此后又于2001年5月出版了该书的第二版。2006年8月，由孟令杰教授主编出版了该书的第三版，被评为普通高等教育“十二五”国家级规划教材。第四版由周曙东教授主编。周曙东教授就教材第四版的编写曾多次与我讨论，征求我的意见，他提出借当前开展国家现代农业产业技术体系研究的契机，用新版的《农业技术经济学》教材推动农业技术经济的研究与发展，使我感到欣慰，特此作序。

中国农业技术经济研究会理事长　**朱希刚**

2011年冬于北京

# 第四版前言

1992年10月南京农业大学经贸学院顾焕章教授主持编写了《农业技术经济学》，该教材为全国高等农业院校“七五”规划确定的教材，在学术界产生了深远的影响，获得农业部优秀教材一等奖。

2001年5月，中国农业出版社出版了该教材的第二版，受到全国农业院校的欢迎，先后多次印刷发行。第二版增加了农业技术创新、农业科技进步与经济增长理论、农业技术市场与作价等新章节，并适当吸收了农业技术经济学科研究领域里的一些新成果与新知识。

2006年8月南京农业大学经济管理学院孟令杰教授主持编写了《农业技术经济学》第三版，在内容上增加了农业生产结构分析、生产效率分析，以反映农业技术经济学理论方法的新发展，还增加了价值工程和设备更新技术经济两章。

为适应新世纪高等农林院校农业经济管理专业和其他相关专业人才培养的要求，我们对农业高等院校的农业技术经济学授课情况进行了调研，于2010年10月在湖南长沙举行的“2010年中国农业技术经济研究会学术研讨会”期间，召集相关农业院校的教师举行《农业技术经济学》第四版教材编写会议，讨论了本教材如何确定与其他相关课程边界，如何处理涉及和其他学科交叉重复内容。在讨论的基础上确定了教材编写大纲，明确分工任务。本教材修订重点如下：

第一，对教材的体系和结构进行了调整，秉承一理论、二应用、三方法，层层递进的原则。按照朱希刚先生对本教材出版提出要“加强理论部分”的要求，增加了一章“农业技术经济学基本理论”，去掉了一些与农业技术经济学不密切的内容以及与其他课程重复的内容，如“设备更新技术经济”与“价值工程”两章。

第二，对农业技术经济效果的指标评价方法进行了细化。

农业生产的效率分析是学术界关注的热点，本教材对此部分内容进行了细化，分别对参数方法和非参数方法（DEA模型）进行了介绍，并提供了DEAP软件和Frontier 4.1软件的计算机操作案例及分析，供授课老师有选择地使用。

第三，国家现代农业产业技术体系的建立对农业技术经济分析产生了迫切的需求，由农业部组建的国家现代农业产业技术体系包含50个产业，每个产业配置了产业经济岗位科学家及其团队，对各产业的品种改良、技术进步、机械化等方面进行技术评价。因此本教材的最后一章中，根据各功能研究室的需求，分别提出种植业、畜牧业、渔业的技术经济评价指标体系。

第四，增强实践性，添加案例，尽量做到理论与实际相结合，参加修订的编写人员是来自不同农业高校处在教学岗位第一线的授课教师，他们将自己多年的教学经验总结出来。通过案例分析让读者加深对理论和方法的理解。

本教材由南京农业大学顾焕章教授任主审，南京农业大学周曙东教授任主编，安徽农业大学张士云教授、西北农林科技大学朱玉春教授、天津农学院魏秀芬教授任副主编。主编、副主编对教材进行了统纂、定稿。参加编写的人员有南京农业大学许朗（第一章）、西北农林科技大学朱玉春（第二章）、甘肃农业大学侯庆丰（第三章）、沈阳农业大学张锦梅（第四章）、中国农业大学吕之望（第五章）、安徽农业大学张士云（第六章）、四川农业大学王芳（第七章）、天津农学院魏秀芬（第八章）、福建农林大学邓燕雯（第九章）、南京农业大学周曙东（第十章）。

南京农业大学经济管理学院的吉小燕老师、葛继红老师、博士研究生王艳、赵明正等参与了资料的搜集、整理、记录、校对等工作。由于我们水平有限，书中难免会出现这样那样的问题和不足，敬请批评指正。

本教材的各章教学幻灯片 PPT，以及所讲授的一些软件和应用，如第五章的线性规划求解程序；第八章的农业生产的效率分析软件 DEAP 软件、Frontier 4.1 软件；第九章的财务评价案例报表都可以在“华夏大学生在线（http：//bbs.gx1828.com）”网站的“资料下载”栏目中免费下载。

《农业技术经济学》教材编写组

2012 年 2 月

# 第三版前言

农业技术经济学是农业经济管理专业的一门必修课。本书的最早版本是南京农业大学经贸学院组织编写的，于一九九二年十月由中国农业出版社出版的《农业技术经济学》一书。该书为全国高等农业院校“七五”规划确定编写的教材，在教学中曾受到本科生的广泛欢迎，并获农业部优秀教材一等奖。

2001年5月，中国农业出版社出版了该书的第二版，受到全国农业院校的欢迎，先后多次印刷发行。在内容上，第二版增加了农业技术创新、农业科技进步与经济增长理论、农业技术市场与作价等新章节，并适当吸收了农业技术经济学科研究领域里的一些新成果与新知识。

为进一步适应二十一世纪农业经济管理专业本科人才培养目标的要求，加快教学内容和课程体系的改革步伐，我们对教材进行了第二次修订。本次修订重点如下：

首先，依据引导学生掌握基本知识、基本理论、基本技能的原则，对教材体系、结构作了部分调整和更新，并注意教材内容的相对稳定性。

其次，在内容上本次修订增加了农业生产结构分析、生产效率分析的内容，以反映农业技术经济学理论方法的新发展；为了强化农业技术经济学与其他的部门技术经济学的融合，同时适应农业院校中农业经济管理以外的专业，对技术经济学教材的需要，本次修订中加入了价值工程和设备更新技术经济两章内容。

本教材由南京农业大学顾焕章教授、褚保金教授任主审，南京农业大学孟令杰教授任主编，河南农业大学张冬平教授、安徽农业大学张士云教授任副主编。湖南农业大学田千喜，福建农林大学邓燕雯，东北农业大学李莉，南京农业大学许朗、李太平，河南农业大学贠鸿婉，河南财经大学张改清，沈阳农业大学张锦梅，农业部规划设计研究院常瑞甫参加了编写。主编、副主编和主审对教材进行了统纂、定稿。南京农业大学经济管理学院研究生李静、张莉侠、丁竹、石慧和范子英等同学，参与了材料的整理校对等工作。由于我们的水平所限，书中缺点在所难免，不妥之处，欢迎读者批评指正。

《农业技术经济学》教材编写组

2006年8月

# 第二版前言

农业技术经济学是农林经济管理类专业的一门必修课。本书的较早版本是南京农业大学经贸学院组织编写的，于1992年10月由中国农业出版社出版的《农业技术经济学》一书。该书为全国高等农业院校“七五”规划确定编写的教材，在教学中曾受到本科生的广泛欢迎，并获农业部优秀教材一等奖，国家级优秀教学成果二等奖。

为适应面向21世纪农林经济管理类专业本科人才培养目标的要求，加快教学内容和课程体系的改革步伐，我们在总结过去教学经验的基础上，针对本学科的特点和优势，对原教材进行了重新修订。

首先，根据学生掌握基本理论、基本知识、基本技能的原则，对其体系、结构作了较大调整和更新，并注意教材内容的相对稳定性。其次，在内容上，增加了农业技术创新、农业科技进步与经济增长理论、农业技术市场与作价等新章节，并适当吸收了本学科研究领域里的一些新成果与新知识。第三，本教材的体系和内容结构，强化了理论，突出了应用部分，较好地体现了“新”、“实”、“精”的特点和要求。

本教材由顾焕章教授任主编，褚保金、张景顺、孟令杰任副主编，主编和副主编对教材进行了统纂、定稿。由于我们的水平有限，加之成稿仓促，书中缺点在所难免，如有不妥之处，欢迎读者批评指正。

《农业技术经济学》教材编写组

2000年11月

# 第一版前言

《农业技术经济学》为全国高等农业院校“七五”规划确定编写的教材。主要供农村金融专业教学之用，也可作为财经、农经等专业教科书或农村经济管理干部培训教材和农村财政金融工作者自学用书。

本教材根据农村金融专业的特点和教学大纲的要求，在总结近几年教学经验的基础上，对其体系、结构作了较大调整，应用部分改变了过去按农业生产部门分设章节的做法，在内容上增加了经济预测、规模效益、可行性研究等新章节，并注意适当吸收了本学科研究领域里的一些新成果。同时，力求做到文字简明扼要，内容重点突出，方法具体适用。

本书由农业部教材指导委员会统一组织指导编写，由顾焕章教授任主编，张景顺副教授任副主编，并请中国人民大学展广伟教授担任主审。参加编写和提供初稿的成员有：顾焕章、朱唐、张景顺、张文年、王树进、褚保金、徐翔、聂海约、许小松、宋俊东、陆一香等同志。

本教材在编写过程中，得到了中国人民大学展广伟教授、西南财经大学龙绪豪教授、大连经济管理干部学院万泽璋教授和中国农科院朱希刚研究员的大力支持，并对教材编写大纲和初稿的修改提出了宝贵意见，在此，一并表示感谢。

由于我们的水平有限，加之教学急需，成稿仓促，书中缺点在所难免，恳请读者批评指正。

《农业技术经济学》编写组

1990年10月

# 目　　录

# 第一章 绪 论

**重点提示：**掌握农业技术经济学内涵；掌握农业技术经济学的研究对象、研究内容。熟悉农业技术经济学的学科特点以及农业技术经济学与相邻学科的关系。了解农业技术经济学的发展趋势；农业技术经济学的体系建设及相关问题。

## 第一节 农业技术经济学的相关概念

### 一、农业、技术与经济的含义

#### （一）农业的含义

农业技术经济学中的“农业”，是指生产农副产品的这个产业。农业是个庞大、复杂的产业部门，在农业产业系统中，从整个农业物质的社会生产过程看，可以把它分成三个经济上相互关联的部门。这三个部门就是：①给农民供应农业生产资料的投入部门，包括饲料工业、化肥工业、农业机器和设备工业、农药工业、运输以及其他服务行业，即农业的产前部门；②农副产品生产与加工部门，及农业的产中部门；③农副产品的消耗分配部门，包括轻工业、商品和其他服务部门，即农业的产后部门。这三大部门就构成了农工商产业系统。

在农业生产部门中，按其生产的劳动对象与产品，可以将它分成种植业、林业、畜牧业、渔业、养殖业和副业等部门。近年来，我国农村进行了经济体制改革，大力发展农村商品生产，促进了农村地域的社会分工，农业生产已经并在继续进行着纵向和横向的分离，以致农村产业结构发生了急剧的变化。目前，我国农村产业结构已由过去单元、单层次的农村产业结构，发展成多元、多层次的复式农村产业结构。

随着农业产业系统和农村产业结构的变化，使农业的外延与内涵发生了相应的变化，以致农业技术经济的基本概念、研究的范围和内容，超越了农业技术经济初创时期的概念、范围和内容。了解农业技术经济中“农业”的含义，掌握我国农村产业结构的这一深刻变化，对于理解农业技术经济的概念、范围和内容，促进农业技术经济的发展，具有重要意义。

#### （二）技术的含义

农业技术经济学中的“技术”，按初创期的定义，是指农业生产技术、科学技术。因此，把农业技术经济定义为研究农业技术政策、技术方案和技术措施的应用及其经济效果的农业经济科学。根据一般辞书的解释，所谓技术，是指人类为满足社会的需要，在认识自然、改造自然的反复实践中，不断积累的生产经验和知识，是人类智力的结晶。因此，又可把技术的概念扩展到属于“事理”范畴的生产决策技术、生产经验、生产技能、生产知识、技术政策等非物质形态的科学技术。深入理解农业技术经济中“技术”的含义，对于学习和研究农业技术经济问题，极为重要。

### （三）经济的含义

农业技术经济学中“经济”一词的含义，同样，也很广泛。在政治经济学中，“经济”一词，是指人类社会物质资料生产过程中的生产、分配、交换、消费的总和。就一般意义而言，“经济”一词包含理财、管理和节约的含义。但是，在农业技术经济中，“经济”的含义，主要是指技术应用的经济效益。它可表述为：在同等的劳动耗费下，由于技术的应用，能取得尽可能多的物质产品、能够取得尽可能多的有用效果或能够取得尽可能大的使用价值；或者把它表述为：在取得同等的物质产品或有用效果或使用价值的条件下，技术的使用，能够节约劳动耗费，取得最大的有用效果。农业技术经济研究的目的是要取得尽可能大的经济效益，这是本学科所述“经济”一词的实质。

由上述含义可知，农业技术经济是专门研究农业产业领域内技术政策、技术方案和技术措施的应用与其经济效果相互关系的经济科学。

## 二、农业技术经济学的概念

农业技术经济学是在我国产生由我国命名的一门技术科学和经济科学密切结合的交叉科学①。这门新兴学科是在国家要求提高农业技术改造和新技术应用经济效果的背景下迅速开创和发展起来的。

农业技术经济学是专门研究农业产业领域内技术政策、技术方案和技术措施的应用与其经济效果的经济科学②。它是自然科学与社会科学、技术科学与经济科学相互渗透、相互交叉的一门边缘科学。由于农业技术经济学是一门技术科学与经济科学相交叉的学科，所以，它既可以从经济的角度来研究农业技术经济问题，也可以从技术的角度来研究农业技术经济问题。它既有经济科学的属性和某些特点，又有技术科学的属性和某些特点。这是农业技术经济学的学科本质特征③。有人形象地把农业技术经济学比喻为是自然科学与社会科学的“种间杂种”，它同时具有“母本”和“父本”的某些特征，表现远缘杂交种的强大优势。

它的构成要素是技术、经济与计量。技术是指人们在农业生产和改造自然的经济活动中，为了某种特定的目的所采取的方法、手段和工具设备的总称，包括物化形态、设计形态或知识形态、能力形态或经验形态等三种形态；经济是指劳动节约和经济分析，是建立在技术方案选优基础上的资源节约程度的分析评价；计量是指应用数学原理、方法和计算技术，对农业技术经济命题或某一经济事务赋以量的规律性。

## 三、农业技术经济学与相邻学科的关系

### （一）与农业技术科学的关系

农业技术科学与农业技术经济学在研究对象、探讨的规律与学科性质上存在着明显的区

① 朱希刚．1989．农业技术经济学在我国的形成．农业技术经济（2）：16-22.

② 展广伟．1991．农业技术经济学．武汉：武汉大学出版社．

③ 袁飞．1994．关于农业技术经济学的几个理论问题．农业技术经济（6）：12-16.

分。农业技术科学是研究技术因素的自然属性、结构和功能，主要研究技术效果，探讨自然规律，在性质上属于自然科学。农业技术经济学是研究物质技术因素组合发展与运用的经济效果和可行条件，探讨经济效果发展变化的经济规律，在性质上属于社会经济科学。

农业技术经济学与农业技术科学有非常密切的联系。农业技术经济学的内容和在生产实践中应用的范围极为广泛，所有农业技术科学，如农学、畜牧学、森林学、园艺学、机械学及农业工程学等学科都是本学科需要掌握的基础学科。因为农业生产结构的合理调整，农业技术的合理组织、推广与运用的经济效果分析，都是以技术性能、技术效果为依据的，需要有农业技术科学研究实验的基础资料，才能进行有效的经济效果的计算和评价。而农业技术经济学研究的成果，又为农业技术科学的发展方向和研究重点提供科学的依据，从而可以大量节约技术研究和应用中的人力、物力和财力。农业技术经济学和农业技术科学有着不可分的关系，二者是相互制约而又相互促进的。

### （二）与农业经济科学的关系

农业技术经济学是农业经济科学的一个分支学科。在农业经济科学中，农业经济学、农业技术经济学和农业经营管理学这三门学科最为接近①。但农业经济科学与农业技术经济学在研究对象、研究范围以及研究方法上都存在区别。

**1. 农业经济学**　农业经济学把整个农业生产部门作为对象系统，研究整个农业部门经济过程及其规律性，着重研究宏观经济与定性分析。从生产力与生产关系相互作用中，研究生产关系的运动发展，研究考察农业生产领域中的各种经济关系和经济活动以及获得部门总产品和净产品的相关条件的规律性。

农业技术经济学与农业经济学的区别是：农业经济学是从生产关系和生产力的相互作用中，研究生产关系的运动发展规律的科学；而农业技术经济学是在社会主义制度下，按照社会主义基本经济规律的要求，研究农业生产力中物质技术的利用、革新及其合理组织的经济效果评价②。前者着重于生产关系方面的研究，后者着重于生产力方面的研究。

**2. 农业企业经营管理学**　农业企业经营管理学把企业和企业联合体看作它的对象系统，它是从生产力、生产关系两个方面来研究企业和企业联合体的组成、结构、经营方式、管理系统、管理技术和管理方法，考察获得企业和企业联合体的总产品、净产品、纯收入的相关条件（包括物质技术因素利用组合、企业内的生产关系以及企业与外界的经济关系），着重研究微观经济及定性分析，虽然注意了经济效果，但不专门研究经济效果问题。

农业技术经济学与农业经营管理学的区别是③：农业技术经济学是研究农业生产力发展的科学。其特点是带有较强的技术性和实践性，并且着重于对资源的利用途径和方式以及相应的农业生产结构、技术制度和方案进行分析和定量研究，为农业经营管理提供科学依据。但不直接探讨农业企业经营管理的制定和实施问题。而农业工业经营管理学则是从生产关系和生产力、上层建筑和经济基础诸方面研究企业的经济问题，并直接探讨农业经营管理的改善和经营决策的实施问题。

---

① 顾焕章．1992．农业技术经济学．北京：中国农业出版社．

② 袁士畴．2010．对农业技术经济学的一点认识．农业技术经济（5）：127-128.

③ 欧阳辉．1989．农业技术经济学．上海：上海交通大学出版社．

**3. 农业统计学与农业会计学** 农业统计学是对大量社会现象（包括生产力、生产关系、上层建筑与经济基础）和过程的数量方面进行数量分析。农业会计则是计算农业生产中的成本、收入、利润、分配等，并进行经济核算。

农业技术经济学与经济科学的关系尤为密切。农业技术经济学要评价经济效果，必须运用一系列的经济指标，这就需要统计学和其他经济科学方面的知识；而分析这些经济指标的实质及其相互之间的关系，又需要运用政治经济学的基本理论与基本原理加以阐明。同样，农业技术经济学这门新学科的建立和发展，又必然丰富农业经济科学研究的内容，从而为进一步提高整个农业经济科学的发展水平作出贡献。

### （三）与计量经济学和农业系统工程学的关系

**1. 计量经济学** 计量经济学是研究社会经济现象的数量关系和数量变化的规律性的学科。它既研究生产力方面的数量关系，也研究生产关系方面的数量关系。偏重于宏观经济的研究，也关注到了微观经济问题。

**2. 农业系统工程** 农业系统工程是运用数理方法对农业系统进行分析、综合、模拟，最优化的设计。具体说，是在现代农业的组织管理中应用系统工程，对农、林、牧、渔、副、工等各业在整体中作用和相互关系做出定量分析，正确处理多目标和多因素相关关系，搞好综合性农业大系统各个组成部分之间以及系统整体与组成部分之间的协调和综合平衡，取得最优的经济效益和生态环境，对投放的技术措施进行经济评价，为农业领导机构决策提供定量数据。

农业技术经济学则是运用系统工程和计量经济学的分析方法来研究生产力中物质技术因素的组合，寻求最优方案。

## 第二节　农业技术经济学的产生和发展

### 一、农业技术经济学形成的历史背景

农业生产和其他物资生产部门一样，都包括技术和经济两个方面。不论生产水平如何，只要进行农业生产活动，便会有相应的技术方式，如农艺措施、生产技术体系、开发建设方案、技术政策等。技术方式的社会实践，一方面要消耗人力、物力和财力，同时又会直接影响或决定劳动生产效率的高低。由此可见，技术是贯穿于经济活动之中的，而经济又渗透于技术的实践之内。所以，伴随着农业生产的发展，对不同水平的技术评价、方案选优、效益比较等农业技术经济问题，很早就客观存在着。但是，技术经济作为一个科学范畴，则是社会发展到一定阶段，具备了一定条件后才形成的。

在自然经济条件下，劳动基本上以个别劳动者的体力为基础，生产主要靠直观经验。生产的目的在于获取满足自己生活需要的产品，而不是为了进行交换。所以生产过程中没有严格的成本核算，人们不计算产品的价值量，也不要求对投入和产出进行量的比较和分析。

随着商品经济的发展，农业生产日益专业化、社会化，农产品变成了以交换为主要目的的商品。生产者重视价值观念，他们经营的目的是为了赢利。由于产品和农业生产资料的商

品化，生产既要及时掌握经济信息，认真选择项目，发挥优势，又需要进行精确的成本核算，以便从产值、成本、价格、利润等的相互消长关系中，研究投入和产出间的变动比率，分析经营目标实现的程度。

同时，为了开拓新的生产领域，提高生产效率，改进产品质量，降低生产成本，科学技术日益受到重视，成为生产中的重要因素，促进传统落后的农业向现代化农业转变。随着农业有机构成的提高，一方面可以在较大程度上控制和影响农业的能量转换和物质循环，另一方面在农机、化肥、水电、农药等物质资源不断增加投入量的情况下，农业也呈现明显的报酬递减。这就在客观上要求研究资源的合理投入，确定农业的劳动耗费适合度，以提高资源的利用效率和经济效益。

总之，在商品经济迅速发展，农业生产投入大量增加，人们的价值观念注重经济效益，客观上有必要又有可能分别计算投入和产出的价值量，并能加以比较分析时，农业技术经济学才应运而生。

## 二、我国农业技术经济学的形成发展和贡献

我国农业技术经济学的建立经历了曲折的道路，大体可分为五阶段：①技术经济思想初期酝酿阶段（1956—1958 年）；②农业技术经济研究起始阶段（1959—1966 年）；③停顿阶段（1966—1977 年）；④农业技术经济研究复兴和学科建立阶段（1977—1983 年）；⑤完善阶段（1983 年至今）。

### （一）农业技术经济思想初期酝酿阶段（1956—1958 年）

我国农业技术经济学的建立过程最早应追溯到“经济效果”概念的提出。20 世纪 50 年代中期，在社会主义改造基本完成之后，党中央适时地提出在进行技术改造时要注意经济效果。1957 年 1 月 6 日的《人民日报》社论《充分考虑经济效果》一文提出：进行技术改造，必须在全国规划、统一平衡的原则下，充分考虑“经济效果”，要根据“投资少、收益快、效果大”的原则进行。在农业上制定了 12 年全国农业发展纲要（草案），强调各地农村在应用各项增产技术措施时均应注意采取“花钱少，容易办，成效快，收获大”的办法。

这是农业技术经济思想初期酝酿阶段。但是这一阶段时间不长，在 1957 年以后由于“左”倾错误的影响而暂时停息了。

### （二）农业技术经济研究起始阶段（1959—1966 年）

我国着手农业技术经济研究开始于 20 世纪 50 年代末。从这时起，经济学界针对当时经济建设中存在的严重问题，开展了经济效果理论的探讨，提出必须开展生产力经济的研究。

1959 年 3 月，中国农业科学院农业经济研究所在北京召开了全国农业科研系统的农业经济研究工作会议。会上，杨均同志提出农业经济科学除包括农业经济研究和经营管理研究内容外，还应包括生产经济的研究。会后，农业科研单位的农业经济科研人员就小麦、水稻、生猪和盐碱地改良、轮作制度等生产经济问题进行了协作调查研究。

1959 年 7 月，在北京召开了社会主义农业经济学的对象与任务的学术座谈会。这次会议的参加者除农业科研单位的农业经济科研人员外，还有高等农业院校的农业经济教学人

员。这次会议对农业经济研究中是否研究生产力经济问题，争论很激烈，未取得一致意见。随后，主张研究农业生产技术经济的学者继续开展着研究工作。中国农业科学院农业经济研究所把研究重点放到了生产技术经济上。

1962 年，在中国农业科学院的一次院长办公会议上，当时中宣部科学处处长于光远针对农业经济学研究不研究生产力问题的争论发表了讲话。他说，农业经济科学可以分成许多门类，如农业经济学、农业生产力经济学、农业技术经济学、农业经济史、农业经济统计、农业会计等，农业经济科学是各门学科的总称，农业技术经济学是农业经济科学的分支。他提出应该根据国家的需要对农业经济科学的各个分支都肯定它们应有的地位和给以足够的重视。他认为讨论农业经济学研究对象究竟是生产力还是生产关系容易导致肯定一面否定一面的片面性，用片面性的看法指导科学研究，会起不好的作用。随后，于光远以辛日真的笔名，在 1963 年第 5 期的《新建设》杂志上发表了《加强农业技术经济问题的研究》的文章。

在 1962 年春季到 1963 年春季，国家制订了《1963—1972 年科学技术发展规划》。技术经济研究是规划的主要组成部分之一，其中提出了大量的农业技术经济研究课题。农业技术经济研究列入国家规划任务，这是农业技术经济学形成过程中的一件大事。

在国家任务的带动下，农业技术经济研究工作得到了较快的发展。1963 年，新疆八一农学院朱甸余教授首先开设了农业技术经济课程，随后，一些农业院校相继讲授了有关农业技术经济的专题，对农业技术经济学课程作了最早的探索。从 1962 年起，中国农业科学院农业经济研究所大幅度增加了农业技术经济研究力量，进一步开展了农业技术经济问题的调查研究工作。

这是我国农业技术经济研究工作兴起和对农业技术经济理论与专题进行大量调查研究的阶段。

### （三）农业技术经济研究的长期停顿阶段（1966—1977 年）

“文化大革命”期间，农业技术经济的研究被作为“唯生产力论”、“利润挂帅”等批判，研究机构被撤销，研究人员被解散和改行，使研究工作长期处于停顿。

### （四）农业技术经济研究复兴和学科建立阶段（1977—1983 年）

党的十一届三中全会以后，党中央提出了要在 20 世纪末实现四个现代化和全国工农业年总产值翻两番的宏伟目标，明确了发展科学技术是实现战略目标的关键，指出了提高经济效益是考虑一切经济问题的根本出发点、前提和核心，这给农业技术经济研究和学科建设带来了新生。

1978 年，经全国科学大会讨论通过、党中央和国务院批准的《1978—1985 年科学技术发展规划》中，技术经济研究又一次被列为重点研究项目，农业技术经济问题的研究是技术经济研究项目中的重点研究课题之一。

在国家的重视和支持下，农业技术经济研究工作再度兴起。科研机构得到恢复和增建，农业技术经济科研队伍迅速壮大，农业院校相继开设农业技术经济学课程，开始培养农业技术经济学研究生。这是农业技术经济研究复兴和学科建立的阶段。其标志有三：①1980 年 3 月在广州由中国技术经济研究会召开了全国农业技术经济学理论与方法座谈会，首次从学科建设角度探讨了农业技术经济学的研究对象、基本原理和分析评价方法，取得了较大进展，构筑出了学科的基本框架；②1981 年全国高等农业院校统编教材《农业技术经济学》的正式出版，初步建立了农业技术经济学教材体系[①]；③1983 年《农业技术经济手册》大型工具书的正式出版，是农业技术经济学形成独立学科的有力显示。

### （五）完善阶段（1983 年至今）

进入 20 世纪 90 年代以后，农业技术经济学的学科建设取得了一些发展，如中国人民大学、南京农业大学、中国农科院农业经济研究所、浙江农业大学等专家学者，都主编或编译过相关教材，全国也出现了多种版本的统编教材和学术专著。这些统编教材和学术专著为农业技术经济学科的建设和发展奠定了人才基础。

一方面，农业技术经济学作为一门独立的新兴学科发展了 20 多年，取得不少的学术成果。另一方面，进入 90 年代以后，农业技术经济学科发展的学科环境发生了重大的变化[②]。首先，农业技术经济评价工作自 90 年代初期停止，本学科的重要性开始了不可逆转的下降。其次，自 90 年代初期起，全国高等院校经济类专业开始讲授西方经济学，西方经济学成为高等教育主管部门审定的经济类专业八门核心课程之一。西方经济学包含的内容很多，生产经济分析是其微观部分的重要内容。农业技术经济学的许多理论和方法如“生产函数理论”、“线性规划模型”等都在西方经济学中有所体现。至此，由于农业技术经济学在内容上和西方经济学产生了冲突，以生产函数理论为核心内容的农业技术经济学作为农业经济管理专业的一门核心课程受到一定挤压。多年来，学术界一直在积极探讨，不断补充和进取，努力进一步完善农业技术经济学的学科体系。

总的来说，受历史的限制，我国对农业技术经济学的研究虽起步较晚，但对国际农业技术经济科学的发展，亦作出了自己的贡献。我国的贡献主要表现在以下几个方面：

**1. 在学科的根本指导思想方面**　我国把农业技术经济的研究，置于马克思主义的哲学指导之下。以历史唯物主义和辩证唯物主义作为农业技术经济科学的根本指导思想，以技术因素与经济因素的特殊矛盾及其运行规律，作为农业技术经济科学的研究对象，并把宏观与微观、全面与局部、长远与目前、开发利用与治理保护、综合和单项、技术与经济、技术与生态、技术与社会的辩证关系作为评价技术经济效益的原则，赋予了农业技术经济科学以灵魂、思想，这是西方单纯以生产成本、收益、利润作为评价的根本准则无法比拟的。把西方的工业生产经济学和农业技术经济科学由纯经济技术学发展成真正的技术经济科学，并提高到哲学的高度，这是我国对农业技术经济科学发展所作的重大贡献。

**2. 在学科的基本理论方面**　我国把农业技术经济效益评价原理建立在马克思主义经济原理的基础上，从社会主义基本经济规律出发，联系生产关系和上层建筑，研究技术因素与经济因素的特殊矛盾及其运动规律。应用了西方经济学的边际报酬变动规律及其派生的边际平衡、技术替代率等，形成了具有我国特色的农业技术经济效果原理。这是与西方农业生产经济学和农业技术经济科学的根本区别，赋予了它社会主义的性质，并使它摆脱了纯经济技术的倾向。把经济科学、技术科学和现代数学有机地结合了起来，把生产关系与生产力、经

① 吴声怡．1995. 论农业技术经济学的发展阶段及发展方向．农业技术经济（5）：29-31.

② 孔祥智，付景远．2010. 对重建农业技术经济学科体系的几点思考．农业技术经济（1）：118-122.

济理论和技术政策结合了起来。在理论上，对国际范围的农业技术科学作出了自己的贡献，为现代社会主义农业经济科学增添了新的学科。

**3. 在学科的内容与成果方面** 我国农业经济学家根据我国农业生产实践中的技术经济问题，运用自己的研究方法，借鉴他国的方法进行研究，取得了大量的研究成果，充实丰富了国际农业技术经济科学的内容。这是我国对国际农业技术经济科学的又一贡献。

## 三、农业技术经济学的发展趋势

未来农业技术经济学将增加农业高新技术经济学的内容，构建新的农业技术经济学科体系。总的来说，未来农业技术经济学的发展将呈现以下特点①：

**1. 不断与发达国家的数量经济学和工商管理学接轨** 吸收国外的先进经验，不但在课程体系上会有根本性的创新，还要对传统学科的内容进行改造，其根本目的是实现国际化与实用化，使之能够更加符合中国农业、农村经济和农业现代化发展的需要。

**2. 更加注重对农业技术创新的经济分析** 注重采用当前先进的经济分析方法对新技术选用的经济、社会和生态等综合效益进行分析，对技术的先进性、适用性和可行性进行分析，避免技术的盲目引进②。

**3. 农业技术经济学科将尽可能地融入当前新的农业科技革命所带来的变化、全球经济一体化和知识经济发展，以及农业高新技术产业化、高新技术改造传统农业等内容** 使其更能紧跟时代潮流，与时俱进，符合实际需要。

**4. 重视对综合性、全面性农业技术经济学科人才的培养** 现代科学的发展在20世纪后期就已经呈现出了综合化的趋势，所以，未来农业技术经济学科的范畴将会扩大，一些先进的经济学分析方法被引进到农业技术经济学科中，培养复型的农业经济管理人才也成为农业技术经济学科的重要目标。

中国农业科学院朱希刚先生认为，农业技术经济学不论如何完善和发展，必须要体现其最基本的特点——算账派，必须围绕其研究对象——技术活动的经济分析。否则，农业技术经济学就没有位置。据此，农业技术经济学科建设的重点：①农业技术经济学基本理论，包括技术进步理论、经济效果理论、技术经济评价理论等。②农业技术经学基本方法，包括选优方法、经济剩余法、生产函数方法、项目评价法等。③农业技术经济分论，包括农业生产重要生产环节、技术环节等方面的分析。

西北农林科技大学霍学喜教授认为，改革开放以来，新技术发展异常迅速，传统农业技术经济学无法适应技术进步的需要。为此，农业技术经济学科建设应从以下方面加强：①加强宏观层次的技术经济理论研究，包括技术经济体制、技术市场的有效性、技术进步的环境、农业科学研究方案设计、重大农业技术推广方案的设置、产业进步的政策设计等；②加强微观层次的技术经济方法研究，特别要注重各种动态分析方法的引入，如概率分析法、动态投入产出分析法等；③加强部门技术经济学的研究，如粮食生产技术经济分析、畜禽生产技术经济分析等。

---

① 王洛芳 . 2009. 未来农业技术经济学的发展趋势 . 农业知识：科技与三农（10）：59.

② 蒋和平，孙炜琳 . 2005. 关于农业技术经济学学科建设的几点思考 . 农业技术经济（1）：74-78.

## 第三节 农业技术经济学的研究对象和特点

### 一、农业技术经济学的研究对象

一门学科的研究对象是由本学科领域所具有的特殊矛盾决定的，所以农业技术经济学的研究对象是由农业技术经济研究领域中存在的特殊矛盾决定的。农业技术经济领域中的特殊矛盾包括技术先进适用性与经济合理性之间的矛盾；技术措施、技术方案和生产要素之间相互制约、相互协调的矛盾；生产技术措施与资源利用之间的矛盾以及技术措施与使用条件之间的矛盾①。因此，可以把农业技术经济学的研究对象概括为：根据经济规律和自然规律，联系生产关系和上层建筑，以分析、评价、论证和选优等方式研究生产实践中技术因素和经济因素合理结合的内在运动规律及运动条件，以取得最佳技术经济效果，研究农业技术创新扩散的内在经济规律，以及技术进步对经济的促进作用②。

由于农业技术的应用，常常是以农业技术措施、技术方案、技术政策的形式表现出来。因此，农业技术经济学的研究对象又可表述为：研究农业技术措施、技术方案、技术政策应用和实施的经济效果和可行性分析。

### 二、农业技术经济学的特点

农业技术经济学是一门与技术科学、经济科学联系密切的交叉学科，是一门边缘学科。它的研究对象和内容涉及农学、工程学、生物学、经济学、管理学和计算机科学等多种学科。它除具有综合性的特点外，还具有技术经济学的计量性、比较性、预见性等特点，还具有农学的时空性、实用性等特点。总之，农业技术经济学特有的研究对象和学科性质决定了它具有以下特点③。

#### （一）综合性

农业技术经济学涉及自然科学、技术科学和经济科学，要求农业技术经济工作者必须具备多学科知识，有较强的综合研究和管理能力，能够组织多学科、多部门的协作研究，特别是一些重大的或较为复杂的农业技术经济研究项目，更需要组织多学科、多部门协作，共同进行综合研究分析，才能取得较好的经济效果、社会效果和生态效果。这种组织协作、综合论证工作，只能由农业技术经济学科承担。

#### （二）计量性

计量性是一般技术经济学的一大特征。数学是农业技术经济的基础学科。从事农业技术经济研究必须掌握各种实用数学方法和工具，用数量关系反映农业技术经济的现象和规律。

① 吕火明.2001.农业技术经济学.成都：西南财经大学出版社.

② 陈彤.1997.关于农业技术经济学研究对象的思考.农业技术经济（2）：25-26.

③ 张冬平.2009.农业技术经济学.北京：中国农业出版社.

因此，农业技术经济学在对各种技术方案进行客观、合理、完善的评价时，需要做定性与定量两方面的分析。研究农业技术经济问题，要以定性分析为基础，也要有定量的分析，而且是以定量分析为主。用数据和数量的结论说话，用定量分析的结果来为定性分析提供科学的依据。不进行定量分析，各种技术方案的经济性就无法评估，在多种方案之间也无法进行比较和评优。所以，从一定意义上讲，农业技术经济分析和研究过程就是一个选优过程，它所进行的一系列分析活动，最终都是为了选出最优方案。

### （三）比较性

比较的观点贯穿于农业技术经济分析研究工作的始终，比较的原理和方法是农业技术经济性研究分析的重要方法。有比较才有鉴别，在多个技术方案中选优，是以比较为依据，通过对不同方案的比较，方能区分不同方案的优劣，进而从中选出最优方案。从经济角度看，判断某一技术方案值得采纳与否，取决于相对经济效果，即技术经济效果。

### （四）预见性

技术经济分析的基本研究活动，往往是在事件发生之前对其进行预见性的分析和评价，从中选择最优方案，因此，技术方案的建立，首先要加强技术经济预测。通过预测，可以使技术方案更加接近于实际，避免盲目性。尽管有一部分技术经济分析活动是属于对某一事件实际结果的事后评价，但其目的也是为了验证事前的分析是否正确，是为今后制订技术方案的事前分析服务的。技术经济预见性的特点还表现在两方面：一方面尽可能准确地预见某一经济事件的发展趋向和前景，充分掌握各种必要的信息资料，尽量避免由于决策失误造成经济损失；另一方面，又说明预见性包含一定的假设性和近似性，只能要求对某一方案的分析结果尽可能地接近实际，而不能要求其绝对地准确。

### （五）实用性

农业技术经济学是一门实用性很强的学科。农业技术经济所研究的课题、分析的方案都是来源于农业生产建设实际，并紧密结合农业生产技术和经济活动进行。它的研究数据和资料大多也需要来自生产实践。其理论和方法是否正确，也必须通过实践检验。它所分析和研究的成果，最后还是要直接用于农业生产，并通过实践来验证其正确性。总之，农业技术经济学研究的核心就是为了解决农业生产中存在的实际问题，使之达到农业技术要素的合理组合，提高经济效益，从而给农业经营的当事者，如国家、农业企业、农户等带来经济实惠。随着科学的迅速发展，新技术革命越来越广泛、深入，农业生产的内部和外部联系越来越密切，实际工作中出现的技术、经济问题也越来越多，要求农业技术经济学与农业生产实践的联系更直接、更紧密，这样，也为农业技术经济学的发展，开拓了广阔前景。

### （六）时空性

由于农业生产的特点，决定了农业技术经济学具有很强的时空性。有些农业技术措施的应用当年不能反映其经济效果，必须长期考察，把近期经济效果与长期经济效果结合起来，才能得出正确的结论。农业生产具有一定的周期性和很强的季节性，所以农业技术经济评价还必须抓紧时机。对农业科技项目，要及时进行预测性的经济评价，为确保农业技术研究课题提供经济方面的科学依据。对农业科技成果要及时做出经济效果评价，各地的自然条件和经济条件又千差万别，因而农业技术经济的评价结论不能简单搬用，必须因地制宜，对具体情况进行具体分析。

## 第四节 农业技术经济学的任务和内容

### 一、农业技术经济学的内容

农业技术经济学的研究内容，主要包括一般理论和方法研究的基础性研究，以及具体的农业技术经济问题研究的应用性研究两部分。一般理论与方法研究，主要有经济效果和农业技术经济效果理论，农业技术经济效果的研究与评价方法，评价农业技术经济效果的指标体系，选择与实施最优农业技术方案的程序等。具体的农业技术经济问题的研究主要是指应用技术经济理论和方法，对农业技术的应用和实施的经济效果下可行条件进行分析评价和方案选优，包括的内容很多，如：农业生产结构与技术制度的经济效果论证、农业技术措施的经济效果论证、农业技术方案的经济效果论证、农业R&D的综合评价、技术创新与推广、技术进步测定、项目评价和可行性研究等[①]。

农业技术经济学的核心问题是技术经济效益问题。它所研究的是农业社会再生产过程中技术措施、技术方案、技术政策的经济效果和可行条件，实现技术和经济的最佳结合，达到取得最佳经济效益的目的，为生产经营预测和决策提供科学的依据。

### 二、农业技术经济学的任务

农业技术经济学的基本任务就是通过研究寻求技术经济的运动变化规律，找出技术因素与经济因素的内在联系，即最佳关系，使技术和经济能够很好地相互促进，以加速生产力的发展。提高农业生产的经济效益，加速农业现代化是农业技术经济研究的目标。根据这一目标，按照农业技术经济学的研究对象，农业技术经济学要达到的具体目标是：①研究技术效果与经济效果的最佳结合；②研究技术要素之间的最佳组合；③研究在既定的生产目标的条件下，技术措施与资源数量的有效配合；④研究技术要素的投入与使用条件之间的最佳统一，以充分发挥科学技术的生产力职能，加速农业生产力的发展。

按照农业技术经济学的研究对象和内容，农业技术经济学的任务是：

（1）通过对农业发展战略、农业现代化、农业投资、农业布局和农业生产结构等技术经济问题的分析论证，为国家制定农业技术政策和农业经济政策提供科学的依据。

（2）通过对农业技术方案、农业科技成果的预测分析和经济评价，可以在技术方案或成果推广应用之前，估计它的经济效益，明确成果推广应用所需要的条件及其满足程度，为生产决策提供可靠的依据。

（3）通过农业技术的经济分析和评价，使增产潜力大、经济效益好的先进技术及时推广，以加强农业技术改造和农业现代化的进展。

① 马红光．2007．技术经济学．北京：科学出版社．

（4）通过技术经济分析，有助于发挥地区优势和技术优势，使有限的自然资源和经济资源得到充分合理的利用。

## 第五节　农业技术经济学的体系建设

### 一、农业技术经济学的理论体系

学科的理论是由学科的特点、性质、对象、内容、任务等诸方面决定的，反过来又为学科的对象、内容和任务等服务。学科理论的发展、深化和完善离不开学科的性质、对象、内容和任务，而学科的特点、性质、对象、内容、任务等又集中地体现在学科研究的核心问题上。农业技术经济学的核心问题是技术经济效益问题。它所研究的是农业社会再生产过程中技术措施、技术方案、技术政策的经济效果和可行条件，以实现技术和经济的最佳结合，达到取得最佳经济效益的目的，为生产经营预测和决策提供科学的依据。这是农业技术经济学科理论体系建立、发展、深化和完善的源泉。

农业技术经济学科理论体系可划分为三个层次：第一层次是基本原理，第二层次是优化理论，第三层次是方法论。

农业技术经济理论体系如图 1-1 所示。

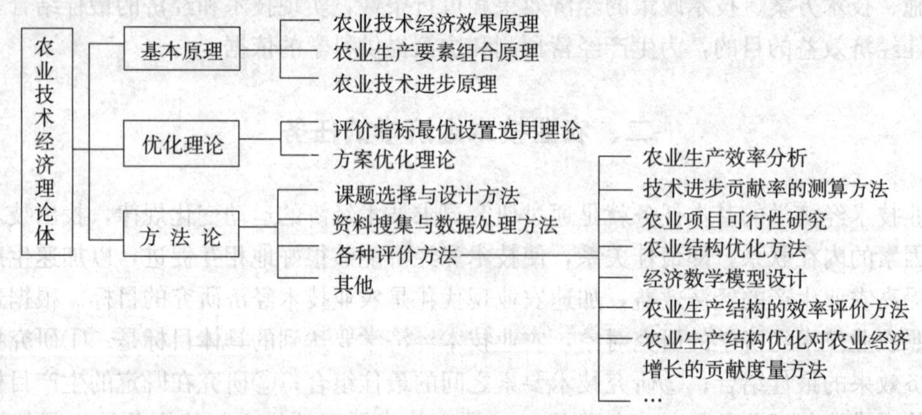


图 1-1　农业技术经济理论体系

#### （一）基本原理

基本原理是学科立足的基础，对学科的结构和发展具有指导意义，能够反映学科的特色，体现学科研究的核心问题。基本原理构成学科理论体系的第一层次。农业技术经济学的基本原理是：农业技术经济效果原理、农业生产要素组合原理、农业技术进步原理。农业技术经济效果原理包括：经济效果（效益）的概念、属性，提高经济效果的途径和农业技术经济效果的概念，经济效果与技术效果的关系、效果整体论与效果临界论等内容。农业生产要素组合原理包括：农业生产要素“木桶效应”原理、生产要素均衡配置、生产要素间的替代。农业技术进步原理的主要内容是研究农业、农业技术与技术进步之间相互关系，及技术进步对农业及农业经济的贡献情况。

上述农业技术经济学的三个基本原理，是研究一切农业技术经济问题的根本指导思想，是构成农业技术经济学科理论体系的第一层次。

### （二）优化理论

优化理论包括：评价指标最优设置与选用理论和方案优化理论。农业技术经济学的一个显著特点，是要对所研究的每一个具体的农业技术经济问题进行定量分析，通过数量化分析确定某项农业技术措施或方案经济效果的大小。基本原理虽然能给农业技术经济研究以总体指导，但还不能使研究对象数量化和进行方案优化选择，因而，设置和选用技术经济效果评价指标，确立方案选优的理论根据，是农业技术经济理论体系的进一层深入。评价指标最优设置与选用理论，以及方案优化理论构成了农业技术经济学科理论体系的第二层次。

农业技术经济效益评价的内容十分广泛，需要设置和选用一系列指标，以便从不同方面、不同角度，综合地或局部地反映经济效益。在进行农业技术经济问题研究的时候，如何根据研究对象的要求、评价目的，做到含义明晰、科学严密、准确可靠，设置和选用评价指标，就必须遵循评价指标最优设置和选用理论。它包括：农业技术经济效果评价指标体系的构成；农业技术经济效果评价指标的最优设置与选用。

进行农业技术经济效益评价，最终要进行方案选优。方案优化理论包括：①方案选优的一般标准——经济上合理，技术上先进，生产上可行；②方案选优的效益原则——技术效益、经济效益、生态效益和社会效益的统一。

### （三）方法论

农业技术经济学是一门应用科学，从这个意义上讲，也可以说它是一门方法论科学。进行农业技术经济效益评价最终都集中地体现在各种方法的运用上。所以，基本原理和优化原理是构成农业技术经济学科理论体系的基础，而不是主体，主体是方法论。方法论构成了农业技术经济学科理论体系的第三层次。

这里所说的方法主要是指在对各种农业技术经济问题作经济效益评价时，应当采用的具体方法。方法论的研究给我们提供对什么样的技术经济问题，在什么样的实践活动中，采用什么样的方法评价它最有效。这是方法论的基本准则[①]。

方法论原理的内容是十分丰富的，它包括：①课题选择与设计；②资料搜集与数据处理；③各种评价方法；④其他。

其中各评价方法原理，如：对比分析法的可比性原理；数学模型方法的经济数学模型设计原理；线性规划方法的收益最大和成本最小原理；农业投资评价方法的资金时间价值原理；边际分析法的资源报酬递减原理以及边际平衡原理，边际替代原理和边际收益均等原理。各种评价方法的原理有时又是相互交叉的。如资源适度配合原理与产品适度配合原理，同时又是边际分析及线性规划方法中要遵循的原理。

农业技术经济学研究内容和学科体系主要包括四大部分：①基本理论与方法研究，既要正确总结已有的理论与方法又要研究该学科的新理论与方法；②农业生产环节的技术经济研

① 柳毅．1989. 试论农业技术经济学科的理论体系．农业技术经济学（2）：22-24.

究，包括农业生产技术经济、农业工程技术经济、农田水利技术经济、农业机械技术经济、农产品加工技术经济、农业生态技术经济等内容；③部门或地区农业技术经济研究，一般包括种植业技术经济、畜牧业技术经济、林业技术经济、渔业技术经济等；④农业技术过程的经济学研究，包括农业科研技术经济、农业技术创新（进步）经济、农业技术推广与农业技术扩散经济及农业技术经济的评价等内容。

## 二、农业技术经济学体系的重建

加强本学科建设的出路在于构建新的农业技术经济学科体系。目前，学科主线形成了比较有特色和代表性的三种观点：第一种观点认为农业技术经济学是以技术进步为主线，以经济效果、经济增长和诱导性技术进步三大理论为基础的学科体系，这种观点的缺点是把农业技术经济学的学科体系构架划到了狭隘意义上的以“技术”为主线的单线思路，优点是思路明晰，理论基础比较完善成熟，若按这一观点构建农业技术经济学的学科体系，容易与农业推广学产生冲突。第二种观点主张在原有的学科体系的基础上，吸收技术进步经济评价和宏观技术政策评价等内容来完善和发展农业技术经济学，这实际上又变成了以“经济”为主线、站在另一个角度上的单主线思路，缺乏完善的理论基础，从学科建设的意义上来讲，是没有前途的。第三种观点认为农业技术经济学应当构建新的以技术和经济的关系为主线的学科体系，无论从现实意义还是从长远发展来讲，这一思路技术路线明确，吸收了近年来科研和实践中的新内容，强化了理论实践，符合农业技术经济学的长远发展需要。具体来说，按照这一思路构建新的农业技术经济学科体系应当从以下几方面着手：

**1. 明确农业技术经济学科的研究对象、系统和层次**　农业技术经济学的研究对象是对这一学科研究内容和研究层次的高度概括，研究系统是研究对象的具体体现。农业技术经济学研究的出发点和归宿是通过研究技术与经济互动的内在机理与发展规律，来研究如何解决技术的经济问题。从研究层次来看，农业技术经济学既包括某一特定的农业技术的技术经济问题，也包括企业层面或特定区域的农业技术经济问题，同时还包括诸如科研体制、技术政策等宏观层面的农业技术经济问题。

**2. 提升和归纳农业技术经济学的基本理论**　从长远发展来看，理论体系应当随着学科的发展而不断完善，基本上农业技术经济学科的基本理论应当包括现代农业科学技术发展基本规律，技术与经济互动内在机理，农业技术与经济学的相关理论等。如农业技术效率和生产效率监测系统理论、农业生产函数的理论、技术进步理论、农业技术创新理论、农业技术扩散与采用理论、农业科技成果产业化理论和现代科技改造传统农业的理论等。

**3. 完善农业技术经济学的基本原理和方法**　应当将农业技术经济学的基本原理和方法根据实际应用的需要进行扩展。基本原理如农业生产函数的应用、农业技术进步测算原理、农业技术效率测算原理、农业技术经济评价原理、农业技术要素报酬变动原理、农业宏观与微观经济效益评价原理及指标等都应当涵盖在内。而基本方法除了包括农业技术经济评价方法和农业技术经济实证分析方法之外，应当将农业技术经济效益的计量分析方法也纳入学科的方法体系中。

**4. 拓展农业技术经济学的应用领域**　农业技术经济学的应用领域不再局限于种植业和

畜牧业，应该向农产品加工业、水产业、销售业拓宽，不仅局限于单项技术应用措施和企业、农户的微观技术经济问题，而应该扩大到各级政府的农业技术政策、农业科研投资、农业技术推广等宏观的技术经济问题。

孔祥智、付景远等①学者认为重建农业技术经济学科体系应当从两方面入手：一是技术变动对农业发展的推动，包括推动的机理、路径和方式等；二是技术自身的发展对经济要素的需求，包括需求的规模和方式等。具体来说，新的农业技术经济学体系应该包括以下几部分：

### （一）理论构建

任务是构建农业技术经济学的基础理论，用于指导整个学科的发展。具体包括四大理论。

**1. 农业技术变迁理论** 主要是以日本经济学家速水右次郎和美国经济学家弗农·拉坦的“诱致性技术变迁理论”为基础，以及舒尔茨等人的诱致性变迁理论，构建具有中国特色并能够满足本学科发展需要的农业技术变迁理论。技术变迁理论形成的过程，就是探究和掌握农业技术变动的规律性的过程。

**2. 农业技术进步和农业增长关系理论** 以索洛、斯旺和舒尔茨等人发展的新古典经济增长理论为基础，构建技术进步和农业增长的关系模型。同时，以阿罗、琼斯、卢卡斯等人的理论为基础，介绍在经济增长过程中技术变动的过程及产生它的经济力量究竟是什么。

**3. 农业技术创新理论** 以技术创新理论为基础，介绍农业技术转化的过程、组织模式和动力机制等，主要从微观角度研究农业技术成果转化及应用的经济问题。

**4. 农业技术评价理论** 运用新古典经济学方法论，结合我国的实践，介绍对农业技术先进程度、在某一具体国家或地区适用程度进行评价的理论和方法。

### （二）农业技术运动过程分析

即对农业技术从研发到应用的整个过程进行经济分析。包括农业科学和技术的研究和开发、农业技术的扩散和推广应用、农户和农业企业对农业技术的采纳等。最后，讨论农业技术在国家间的转移问题。

### （三）具体农业技术经济问题

在实践中，具体的农业技术经济问题很多，笔者认为应该选择最常用的和最重要的几个问题进行研究，包括农业项目投资的经济分析、农业机械化技术的经济分析、农业生物技术的经济分析等。我国农业正处于从传统农业向现代农业转变的进程中，现代农业建设中的技术经济问题也应该成为新的学科体系的重要内容。

### （四）资源利用的技术经济分析

如前所述，资源利用应该成为农业技术经济学研究的重要内容，具体可归纳为耕地资源

---

① 孔祥智，付景远.2010.对重建农业技术经济学科体系的几点思考.农业技术经济（1）：118-122.

的利用、林地资源的利用、草地资源的利用、水资源的利用、海洋和滩涂资源的利用，以及与资源利用相关的农业生态环境问题的技术经济分析等。

## 本章小结

农业技术经济学是专门研究农业产业领域内技术政策，技术方案和技术措施的应用与其经济效果相互关系的经济科学。它是自然科学与社会科学、技术科学与经济科学相互渗透、相互交叉的一门边缘科学：既有经济科学的属性和某些特点，又有技术科学的属性和某些特点。

农业技术经济学的研究对象可简单表述为：研究农业技术措施、技术方案、技术政策应用和实施的经济效果和可行性分析。具有综合性、计量性、比较性、预见性，实用性、时空性等特点。

我国农业技术经济学在经历了曲折的发展之后，融入高新技术与经济，呈现出良好的发展态势。未来的农业技术经济学还将从以下几个方面重点发展推进：不断与发达国家的数量经济学和工商管理学接轨，更加注重对农业技术创新的经济分析，尽可能地融入当前新的农业科技革命所带来的变化，全球经济一体化和知识经济发展，以及农业高新技术产业化、高新技术改造传统农业等内容，对综合性、全面性农业技术经济学科人才的大力培养等。

农业技术经济学的理论体系应当包含基本原理、优化原理、方法论原理三个层面。其学科体系的构建应当以技术和经济的关系为主线，吸收近年来的科研及实践中的新内容，强化理论实践，符合农业技术经济学的长远发展需要。

## 复习思考题

1. 简述农业技术经济学与相邻学科的关系。
2. 农业技术经济学具有哪些特点？
3. 农业技术经济学的研究对象与研究内容是什么？
4. 怎样理解农业技术经济学的体系的重建工作？

# 第二章　农业技术经济学基本理论

**重点提示：** 了解农业技术经济效果的概念和农业技术进步的概念，充分理解农业生产要素组合原理，能够应用农业技术经济效果原理分析农业问题中提高农业技术经济效益的途径，应用农业生产要素组合原理分析农业生产中如何进行农业生产要素的均衡配置，理解农业技术进步的动力和源泉。

## 第一节　农业技术经济效果理论

### 一、经济效果的基本概念

人类的一切实践活动都是有目的的。任何社会实践活动都会产生某种效果。人们进行各种有目的的实践活动，都要消耗劳动。这种劳动消耗是指在实践中为获得某种效果所消耗的劳动，包括物化劳动消耗和活劳动消耗。经济效果就是劳动效果和劳动消耗量的比较，或者说是劳动成果同取得这一劳动成果的劳动消耗之间的比较；也可以表达为：经济效果是对于各种社会实践活动在经济上合乎目的性程度的评价。

经济效果与经济效益本质上是一致的。经济效益是针对我国经济建设中长期存在的单纯追求产量、产值,不顾成本、不讲赢利的倾向而提出来的。两者在技术经济学中并没有严格区别。所谓经济效益,就是生产经营活动中所取得的劳动成果与劳动耗费的比较,或者说是生产经营活动中产出与投入的比较,经济效益的实质突出于赢利性或利益性方面,表示产值、成本、利润、税收等因素之间的消长关系,即人们综合经济活动的结果所带来的经济利益之间的关系。在一般情况下,应用经济效益一词时,着重于满足需要前提下的赢利性;而使用经济效果一词时,往往着重于产出与投入之间的经济比值。在理解经济效果的概念时,还必须强调以下两点①：

**1. 经济效果的含义必须是劳动成果与劳动消耗的比较**　单独将劳动成果的大小或者劳动消耗的多少作为评价经济效果好坏的认识是不正确的。只有将两者有机地联系起来，进行比较观察，才能对经济活动的效益的真实性做出正确评价。

**2. 劳动成果必须是有效的或有用的劳动成果**　所谓有用或有效，包括两个方面的含义：一是社会需要的成果，是能够满足市场需求的成果；二是质量合格的劳动成果，也就是产成品不是废品或次品。否则，产出的越多，损失浪费就越大，经济效果就越差。

人们的社会实践活动是多方面的。就生产实践而言，经济效果指人们从事生产活动所得到的劳动成果与其劳动消耗或是劳动占用的比较关系。数学公式表示如下：

$$经济效果=\frac{所得}{所费}=\frac{劳动成果}{劳动消耗或劳动占用}$$

① 孟令杰.2008.农业技术经济学.北京：中国农业出版社.

在上式中，劳动消耗一般指的是生产过程中所消耗掉的物化劳动和活劳动；劳动占用一般指生产时间所占用的生产资料和劳动力；劳动成果则指生产出的有用成果，体现为使用价值或价值量①。

经济效果具有两重性，即经济效果的自然属性和社会属性。经济效果的自然属性是从生产力角度反映经济活动过程中取得的劳动成果与劳动消耗比较，反映的是人与自然的关系。经济效果的社会属性是从生产关系角度反映经济过程中取得的劳动成果与劳动消耗比较，反映的是人与人之间的关系。经济效果的两重性是紧密联系在一起的，不能孤立地讲一个方面的性质和要求。我们研究经济效果的时候，应该以经济效果的两重性为基础。

## 二、经济效果与技术效果

所有的生产过程都有相应的技术形式，技术像一条纽带，把农业的自然再生产和经济再生产联系在一起。从这个意义上讲，技术和经济寓于同一体中，二者既相互促进又相互制约。经济方面的需要是技术进步的动力和方向，技术方面的进步是推动经济发展，提高经济效果的重要条件和手段。当某项技术显示比一般技术具有更高的效果，并且可以为生产经营带来明显利益时，便会被广泛采用。因此，技术与经济之间的关系也就转化为技术效果与经济效果的关系。

农业技术在农业生产中被广泛应用后，会使农产品数量增加、质量提高，这是技术发挥作用而取得的成果，即有良好的技术效果。因此，技术效果就是指某项技术的功能价值，表现为技术性能满足生产要求的程度，以及最终产生的某种生产成果。技术效果讲求的是在技术上能否达到目的，以及达到目的的质和量。

在技术经济范畴中，技术效果是经济效果实现的基础，经济效果是技术效果的最终表现，两者的关系非常密切。在人们的社会实践过程中，由于会受到各种因素的影响，技术效果和经济效果的关系可能表现为一致性，也可能表现为矛盾性②。

**1. 技术效果和经济效果的一致性**　技术效果和经济效果之间的一致性是比较普遍的，比如，选择先进实用的技术，提高了劳动生产效率，增产增收；改进技术措施，则可以使单位产品的成本大幅度降低，同时也可以达到增产增收的目的。像这样技术效果和经济效果都很好的情况，即为技术效果和经济效果的一致性。

**2. 技术效果和经济效果的矛盾性**　技术效果和经济效果的矛盾主要表现在以下几个方面：

（1）技术的先进性与经济的合理性之间的矛盾。如引进先进的机械设备，技术性能良好，但是没有相应的投资力量和技术力量，或者由于受到资金占用量大，能源紧缺、人员素质低、规模小等条件的制约，会使得先进的技术不能够发挥良好的效果，不能够产生比较好的经济效果。

（2）技术的可行性与经济的效益性之间的矛盾。如高产低收益的技术体系，或者是某种新技术、新设备，技术上可以完全满足生产的要求，但是经济效果却比较差。如大型农机具等，技术上完全满足要求，但在耕地分散、经营规模较小的农业地区，经济效果会较差。

①② 袁飞．1996. 农业技术经济学．北京：中国农业出版社．

(3) 经济上的需要与技术上的可能之间的矛盾。如粮食作物、经济作物等需要在产量上不断突破，但是由于技术尚未取得突破，提高经济效果便没有基础；或者生产上需要先进的技术设备，但是没有相应的技术力量，技术设备便无法运用等。

由于技术效果和经济效果存在矛盾性，所以从技术角度制定最佳的技术方案，从经济上分析往往不一定可取，从而不得不考虑选用次优方案。因此，对技术方案的可行性研究，必须把技术效果和经济效果统一起来，这是进行技术经济效果评价的基本准则。

## 三、农业技术经济效果的含义及特点

### (一) 农业技术经济效果的含义

任何物质生产部门的生产，都是伴随物质技术因素的实施而出现投入与产出的经济问题。农业生产过程是农业技术措施或技术方案的实施过程，也是劳动消耗的过程，其结果就是最终产品的实现。所谓农业技术经济效果，就是指在农业生产和在生产的过程中，通过物质技术因素实施所发生的劳动消耗和劳动占用同生产成果之间的比例关系。由于农业生产的特点，农业技术经济效果的高低，不仅要从投入与产出两个方面来考察，同时应该注意到资源保护、土壤肥力、生态平衡的变化。因此，对农业技术经济效果进行科学、准确的评价应以合理利用生产资源为出发点，以提高地力和保护、促进生态平衡为前提。这是农业技术经济效果的特定含义①。

农业技术经济效果由于评价的内容、标准的不同，可以分为绝对技术经济效果和相对技术经济效果。所谓绝对技术经济效果，指的是某一技术方案或者是某项技术措施投入产出间的比值或差额，主要通过经济效果临界值的分析，用来确定技术方案或措施本身有无经济效果。所谓相对技术经济效果，是指两种或两种以上多种可行方案之间，或新方案与对照方案之间经济效果的相对比较，通过这种比较可以选出最佳的方案或措施，所以相对技术经济效果主要用来进行方案的选优。

### (二) 农业技术经济效果的特点

农业是社会生产的第一产业部门，农业生产的基本特点是自然再生产过程与经济再生产过程相交织，从而产生一系列的具体特征。从农业技术的角度来看，农业技术经济效果具有以下特点：

**1. 农业技术经济效果的相关性**　农业生产的各种技术措施之间有强烈的相关性，既相互促进，又相互制约，从而导致技术经济效果的变化。例如，良种结合良法，其技术经济效果表现为正相关；用化肥随之以大水漫灌，其效益则为负相关。这是技术措施之间的横向相关性。再如，作物合理轮作在季度和年度之间有促进农业技术经济效果的作用，连作就会使病虫滋生，使产量降低，这是我们所熟知的纵向相关性。

**2. 农业技术经济效果的持续性**　由于农业生产是通过对各种自然资源的利用，以及动植物本身生长发育而实现农畜产品的生产。因此，农业技术经济效果在某些情况下表现出持续性，即后效性。从生物技术的角度来看，农业生产中优良品种的使用不仅使得当年当

① 袁飞．1996. 农业技术经济学［M］．北京：中国农业出版社．

季的经济效果表现良好，而且由于遗传的作用，能使农作物在今后若干年内持续增产。从环境因素来看，农田水利建设、土壤改良、施用有机肥料或长效化肥等，都有技术后效效果。

**3. 农业技术经济效果的综合性** 农业生产是生物性生产，动植物的生长发育必须同时具备各种各样的生活条件。所以，在实践中采用综合性的措施，其经济效果往往会大于各个单项技术措施的经济效果之和。选择先进适用的技术，并且因地制宜地组成农林、农牧业的技术—生产体系，以充分发挥综合措施的作用，对于提高经济效果有重要的意义。

**4. 农业技术经济效果的多样性** 土地综合治理、改造滩涂、兴修水利、营林造林、建立合理的耕作制度和生产结构，都是具有多效益、多功能的措施。它们不仅具有明显的直接经济效果，而且还可以得到生态效益和社会环境效益。因此，在研究农业技术经济效果时，一定要全面具体地分析各种效益，这样才能对技术方案做出比较全面的评价。

**5. 农业技术经济效果的不稳定性** 农业生产周期长，受自然环境的影响大，有明显的地域性和季节性，可变因素多，所以农业技术经济效果具有不稳定性。同一作物品种在不同地区往往表现出不一样的经济效果，在不同的年份也往往表现出经济效果的较大差异。因此，在研究农业技术经济效果时，需要搜集多年多点的数据资料，进行分析论证，不能凭借一时一地的资料做出绝对肯定或是否定的回答。

**6. 农业技术经济效果的极限性** 农业生产是在生物与环境统一的条件下进行的。人们对于生物本身的生理特点和外界环境因素的认识还远没有进入自由王国的境地。因此，在一定条件下，人们采用的技术措施所能起到的作用是有限的，因而农业技术经济效果也就具有极限性。例如，在一定技术条件下，牲畜饲养到一定体重后，再继续饲养，那么每单位饲料的报酬将逐渐减少，所消耗的饲料成本大于牲畜体重增加所获得的收入。种植业中化肥的使用量也有类似的情况。所以，在一定的条件下，要注意技术要素的合理投入，只有这样才能获得较好的经济效果。

## 四、农业技术经济效果临界

在农业生产中新技术是否会被采用，技术措施、技术方案是否正确，是否具有生产可能性，其最终的评价标准，要看能否带来经济效果和社会效益。只有新技术被采用后，在保证增产的同时，能够增加经济收益的条件下，才具有推广的价值。可见，在分析评价新技术推广使用的经济效果时，客观上存在一个经济效果临界。

农业技术经济效果临界，就是在分析农业技术开发、产品生产、农业项目建设等经济活动中有没有效益，以及取得效益的临界值。它代表着某项农业技术能给人们带来经济上好处的起码经济界限，低于这个界限，就表明没有增加社会财富。

在西方国家，一般只有当获得的利润率大于银行利率时才算是有效益，并以利润率≥银行利率作为经济临界。我们在这里所讲的经济临界的两种情况，一是根据经济效果表达式，推导出以下三的种情况：产出＞投入；产出＝投入；产出＜投入，这是客观存在的经济临界。我们通常所说的经济效果临界就是指在经济上能否取得收益的数量界限，只有当具体数值表明产出＞投入时，才能真正获得经济效果[①]。表达式如下：

经济效果临界＝（所得－所费）或（产出－投入）≥0

或

经济效果临界＝（所得÷所费）或（产出÷投入）≥1

另外一种情况是，在社会主义市场经济条件下，经济效果临界应该以比较利益为基础，以被选择方案的机会成本来确定经济临界，表达式为：

经济效果临界＝被选择方案的经济效果－机会成本≥0

上式中的机会成本是指在技术经济方案评价选优中，以未被选择的方案所损失的利益为尺度，来评价被选择方案的一种假定性成本。计算机会成本，是为了在若干可行方案中，为选择最优方案提供信息。

在农业技术经济学中通常还研究以下两类经济效果界限问题：一是技术的经济寿命和更新的经济界限，主要研究经济目标与技术的时间演变关系；另一类是经济活动过程中投入费用的经济效果界限，主要研究经济目标与费用演变的关系。在农业生产过程中，扩大经营规模，增加产品数量或者提高产品质量等必然会引起投入费用的相应变化，从经济上考虑，便需要有一个最佳的选择，这就是经济效果界限分析。

## 五、农业技术经济效果整体论

农业技术经济效果必须强调整体论，即对农业在生产过程中各种经济活动进行全面评价的理论，也是正确处理各方面经济效果关系，以求得最大经济效果的理论。主要的论点包括以下一些内容[②]：

### （一）正确处理单项技术经济效果与综合技术经济效果的关系

农业技术具有综合效应。各单项技术经济效果是综合技术经济效果的基础。在生产上合理采用综合技术措施，其经济效果往往大于各单项技术措施经济效果的综合，这就是综合效应导致“一加一大于二”。在综合技术措施中，限制性因素往往是提高综合技术经济效果的关键。比如在化肥施用中，当氮肥偏多、磷钾肥缺少时，则限制产量增加的关键因素是磷钾肥的施用量；增施磷钾肥就可以获得显著经济效果。所以讲求经济效果要注意综合效应，找出限制因素予以突破。既要重视单项技术的经济效果，更要重视综合技术的经济效果。

### （二）正确处理局部经济效果与全局经济效果的关系

局部经济效果与整体经济效果的统一，也就是微观经济效果与宏观经济效果的统一。任何一个社会都要讲求经济效果，否则这个社会就不能发展和生存。社会主义经济效果的一个特点是强调局部经济效果与整体经济效果的统一，或微观经济效果与宏观经济效果的统一。然而在农业生产的实践中，有时会出现局部经济效果与整体经济效果的矛盾。这就要有正确的指导思想，统筹兼顾，全面考察，妥善处理，使二者统一起来。反之，就会产生一些问

---

① 侯军岐．1999．农业技术经济学［M］．西安：西安地图出版社．

② 袁飞．1996．农业技术经济学．［M］．北京：中国农业出版社．

题。例如，有些地区曾把发挥地区优势理解为仅仅是利用本地区优势来增加经济收入，结果出现一些只顾局部不顾全局的问题。

从不同层次或不同范围来看，经济效果也有局部和整体的关系问题。在农业技术经济效果评价时，往往需要在由局部到整体的不同范围内进行不同层次的评价。因为一个小范围的经济效果问题，往往是一个较大范围的经济效果问题的一部分；较大范围的经济效果问题，又可能是更大范围甚至包括整个社会经济效果的组成部分。局部和整体是相互依赖和渗透的，整体是由许多局部组合成的一个系统。因此，对整体经济效果的评价不能离开对局部经济效果的评价，两者不能偏废。只有把两者统一起来，才能做出正确全面的评价。

### （三）正确处理当前经济效果与长远经济效果的关系

在农业中所采用的各种不同技术措施，有的当年见效，有的则要若干年后才能见效。当年的经济效果容易引人关注，长远经济效果则往往被人忽视。例如轮作制度的经济效果，从第一年度看可能并不显著，但是从整个周期来看，用地与养地相结合，使土壤肥力不断提高，稳产高产，成本下降，从而提高经济效果。因此，在计算总的经济效果时，轮作要比连作的经济效果好。畜牧业生产、果树生产，同样也有类似的情况。因此，农业技术经济效果评价应该既考虑到目前经济效果，又考虑到长远经济效果，使目前经济效果和长远经济效果结合起来。

### （四）正确处理直接经济效果与间接经济效果的关系

农业技术不仅有直接经济效果，而且有间接经济效果。例如，营造森林，直接经济效果是以一定耗费获得林产品，间接经济效果是保持水土，防风固沙，改变小气候，促进农业增加赢利。直接经济效果与间接经济效果消长变化的结果能否产生新增经济效果，是决定新技术有没有采用价值的经济依据。

整体经济效果论总的出发点是：合理组织农业生产要素，做到以上几个经济效果的兼顾，实现新增整体经济效果最大。

## 六、提高农业技术经济效果的途径

影响农业技术经济效果的直接因素是技术的先进适用性、技术因素的合理组合，以及自然、经济资源状况。虽然社会条件和国家发展农业的政策、农产品收购和贸易政策、价格政策，以及经营管理制度等因素不是技术经济学研究的范畴，但这些因素对农业技术经济效果的影响却有决定意义。所以提高农业技术经济效果不仅要研究农业生产单位的主客观条件及影响因素，而且还必须和社会经济条件联系起来进行研究。

根据经济效果的一般概念，即经济效果＝劳动成果/劳动耗费，可以得出提高农业技术经济效果的途径有以下几种方式①：

（1）在劳动成果和劳动耗费同时增加的情况下，劳动成果的增加量大于劳动耗费的增加量，这是集约农业经营的特点。在农业生产中利用现代的科学技术和工业设备，使得投入到

① 孟令杰．2008．农业技术经济学［M］．北京：中国农业出版社．

单位土地面积上的生产资料和劳动有所增加，但投入的增量一般小于产出的增量。

（2）在劳动成果一定的情况下，减少劳动耗费。例如，有些农业生产企业采用化学除草剂代替农作物的中耕作业，药品费用与工人费用的总和要比采用传统的中耕作业时的费用少，这既减轻了田间劳动强度和费用，又不影响作物产量。这时单位面积产量不变，但是物化劳动耗费量的增加量小于活劳动耗费的节约量，所以单位农产品的劳动耗费总量减少。前面提到劳动耗费包括劳动消耗和劳动占用两个部分。提高技术经济效果的途径的实质就是提倡节约和厉行节约，包括两层含义：一层是采取有效的措施减少或完全消除劳动投入中的浪费；另一层是采用先进技术和提高经营管理水平，不断提高劳动消耗的合理化标准。

（3）在劳动耗费一定的情况下，增加劳动成果量。例如，改进农作物的施肥技术以及实行科学的栽培技术，就能够在同样多的劳动耗费条件下提高作物的产量，从而提高经济效果。

（4）在劳动成果增加的同时，减少劳动耗费量，经济效果可以明显提高，这是通过增产节约以提高农业技术经济效果的一种比较好的方法。例如精量播种，就能够得到省种、省工和增产的经济效果。

（5）在劳动成果和劳动耗费同时减少的情况下，劳动成果的减少量小于劳动耗费的减少量，但是这种情况在实际生产中比较少见。对于这种途径，应该采取措施有效利用或者尽量节约使用农业生产过程中的各种资源，大幅度地降低劳动耗费，使经济效果在劳动成果减少的条件下，仍然能够得到提高。但是这种途径不太符合开源节流的要求，所以除特殊情况，一般不会采用。例如，某项农业生产活动产出的农产品的供应大于需求，或者需求市场萎缩等，为了在减少产出的同时，使得经济效果不会降低，就可以从这样一个途径入手，进行生产的管理和调控。

综合上面的五种情况，我们可以知道，提高农业技术经济效果的途径，主要是增加产品生产和减少劳动消耗两个方面。这两个方面是提高农业技术经济效果的对立统一的两个基本方面，在农业生产过程中，要提高农业技术经济效果，必须处理好这一对矛盾因素。只有既能增加农产品的产量，又能相应减少劳动消耗的技术措施，才具有良好的技术经济效果。

## 第二节 农业生产要素组合理论

### 一、农业生产力系统

#### （一）农业生产力的内涵及外延

早在《资本论》中，马克思就提出，人类改造自然的能力叫做生产力[①]。刘德在《财富论》中对生产力给出了新的定义："生产力是人民创造财富的能力。"该定义的出现是人们认识生产力的里程碑。随着社会经济的不断发展，生产力内涵得到不断深化。农业生产力是农业系统在一定区域、一定时期内，自然要素与社会经济技术要素共同作用下，其生产与发展能力的综合表现[②]。

① 马克思．2004．资本论·第一卷［M］．北京：人民出版社：53.

② 周留根．2005．农业生产力评价分析和优化系统研究［D］．南京：南京农业大学．

农业的基础是农业自然资源，农业自然资源是与地理和地质密切相关的要素，成为农业基础生产力。农业发展受社会和技术等要素的影响，社会经济与技术是农业发展的必要条件，技术、经济、社会对农业生产力的影响可表示为经济生产力、技术生产力、社会生产力及可持续生产力等概念。由于其相对自然生产力是可发展的生产力，可以把此生产力理解为农业发展生产力。农业生产力既依赖于自然资源，也依赖于社会经济条件，因此农业生产力应该是一个集基础生产力与发展生产力的综合生产力。

农业综合生产力即农业生产力是一种多形态、多类型和多层次的生产力系统，具有明显的复合化、结构化和体系化特征。从形态上分，包括潜在的、理论的“自然生产力”；现实显式的“物质生产力”、“经济生产力”；现实隐式的“技术生产力”和“社会生产力”。复合了自然科学家和社会科学家的研究领域。以农业发展过程阶段目标来层次化生产力结构，以“自然禀赋”—“物质目标”—“经济目标”—“科技作用”—“社会影响”的顺序展开。自然要素和社会经济技术要素结合形成现实的显式生产力。

### （二）农业生产力的要素构成

农业生产力是生产过程中人与自然的关系，是人的因素和物的因素相结合而产生的物质生产的总体。除了劳动力、劳动资料和劳动对象是生产力要素的重要构成外，科学技术、教育、管理、资金、经济信息等也属于生产力。如果将前者称为生产力的直接要素，那么后者就可称为生产力间接要素。农业生产力具体包括：劳动者、土地、生产工具、科学技术、教育、种子、种畜、能源、原材料、基础设施、资金、管理、信息等。农业生产力是社会生产力的重要组成部分，是一种动态的概念。随着农业科学技术的发展，构成农业生产力要素内容会发生变化，新的要素会不断出现，原有要素的地位与作用也在变动之中，在不同生产部门各种要素的作用也会有所不同。

农业生产力是多种要素有机构成的整体，是巨大的、复杂的系统，不是各种条件的简单堆砌。农业生产力要素既具有整体性，又具有层次性，构成农业生产力的要素在不同层次发挥着不同作用。农业生产力要素的第一层次是劳动者、劳动资料和劳动对象，这是普遍性、基础性要素，其他要素的作用离不开这个基础；第二层次要素是科学技术、教育、信息等，是附着性、渗透性要素，这一层次的作用主要在于改善第一层次三个要素的质量，并使自然资源得到更有效的利用；第三层次要素是农业生产过程的劳动分工、生产协作、生产联合等运行要素，即经营管理。

### （三）农业生产力系统

**1. 农业生产力系统的概念** 农业生产力系统，就是农业生产力的统一整体，它反映了在农业生产力中有哪些要素按照什么样的关系组合成一个系统。它不是一成不变的，也不是孤立存在的，其自然环境、经济环境和社会环境都作为农业生产力系统的外部制约因素。自然环境是农业生产力系统形成和发展的物质基础，经济环境是农业生产力系统发展的外在因素，社会环境是农业生产力系统发展的外在因素。人在农业生产力系统演进过程中是一个最活跃、起主导作用的因素，在这个系统中人既是决策者又是执行者[①]。农业生产力系统及其

① 董雪艳．2002. 农业生产力系统发展的三大规律与农业投资［J］．生产力研究（3）：51-53.

与环境的关系如图 2-1 所示。

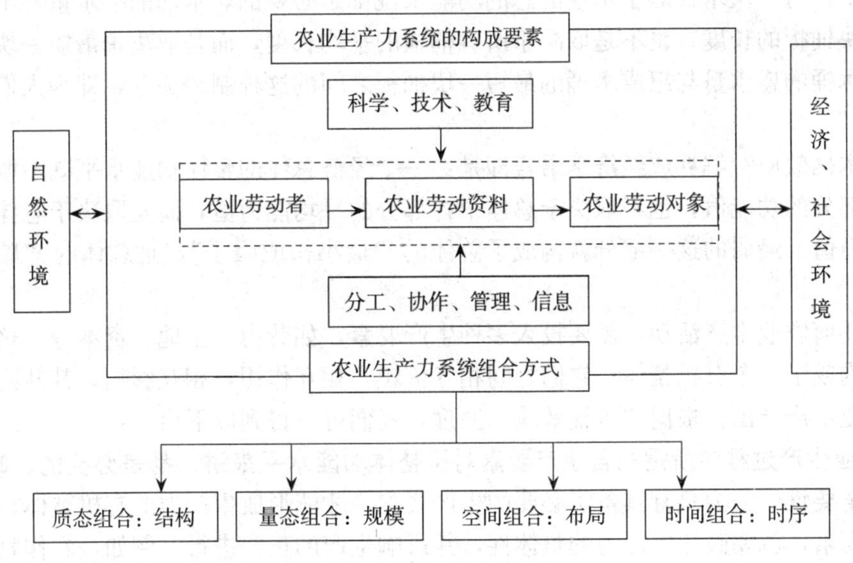


图 2-1 农业生产力系统及其与环境的关系图

**2. 生产力系统的三大规律**

（1）各要素同步形成与要素结合体运行时间链不间断规律。各生产力要素只有按照一定的配置形成要素结合体才会发生作用，而在要素结合时点上，有一种要素短缺，就不能形成结合体。也就是说，各要素只有结合在一起才能发挥其功能。因此这一规律要求在同一时点各要素必须到位，并要保证各要素功能的持续性，避免整体运行时间链中断。

（2）农业生产力要素系统的自然规定性规律。农业生产必须遵循自然规律，不论社会因素在生产系统中起多大作用，都改变不了农业生产的劳动对象是具有生命的动植物，农业生产是利用生物与环境之间的物质转换关系来获得产品这一本质属性。自然规定性规律也启示农业大国发展农业的关键问题，那就是要注重农业投资。

（3）各要素子系统等衡规律。农业生产力系统各构成要素之间，以及各要素子系统内部成分之间，必须保持协调配合的关系，在实践上相互衔接，在数量上相互协调，在地域上相互适应，在质量上同步提高，以保证各要素每一时空条件下都呈最佳结合状态。系统整体的功能是由功能最低的子系统决定的。此规律集时间优化规律、自然规定性规律于一体，将时间、空间、数量、质量融为一体，强调要素系统等衡、协调发展，实现最佳组合①。

## 二、农业生产要素组合原理的含义

要素组合原理又可称为“木桶效应”原理。木桶是我国传统的盛水器具，它所代表的生产力并不先进，但是木桶盛水的例子却富含现代意义上的系统思想，成为我们在协调部分与整体的关系时所要遵循的基本原则。

① 董雪艳．2002．农业生产力系统发展的三大规律与农业投资［J］．生产力研究（3）：51-53．

木桶是由很多长条木板拼接而成的一个整体，木桶的盛水功能来源于组成它的全部木板功能的集中，每一块木板对于木桶的总的功能来说都是必要的，木桶的盛水量并不是取决于最长的一块桶板的长度，也不是取决于所有桶板的平均长度，而是取决于最短一块桶板的长度。一只木桶的盛水量与组成木桶的最短一块桶板之间的这种制约关系，即为人们所熟知的“木桶效应”。

把“木桶效应”解释成经济学语言即是：一个经济总体的整体功能水平既不取决于总体中最强一部分的功能值，也不取决于总体中各部分的平均能力值，而是取决于总体中最弱一部分的能力值。最弱的这一部分就构成了总体的“最小构成因子”，是总体的“最大限制因素”。

进行任何农业生产活动，需要投入多种生产要素，如劳力、土地、资本等，这些不同生产要素便构成了一个有机整体，它们之间相互依赖，相互作用，相互影响，其共同作用的结果就是农业生产产出。根据“木桶效应”原理，我们可以得到以下启示：

**1. 农业生产过程中所需的各生产要素对于整体功能水平来讲，都是必要的，缺一不可，具有同等重要性**　因为只有具备了必要的生产要素，才能形成生产力的有机整体，缺乏任何一个生产要素，就要破坏生产力的整体性，并影响生产的正常进行。例如，农作物种植过程中，其他生产要素具备了，只是缺乏足够的肥料，就会影响农作物的产量。在农作物生长过程中，光照，热量，水分，养分每一个生产要素都必不可少，并且光照、热量等因素的利用同科技进步密切相关。

**2. 农业生产过程中，各生产要素的投入往往表现出不均衡性**　也就是说有些生产要素能力值大些，有些生产要素的能力值小一些。根据“木桶效应”原理，要提高农业生产投入的整体功能水平，就必须合理地配置各生产要素，使各生产要素投入之间保持一个适当的比例关系。农业生产要素的合理配置，关注的重点应该放在能力值比较低的要素上，也就是放在“最小构成因子”上。

**3. 农业生产各要素中，“最小构成因子”的突破，将会使生产要素投入的整体生产功能水平得到提高**　因为“最小构成因子”的每一个突破，都会使投入的生产要素之间趋于相适、平衡，在原投入的各个要素之间，组成一个新的构成，此时又会出现新的“最小构成因子”，合理配置生产投入要素的任务又会成为突破新的“最小构成因子”的制约，使农业生产投入要素之间再度趋于相适、平衡，把生产投入的整体生产力推向一个更高的水平。这样，“突破—相适、平衡—提高—又突破—再相适—再平衡—更高水平”，形成一个无穷循环流，成为农业生产投入各要素合理配置所遵循的客观规律。

## 三、农业生产要素的均衡配置

对农业生产要素均衡配置的研究，可以加深我们对农业生产要素的内在联系和协调发展客观规律性的认识，使农业生产要素的利用有规律可循。

### （一）农业生产要素均衡配置的特点

**1. 要素的齐备性**　任何的生产活动都需要投入多种生产要素，这些要素对于生产力水平来说都是必要的，它们同等重要，缺一不可。只有具备必要的生产要素，才能形成生产力的有机整体，缺乏任何一个要素，都会破坏生产力的整体性并影响生产的正常进行。例如，种庄稼，其他要素都具备了，如果缺少肥料，就会影响作物的产量；在农作物生长的过程中，光、热、水分、养分一个都不能缺少，并且光、热等因素的利用同科技进步密切联系。

**2. 农业生产要素的“短线平衡”性**　一个经济总体的整体功能水平不是取决于总体中最强一部分的能力值，也不是取决于总体中各部分的平均能力值，而是决定于最弱一部分的能力值。最弱的这一部分就构成了总体的“最小构成因素”，是“最大限制性要素”。在生产过程中，各要素的投入表现为非均衡性，也就是说有些要素能力值大些，有些要素能力值小些。根据“木桶效应”原理，要提高生产力整体水平，就必须合理配置各要素，使各要素投入之间保持一个适当的比例关系。要素的合理配置，重点应该放在“最小构成因素”上。限制性要素的突破，将会使生产力整体水平得到提高，因为每一次突破都会使各要素之间趋于相适、平衡，把生产力整体推向一个更高的水平。

### （二）农业生产要素均衡配置的途径

**1. 农业生产要素的数量平衡**　即根据农业生产的要求来安排各要素的数量和比例。

**2. 农业生产要素的质量平衡**　农业生产中要求各要素保持质量平衡。由于科技的进步，农业生产要素必须由原来旧的质量平衡进入新的质量平衡。如引进先进的机器，就要有技术熟练的操作工人与之相结合；采用精量播种机播种，就要有纯度高、籽粒大小均匀的种子与之相结合。掌握农业生产要素的质量平衡是提高经济效益的途径之一。

**3. 农业生产要素的时间平衡**　农业生产具有季节性，各要素必须按农事季节适地、保质保量地满足生产要求。时间平衡实质上是解决要素供应与农业生产季节需求的矛盾，还含有动态平衡的意味。

**4. 农业生产要素的空间平衡**　农业生产具有地域性，不同地区有着不同的资源条件。根据不同地区的优势条件，并以它为中心来组织要素的平衡类型，做到因地制宜，使得农林牧副渔业各得其所，全面发展。这是充分有效利用资源，提高经济效益的有效措施。

组合农业生产要素还要求与改善农业生态环境相结合，做到按生态平衡规律办事。只有兼顾以上各项，才能实现整体经济效益最佳。

## 四、农业生产要素的替代性

### （一）农业生产要素替代的内容

农业技术要素替代论是农业技术要素个别或组合更新效益的理论。在农业生产过程中，有不少要素是可以相互替代的。例如，劳力、畜力可以被机械动力所替代，农家肥可以被化肥所替代，高价要素可以被低价要素所替代。要素替代后可能获得更好的经济效益。例如人们栽培银耳，采用粉碎的棉花秸秆替代木屑，可以使银耳的产量提高大约40%，从而获得比较好的经济效益。

### （二）农业生产要素替代的途径

农业生产要素替代的途径主要有以下两个方面：

**1. 单项要素替代** 例如，采用杂交水稻品种代替常规品种，可以使产量、劳动生产率、纯收益得到提高。同样的，采用有机复合肥代替单纯化肥，也会有类似的效果出现。

**2. 要素组合替代** 例如，以沙土地、混合肥料、花生的种植组合替代沙土地、土杂肥、小麦的组合，从而可以取得较好的经济效益。

### （三）农业生产要素替代的原则

（1）相互替代的要素应该是同质异值，即功能相同，但是有不同的价格，替代后可能提高经济效益。

（2）不同的生产要素组合相互替代时，替代后的生产要素组合应该能够降低成本或者增加产量，保证其经济效益大于替代之前的经济效益。

（3）被替代的要素不可以闲置不用，而且在新的用途中能够获得比原来用途更好的综合经济效益。

（4）实现生产要素替代的经济效益，应该以保持农业生态平衡、整体经济效益、长期经济效益的增长为前提条件。

# 第三节　农业技术进步理论

## 一、农业、农业技术和技术进步

（1）农业是人类社会最古老的生产活动，它的中心内容就是人类利用生物机体的生命力，把外界环境中的物质和能量转化为生物产品，来满足人们的需求。农业不但是人类社会中最基础的物质生产部门，而且已经演化为支撑国民经济体系健康发展的产业系统。农业（Agriculture）为通过培育动植物生产食品及工业原料的产业。农业属于第一产业，研究农业的科学是农学。农业的劳动对象是有生命的动植物，获得的产品是动植物本身。我们把利用动物、植物等生物的生长发育规律，通过人工培育来获得产品的各部门，统称为农业。农业是支撑国民经济建设与发展的基础产品。根据生产力的性质和状况，农业可分为原始农业、古代农业、近代农业和现代农业。近代农业指由手工工具和畜力农具向机械化农具转变、由劳动者直接经验向近代科学技术转变、由自给自足的生产向商品化生产转变的农业。现代农业指广泛应用现代科学技术、现代工业提供的生产资料和现代生产管理方法的社会化农业。

（2）农业技术是在农业生产过程中为提高农产品质量和产量而应用的凝结在农业生产力诸要素中的各种知识和技能的总和。农业技术一般包括机械技术、化学技术和生物技术，生物技术是最重要的形式，对农业生态环境高度敏感。

（3）狭义上的技术进步主要是指生产工艺、中间投入品以及制造技能等方面的革新和改进。具体表现为对旧设备的改造和采用新设备改进旧工艺，采用新工艺使用新的原材料和能源对原有产品进行改进，研究开发新产品提高工人的劳动技能等。从广义上讲，技术进步是指技术所涵盖的各种形式知识的积累与改进。农业技术进步的外延包括软技术进步和硬技术进步两个方面。主要内容有：生产要素质量的改进；劳动技能的提高；农业生产要素的合理配置；规模的经济性；生产决策管理水平的提高；采用新的农业组织形式；采用新的管理体制和政策。

## 二、传统农业中的技术进步

传统农业是在自然经济条件下，采用人力、畜力、手工工具、铁器等为主的手工劳动方式，依靠世代积累下来的传统经验、以自给自足的自然经济居主导地位的农业，是采用历史上沿袭下来的耕作方法和农业技术的农业。基本特征是：金属农具和木制农具代替了原始的石器农具，铁犁、铁锄、铁耙、耧车、风车、水车、石磨等得到广泛使用；畜力成为生产的主要动力；一整套农业技术措施逐步形成，如选育良种、积肥施肥、兴修水利、防治病虫害、改良土壤、改革农具、利用能源、实行轮作制等。传统农业在欧洲是从古希腊、古罗马的奴隶制社会（约公元前5～前6世纪）开始，直至20世纪初叶逐步转变为现代农业为止。中国传统农业延续的时间十分长久，大约在战国、秦汉之际已逐渐形成一套以精耕细作为特点的传统农业技术。在其发展过程中，生产工具和生产技术尽管有很大的改进和提高，但就其主要特征而言，没有根本性的变化。中国传统农业技术的精华，对世界农业的发展有过积极的影响。重视、继承和发扬传统农业技术，使之与现代农业技术合理地结合，对加速发展农业生产，建设农业现代化，具有十分重要的意义。

## 三、现代农业中的技术进步

现代农业（modern agriculture）相对于传统农业而言，是广泛应用现代科学技术、现代工业提供的生产资料和科学管理方法进行的社会化农业。在按农业生产力性质和水平划分的农业发展史上，属于农业的最新阶段。

农业技术进步从定义上看就是农业生产率的增进，那么无论是改造传统农业还是现代农业的发展归根结底还是在于能够带来高生产率的现代农业技术。促使现代农业技术进步，不仅在于巩固科研和农业推广的支撑，而且以技术效果的经济合理性为前提；不仅在于技术本身的先进性和实用性，而且以农业生产条件和劳动力素质等一系列条件为基本保障；不仅在于农业发展和技术进步系统内部的作用，而且受到社会、经济、制度等外部因素的影响。现代农业技术进步有以下几个方面：

现代农业中化肥技术打破了传统农业中的自然平衡，加大了对土壤肥力的补充，大大提高了农业生产率。根据联合国粮农组织（FAO，1998）对41个国家18年试验示范所得的41万个数据进行统计，化肥的增产作用占到农作物产量的40%～60%，最高达到67%。全国化肥试验网试验结果表明，化肥施用得当，增产效果十分显著。其中：829个水稻试验平均增产40.8%；1 260个小麦试验平均增产56.6%；629个玉米试验平均增产46.1%；62个棉花试验平均增产48.6%；64个油菜试验平均增产64.4%。1981年开始布置的52个10年以上长期肥料定位试验点的试验资料表明，施用化肥对粮食产量的贡献率平均为40.8%，其中旱作两熟区的小麦为60.2%，玉米为46.2%。大量的试验结果表明，化肥的增产作用是巨大的。

现代生物技术带来了品种的改良和众多的新品种，提高了农业生产的潜力。自20世纪70年代以来，美国利用基因育种技术，培育出了一批具有高产、抗虫、抗病、抗旱涝等特征的农作物品种。利用基因工程技术，把一些高蛋白基因引入谷物作物，获得高蛋白小麦和高蛋白玉米，有助于解决人类食物紧缺问题；利用细胞移植技术，将花蕊、子房或其他组织离体培养出再生植株，获得多种稳定的、有某种优势的品系，大大提高了培育优良品种的速度等①。我国最具代表性的一项生物技术进步就是杂交水稻的培育成功和大面积推广。杂交水稻不但比常规水稻具有15%的产量优势，而且有的高产水稻的收获系数已经达到0.5的高水平。20世纪60年代绿色革命中矮秆小麦品种在巴基斯坦和印度的推广使得两国的小麦产量翻了一番。

现代农业机械技术，大大提高了劳动生产率。近百年来，美国的农业人口从39.31%下降到1.68%，由于实现了农业机械化，劳动生产力大幅度提高，不仅养活了超过2.7亿的美国人，而且成为世界农产品第一出口大国，其中农业机械立下了汗马功劳。20世纪世界人口从16亿增加到60亿，如果农业没有实现机械化就很难养活这么多的人口。据联合国粮农组织的调查，用手工操作的农业生产效率与机械化程度高的生产效率相比，1950年为1∶30，2000年则达到1∶500。农业机械最大的优势是挖掘农业内涵潜力，承担农业综合开发治理工程，拓宽农业生产领域，改善农业生产条件和环境。多年来农业机械在推土造田、修筑梯田、植树造林、兴修水利、治理盐碱、改造中低产田等大型重点工程中有着利用和改造自然的巨大威力。

## 四、技术进步的动力和源泉

探讨技术进步的源泉是多年来农业技术经济学者研究的重要内容之一。技术进步的动力和源泉的争论主要有三种观点：一是技术进步主要来自于社会需求推动；二是技术进步主要来自于科技创新推动；三是技术进步来自于社会需求推动和科技创新推动综合推动。其他的技术进步理论基本都可以归属于上述三种技术进步动力理论。

技术进步是社会需求推动观点认为，技术进步是由于市场对新产品的市场需求推动了技术的创新，进而促进了技术的进步；科技创新推动论认为，技术进步是由科学基础研究或科学发明推动的，新的科学研究的重大突破或科学发明创新促进了新产品技术的研究开发、生产和销售，最终促进了技术进步；技术进步来自于社会需求推动和科技创新推动综合推动的观点认为，社会需求推动技术进步和科技创新推动技术进步只能解释一部分技术创新活动，不能从全面角度解释技术进步，该观点认为科技创新和市场需求都是技术进步的动力和源泉，技术进步是社会市场需求和科技创新两者相互作用的结果。

其他的关于技术进步的动力和源泉有代表性的主要有希克斯的要素稀缺诱致推动技术进步理论，推动技术进步而希克斯的要素稀缺诱致推动技术进步理论从与上述技术进步的三大动力理论的关系来看，主要属于社会需求推动技术进步理论。近年来我国经济学家林毅夫通过杂交水稻技术应用的分析进一步验证和发展了要素稀缺诱致推动技术进步理论②。

# 本 章 小 结

对农业技术经济效果理论的了解着重把握农业技术效果与农业技术经济效果的区别与联

① 刘助仁.2006.美国农业生物技术应用蓬勃发展——兼论美国农业生物产业公共政策的运用［J］.理论前沿(6)：12-16.

② 王雅鹏.2003.农业技术经济学［M］.北京：高等教育出版社：79.

系；基于农业技术经济效果临界和农业技术经济效果整体论，结合农业技术具体实际，分析提高农业技术经济效果的途径。

农业生产系统中的农业生产要素组合理论着重理解“木桶理论”，能够运用木桶理论分析生产要素的均衡配置及农业生产要素的替代性。

农业技术进步动力主要来自于三个方面：一是主要来自于社会需求推动导致农业技术进步；二是科技创新推动了农业技术进步；三是技术进步来自于社会需求推动和科技创新推动综合推动了技术进步。其他的农业技术进步理论都可归属于上述三大农业技术进步的动力源。

## 复习思考题

1. 什么是经济效益？试述提高农业技术经济效益的途径。
2. 简述农业生产要素组合原理的含义，农业生产要素均衡配置的特点及途径。
3. 阐述技术进步对经济增长有哪些作用。
4. 农业生产力的内涵是什么？其构成要素有哪些？
5. 如何理解农业生产力系统概念？

# 第三章 农业技术经济效果评价

**重点提示：**了解农业技术经济效果评价的发展历程和现状；掌握农业技术经济效果评价的内容和程序；掌握农业技术经济效果评价的指标体系；掌握农业技术经济效果评价方法并能够结合实例对农业技术项目进行经济、社会、生态效果评价。

## 第一节 农业技术经济效果评价内容与程序

### 一、农业技术经济效果评价的发展历程

由于国情不同，世界各国农业技术发展情况也存在较大差异。中华农业文明源远流长，在长期的生产实践过程中，无论作物栽培和食用，还是生产工具、生产技术的改进，都取得了卓越的成就。然而，从 14 世纪 60 年代末以来，我国对外长期实行"闭关锁国"政策，影响了先进农业技术在我国的传播和发展，并使之处于相对停滞状态。尽管世界各国由于本国农业技术发展的历程不同，其农业技术评价的发展也有其独特的发展轨迹，但从世界范围来看，农业技术经济效果评价活动伴随农业技术的发展而逐步深入，依次经历了自由评价、自发式评价、规范化评价等三个阶段。

#### （一）自由评价阶段

从 17 世纪起，随着以农业实验和教学为基础的近代农业科学的确立以及农业科学研究机构的专业化，农业科技界就已经开始把农业技术经济效果评价作为控制研究和推广应用活动质量的手段。由于当时的农业科学研究活动尚处于个性化、随意化的自由发展阶段，导致农业经济效果评价活动具有零星的、个人的和单纯的等特点。

#### （二）自发式管理评价阶段

进入 20 世纪以来，随着农业科学技术的不断发展和应用，农业科学技术已经成为改变人类生产活动、推动社会进步的巨大力量。第二次世界大战后，西方国家对农业科研的投入大大增加，研发经费的分配、研究方向的遴选、研究机构的调整等，成为西方主要国家科技政策的重要内容，这些相关政策的实施广泛借助了农业技术经济效果评价手段，农业技术经济评价获得了强有力的发展。另外，自 20 世纪 60 年代以来，经济合作与发展组织的一些国家就开始尝试对农业技术研发与推广活动的投入、产出、成果和影响力等方面进行评价。这一阶段的农业技术经济评价活动的显著特点为：评价活动由自由评价向自发评价转化。

#### （三）规范化评价阶段

20 世纪 90 年代以来，世界各国都将农业科技作为农业核心竞争力的重要因素，农业科

研活动已经不再是科研机构和专家的兴趣爱好，已成为由政府直接领导和支持的一项社会事业和职业，农业科研的国家战略导向越来越突出。各国对农业科技活动的评价更加重视，农业技术经济效果评价越来越被广泛地、制度化地开展起来。

我国农业技术经济效果评价最早产生于20世纪80年代。1980年3月在广州召开了全国农业技术经济理论与方法学术研讨会，以此为标志，农业技术经济效果评价的发展进入了一个新的阶段。中国农科院农经所和四川省农科院于20世纪80年代初期就开始从事农业科研项目经济效益计算方法的研究，1984年，农业部科技司正式行文，在全国农业科研、推广、生产系统中运用农业经济效益计算。经过几年的使用后，又进行了调整，并明确指出：农业科研成果的经济效益计算一律按新方法执行。但国内的评价方法多从单一科研项目出发，服务于成果申报和奖励政策，且偏重于经济效益评价，对社会效益、生态效益和技术效益的评价指标的量化较少，特别是在市场经济条件下，对成果如何适应可持续发展的要求上，缺乏全面的评价。2003年党的十六届三中全会提出“建立预算绩效评价体系”，2008年十七届二中全会提出“推进政府绩效管理和行政问责制”，2010年十七届五中全会提出“完善政府绩效评估制度”。2010年财政部率先开展农业项目绩效评价试点工作，这标志着以“绩效”为核心的农业项目评价工作向规范化阶段迈进。

## 二、农业技术经济效果评价的现状

### （一）国外关于农业技术经济效果的评价

第一类方法是经济数学模型法。该方法主要应用于农业科技进步贡献率的研究，通过建立数学模型，把科技进步在农业经济增长中所起的作用分离出来，从宏观上反映农业经济增长中科技进步的作用。对农业科技进步贡献率测度方法的研究以索洛余值法最具有代表性和影响力。索洛余值法的基本内容可以简要地描述如下：生产函数是一次齐次性的，希克斯技术进步是中性的，那么生产函数可以写为：$Y=A(t)f(k,l,t)$；$A(t)$表示综合技术。根据多马给出的残差项的定义，可以得出：

$$\frac{\mathrm{d}A}{\mathrm{d}t}\frac{1}{A}=\frac{\mathrm{d}Y}{\mathrm{d}t}\frac{1}{Y}-\frac{\partial f}{\partial K}\frac{L}{f}\left(\frac{\mathrm{d}L}{\mathrm{d}t}\frac{1}{L}\right)-\frac{\partial f}{\partial K}\frac{K}{f}\left(\frac{\mathrm{d}K}{\mathrm{d}t}\frac{1}{K}\right),$$

上式实际上是用增长速度方程来表示技术进步率。其中，在完全竞争的条件下，$\frac{\partial f}{\partial L}$应等于工资率，$\frac{\partial f}{\partial K}$应等于资本租金率。因此，在市场经济条件下，如果能够假定经济运行是近似竞争均衡的，那么，根据社会经济统计数据就可以容易地求出技术进步率的值。

第二类方法是增长速度方程（索洛余值法）。增长速度方程是从C-D生产函数通过微分计算得到：$Y=\delta+\alpha K+\beta L$ 或 $\delta=Y-\alpha K-\beta L$，即科技的年进步率是产出年增长率扣除资本和劳动投入的增长导致的产出年增长后的余值。利用增长速度方程测定科技进步率，不需要收集众多数据进行回归，但难点是如何确定资本和劳动的生产弹性$\alpha$、$\beta$的合理值，一般可根据经验法、比例法确定$\alpha$、$\beta$值。这种测度方法也是农业科技进步测度的主流方法。

第三类方法是指标法。它又分为单项指标比较法和综合指标体系评价法。单项指标比较法，即通过用某一项单项农业科技进步指标与其他区域进行纵横向比较，从而对本区域农业科技进步状况做出评价。这种方法只能反映单项或某一方面的农业科技进步情况，不能反映农业科技进步的全貌，这也是其弊病所在。而综合指标体系评价法，即用一系列数量指标把农业科技进步的各种表现形式（如：农业科研水平的提高，生产实践中技术水平的提高，技术推广普及程度的提高，劳动力素质的提高等）进行量化，然后用一定的方法对这些指标进行综合打分，用综合得分来衡量某区域农业科技进步水平的高低。

## （二）国内关于农业技术经济效果的评价

我国对农业技术效果评价主要集中在评价方法的应用和评价体系的构建两个方面：

**1. 农业技术经济效果评价方法的应用**

（1）生产函数法。我国运用较多的农业技术经济效果评价模型主要有柯布—道格拉斯（C-D）生产函数、固定替代弹性（CES）生产函数、增长速度方程（索洛余值法）、超越对数生产函数等。在实际应用中，常用柯布—道格拉斯生产函数或增长速度方程测算方法，就我国而言，国家科技部、国家统计局等有关部门推荐使用增长速度方程测算方法。

采用生产函数法测算技术进步对经济增长的贡献率，计算公式简便，不需建立复杂的评估指标体系；数据容易收集，只需收集经济总量、劳动力投入、资本投入三组历史数据；计算过程和结果清晰易懂，不像综合评估测算法那样有相对复杂的指标和计算过程。其中增长速度方程测算方法对生产函数的具体形式没有作任何假设，代表了多种生产函数，符合经济运行的轨迹，具有一般性、普遍性，从而更具有广泛的应用价值。尽管生产函数测算法得到深入研究和广泛应用，且具有诸多优点，但也存在一些不易克服的缺陷，如增长速度方程测算法假定了规模报酬不变，但不少情况下规模报酬是变化的；再如资本投入发生激烈波动，往往导致科技进步贡献率发生相反的波动，甚至会出现负值。此外弹性系数的估算有三种方法，不同方法往往产生不同的结果，从而影响测算结果。

（2）指标分析法。指标分析法指通过构建科学合理的评估指标体系，对农业技术经济效果从经济、社会、生态效果等方面进行综合评价，主要包括专家会议法、德尔菲法、层次分析法、经济评价法、模糊综合评价法、综合集成评价法等方法以及这些方法的综合使用。指标分析法突破传统的以劳动所得与劳动耗费的关系为核心的评价，其深刻原因是随着改革的深入，城乡差距、不同群体之间因资源占用不同导致的收入差距进一步拉大，其发展模式由“效率优先、兼顾公平”逐步转变为“效率”、“公平”兼顾。同时，随着各国政府日渐重视环境保护问题，绿色国内生产总值的概念也成为农业技术经济评价的重要内容。因此，农业技术经济评价由单一的经济评价向经济、社会、生态综合评价过渡。

指标分析法克服了生产函数法的一些缺点，如测算结果受到资本投入和劳动力投入波动的影响较小，测算结果不会出现负值等，但其自身也存在一些缺陷。由于评估指标体系的指标选择、体系结构以及各级指标权重均由“人工”确定，因此测算结果容易受到主观的影响。此外，评估指标体系构建是否合理，相对指标和绝对指标比例，数据的完整性等因素也容易影响测算的结果。但从评价的发展趋势看，综合评价法将是各类评价的主流趋势。

**2. 农业技术经济效果评价体系的构建**　对农业技术经济效果评价体系的构建，国家科技部〔1992〕2525号文件，提出了一套综合评估指标体系，其中二级指标包括生产率指标、物质消耗指标、品种质量指标、人员素质指标、装备素质指标和技术开发指标。吕杰（1998）对农业产业化发展模式及评价指标体系作了相关研究，认为农业产业化指标包括农业产业化发展基础指标、农业产业化发展程度指标以及农业产业化发展目标指标三类。龙江舫（1999）设计了农业科技进步评价指标体系，包括5个一级指标，18个二级指标，并介绍了评价的操作方法。党耀国等（2000）通过对农业主导产业特征的分析，建立了农业区域主导产业评价指标体系，运用灰色系统理论的原理，建立了农业主导产业选择的数学模型，并对河南省农业主导产业选择进行了实证研究。刘国强（2001）从经济效益、社会效益、生态效益三方面入手，建立农业高新技术园区经济效益评价指标体系。晏敬东、陈卓（2003）针对区域科技能力评价体系中的指标赋权问题，设计了4个一级指标、10个二级指标和26个三级指标，提出用均方差进行定量分析的方法。孙毅等（2005）构建了一套以县域行政区划为界限的科技进步评价指标体系，并以数理统计及数据挖掘的相关技术手段为基础，探索一种目标管理、动态评价的县域科技进步测评方法。而具体的操作中，1996年大连市委、市政府为促进农业和农村科技进步出台了《大连市农业和农村科技进步考核暂行办法》，制定了大连市农业和农村科技进科技进步评价指标体系。在实践中，涉及的农业技术千差万别，因此，需要重新设计指标体系。①

## 三、农业技术经济效果评价的原则

### （一）经济效果、社会效果、生态效果统一的原则

借鉴世界各国发展的经验和科学审视国际形势的变化，当前和今后一个时期，我们必须坚持科学发展观的理念，把经济、社会和生态效果统一起来。通过改善生态、保护环境，促进经济社会的可持续发展；坚持以经济建设为中心，处理好经济建设与社会发展、生态平衡之间的关系。因此，开展农业技术经济效果评价，不仅要关注当前的、短期的经济效果，更应该关注长期的、连续的经济效果。单纯追求国内生产总值的增长，只顾眼前利益，过度采伐和耗竭自然资源，不但破坏了生态环境，降低了人们的生活质量，甚至还会影响经济效果。农业技术的运用，其目的是要改善人们的生活条件，提高人们的福祉。因此，正确评价技术经济效果，必须充分统筹兼顾眼前利益与长远利益，既要有利于提高近期的经济效果，也要有利于促进环境改善，取得良好的社会效果。把以往农业技术经济效果评价只注重经济效果评价向经济效果、社会效果、生态效果综合评价过渡。

### （二）技术效果与经济效果统一的原则

农业技术经济效果的评价的目的是取得技术上先进适用、生态上平衡协调、经济上合理可取、生产上切实可行的技术方案和技术措施。前两项属于技术研究的范畴，后两项居于经济合理的范畴。因而，在进行农业技术经济效果评价时，必须把技术效果和经济效果统一起来。

在农业技术经济范畴中，技术效果是经济效果实现的基础和前提，只有取得一定的技术效果，技术方案、技术措施和技术制度的应用，才能获得一定的经济效果，这同时也说明经济效果是技术效果的最终体现。在农业生产中单位产品的劳动消耗和劳动占用受各种因素的影响和制约，其中技术则是影响单位产品劳动消耗和劳动占用的决定性因素。一般情况下，技术效果和经济效果具有同步性，如选择先进适用技术，提高了生产效率，增产又增收。但

① 姜明伦，李瑞光．2008．农业科技进步评价指标与评价方法［J］．农村经济与科技（1）：64-65.

在社会实践中，由于受各种因素的影响，两者之间也会呈现出矛盾性，如某项技术方案的技术效果达到了先进水平，但由于投资大、资金占用多，导致经济效果不佳的情况也是存在的。正是由于技术效果与经济效果存在矛盾性，所以从技术角度制订的最佳技术方案或措施，从经济上来分析，往往不一定可取，从而不得不考虑选用次佳技术方案或措施。因此，在理论上和实践上都证明，农业技术经济效果的评价必须把技术效果和经济效果结合起来，达到技术效果和经济效果的统一。

### （三）微观经济效果与宏观经济效果统一的原则

微观经济效果和宏观经济效果的统一，具体表现在两个方面：一是在技术上微观和宏观的统一；二是在经济上微观和宏观的统一。

从技术上讲，微观和宏观的统一，是指技术措施和技术体系的统一；单项技术经济效果与整体技术经济效果的统一。农业生产是由众多的微观技术和技术环节构成的一个完整的生产技术体系，形成系统的生产力。在宏观的技术系统中，每一项微观的技术和技术环节又具有特定的功能，各项微观技术之间又是相生联系、相互制约，并影响着宏观技术功能的发挥。因此，在经济效果的分析评价中，要认真分析单项技术在整体技术体系下的协调状况，从而发现和确定影响经济效果的主导因素，使微观和宏观在技术上达到最佳的统一。

从经济上讲，微观技术经济效果和宏观技术经济效果的统一，主要是指社会经济效果和生产者的经济效果的统一，它具体表现为：当前效果和长远效果的统一、社会效果和经济效果的统一、局部效果和整体效果的统一。在社会主义市场经济的条件下，生产经营者的主要生产目标是获得利润，比较重视当前经济效果，而从国家和社会的角度讲，又必须强调宏观效果和社会效果，这样有时就会出现局部与整体经济效果的矛盾。因此，在经济评价中，应从社会的角度、国民经济总体的角度进行评价。只有这样，才能真正认识技术方案的经济意义和社会意义，技术方案才具有推广使用的价值，才具有生产可行性，才能迅速转化为生产力。

### （四）使用价值与价值统一的原则

农业生产过程是使用价值生产和价值生产的统一。使用价值是发展生产和满足社会需要的物质基础。在社会主义市场经济的条件下，农业生产的目的是在满足需要的条件下获得最大利润。所以，在经济效果的评价中必须把满足社会需要同获得必要的利润结合起来，把国家的目标和生产者的目标结合起来。只有这样，才能取得使用价值和价值的统一。

社会经济效果同生产者的经济效果在本质上是一致的，但有时也存在着矛盾。主要表现在：从国家和社会方面讲求经济效果，主要着眼于使用价值生产的经济效果，讲求产出的数量和质量；从生产者方面讲求经济效果，农民作为独立的商品生产者，其着眼点在于价值生产的经济效果，讲求赢利和经济收益。这种矛盾在粮食生产中表现得比较突出。因此，在经济效果的评价中必须把使用价值和价值结合起来，取得最佳统一的经济效果，才能促进农业生产的发展。

### （五）定性分析与定量分析统一的原则

农业生产中影响技术经济效果的自然因素和社会因素都很复杂，在进行技术经济效果评价时，只有采取定性分析和定量分析相结合的办法，才能提高技术经济论证的科学性和准确性。农业技术经济定性分析的任务是：根据实际需要和对客观条件的分析，提出并确定技术经济问题；对有关的技术因素和经济因素之间的关系及其发展变化趋势进行分析，建立同质性的技术方案；科学地权衡定量分析的结果，做出定性的结论，通过经济分析和综合评价选择最优方案。所以，定性分析可以使人们明确事物的性质，明确事物的因果关系及相关原理。定量分析就是分析事物变化的数量关系，以确定事物相互关系的数量界限，把握事物的最佳量度。定量分析在某种程度上有助于创造经济科学的概念，并且是进行演绎推论的一种有效手段。

定性分析是定量分析的基础和前提。进行农业技术经济效果评价，首先要进行定性分析，以便明确事物的性质、特点及因果关系，才能在这个基础上进行定量分析，才能得出可靠的结论。在实际工作中，如不先进行定性分析，一些经济目标的确定、变量选择、参数的估计、模型的选择、结果的分析评价等，都会遇到许多困难。相反，不做定量分析只做定性分析，就不能准确地评定方案的优劣。因而，在定性分析的指导下进行定量分析时，能够做到基础数据准确可靠，数据、指标、计算方法具有可比性，选择和建立的模型反映经济过程的客观情况。这样，定量分析就会准确、科学，从而达到定性分析和定量分析的统一。

## 四、农业技术经济效果评价的内容

农业技术经济效果的评价内容是依据农业技术经济效果的理论概念确定的，评价的目的是取得技术上先进适用、生态上平衡协调、经济上合理可取、生产上切实可行的技术方案和技术措施，在科学发展观的理念的指导下，农业技术经济效果评价的内容由评价农业劳动产品有用效果、农业有用效果与劳动消耗的关系、农业有用效果与劳动占用的比较向评价经济效果、社会效果和生态效果过渡。

### （一）经济效果评价

经济效果是指生产投入、劳动投入与新技术推广产值的比较。如某项新技术成果的应用导致作物面积产量、劳动生产率和经济效果的变化。在对推广项目进行经济效果评价时首先要注意投入产出比变化，单位面积经济效果的变化，农民比较收益状况；其次是关注推广规模和推广周期长短等因素，这些都与单位时间创造的经济效果关系密切。经济效果评价的内容通常有：土地生产率、劳动生产率、资金产出率、投资经济效果、经济效果、单位面积增产量、财务分析等。

### （二）社会效果评价

社会效果是指农业推广项目应用后给社会提供优质、丰富的产品，满足人们物质、文化生活需要。是促进社会安定，提高农民素质，促进农村两个文明建设和社会发展的效果。具体表现为：一是为社会作出贡献情况；二是推广教育效果情况。社会效果评价内容通常有：就业效果，社会稳定情况，农村文化、生产和生活质量的改变效果，农村人际关系的变化，劳动力负担变化，农民生计结构和生计状况，弱势群体地位和参与度，教育功能发挥程度等方面。

### （三）生态效果评价

生态环境效果评价是指项目推广应用对作物生长发育和人类生存环境的影响效果。主要有：一是自然资源（土地、水、森林、草原、生物多样性）保护和利用状况。如项目的实施，土壤再生能力发生的变化；是否破坏了自然景观；是否造成水土流失；农业用水和饮用水源是否遭到污染等。二是对环境质量的影响。如因项目的实施对项目区土壤环境、水体、空气净化的贡献，“三废”处理是否妥当，是否对当地的农业生态环境造成威胁和污染等。三是资源开发利用的合理性。项目实施是否实现了循环经济新理念和实现的程度，是否实现了农（作物）副产物的合理开发和循环利用，节水、节能效果，有效利用当地的温、光、水和耕地资源情况等。生态效果评价的内容主要有：光能利用率、土地利用率、森林植被覆盖率、水土保持率以及农业环境污染情况等。

## 五、农业技术经济效果评价的程序

农业技术经济效果评价涉及面广，内容丰富且复杂，因而必须按照科学的程序组织实施，才能得出科学的符合实际的结论。一般说来，农业技术经济效果评价的程序应当包括：前期准备、评价设计、实施评价、评价报告撰写、评价结果的使用和扩散等环节，具体步骤见图 3-1。

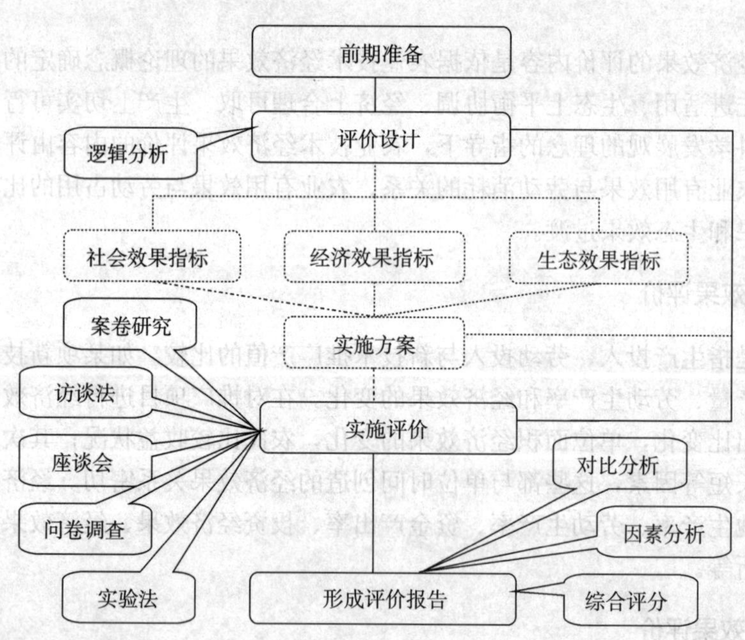


图 3-1　农业技术经济效果评价程序图

### （一）前期准备

前期准备包括评价项目的识别、评价任务的组织、评价任务大纲的编制等。

**1. 评价项目的识别**

（1）农业机械化技术经济效果评价。主要包括农业机械化区划、选择性机械化、机械化系统的最优配备，农业机械在农业生产中的作业方式等方面的技术经济效果评价。

（2）农田基本建设技术经济效果评价。主要包括水土保持、土壤改良、农田水利建设、灌溉方式等技术经济问题的研究和评价。

（3）农业科技成果推广应用的经济效果评价。主要包括新品种、新的栽培技术、新化肥、新农药等方面的技术经济效果评价。

（4）种植业技术经济效果评价。主要包括土地利用、作物布局、耕作制度等方面的技术经济效果评价。

（5）畜牧业技术经济效果评价。主要包括畜禽结构、饲养方式、饲料资源的开发和利用等方面的技术经济效果评价。

（6）林业技术经济效果评价。主要包括林木培育，造林工程，树种结构，用材林、防护林、经济林、薪炭林等方面的技术经济效果评价。

（7）渔业技术经济效果评价。主要包括鱼苗培育与放养结构，饵料配合，池塘养鱼、网箱养鱼、稻田养鱼等不同饲养方式和捕捞方式的技术经济效果评价。

（8）开发性技术和综合性技术经济效果评价。主要包括荒山、荒地、滩涂资源的开发和利用，农产品商品基地建设、创汇农业、扶贫项目、产业结构调整、农林能源的开发和利用、地区性综合开发的技术经济效果评价。

**2. 评价任务的组织**　评价任务的组织由评价管理者和评价小组构成，管理者可以直接开展农业技术经济效果评价，或者根据需要委托符合条件的专业机构或外部专家实施评价。

（1）评价管理者。评价管理者应为熟悉被评价项目的管理人员，应履行以下职责：编写评价任务大纲，与评价小组进行沟通，为评价活动提供必要的支持，监督评价活动进展情况并进行质量控制，对评价活动中出现的问题及时做出决策，与管理层、评价小组、被评价单位进行沟通，组织有关人员对评价报告进行评审、验收，促进评价结果的使用和扩散。

（2）评价小组。不管是管理部门自己评价，还是委托外部专业机构或者专家评价，都需要成立评价小组。评价小组是进行农业技术经济效果评价的设计、实施和报告编写的团队，应具备以下能力：具备农业技术经济评价的理论知识、方法和其他技能，有一定的沟通和组织协调能力，熟悉行业背景、发展状况、相关政策、专业知识，了解当地的社会和文化背景。

**3. 编制评价任务大纲**　评价任务大纲是由管理者编制的，进行农业技术经济效果评价的指导性文件，内容包括评价的目的和范围、项目的描述、涉及的相关人员、评价小组、实施计划、评价使用的方法、需要的资源、时间安排和评价要求、管理部门的责任等。

### （二）评价设计

评价设计包括分解评价任务、运用逻辑分析法开发指标体系、完成评价实施方案。评价小组在充分理解评价任务大纲的基础上，将评价任务大纲转化为可操作的实施方案，具体步骤见图 3-2。在评价设计的每个步骤中，评价小组都要与管理部门进行沟通。

### （三）实施评价

实施评价过程主要包括评价证据的收集、整理与分析，评价指标体系的分析与评分，形

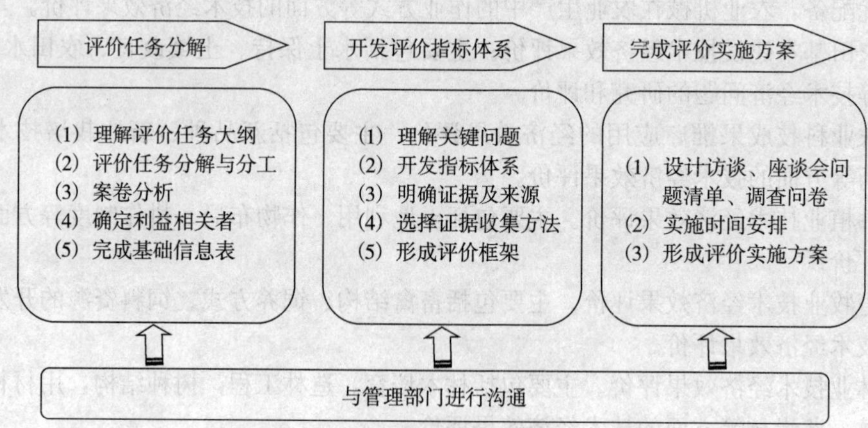


图 3-2 农业技术经济效果评价设计流程图

成评价结论。

**1. 评价证据及其来源**

（1）评价证据的概念。评价证据是用来测量评价指标、回答关键问题、支持评价结论的数据、事实和观点。在开发评价指标体系时就要考虑评价证据及其来源。评价小组要尽量收集高质量的评价证据。高质量的评价证据应具备以下几个特点：①相关性，即所收集的评价证据与指标相关、并且是最重要的信息；②有效性，即所收集的评价证据能真实反映指标内容；③可靠性，即所收集到的评价证据具有可验证性；④准确性，即收集的评价证据要准确，特别是对于收集的利益相关者观点要注意代表性。

（2）评价证据的来源。

①制度、政策和法规。包括国家相关法律、法规、规章，国家发展规划和相关部门行业发展规划及政策，地方政府制定的发展规划和政策，其他有关部门的制度规定。

②农业技术项目相关文件和报告。包括协议、立项评估报告、项目进展报告、中期检查报告、完成报告团及有关评价报告，国家行政管理部门的立项批复文件，实施单位执行报告（可行性研究报告、评估报告、社会影响评价报告、环境影响评价报告、财务会计报告、工作总结、监测报告、进度报告、竣工验收报告等），专项审计报告，其他相关文件报告等。

③评价小组直接收集的一手资料。包括通过座谈会、访谈、实地调研、问卷调查、实验等方法收集到的第一手资料。

**2. 评价证据的收集方法** 评价证据收集方法是用来收集衡量评价指标和回答评价问题所需证据的方法和技术。证据收集方法有很多，如案卷研究、访谈法、座谈会、问卷调查、实验法等。

（1）案卷研究。是从现有的文档中寻找评价证据的过程。这些文档资料包括项目文件、国家和地方的发展政策及战略、各种相关的研究和咨询报告等。案卷研究的优点是成本低，能从现有资料中获得大量有用的评价证据。缺点是很难对现有资料中的评价证据进行核实。

（2）访谈法。访谈法又称晤谈法，是指是通过访员和受访人面对面地交谈来了解受访者对评价指标认识的基本研究方法。因研究问题的性质、目的或对象的不同，访谈法具有不同的形式。根据访谈进程的标准化程度，可分为结构式访谈和非结构式访谈。访谈法的优点是成本低且较容易实施，可以对较深层次的内容有比较详细的了解，运用范围广并且能够简单而叙述地收集多方面的资料，由被访者亲口讲出评价内容，使评价小组了解到短期内直接观察法不容易发现的情况。缺点是访谈法要具备专门的技巧，需要受过专门训练的专业人员，比较费精力费时间，工作成本较高，收集到的信息往往已经扭曲和失真，被访对象会故意夸大或弱化事实。

（3）座谈会。是比较常用的评价证据收集方法，评价小组把有代表性的利益相关者召集起来，围绕座谈会问题清单进行讨论，进而收集评价所需的证据。在召开座谈会前，评价小组需要确定座谈会的次数和参会人员的名单，设计好座谈会问题清单。座谈会的优点是能够收集到更多不同相关利益者的观点、判断以及解释项目成功和失败的原因。缺点是成本高，可能会收集到很多无关信息，参会人员可能讨论与农业技术经济效果评价无关的问题，参会人的主观偏见也会影响评价证据的客观性。

（4）问卷调查。问卷调查是搜集农业技术经济资料最常用的基本方法，就调查的范围来说，有全面调查、定点调查、重点调查、典型调查和抽样调查等五种方式。问卷调查的优点是能够提供大量结构化的证据，并且覆盖面较广。缺点是调查的成本较高，有时候问卷回收时间过长给后续分析带来困难。

①全面调查。主要用于一些重大的农业生产技术措施或技术改革的技术效果的评价，对经济效果的各个方面表现和各种影响因素及其作用范围进行全面的调查研究。例如要评价大型农田水利工程、普及推广优良品种、改革农作制度等重大农业生产技术措施或技术改革的技术经济效果时，都需要进行全面调查，广泛搜集资料，才能进行分析研究。

②定点调查。按照技术经济资料调查的要求，具体到一个生产单位时，对其经济活动和生产活动连续进行登记，并建立经济档案制度，详细而系统地搜集资料的一种形式。一般来讲，农业生产单位对于生产过程中所消耗的生产资料和活劳动、资金和生产资源的占用情况及其相关因素，往往缺乏系统的记载，或者不能满足进行技术经济效果评价的要求，因而需要采用定点调查。

③重点调查。这种方法是在所有采用技术措施的单位中，选择一部分重点单位进行调查，这些单位可能数目不多，但对调查的指标数值来说，它们在总体中却占有较大的比重。重点调查花费的时间少，取得资料快。一般在人力少、时间短的情况下进行调查，多采用这种方式。运用重点调查可以迅速掌握调查对象的主要情况。

④典型调查。这种方法是在分析同类现象的某些技术经济效果的一般规律时，选取一些具有代表性的典型单位进行深入细致的调查研究。典型调查所选取的典型一定要有代表性，才能保证收集到资料的质量。但在实际调查中，要找到各项因素和条件都相同的典型几乎是不可能的。因此，一般采用多选典型，使用典型平均化的办法，以抵消或减少一些偶然因素的影响。典型调查是一种简便灵活、收效迅速的调查方法。

⑤抽样调查。这种方法是根据同等可能性原则，从调查对象的总体中抽选出一部分单位作为样本进行调查，是一种以样本指标数值推算总体指标数值的调查方法。抽样调查可分为随机抽样、机械抽样、类型抽样、整群抽样等几种抽样方式。

（5）实验法。是按照事先设计的技术措施和经济目标制定出实验方案，在生产单位进行实地试验。通过实验，对劳动消耗和生产成果进行观测，取得比较精确和完整的资料及数据，以便对所设计的技术措施方案实行数量分析和技术经济效果评价。实验法一般适用下列技术经济问题的分析研究。

①实施重大农业技术改革方案的分析与评价。例如农业机械化试点的实施方案，既包括机械适应性实验、机械生产性实验，也包括机械化技术经济效果实验。经过实验和技术经济效果评价，具有良好的技术经济效果，这个方案才能选用推广。

②推广新技术措施的试点。每一项新技术措施从小区实验向大范围推广时都应经过试点，以便检验这一措施的合理性，并取得实施经验，起到示范作用。

③技术性实验的技术经济分析。例如结合施肥实验分析不同施肥种类和不同施肥水平的技术经济效果，确实施肥的最佳点。又如对育肥猪进行实验，取得不同饲料配方和不同饲养水平同体重增长关系的资料，为分析确定育肥猪最佳出栏体重提供依据。

**3. 评价证据的整理** 评价证据的整理，就是根据评价项目的要求和评价目标，对所搜集的资料进行分类、计算、综合，使其系统化、条理化，为农业技术经济效果评价提供清晰的有用的资料。因此，评价证据的整理是对资料的加工制作，是农业技术经济效果评价的重要环节，它主要包括以下内容：

(1) 原始资料的审核。主要是指原始资料是否真实可靠，是否完备，计算方法和计算结果是否正确，计算单位是否适当。对农业技术经济参数必须进行审核和修正。

(2) 原始资料的分类。原始资料的分类要根据评价的需要来进行。一般可以分为实物指标、价值指标、数量指标、质量指标，技术效果、生态效果和经济效果指标数据组。

(3) 原始资料的分组。数据的分组是资料整理的基本方法，主要是根据农业技术经济问题的性质和分析评价的要求，将原始数据按一定的标志划分为不同的组成类型和层次。通过分组不仅可以使原始资料条理化，而且可以显示因素之间的关系和变动的规律。

(4) 数据的初步计算与汇总。数据经过初步分类分组整理后，常常还要按照绝对数、平均数、相对数做进一步的整理和计算，然后将各种数据资料汇总成为农业技术经济效果分析评价表。大型的较为复杂的农业技术经济数据，可用计算机进行整理和贮存。

### (四) 评价报告的撰写

农业技术经济评价报告的内容一般包括三个方面：一是技术方案的介绍；二是运用相应的指标评价该技术方案的技术经济效果；三是得出结论、经验、教训与建议。

下面以一实例加以说明。

【例 3-1】 水稻三种不同耕作制方式的经济效果评价

为了比较不同耕作方式经济效果的差别，在某农村选择了三块面积各为 0.33hm² 的土地进行了试验，总面积为 1hm²，总产值为16 791元，即每公顷平均产值为16 791元。

**1. 水稻三种耕作制度介绍**

(1) 有机水稻单作制：面积 0.33hm²。选用的品种为日本水稻品种“越光”；共施用米糠 250kg、菜子饼 250kg，折合每公顷施用米糠 750kg、菜子饼 750kg；秧田用苦参碱防治灰飞虱一次；物化成本 450 元，折合每公顷1 350元；劳动力成本 600 元，折合每公顷1 800元。产量1 300kg，折合每公顷3 900kg；收购价格每千克 4.6 元，净收益4 930元，折合每公顷14 790元。

(2) 有机稻鸭萍共作制：面积 0.33hm²。选用的品种为日本水稻品种“越光”；仅在秧苗期用苦参碱防治灰飞虱一次；物化成本 575 元，折合每公顷1 725元；劳动力成本 925 元，折合每公顷1 775元。产量1 400kg，折合每公顷4 200kg；收购价格每千克 4.6 元，净收益

5 135元（含鸭收入 375 元），折合每公顷15 945元（含鸭收入1 125元）。

（3）常规水稻耕作制：面积 0.33hm²。选用的品种为日本水稻品种“越光”；共施用250kg 磷酸二胺作基肥，施用分蘖肥 50kg 尿素、促花肥 25kg 尿素，使用农药 13 次，农药包括除草醚、井冈霉素、吡虫灵、稻瘟净、叶蝉散，物化成本1 050元，折合每公顷3 150元；劳动力成本 825 元，折合每公顷2 475元。产量2 325kg，折合每公顷6 975kg；收购价格每千克 1.88 元，净收益2 496元，折合每公顷7 488元。

常规水稻耕作制，由于水稻品质下降、存在农药残留等不安全因素，缺乏市场竞争力，市场价格较低，不利于农民经济收入和农业经济效果的提高。而有机水稻耕作制为可持续发展范畴，积极追求经济效果和生态效果的协调统一。由于严格禁止施用化肥农药，一方面降低了生产投入，另一方面保障了高安全和无污染性，有利于提高稻米质量和市场竞争力，增加了农民收入。此外，有机水稻耕作制用人工除草、翻耕、施用有机肥，增加了单位面积的劳工投入，促进了农村妇女充分参与到有机生产体系中，提高了她们的社会经济地位。

**2. 水稻三种耕作制度的技术经济效果比较**

（1）经济效果比较。不同耕作制的投入产出情况见表 3-1。

**表 3-1　水稻不同耕作制的投入产出表**

| 模　式 | 产量（kg） | 物化成本（元） | 劳动力成本（元） | 收购价格（元/kg） | 产值（元） | 净收益（元） |
|---|---|---|---|---|---|---|
| 有机水稻单作制 | 1 300 | 450 | 600 | 4.6 | 5 980 | 4 930 |
| 有机稻鸭萍共作制 | 1 400 | 575 | 925 | 4.6 | 6 440 | 5 315 |
| 常规耕作制 | 2 325 | 1 050 | 825 | 1.88 | 4 371 | 2 496 |

注：有机稻鸭萍共作制度产值为6 640元，指不含养鸭的产值，而净收益为5 315元，指含养鸭（375 元）的净收入。

从表 3-1 中看出，虽然有机耕作制度产量较低，但净收益比较高。水稻常规栽培制度产量最高，但物化成本较高，市场价格低，因此净收益较低。

不同耕作制单位面积经济效果比较情况见表 3-2。

**表 3-2　水稻不同耕作制单位面积经济效果情况比较表**

| 指　标 | | 有　机 | | 常规耕作制 |
|---|---|---|---|---|
| | | 单作制 | 稻鸭共作制 | |
| 经济效果 | 投入成本（元/hm²） | 3 150 | 4 500 | 5 625 |
| | 产值（元/hm²） | 17 940 | 19 320 | 13 113 |
| | 经济产投比 | 5.70 | 4.29 | 2.33 |
| | 净产值（元/hm²） | 14 790 | 15 945 | 7 488 |
| | 成本产出率（%） | 470 | 354 | 1.33 |
| | 劳工投入成本（元/hm²） | 1 800 | 2 775 | 2 475 |
| | 劳动生产效果 | 8.22 | 5.75 | 3.03 |

注：成本产出率为单位面积净产值与投入成本的百分比，劳动生产效果为单位面积净产值与劳工投入成本的比值。

三种耕作制度中，有机水稻投入总成本普遍都低于常规水稻，虽然有机水稻耕作制具有较高的市场价格和良好的竞争力，但由于产量水平较低，使得有机水稻耕作制总产值偏低。但在资本投入相同的情况下，有机水稻耕作制比常规水稻耕作制拥有更高的经济收益。有机水稻强调系统内部物质循环利用，避免化肥、农药等物质投入，土地单位面积作物产出量均有不同程度的下降，而单位面积净产值和成本产出率均高于相应的常规耕作制。有机水稻耕作制采用人工除草、翻耕、施用有机肥等措施增加了单位面积劳工工资投入。相对常规水稻而言，由于有机水稻具有良好的净产值，农户劳动生产效果得到了明显提高，有机水稻为增加农民经济收入提供了良好的发展前景。

（2）生态效果评价。试验调查了田间有益生物种类数量及有害生物种类数量、土壤的容重、有机质含量，见表3-3。从调查发现，水稻在有机耕作条件下有益生物较多，主要有青蛙、蜘蛛、蜻蜓、草蛉，对有害生物得到了明显的控制。有机水稻单作较常规种植土壤孔隙度也有所增加，土壤容重降低2.2%，有机质含量增加24.24%。有机稻鸭萍共作由于存在食物链高端生物——鸭，有益生物也消失了很多，但土壤容重较常规耕作降低3.6%，有机质含量增加25.76%。而常规耕作由于使用了农药，对水田中所有生物彻底消灭，土壤容重略有上升，有机质含量下降。

**表3-3 水稻不同耕作制生态效果比较表**

| 模 式 | 有益生物 | | 有害生物 | | 土壤容重（g/cm） | 有机质含量（g/kg） |
|---|---|---|---|---|---|---|
| | 种类（种） | 数量（只/m²） | 种类（种） | 数量（只/m²） | | |
| 水稻单作制 | 8 | 8.2 | 5 | 4.3 | 1.34 | 16.4 |
| 稻鸭萍共作制 | 3 | 0.3 | 4 | 0.6 | 1.32 | 16.6 |
| 常规耕作制 | 5 | 0.2 | 4 | 0.4 | 1.37 | 13.2 |

（3）社会效果评价。社会效果评价主要通过农民受益率、土地生产力、自然资源消耗等指标进行分析评价，见表3-4。农民受益率数据显示，相对常规水稻来说，由于有机水稻虽然产量比较低，但是市场价格高，因此农户能获得更多收益，另外再加上当地政府的补贴，农户经济收益更得到了有力的保证。同时有机水稻耕作制促进了妇女加入有机生产体系，在提高其经济收入的同时也提升了妇女的科学文化素质和社会地位。

**表3-4 水稻不同耕作制社会效果比较表**

| 指 标 | | 有机 | | 常规耕作制 |
|---|---|---|---|---|
| | | 单作制 | 稻鸭萍共作制 | |
| 农民受益率（%） | | 35 | 40 | 25 |
| 土地生产力 | 亩①产水稻量（kg/hm²） | 3 900 | 4 200 | 6 975 |
| 自然资料消耗度 | 化肥（kg/hm²） | 0 | 0 | 1 125 |
| | 农药（kg/hm²） | 0 | 0 | 75 |

从土地生产力的角度来看，有机水稻使用有机肥，肥效释放比较慢，早期长势比较好，但分蘖较差，对病虫害的防治也只限于人工和物理措施，最终产量比较低，因此如何提高有机水稻的土地生产力，是今后研究的方向。

从不可再生资源消耗情况来看，常规水稻过度依赖化肥、农药等物质投入，造成大量不可再生资源的不可逆消耗甚至枯竭，同时也带来了工业污染，影响了人类的生存和可持续发

① 亩为非法定计量单位，1亩≈666.7m²，下同。

展。而有机水稻实行封闭式物质循环利用，采用人工捕捉、物理手段防治病虫害，严格禁止使用化肥、农药，有效解决了生产过程中大量消耗能源造成的危机。

## 第二节　农业技术经济效果评价指标体系

### 一、农业技术经济效果评价指标体系的含义及设置原则

#### （一）农业技术经济效果评价指标体系的含义

开展农业技术经济效果评价，要从定性和定量两个方面进行，不论是定性还是定量，都需要一定的标准和尺度，这个比较尺度就是农业技术经济效果评价的指标。因此，进行农业技术经济效果评价必须设置评价指标。定量尺度由多个相互联系，相互补充、全面反映经济效果的一整套指标即农业技术经济效果的指标体系。

#### （二）农业技术经济效果评价指标体系的分类

**1. 根据评价内容不同**　可分为经济效果指标、社会效果指标、生态效果指标。经济效果指标是反映投入与产出的指标；社会效果指标是反映社会需求的满足程度的指标；生态效果指标是反映对生态环境影响程度的指标。

**2. 根据评价对象的详细程度**　可分为基本指标和具体指标。基本指标是对评价内容的概括性指标；具体指标是基本指标的进一步细化与分设。

**3. 根据评价对象是否可以计量**　可分为定量指标和定性指标。定量指标是指可以量化的指标，既可以是绝对数，也可以为相对数，如劳动生产率、投资报酬率等；定性指标是指无法直接通过数据计算分析，需要对评价对象进行客观描述和分析来反映评价结果的指标，如开工的及时性、完成时间、满意情况等。

**4. 根据评价对象所反映的时间不同**　可分为动态指标和静态指标。动态指标是反映评价对象在不同时间上发展变化情况的指标，如净现值、投资回收期等；静态指标是反映在同一时间点上的指标。如资产负债率、流动比率等。

**5. 根据资源投入利用效果**　可分为劳动利用效果指标、土地利用效果指标、资金利用效果指标和生产资源综合利用效果指标。

农业技术经济效果评价指标体系的分类方法很多，上述分类仅列举了常见的分类。各种不同的分类方法都有可借鉴之处，根据农业技术经济效果评价理论及评价实践，主要采用第一种分类法。

#### （三）设置农业技术经济效果评价指标体系的作用

农业技术经济评价指标体系不仅可以衡量和评价农业技术方案、农业技术措施经济效果的大小，而且还可以揭示取得经济效果的技术原因和经济原因。因此，正确地设置指标，能够促进农业技术成果迅速转化为农业生产力，从而推动农业生产的发展，提高农业生产的经济效果。

具体说来，农业技术经济效果评价指标有以下作用：

第一，能够对农业技术经济效果做出系统的全面的评价，防止主观随意性和片面性。

第二，能够比较准确地反映评价对象的经济效果，从而提高评价的准确性。

第三，能够比较系统地认识各种指标在指标体系中的作用和地位，以及它们之间的相互关系，便于针对不同的评价对象和评价目的选择和应用指标。

总之，深入研究技术经济效果指标体系，对于推动农业技术经济学的发展具有重要作用。指标体系的确立，使农业技术经济效果评价有了统一的标准，有利于农业技术经济理论和方法的研究。

### （四）农业技术经济效果评价指标体系的设置原则

农业技术经济效果评价指标体系设置的原则，应根据相应经济活动的特点和需要，以社会基本经济规律为依据，从实际需要和实际可能出发，要适应农业现代化管理水平和计算技术的发展水平，按照全面、简便、科学、具有可行性的原则来确定。具体说来，应遵循以下原则：

**1. 科学性原则** 农业技术经济效果评价指标的选取要坚持科学性原则，要求每一个指标概念清晰准确，具有一定的科学内涵计算方法可行，且有相应的科学原理予以支撑。即所选指标要能科学、有效地反映农业技术的各种效果，度量和反映农业技术模式的生产方式特点、问题及未来的发展趋势。

**2. 可操作性原则** 选择的指标要实事求是，立足于研究的实际情况，既要能充分体现农业技术的特点，并且指标所对应的数据容易获得，采用的计算方法也是可以计算、评价及可操作，并且评价的结果有效、可利用。

**3. 可比性原则** 评价指标的设置应保证其在一定时期的含义、内涵和外延的稳定性，保证指标在时间、数据方面具有可比性，考虑到长期研究时采用的指标数据的可利用性。因此，要根据农业技术经济评价目的，尽量采用通用指标，以提高农业技术指标的可比性和实用性。

**4. 全面性原则** 评价指标体系指标设置应尽可能全面，从不同角度、不同层次充分反映不同农业技术经济水平的差异和变化情况。同时要注意评价指标体系中各指标设置的独立性，避免指标间内涵的重叠、不清晰、不明确。

**5. 针对性原则** 农业技术效果评价的指标数目繁多，但并不是所有指标都和被评价技术相关，因此，在选择指标时应尽量反映某项技术使用后对经济效果、生态环境、社会贡献的影响程度，包括它们之间客观存在的因果关系和函数关系。

**6. 系统性原则** 评价指标的数目以及体系的结构形式以系统优化为原则，通过各项指标之间的有机联系方式和合理的数量关系，达到评价指标体系的整体功能最优，以便能从各个侧面完整地反映出评价对象的各个主要影响因素。

**7. 简洁性原则** 评价指标的选取要具有代表性，含义明确具体，尽量避免指标之间内容的相互交叉重复，同时在不影响指标系统性的原则下，要尽量减少指标的数量，而且要主次分明、结构清晰、层次清楚。

**8. 动态与静态相结合的原则** 评价指标体系在指标内涵、指标数量、体系构成等方面应有相对的稳定性。因此，要求动态与静态统一，既要有静态指标，也要有动态指标，同时根据评价工作实际，对指标体系进行适时、必要的调整，以便客观、真实地反映农业技术经济效果的实际情况。

## 二、农业技术经济效果评价指标体系的构成

研究农业技术经济效果指标体系的构成，目的是要明确在农业技术经济效果指标中应当包括哪些指标，各类指标的实质和内容是什么，以及它们的内在联系和在整个指标体系中分别占据什么样的地位、发挥什么样的作用，以便对农业技术经济效果进行科学的评价。一般来说，农业技术经济效果指标体系包含经济效果、社会效果和生态效果三类指标。

**1. 经济效果指标**　这类指标是用来反映生产中的技术应用或技术因素变化组合在劳动消耗或劳动占用与劳动成果之间的对比关系，表明某项技术措施或技术方案的优劣，也是农业技术经济效果评价指标体系中关键指标群。常用的经济效果指标主要有：总产量（产值）和增长率指标、人均产量（产值）和增长率指标、产品质量指标、利润率指标、投资效果指标、生产要素（劳动、土地、资金）占用或消耗生产率指标、农业产投比指标等。

**2. 社会效果指标**　这类指标主要用来综合分析技术方案和技术措施对社会需求的满足程度，即从整个社会的角度出发考虑综合技术方案和技术措施的使用价值。常用的社会效果指标主要有：社会劳动生产率指标、国民收入指标、为社会完成特定目标的指标、收入分配指标、劳动就业指标、关注弱势群体的指标等。

**3. 生态环境效果指标**　这类指标是用来反映技术措施、技术方案的应用和实施，对生态环境、人类生产和生活环境以及生态平衡影响程度的数值指标。常用的生态效果指标主要有：资源利用率指标、水土流失治理程度指标、中低产田改造程度指标、环境污染程度指标、陆地绿色植物覆盖率指标、旱涝（病虫）灾害率指标等。

上述三类指标构成了一个有机整体，但是由于农业不同部门、不同生产阶段存在明显的差异，农业技术经济问题的性质又各不相同，所以在具体设置指标体系时，应以不同的评价对象和评价要求为出发点，构建科学、合理、适用的评价指标体系。因此，在具体应用上述评价指标时，需注意以下几点：

**1. 各类农业技术经济效果评价指标要结合使用**　农业技术经济效果评价指标体系是一个有机的整体，每个指标从一个方面反映技术方案的技术经济效果，能够更好地满足不同的评价需要，都是不可缺少的。如农业产投比指标既可通过实施技术方案、技术措施得到提高，也可以通过改善经营管理得到提高。如果采用单一指标就不能正确反映技术方案的经济效果，要结合其他指标如投资效果指标、生产要素占用或消耗生产率指标等一起使用，为选择最佳方案提供更多的依据。

**2. 具体应用经济效果指标要同生产特点相结合**　要根据不同部门生产的特点，适当增用一些符合各自特点和需要的具体专用指标，以适应进行经济效果评价的不同要求。例如，在农业生产中，为了考察土地的利用效果就要选用土地生产率指标，而这一指标具体应用时，在种植业部门要采用单位耕地面积或播种面积的产量或产值等专用指标；在以放牧为主的畜牧业部门则采用单位草场面积的载畜量或畜产品量等专用指标；在渔业部门则要采用单位水面积的鱼产品量和产值或每公顷水面纯收入等专用指标等。

**3. 经济效果指标的计算要用实物形式和价值形式分别表示**　经济效果指标的实物形式表现为各种资源和产品实物量之间的关系，通常采用实物指标来计算，如产量、产品质量、用工量、物耗量等。经济效果的价值形式表现为各种资源和产品价值之间的关系，通常采用

价值指标来计算。如产值、净收入、利润和成本等。实物指标可以排除价格因素的影响，直接地反映劳动消耗与有用效果的关系，但是不便于在不同生产部门和不同产品方案之间进行比较，而价值指标则相反。计算经济效果采用实物指标和价值指标，便于根据社会生产目的要求，从价值和使用价值两个方面对经济效果进行全面考察，有助于提高评价的准确性。

**4. 经济效果指标的应用要和社会效果指标、生态环境效果指标相结合** 经济效果指标仅仅反映某项技术对资源的利用效率、为生产单位创造的利润等情况。而反映技术对资源利用的合理程度、反映某项技术的实施推广为社会所做贡献的大小，以及反映技术方案是否符合保护生态环境要求等这些指标，就要用社会效果指标和生态效果指标来综合反映。

## 三、农业技术经济效果评价指标的计算

农业技术经济效果评价的指标非常多，既有定性指标，又有定量指标。因定量指标可以通过绝对数或相对数进行计量，因此，下面重点介绍主要的定量分析指标。

### （一）经济效果指标

设计和应用农业技术经济效果指标，要求确切、完善、全面，如实地反映农业生产经营活动情况。农业技术经济效果指标由生产资料与生产成果相互结合组成。生产成果用实物形态和价值形态衡量，有三种计算口径：总产品或总产值（$C+V+M$）、净产品或净产值（$V+M$）、剩余产品或利润（$M$）。把土地、劳动力和资金作为投入，它们之间的产出情况见表 3-5。

**表 3-5 经济效果指标体系**

<table>
<tr><td rowspan="3">投入 / 指标 / 产出</td><td rowspan="3">土 地</td><td colspan="2">劳 动</td><td colspan="4">资 金</td></tr>
<tr><td rowspan="2">占 用</td><td rowspan="2">消 耗</td><td colspan="2">占 用</td><td colspan="2">消 耗</td></tr>
<tr><td>固定资金</td><td>流动资金</td><td>劳动报酬</td><td>生产资料</td></tr>
<tr><td>总产品或总产值（$C+V+M$）</td><td>土地生产率</td><td colspan="2">劳动生产率</td><td colspan="2">资金生产率</td><td colspan="2">成本产值率</td></tr>
<tr><td>净产品或净产值（$V+M$）</td><td>土地净产率</td><td colspan="2">劳动净产率</td><td colspan="2">资金净产率</td><td colspan="2">成本净产率</td></tr>
<tr><td>剩余产品或利润（$M$）</td><td>土地盈利率</td><td colspan="2">劳动盈利率</td><td colspan="2">资金盈利率</td><td colspan="2">成本利润率</td></tr>
</table>

**1. 土地生产率指标** 土地生产率反映土地投入量与产品产出量之间的比例关系。一般用单位土地面积上所取得的产量或产值来表示。我国人多地少，提高单位面积产量是农业生产的主要任务，是重要的农业技术经济效果指标。常用的指标有以下几种：

（1）单位土地面积产量或产值。指单位土地面积所生产的产品产量或价值。计算公式为：

$$单位土地面积产量或产值=\frac{产量或产值}{土地面积}$$

公式中的土地面积包括耕地、林地、草场、菜地、果园、苗圃、养殖水面等。它是一个综合性的土地生产率指标，可以反映农业部门、地区或农业生产单位应用某一技术方案或技术措施所带来的土地资源利用的综合技术经济效果，经济用于评价农业区划、农业生产结构

调整、耕作制度改革等综合性农业技术经济效果评价。

由于评价的目的和内容不同，土地生产率还可以按单位土地面积净产值、单位土地面积赢利率来计算。

（2）单位土地面积净产值。指单位土地面积上劳动所创造的价值。计算公式为：

$$单位土地面积净产值=\frac{农产品产值-消耗生产资料价值}{土地面积}$$

该指标是指补偿消耗掉的生产资料价值后劳动新创造的价值。采用这项指标，能够反映在单位土地面积上劳动所创造新的价值，指标数值越大，表明经济效果越好。是评价土地利用效果的一项重要指标。

（3）土地赢利率指标。指单位土地面积创造利润大小。计算公式为：

$$单位土地面积赢利额=\frac{农产品产值-生产成本}{土地面积}$$

该指标排除了物化劳动转移部分和补偿必要劳动消耗后的单位土地面积纯收入，能够综合反映土地资源利用的最终成果。赢利额是扩大再生产的源泉。因此，单位土地面积赢利额越多，则经济效果越好。

**2. 劳动生产率指标**　劳动生产率是指劳动者的生产效率或能力，指劳动消耗与产量或产值的比例关系。由于物化劳动目前无法还原为劳动时间，因此通常用活劳动生产率来反映。

（1）劳动生产率，指劳动者在单位活劳动时间内所生产产品数量或产值。计算公式为：

$$劳动生产率=\frac{产品产量或产值}{活劳动消耗量}\times100\%$$

用活劳动计算劳动生产率与严格意义上的劳动生产率是有区别的。同时，这种劳动生产率包含了物化劳动转移价值，因此，它是夸大了的劳动生产率指标。活劳动消耗量一般采用“人年”、“人工时”、“人工日”作为计量单位。

（2）劳动净产率，指劳动者在单位活劳动时间内所创造的净产值。计算公式为：

$$劳动净产率=\frac{产品价值-消耗生产资料价值}{活劳动消耗量}\times100\%$$

该指标能排除物化劳动转移过来的价值的影响，确切地反映活劳动所创造的新价值，能够把提高劳动生产率和增产增收统一起来。在经济效果评价中有重要的意义。

（3）劳动赢利率，指单位活劳动时间所创造的剩余产品的价值（利润）。计算公式为：

$$劳动盈利率=\frac{产品价值-生产成本}{活劳动消耗量}\times100\%$$

该指标用于反映活劳动消耗为社会创造的利润水平，能够反映在既定的条件下，单位活劳动时间为社会生产的剩余产品价值。是最终考察经济效果大小的重要指标。

**3. 资金生产率指标**　资金生产率指在生产中投入的资金与生产成果的比率。生产资金是劳动消耗和劳动占用的货币表现。具体包括资金消耗和资金占用两个方面。在取得一定成果的前提下，通过劳动消耗和劳动占用节约的大小，来评价技术经济效果。因此，考察资金利用的经济效果，需从资金消耗和资金占用两个方面进行计算和分析。常用的指标有以下几种：

（1）资金生产率，指资金的占用和生产成果的比例关系，通常以单位资金占用所能生产的产品数量或产值来表示。计算公式为：

$$资金生产率=\frac{产品产量或产值}{资金平均占用额}\times 100\%$$

单位资金占用能够提供的产量或产值越多，表明经济效果越好。由于固定资金和流动资金价值转移的特点不同，也可以分别用固定资金占用额和流动资金占用额计算固定资金生产率和流动资金生产率。

（2）资产净产率，指单位资金占用所能生产的净产值。计算公式为：

$$资产净产率=\frac{产品价值-消耗生产资料价值}{资金平均占用额}\times 100\%$$

资金净产率用来反映占用单位资金所创造的净产值水平，能够较好地表明资金占用的经济效果。

（3）资金赢利率（资金利润率），指单位资金占用量所能生产的剩余产品的价值（利润）。

$$资金赢利率=\frac{产品价值-生产成本}{资金平均占用额}\times 100\%$$

单位资金提供的盈利额越多，说明经济效果越好。在实践中，同样可以分别计算固定资金占用赢利率和流动资金占用赢利率。

（4）成本产值率，指生产成本和产值之间的比例关系。其计算公式为：

$$成本产值率=\frac{产值}{生产成本}\times 100\%$$

成本产值率是从成本与产值的关系来考核生产单位的经济情况，成本产值率越高，其经济效果越好。

（5）成本净产率，指产品成本与净产值的比例关系。计算公式为：

$$成本净产率=\frac{净产值}{产品成本}\times 100\%$$

成本净产率排除了成本产值率中物化劳动转移的影响，用于反映资金消耗创造新价值的经济效果。

（6）成本利润率，指产品成本与利润的比例关系。计算公式为：

$$成本利润率=\frac{利润}{产品成本}\times 100\%$$

由于利润是补偿全部资金消耗以后为社会创造的净增的收入，因而它能更确切地表示资金消耗的经济效果。

### （二）社会效果指标

**1. 农产品商品量** 指农产品总产量扣除农业内部消费和储备后，用来出售的那部分产量。计算公式为：

$$农产品商品量=农产品总产量-农业内部消费量-生活消费量-储备量$$

**2. 补品商品率** 指农业生产部门或生产单位在一定时期（通常为一年）内提供出售的商品数量占农产品总产量的比重。计算公式为：

$$农产品商品率=\frac{农产品商品量}{农产品总产量}\times 100\%$$

**3. 农民人均纯收入**　指农民每人在一定时期（通常为一年）内得到的纯收入。纯收入指农民家庭全年的总收入中，扣除费用性支出的剩余部分，可以直接用来进行生产和非生产性建设投资、改善生活的那部分收入。它是反映农民实际收入水平和经济效果的主要指标。计算公式为：

$$农民人均纯收入=\frac{\text{家庭全年总收入}-\text{家庭经营费用支出}-\text{生产性固定资产折旧}-\text{政府补贴}}{\text{家庭人口数}}$$

农民人均纯收入的高低对生产者的积极性、农村社会稳定都会产生重要影响。

**4. 农村劳动者就业率**　农村劳动者就业率是指农村劳动力在达到劳动年龄后参加社会生产的人数占农村劳动力总人数的比率。计算公式为：

$$农村劳动者就业率=\frac{\text{参加社会生产的人数}}{\text{农村劳动力总人数}}\times 100\%$$

该指标反映了一定时期内农村劳动力资源的实际利用情况。

**5. 人均粮食占有增加量**　该指标反映由于新技术的采用和实施，人均粮食的增加状况。计算公式为：

人均粮食占有增加量=采用新技术人均粮食生产能力－无新技术人均粮食生产能力

除上述指标以外，反映社会效果的指标还有农业劳动力增量、人均耕地面积、人均住房面积、农户银行存款储蓄额、耐用消费品的拥有率等。

### （三）生态效果指标

**1. 资源利用率**　随着经济快速发展和人口不断增加，我国在淡水、土地、能源等资源不足的矛盾日益突出，环境压力日益增大。同时，农村化肥、农药、农膜等农资对环境污染越来越严重。要化解资源不足矛盾和化肥、农药、农膜对环境的影响，出路之一就是要提高资源的利用率。所谓资源利用率是指已利用资源占资源总量的比值。计算公式为：

$$资源利用率=\frac{\text{已利用资源}}{\text{资源总量}}\times 100\%$$

**2. 陆地绿色植物覆盖率**　指森林、草地、农作物面积与土地总面积的比率。计算公式为：

$$陆地绿色覆盖率=\frac{\text{林地面积}+\text{草地面积}+\text{农作物种植面积}}{\text{土地总面积}}\times 100\%$$

**3. 森林覆盖率**　包括森林、灌木林、护田林、四旁树所占面积与土地总面积的比率。计算公式为：

$$森林覆盖率=\frac{\text{森林面积}+\text{灌木林面积}+\text{护田林面积}+\text{四旁树占地面积}}{\text{土地总面积}}\times 100\%$$

**4. 土地复垦率**　指已开垦用于农业生产的土地面积与土地总面积的比率。计算公式为：

$$土地复垦率=\frac{\text{农业生产用地面积}}{\text{土地总面积}}\times 100\%$$

**5. 草场载畜量指数**　指草场实际载畜量与草场允许载畜量的比率。计算公式为：

$$草场载畜量指数=\frac{\text{草场实际载畜量}}{\text{草场允许载畜量}}\times 100\%$$

**6. 水土流失治理程度**　严重的水土流失会侵蚀粮田，破坏农业生产资源，甚至毁坏村庄，危及农民的生命财产安全。因此，该指标是反映生态环境效果的重要指标。计算公式为：

$$水土流失治理程度=\frac{水土流失治理面积}{水土流失总面积}\times 100\%$$

**7. 土壤有机质含量变化量** 这是衡量土壤肥力的重要指标，它决定着土壤的物理化学性状和肥力的高低，是评价旱作农业技术生态效果的重要指标。计算公式为：

土壤有机质含量变化量＝采用新技术后土壤有机质含量－无新技术土壤有机质含量

**8. 中低产田改造程度** 这个指标反映农业发展水平的高低。计算公式为：

$$中低产田改造程度=\frac{中低产田改造面积}{中低产田总面积}\times 100\%$$

**9. 旱涝（病虫）灾害率**

$$旱涝（病虫）灾害率=\frac{旱涝（病虫）灾害面积}{耕地总面积}\times 100\%$$

此外，评价生态效果还有水体污染、土壤污染、产品污染以及空气污染、毁林、沙化等指标。

## 第三节　农业技术经济效果的指标评价方法

在农业生产中，为了达到某种目标和实现某种效用常采用一些具体的技术方法和手段。为了比较不同技术效果与经济效果之间、生产成果与劳动消耗之间的关系，可采用农业技术经济效果评价的方法，从技术和经济两个方面进行综合分析和论证，并比较其优劣，选择具有最佳经济效果、社会效果和生态效果的措施和方案。农业技术经济效果的指标评价方法很多，下面主要对比较分析法、因素分析法、综合评分法加以说明。

### 一、比较分析法

#### （一）比较分析法的概念

比较分析法是将所搜集到的有关技术和经济方面的数据资料，进行加工整理、归纳、分组，根据可比性原则，运用各种技术经济效果指标进行对比分析的一种方法。在应用比较分析时，要注意指标之间的可比性，只有在指标口径、价格标准、时间标准、空间标准、经验或理论标准、计划标准以及自然条件和社会环境等方面具有可比性条件时，才能应用比较分析法。比较分析法一般用于农业生产的规模、水平、速度、结构和效果等指标的对比分析。

**1. 规模比较** 一定的农业生产力水平、一定的自然条件要求和一定的农业经营规模与之相适应，才能取得良好的经济效果。规模的衡量指标主要有劳动力，土地面积，产量、产值、资金占用等，目前我国主要选用土地面积作为种植业生产规模大小的衡量指标。

**2. 水平比较** 具体包括两个方面：一是投入水平，二是产出水平，表现为总量水平和平均水平。总量水平如总产量、总产值，具体可以分为时点水平和时期水平。平均水平如亩产量、亩成本，反映社会经济现象的典型水平和集中趋势，在获得平均水平指标时，应注意资料的代表性和个体差异性。

**3. 速度比较** 指某一社会经济现象在两个不同时间发展水平的比较，以反映社会经济现象变化的相对程度。

**4. 结构比较**　农业生产结构有三个层次：一是农村产业结构即农村内部的一、二、三产业；二是农业内部结构即农、林、牧、副、渔结构以及种植内部粮食作物和经济作物结构；三是农业各部门内部的投入结构和产业结构。

**5. 效果比较**　主要有经济效果、社会效果和生态效果，农业生产方案的实施要实现效果总体最大化。当三者矛盾时，一般要求在保证良好的社会效果、生态效果基础上实现最佳的经济效果。

### （二）比较分析法的应用

**1. 平行比较法的应用**　平行比较法是比较分析法中最基本的方法，它是针对不同方案，通过采用多个指标，列成平行表进行综合比较，评定其经济效果的优劣。采用平行比较法的步骤是：确定评价对象，选择评价指标，收集整理资料，列出平行比较表，综合比较分析并选出最优方案。

【例 3-2】　某地为了提高稻田综合效果，于 2008 年进行了三种种植模式对比试验，取得了可靠的试验数据，经计算整理，见表 3-6 所示。

**表 3-6　不同水稻种植模式技术经济效果比较表**

| 种植模式 | 蔬菜 | | 水稻 | | 总产值（元） |
|---|---|---|---|---|---|
| | 产量（kg/hm²） | 产值（元） | 产量（kg/hm²） | 产值（元） | |
| ①单季稻—绿肥 | 1 100 | 2 200 | 950 | 1 615 | 3 815 |
| ②单季稻—青菜—青菜 | 5 000 | 5 000 | 1 000 | 1 700 | 6 700 |
| ③单季稻—冬闲 | | | 900 | 1 530 | 1 530 |

从表 3-6 中可以看出，在不同种植模式中，水稻和蔬菜的产量、产值差异较大，“单季稻—青菜—青菜”模式产值最高，达6 700元/$hm^2$。而“单季稻—冬闲”模式产值最低。从水稻产量来看，“单季稻—绿肥”模式产量最高，而且有改土培肥作用，效果当季就有体现。

**2. 分组比较法的应用**　分组比较法是研究农业技术经济现象之间的依存关系的一种常见方法。这种方法是将观察单位（农户、企业、地区、项目）通过数量、质量标志把评价对象进行分组，然后按组计算出有关的技术经济指标数值，在计算分析的基础上做出评价。

（1）按数量标志分组。

【例 3-3】　2009 年我国奶牛养殖户不同养殖规模条件下每头奶牛的经济效果分析，见表 3-8。其中 10 头以下的养殖规模称为散养，10～50 头之间的养殖规模称为小规模，50～500 头之间的养殖规模称为中规模，500 头以上的养殖规模称为大规模。

**表 3-7　2009 年奶牛养殖户不同规模经济效果对比分析表**

| 饲养规模（头） | 牛奶产量（kg/头） | 产值合计（元/头） | 总生产成本（元/头） | 净利润（元/头） | 成本利润率（%） |
|---|---|---|---|---|---|
| 10 以下 | 5 400.1 | 14 736.6 | 11 089.2 | 3 647.4 | 32.89 |
| 10～50 | 5 217.6 | 14 026.8 | 10 836.1 | 3 190.7 | 29.45 |
| 50～500 | 5 496.4 | 16 343.5 | 12 870.2 | 3 473.3 | 26.99 |
| 500 以上 | 6 344.6 | 19 348.8 | 15 772.2 | 3 576.6 | 22.68 |

注：根据《全国农产品成本收益资料》（2009—2010 年）整理。

从表 3-7 可以看出，大中规模养殖的奶牛单产显著高于散户和小规模养殖的单产。然而，大中规模养殖的成本利润率并没有同步增长，反而散养和小规模养殖户的成本利润率高于大中规模养殖。这表明，我国的奶牛养殖业仍处于较低的水平，规模效益尚未发挥出来。

（2）按质量标志分组。

【例 3-4】 两个粮食生产专业户各种作物播种面积和产量情况见表 3-8 所示。

**表 3-8 两农户粮食产量比较表**

| 作物品种 | 农户甲 | | | 农户乙 | | |
|---|---|---|---|---|---|---|
| | 面积（$hm^2$） | 每公顷产量（kg） | 总产量（kg） | 面积（$hm^2$） | 每公顷产量（kg） | 总产量（kg） |
| 水　稻 | 0.67 | 7 500 | 5 025 | 1.33 | 6 750 | 8 977.5 |
| 玉　米 | 1.33 | 4 500 | 5 985 | 1.33 | 3 750 | 4 987.5 |
| 小　麦 | 1.33 | 3 000 | 3 990 | 0.67 | 2 700 | 1 809 |
| 总　计 | 3.33 | 4 500 | 14 985 | 3.33 | 4 700 | 15 651 |

由表 3-9 可见，两户农户粮食作物播种面积相同，总产量和平均产量农户乙均比农户甲高。但分组比较，三种作物平均产量农户甲均比农户乙高，造成总产量农户甲低于农户乙的原因，则是农户甲高产作物水稻的种植面积比重较小。

**3. 动态比较法的应用** 动态比较法是根据不同时期的资料，按时间先后顺序排列成动态数列或时间数列，从而揭示经济现象中的依存关系和发展变化趋势的方法。平行比较和分组比较主要是观察同一时期的数据资料，是静态比较。而动态比较法是研究技术措施、技术方案或政策采用经济效果在时间上的变化发展及规律性的方法。

【例 3-5】 比较某地不同年度的经济效果，应用动态比较法进行对比分析（按不变价格计算），见表 3-9。

**表 3-9 某地不同年度经济效果比较表**

| 年　份 | 每公顷产量（kg） | 每公顷产值（元） | 每公顷成本（元） | 每公顷利润额（元） | 利润率（%） |
|---|---|---|---|---|---|
| 2006 | 4 980 | 3 423 | 1 056.6 | 2 366.4 | 69.13 |
| 2007 | 6 195 | 4 336.5 | 1 018.05 | 3 318.45 | 76.52 |
| 2008 | 7 035 | 5 628 | 978.15 | 4 649.85 | 82.62 |
| 2009 | 7 800 | 7 020 | 964.35 | 6 055.65 | 86.26 |

从表 3-10 中可以看出，每公顷产量、每公顷收入与每公顷利润逐年增长，而每公顷成本逐年下降。农业生产利润率逐年提高，由 2006 年的 69.13%提高到 2009 年的 86.26%，农业经济效果逐年提高。

## 二、因素分析法

### （一）因素分析法的含义

因素分析法是用来分析和分离两个或两个以上因素对经济现象、目标、水平的影响程度的一种方法。这种方法在假定其他因素不变的条件下，逐个地分析其中一个因素的作用。在指标的归因分析和贡献分析中，经常要用到因素分析法。因素分析法可采用连环替代法、指数加权、综合指数法、生产函数法等。本节内容主要介绍连环替代法和指数加权法。

## （二）连环替代法

连环替代法是将分析指标分解为各个可以计量的因素，并根据各个因素之间的依存关系，顺次用各因素的比较值（通常为实际值）替代基准值（通常为标准值或计划值），据以测定各因素对分析指标的影响。一般按照一定的替换顺序逐个因素替换，计算出各个因素对综合性经济指标变动程序的一种计算方法。

【例 3-6】　某酒厂进行了技术改造，生产一年后，将粮食消耗与改造前一年进行比较，增加了304 000元，经过会计明细资料分析，影响粮食总耗费的因素有三：酒产量、单位产量粮食消耗量和单位粮食价格。其具体数据见表 3-10 所示。

**表 3-10　某酒厂改造前后粮食消耗量变动情况表**

| 项　目 | 单　位 | 改造前 $W_0$ | 改造后 $W_1$ |
|---|---|---|---|
| 酒产量 | t | 500（$A$） | 600（$A'$） |
| 每吨酒耗粮量 | t | 4（$B$） | 3.2（$B'$） |
| 粮食综合单价 | 千元/t | 1.00（$C$） | 1.2（$C'$） |
| 粮食耗费总额 | 千元 | 2 000（$W=ABC$） | 2 304（$W=A'B'C'$） |

按连环替代传统解法，先以产量（符号 $A/A'$是指用$A'$替代$A$，其他符号解释类似）排列第一，再以每 t 酒耗粮（$B/B'$）排列第一，最后以单价（$C/C'$）排列第一，按此顺序连环替代，结果见表 3-11。

**表 3-11　全排列连环替代分析表**

| 项　目 | 连环替代方式 | 影响值 | 作用程度 |
|---|---|---|---|
| $W$（改造前粮食耗费） | 500×4×1=2 000 | | |
| （1）替代 $A/A'$ | 600×4×1=2 400 | 400 | 次（产量） |
| （2）替代 $B/B'$ | 600×3.2×1=1 920 | −480 | 主（单耗） |
| （3）替代 $C/C'$ | 600×3.2×1.2=2 304 | 384 | 最次（单价） |
| （1）替代 $B/B'$ | 500×3.2×1=1 600 | −400 | 次（单耗） |
| （2）替代 $A/A'$ | 600×3.2×1=1 920 | 320 | 最次（产量） |
| （3）替代 $C/C'$ | 600×3.2×1.2=2 340 | 420 | 主（单价） |
| （1）替代 $C/C'$ | 500×4×1.2=2 400 | 400 | 最次（单价） |
| （2）替代 $A/A'$ | 600×4×1.2=2 880 | 480 | 次（产量） |
| （3）替代 $B/B'$ | 600×3.2×1.2=2 304 | −576 | 主（单耗） |

由表 3-11 可知，由于因素的替代顺序不同，不仅误差值较大，而且每个因素的影响程度和主次关系都不相同。同时，连环代替法测定某一因素变动分析对象的影响时，是在假定其他因素不变的前提下进行的，但客观经济现象并非如此。所以，连环替代法必须消除误差，具体方法有两种：

**1. 平均法**

步骤一：将各因素进行全排列。包含两个因素的，其全排列为 2!，包含三个因素的，其全排列为 3!，其余类推；

步骤二：根据各种排列进行替换，求出每一因素在不同排列顺序下的各个影响值；

步骤三：将每一因素的各个影响值相加，并除以它的排列次数，求出每一因素的平均影响值；

步骤四：据此，建立起相应的数学模型。

二因素数学模型：

$$W = A'B';W = AB \tag{3.1}$$

$$\Delta \overline{A'} = \frac{A'-A}{2!}(B'+B) \tag{3.2}$$

$$\Delta \overline{B'} = \frac{B'-B}{2!}(A'+A) \tag{3.3}$$

三因素数学模型：

$$W = A'B'C';W = ABC \tag{3.4}$$

$$\Delta \overline{A'} = \frac{A'-A}{3!}[B'(2C'+C)+B(2C+C')] \tag{3.5}$$

$$\Delta \overline{B'} = \frac{B'-B}{3!}[C'(2A'+A)+C(2A+A')] \tag{3.6}$$

$$\Delta \overline{C'} = \frac{C'-C}{3!}[A'(2B'+B)+A(2B+B')] \tag{3.7}$$

将表 3-10 中酒厂改造前后引起粮食消耗量变动因素的数据代入，则：

$$\Delta \overline{A'} = \frac{600-500}{3\times2\times1}[3.2\times(2\times1.2+1)+4\times(2\times1+1.2)] = 394.67$$

$$\Delta \overline{B'} = \frac{3.2-4}{3\times2\times1}[1.2\times(2\times600+500)+1\times(2\times500+600)] = -485.33$$

$$\Delta \overline{C'} = \frac{1.2-1}{3\times2\times1}[600\times(2\times3.2+4)+500\times(2\times4+3.2)] = 394.67$$

因此，由产量增加而导致的粮食耗用费用增加 394.67 元，由单耗降低而导致粮食耗用费用减少 485.33 元，由粮食单价提高而导致粮食耗用费用增加 394.67 元。单耗为主要因素，产量和单价提高为次要因素。

**2. 分配法**

(1) 基本思路。

①两因素分配法的基本思路。

$$Y_1 = A_1B_1;Y_0 = A_0B_0 \tag{3.8}$$

$$\Delta A = A_1 - A_0;\Delta B = B_1 - B_0$$

$$\begin{aligned}\Delta Y &= Y_1 - Y_0 \\ &= A_1B_1 - A_0B_0 \\ &= (A_0+\Delta A)\times(B_0+\Delta B) - A_0B_0 \\ &= \Delta AB_0 + \Delta BA_0 + \Delta A\Delta B\end{aligned} \tag{3.9}$$

$\Delta AB_0$、$\Delta AB_0$ 是 $A$、$B$ 两因素各排第一时总量指标的影响程度。$\Delta A\Delta B$ 看成是 $A$、$B$ 两因素共同作用的结果。

②三因素分配法的基本思路。

$$Y_1 = A_1B_1C_1;Y_0 = A_0B_0C_0 \tag{3.10}$$

$$\Delta A = A_1 - A_0;\Delta B = B_1 - B_0;\Delta C = C_1 - C_0$$

$$\begin{aligned}\Delta Y &= Y_1 - Y_0 \\ &= A_1B_1C_1 - A_0B_0C_0 \\ &= \Delta AB_0C_0 + \Delta BA_0C_0 + \Delta CA_0B_0 + \Delta A\Delta BC_0 + \Delta A\Delta CB_0 + \Delta C\Delta BA_0 + \Delta A\Delta B\Delta C\end{aligned} \tag{3.11}$$

式中：$\Delta AB_0C_0$——$A$ 因素排第一对总量指标的影响程度；

$\Delta BA_0C_0$——$B$ 因素排第一对总量指标的影响程度；

$\Delta CA_0B_0$——$C$ 因素排第一对总量指标的影响程度；

$\Delta A\Delta BC_0$——$A$、$B$ 两因素共同作用的结果，其值需在 $A$、$B$ 之间进行分配；

$\Delta A\Delta CB_0$——$A$、$C$ 两因素共同作用的结果，其值需在 $A$、$C$ 之间进行分配；

$\Delta C\Delta BA_0$——$B$、$C$ 两因素共同作用的结果，其值需在 $B$、$C$ 之间进行分配；

$\Delta A\Delta B\Delta C$——$A$、$B$、$C$ 三因素共同作用的结果，其值需在 $A$、$B$、$C$ 之间进行分配。

（2）基本模型。

①两因素分配法的基本模型。

第一级分配值　$YA_1 = \Delta AB_0;YB_1 = \Delta BA_0$　(3.12)

第二级分配值　$K_{21} = \Delta A\Delta B/(YA_1 + YB_1)$　(3.13)

$YA_2 = YA_1 \times K_{21}$　(3.14)

$YB_2 = YB_1 \times K_{21}$　(3.15)

各因素的影响值　$YA = YA_1 + YA_2$　(3.16)

$YB = YB_1 + YB_2$　(3.17)

②三因素分配法的基本模型。

第一级分配值　$YA_1 = \Delta AB_0C_0;YB_1 = \Delta BA_0C_0;YC_1 = \Delta CA_0B_0$　(3.18)

第二级分配值　$K_{21} = \Delta A\Delta BC_0/(YA_1 + YB_1)$　(3.19)

$K_{22} = \Delta A\Delta CB_0/(YA_1 + YC_1)$　(3.20)

$K_{23} = \Delta B\Delta CA_0/(YB_1 + YC_1)$　(3.21)

$YA_2 = YA_1 \times (K_{21} + K_{22})$　(3.22)

$YB_2 = YB_1 \times (K_{21} + K_{22})$　(3.23)

$YC_2 = YC_1 \times (K_{21} + K_{23})$　(3.24)

第三级影响值

$$K_{31} = \frac{\Delta A\Delta B\Delta C}{(YA_1 + YA_2) + (YB_1 + YB_2) + (YC_1 + YC_2)} \tag{3.25}$$

$YA_3 = (YA_1 + YA_2) \times K_{31}$　(3.26)

$YB_3 = (YB_1 + YB_2) \times K_{31}$　(3.27)

$YC_3 = (YC_1 + YC_2) \times K_{31}$　(3.28)

各因素的影响值　$YA = YA_1 + YA_2 + YA_3$　(3.29)

$YB = YB_1 + YB_2 + YB_3$　(3.30)

$YC = YC_1 + YC_2 + YC_3$　(3.31)

【例 3-7】　某农业企业在小麦生产中耗用化肥的成本资料见表 3-12，影响化肥成本的因素有播种面积、每亩耗用化肥量、化肥单价三个因素，分析各因素之间的主次关系。

表 3-12　某农业企业计划与实际耗用化肥对比表

| 项　　目 | 计划数 $Y_0$ | 实际数 $Y_1$ | 差异 Δ |
|---|---|---|---|
| 播种面积（亩） | 1 000（$A_0$） | 1 200（$A_1$） | +200 |
| 每亩耗用化肥量（kg） | 26（$B_0$） | 25（$B_1$） | −1 |
| 化肥单价（元/kg） | 0.5（$C_0$） | 0.52（$C_1$） | +0.02 |
| 化肥成本（元） | 13 000 | 15 600 | +2 600 |

将表 3-12 中某农业企业计划与实际耗用化肥对比表中的数据代入上述各级三因素基本模型，则

第一级分配值　$YA_1 = \Delta AB_0C_0 = 200 \times 26 \times 0.5 = 2\,600$

$YB_1 = \Delta BA_0C_0 = -1 \times 1\,000 \times 0.5 = -500$

$YC_1 = \Delta CA_0B_0 = 0.02 \times 1\,000 \times 26 = 520$

第二级分配值　$K_{21} = \Delta A\Delta BC_0/(YA_1 + YB_1) = -100/2\,100 = -0.047\,619$

$K_{22} = \Delta A\Delta CB_0/(YA_1 + YC_1) = 0.033\,333$

$K_{23} = \Delta B\Delta CA_0/(YB_1 + YC_1) = -1$

$YA_2 = YA_1 \times (K_{21} + K_{22}) = -37.14$

$YB_2 = YB_1 \times (K_{21} + K_{22}) = 523.81$

$YC_2 = YC_1 \times (K_{21} + K_{23}) = 502.67$

第三级影响值　$K_{31} = \dfrac{\Delta A\Delta B\Delta C}{(YA_1 + YA_2) + (YB_1 + YB_2) + (YC_1 + YC_2)} = -0.001\,536$

$YA_3 = (YA_1 + YA_2) \times K_{31} = 3.94$

$YB_3 = (YB_1 + YB_2) \times K_{31} = 0.04$

$YC_3 = (YC_1 + YC_2) \times K_{31} = 0.02$

各因素的影响值　$YA = YA_1 + YA_2 + YA_3 = 2\,558.92$

$YB = YB_1 + YB_2 + YB_3 = 23.77$

$YC = YC_1 + YC_2 + YC_3 = 17.31$

则　$YA + YB + YC = 2\,600$

因此，由播种面积增加而导致实际使用化肥成本比计划使用化肥成本增加2 558.92元，由每亩使用化肥量变化而导致化肥成本增加 23.77 元，由化肥的单价变动而导致化肥成本增加 17.31 元。播种面积为主要因素，每亩耗用化肥量和化肥单价为次要因素。

### （三）指数加权法

指数加权法是利用自变量与因变量之间的变动关系，来分析自变量对因变量的影响程度的计量分析方法。

【例 3-8】　以西北某农场粮食生产情况为例，应用指数加权法对机械化及其他因素在农业生产中的作用程度进行具体分析。该农场 2008 年和 2009 年的粮食生产情况见表 3-13。

**表 3-13　某农场粮食生产情况统计表**

| | 总产量（t）<br>$Q$ | 播种面积（$hm^2$）<br>$R$ | 单产（$kg/hm^2$）<br>$G$ |
|---|---|---|---|
| 2008 年（基期） | 3 720 | 1 200 | 3 100 |
| 2009 年（报告期） | 7 000 | 2 000 | 3 500 |

在一般情况下，农产品总量与播种面积和单产成正比。

$Q$ 为总产量，$R$ 为播种面积，$G$ 为单产。

则：
$$Q = RG$$

假设播种面积不变，则单产对总产量的影响程度为 $R_0G_1/R_0G_0$

假设单产不变，则播种面积对总产量的影响程度为 $R_1G_0/R_0G_0$

按表 3-13 中的数据，分别计算出播种面积指数、单产指数和总产量指数。

$$\text{播种面积指数} = \frac{R_1}{R_0} = \frac{2\,000}{1\,200} = 1.67$$

$$\text{单位面积产量指数} = \frac{G_1}{G_0} = \frac{3\,500}{3\,100} = 1.129$$

$$\text{总产量指数} = \frac{Q_1}{Q_2} = \frac{R_1G_1}{R_0G_0} = 1.67 \times 1.129 = 1.88$$

假设播种面积对总产量的影响程度为 $p$，单产对总产量的影响程度为 $w$，则：

$$p = \frac{1.67}{1.67 + 1.129} = 0.596\,6$$

$$w = \frac{1.129}{1.129 + 1.67} = 0.403\,4$$

计算结果表明，粮食总产出由 3 720 t 增加到 7 000 t，播种面积扩大的影响程度为 59.66%，单产提高的影响程度为 40.34%。

在农业生产实践中，播种面积的扩大和单产的提高受多种因素的影响。因此，还可以进一步分析各种因素对总产量的影响程度。

根据经验和分析数据，在当地的生产条件下，影响播种面积的主要因素是水、农业机械和人畜役投工量；影响单产高低的主要因素是灌水量、施肥量、良种、农机投入量、人畜投工量和土地改良面积占播种面积的比例。但是，各种因素作用大小和影响程度又各不相同。所以，各因素的权重也不同，而权重的大小又是根据各因素的作用强度来排定的。根据分析，各因素的权重如表 3-14、表 3-15。

**表 3-14　播种面积的影响因素**

| | 2008 年 | 2009 年 | 指数 | 权重 | 指数×权重 | 影响程度 $a_i$ |
|---|---|---|---|---|---|---|
| 灌水量（万 $m^3$） | 420 | 900 | 2.142 9 | 3 | 6.428 7 | 0.521 0 |
| 农机作业量（万 $hm^2$） | 10.8 | 24 | 2.222 2 | 2 | 4.444 4 | 0.360 2 |
| 人畜投工量（万工日） | 45 | 66 | 1.466 7 | 1 | 1.466 7 | 0.118 9 |
| 合计 | | | | | 12.339 8 | 1.000 0 |

表 3-15　单产的影响因素

| | 2008 年 | 2009 年 | 指数 | 权重 | 指数×权重 | 影响程度 $a_i$ |
|---|---|---|---|---|---|---|
| 灌水量（方/$hm^2$） | 3 500 | 4 500 | 1.29 | 6 | 7.75 | 0.287 9 |
| 良种（$kg/hm^2$） | 40 | 50 | 1.40 | 5 | 7.00 | 0.260 0 |
| 化肥（$kg/hm^2$） | 75 | 90 | 1.20 | 4 | 4.80 | 0.178 3 |
| 机械作业（$hm^2$） | 90 | 120 | 1.33 | 3 | 3.99 | 0.148 2 |
| 土壤改良面积比重（%） | 20 | 25 | 1.25 | 2 | 2.55 | 0.092 9 |
| 人畜投工（工日） | 375 | 330 | 0.88 | 1 | 0.88 | 0.032 7 |
| 合计 | | | | | 26.92 | 1.000 0 |

下面分析农机、灌溉、人畜投工对总产量的影响程度：

$$农机(C_1) = (0.5966 \times 0.3602) + (0.4034 \times 0.1428) = 0.2725$$

$$灌水(C_2) = (0.5966 \times 0.5210) + (0.4034 \times 0.2879) = 0.4270$$

$$人畜投工(C_3) = (0.5966 \times 0.1189) + (0.4034 \times 0.0327) = 0.072$$

## 三、综合评分法

### （一）综合评分法的含义和计算步骤

综合评分法是对不同技术方案或不同技术措施设置多项指标，分别按不同指标的评价标准对各指标进行评分，然后再求加平均数，最后根据加权平均数来评价和选择最优方案的一种数量分析方法。

综合评分法的计算公式为：

$$S_j = \sum_{i=1}^{n} W_1 P_1 + W_2 P_2 + \cdots + W_n P_{jn} = \sum_{i=1}^{n} W_i P_{ji} \tag{3.32}$$

式中：$S_j$ ——第 $j$ 个方案的加权总分；

$P_n$ ——第 $j$ 个方案第 $i$ 个指标的得分；

$W_i$ ——第 $i$ 个指标的权重数；

$n$ ——指标数。

综合评分法的具体步骤如下：

**1. 选择评价指标**　任何一类农业技术方案都有很多指标，一般应选择对整个技术方案目标函数影响较大的评价指标参加评分。

**2. 确定评价指标的权重**　由于各项指标在整个技术方案中所处的地位和重要性不同，因此必须根据指标的重要性来合理确定权重。

**3. 确定评分标准，逐一对各指标进行评分**　评分标准可以赋相对数值，也可以赋绝对数值。绝对数值一般采用五级记分制，即 5 分为最优，1 分为最差，至于各项指标如何确定评价批准，应根据各方案各指标的已知数据或资料、计划数据、典型试验资料综合当时当地的具体条件和要求来加以确定。确定评分标准后，应根据收集到的评价证据对照评分标准，逐项评定各方案各指标的自然得分。

**4. 编制综合评分分析表**　见表 3-16，计算加权平均得分并给出评价结果或选择最优方案。

表 3-16　综合评分分析表

| 项目 / 权重 / 方案 | 第一项 $W_i$ | 第二项 $W_i$ | 第三项 $W_i$ | 第 $i$ 项 $W_i$ | 评分 $\sum_{i=1}^{n} W_i P_i$ |
|---|---|---|---|---|---|
| 第一方案 | $P_{11}$ | $P_{12}$ | $P_{13}$ | $P_{1i}$ | $K_1$ |
| 第二方案 | $P_{21}$ | $P_{22}$ | $P_{23}$ | $P_{2i}$ | $K_2$ |
| 第三方案 | $P_{31}$ | $P_{32}$ | $P_{33}$ | $P_{3i}$ | $K_3$ |

综合评分法是一种将多指标综合为单一数量指标的方法。它实质上是定性分析和定量分析相结合的数量化分析方法，它的准确性决定于正确地选择评分指标和客观地确定权重，而这两个方面都存在人为的因素，因此，综合评分法的精确性也是相对的。为此，在权重的确定和指标的评分方法方面进行改进。

### (二) 基础指标评价值的确定

基础指标即评价指标体系中不能再进一步分解的指标，可分为定性基础指标和定量基础指标，简称定性指标和定量指标。

**1. 定性指标评价值的确定**　对于定性指标，指标值具有模糊和非定量化的特点，很难用精确数字来表示，只能采用模糊数学的方法对模糊信息进行定量化处理。

(1) 等级比重法。等级比重法又叫实验统计法，请一组专家进行试验，每一次试验是要对每个指标做出等级评价，一般人能够分辨出 5 级，即很好、较好、一般、较差、很差，见表 3-17。最后统计出频率，得到专家组对每个单因素的评价结果，形成评价矩阵 $R=(r_{ij})_{m\times n}$，其中 $m$ 代表指标个数，$n$ 代表评价等级。等级比重法的最大特点是简单、方便、实用，但精确度不高。

表 3-17　专家评分表

| | 很好 | 较好 | 一般 | 较差 | 很差 |
|---|---|---|---|---|---|
| 指标 1 | | √ | | | |
| 指标 2 | | | | √ | |
| … | | | | | |
| 指标 $m$ | √ | | | | |

(2) 专家评分法。专家评分法是由若干代表性专家凭借自己的经验按一定的评价标准给出各指标的评价分值，然后计算各指标的加权平均得分。其计算公式为：

$$r_i = \frac{1}{n}\sum_{j=1}^{n} r_{ij}\,(i=1,2,\cdots,m)$$

式中：$n$ ——专家人数；

$r_{ij}$ ——第 $j$ 位专家对第 $i$ 个指标的评价值。

该方法用一个确切的数表示判断，比等级比重法精确。但是，如果问题比较复杂、敏感、信息不全，或者专家对问题的了解不够全面，则评价结果仍然有失偏颇。

(3) 集值统计法。集值统计法是一种新的模糊统计方法，它不同于经典的概率统计，经典统计样本一般被看做是一个随机变量的若干独立实现，集值统计的样本则被看做是一个随机的独立实现，个体作法为：

选择 $n$ 位专家，给出评价指标值的两个极点，然后请专家给出指标 $U_i$ 评价值的区间估计，得到 $n$ 位专家对指标 $U_i$ 的一个集值统计序列：

$$[r_{11},r_{21}],[r_{12},r_{22}],\cdots,[r_{1n},r_{2n}]$$

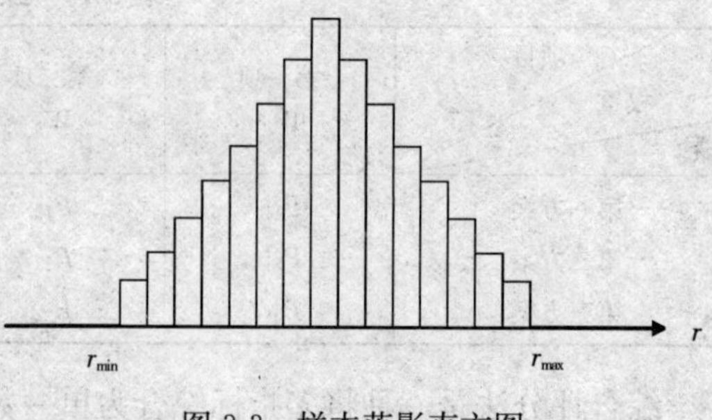

图 3-3 样本落影直方图

将这 $n$ 个区间落影到评价指标值域轴上，得到样本落影函数 $X(r)$，见图 3-3 所示。

$$\overline{X}(r)=\frac{1}{n}\sum_{k=1}^{n}X[r_{1k},r_{2k}]^{(r)} \tag{3.33}$$

其中，

$$X[r_{1k},r_{2k}]^{(r)}=\begin{cases}1 & r_{1k}<r<r_{2k}\\ 0 & \text{其他}\end{cases}$$

取 $r_{\max}=\{r_{21},r_{22},\cdots,r_{2n}\},r_{\min}=\{r_{11},r_{12},\cdots,r_{1n}\}$，则指标 $U_i$ 的评价值为：

$$E(r)=\frac{\int_{r_{\text{ming}}}^{r_{\max}}\overline{X}(r)r\mathrm{d}r}{\int_{r_{\text{ming}}}^{r_{\max}}\overline{X}(r)\mathrm{d}r}=\frac{\sum_{k=1}^{n}[(r_{2k})^2-(r_{1k})^2]}{2\sum_{k=1}^{n}(r_{2k}-r_{1k})} \tag{3.34}$$

**2. 定量指标评价值的确定** 定量指标是指可量化指标，通过一定技术测量手段确定其数值。由于定量指标的计量单位各不相同，不具有可比性。因此，在确定指标实际值之后，还必须解决指标间的可比性问题，即进行指标的无量纲化处理，通过一定的数值变换来消除指标间的量纲影响。

从本质上讲，指标无量纲化过程也就是求解隶属函数的过程，各种无量纲化公式，也就是指标的隶属函数。对定量指标进行无量纲化的方法多种多样，应当根据各个指标本身的性质确定其隶属函数公式，但依次确定每个指标隶属函数关系公式非常困难。为简单起见，可选择直线型无量纲化方法来解决定量指标间的可比性问题。通常以百分制为基础，计算公式如下：

（1）效益型即指标值越大越好的指标。

$$y=\begin{cases}100 & x\geqslant x_{\max}\\ 100\times\dfrac{x-x_{\min}}{x_{\max}-x_{\min}} & x_{\min}<x<x_{\max}\\ 0 & x\leqslant x_{\min}\end{cases}$$

（2）成本型即指标值越小越好的指标。

$$y=\begin{cases}100 & x\leqslant x_{\min}\\ 100\times\dfrac{x_{\max}-x}{x_{\max}-x_{\min}} & x_{\min}<x<x_{\max}\\ 0 & x\geqslant x_{\max}\end{cases}$$

（3）适中型即指标值越接近某一固定值越好的指标。

$$y=\begin{cases}100\times\dfrac{x-x_{\min}}{x_m-x_{\min}} & x_{\min}<x\leqslant x_m\\ 100\times\dfrac{x_{\max}-x}{x_{\max}-x_m} & x_m\leqslant x<x_{\max}\\ 0 & x\leqslant x_{\min},x\geqslant x_{\max}\end{cases}$$

式中：$y$ ——定量指标评价值；

$x$ ——有量纲指标实际值；

$x_{\max}$ ——有量纲指标最大值；

$x_{\min}$ ——有量纲指标最小值。

### （三）指标权重的确定

综合评分法权重的确定有主观赋权和客观赋权两种方法：

**1. 主观赋权法**　主观赋权法是一种定性分析方法，它基于评价者主观偏好或经验给出指标权重。如专家调查法、层次分析法、模糊评价法等。优点是体现了决策者的经验判断，权重的确定一般符合现实。缺点是：①权重的确定与评价指标的数字特征无关，权重仅是对评价指标反映内容的重要程度在主观上的判断，没有考虑评价指标间的内在联系；②无法显示评价指标的重要程度随时间的渐变性，因素的影响是动态变化的，权数也应该随各因素贡献度不同而有所变化。

（1）德尔菲法。德尔菲法又叫专家意见法，是依据系统的程序，采用匿名发表意见的方式，即专家之间不得互相讨论，不发生横向联系，只能与调查人员发生关系，通过多轮次调查专家对问卷所提问题的看法，经过反复征询、归纳、修改，最后汇总成专家基本一致的看法，在此基础上对指标体系进行分析、判断并主观赋权值的一种多次调查方法。这种方法具有广泛的代表性，不受样本是否有数据的限制，较为可靠。缺点是受专家知识、经验等主观因素影响，过程较繁琐。

（2）层次分析法。根据问题的性质和目标，按照因素之间的相互影响和隶属关系分层聚类组织，由专家根据个人对客观现实的判断对模型中每一层全部因素相对重要性给予定量标度，确定每一层次全部因素的相对重要性次序的权值，通过综合计算各因素相对重要性的比值，得到相对重要性次序的组合权值。层次分析法判断矩阵的一致性问题是制约其应用的关键，而且在实践中，由于客观事物的复杂性，用准确的数据来描述相对重要性不太现实。

（3）模糊评价法。模糊评价法可以看作层次分析法的改进，由于层次分析法评价指标中，存在许多难以精确描述的指标，因此可以用模糊集来取代判断矩阵中的数，然后根据判断矩阵求出指标的模糊权重。这种方法既考虑了模糊判断，又提出了解决模糊判断一致性问题的一些方法，因此，比层次分析法更具科学性。

**2. 客观赋权法**　客观赋权法是一种定量分析方法，它基于指标数据信息，通过建立一定的数理推导计算出权重系数。如主成分分析法、变异系数法、熵权系数法、局部变权法等。其优点是有效地传递了评价指标的数据信息与差别，缺点是忽视了评价者的知识与经验等主观偏好信息，把指标的重要性同等化了，有时会出现权重系数不合理的现象。

（1）主成分分析和因子分析法。主成分分析法通过因子矩阵的旋转得到因子变量和原变量的关系，然后根据 $m$ 个主成分的方差贡献率作为权重，给出一个综合评价值。其基本思想就是从简化后的方差和协方差的结构来考虑降维，即在一定的约束条件下，把代表各原始变量的各坐标通过旋转而得到一组具有某种良好的方差性质的新变量，再从中选取前几个变量来代替原变量。

因子分析法是主成分分析法的推广，其基本思想是根据相关性大小对原有变量分组，使得同组变量相关性较高，不同组变量相关性较低，每组变量代表一个公共因子，对所研究的问题通过最少个数的公共因子的线性组合来表示。相比主成分分析，共有利于明确各公因子的实际含义，同时可以考察每个因子数据的内部结构，并通过适用性检验来检测变量组的设定是否合理。

主成分分析和因子分析法的局限性在于：这两种方法仅能得到有的主成分或因子的权重，而无法有效获得各个独立指标的客观权重，而且当构成因子的指标之间相关度很低时，因子分析将不适用。

（2）变异系数法。变异系数又称“标准差率”，是衡量各观测值变异程度的统计量，其计算公式为 $\sigma_i/\overline{x}_i$。其中：标准差 $\sigma_i=\sqrt{\sum_{j=1}^{n}(x_{ij}-\overline{x}_i)^2}$ 反映一组数据与均值的离散程度，标准差越大，说明变量值之间的差异越大。变异系数表示了不同指标间数据变异的相对大小。显然，如果某项指标的 $|\sigma_i/\overline{x}_i|$ 相对较大，则由其反映的信息要相对充分，说明在此项指标上个体状态差异显著，能够作为评价的主要依据。否则，如果某指标组内数据差异不大，有明显的集中趋势，利用这组数据辨别不同个体或项目发展差异的能力则较小。基于这种思想，可以将权重定为：

$$S_i(x)=|\sigma_i/\overline{x}_i|/(\sum_{i=1}^{n}|\sigma_i/\overline{x}_i|)$$

（3）灰色关联度法。灰色关联度法是灰色系统分析法的一种，是依据各因素数列曲线形状的接近程度做发展态势的分析。灰色关联度分析的意义是指在系统发展过程中，如果两个因素变化的态势是一致的，即同步变化程度较高，则可以认为两者关联较大；反之，则两者关联度较小。因此，灰色关联度法对于一个系统发展变化态势提供了量化的度量，非常适合动态（Dynamic）的历程分析。

（4）熵权系数法。熵权系数法的基本思想是：权重系数是各个指标在指标总体中的变化程度和对其他指标影响程度的度量，赋权的原始信息应当直接来源于客观环境，可根据各指标所提供信息量的大小来决定相应指标的权重系数，而熵在应用于评价时，可以度量获取数据所提供的有用信息量。熵的获得，意味着信息的丢失。系统有序程度越高，则熵就越小，所含信息量就越大；反之，无序程度越高，则熵越大，信息量就越小，对样本的综合评价的作用就小，即权重小。信息和熵是互补的，信息就是负熵，因此可用信息熵的方法确定权重，客观地反映不同指标的重要程度。这种方法的优点是避免了评价者的个人偏好与经验，但这也是其缺点。

### （四）综合评分法的应用

仍以水稻三种耕作模式（例 3-1）为例，综合评价有机水稻单作制、有机稻鸭萍共作制、常规水稻耕作制三种耕作模式的技术经济效果。

**1. 建立指标体系** 结合水稻三种耕作模式的实际情况，通过征求专家的意见，考虑在指标设置上突出重点性、关键性和代表性。精选出 3 个一级指标、10 个二级指标。具体指标体系见表 3-18。

**表 3-18 生态效果、社会效果、经济效果权重**

| 一级指标 | 二级指标 | 代码 |
|---|---|---|
| 生态效果 | 土壤素质 | B1 |
| | 生物多样性指标数 | B2 |
| | 植被覆盖率 | B3 |
| | 水土流失治理率 | B4 |
| 社会效果 | 组合化程度 | B5 |
| | 农民受益率 | B6 |
| | 就业贡献率 | B7 |
| 经济效果 | 成本投入 | B8 |
| | 产值 | B9 |
| | 效益 | B10 |
| 小计 | | |

**2. 指标评分** 通过实地调查和取样分析，以常规种植模式为对照，对几种耕作制的各项指标赋相对数值，整理得表 3-19。

**表 3-19 水稻不同生产模式生态效果、社会效果、经济效果指标值**

| 指数 | $B_1^*$ | $B_2^*$ | $B_3^*$ | $B_4^*$ | $B_5^*$ | $B_6^*$ | $B_7^*$ | $B_8^*$ | $B_9^*$ | $B_{10}^*$ |
|---|---|---|---|---|---|---|---|---|---|---|
| 有机水稻单作制 | 1.12 | 1.23 | 1.05 | 1.18 | 1.2 | 1.32 | 1.14 | 0.79 | 1.34 | 1.28 |
| 有机稻鸭萍共作制 | 1.15 | 0.77 | 1 | 1.18 | 1.2 | 1.33 | 1.12 | 1.2 | 1.56 | 2.13 |
| 水稻常规耕作制 | 1 | 1 | 1 | 1 | 1 | 1 | 1 | 1 | 1 | 1 |

**3. 确定指标权重**

（1）建立判断矩阵。判断矩阵表示针对上一层次某单元，本层次与它有关单元之间相对重要性的比较。假如判断矩阵为 $B$，其中的 $b_{ij}$ 是根据资料数据、专家的意见和系统分析人员的经验经过反复研究后确定的。在层次分析法中，为了使指标数量化，关键在于要使任意两个方案对于某一准则的相对优越程度得到定量描述。一般来说，两个方案进行比较总能判断出优劣，一般采用 1-9 标度方法，对不同情况的评比给出数量标度（表 3-20）。判断矩阵 $B$ 具有如下特征：$b_{ij}=1;b_{ji}=1/b_{ij};b_{ij}=b_{ik}/b_{jk}(i,j,k=1,2,\cdots,n)$。

**表 3-20 重要性标度含义表**

| 重要性标度 | 含义 |
|---|---|
| 1 | 表示两个元素相比，具有同等重要性 |
| 3 | 表示两个元素相比，前者比后者稍重要 |
| 5 | 表示两个元素相比，前者比后者明显重要 |
| 7 | 表示两个元素相比，前者比后者强烈重要 |
| 9 | 表示两个元素相比，前者比后者极端重要 |
| 2，4，6，8 | 表示上述判断的中间值 |

（续）

| 重要性标度 | 含　义 |
|---|---|
| 倒数 | 若元素 $I$ 与元素 $J$ 的重要性之比为 $b_{ij}$ ，则元素 $J$ 与元素 $I$ 的重要性之比为 $b_{ji}=1/b_{ij}$ |

判断矩阵 $B$ 具有如下特征：$b_{ij}=1;b_{ji}=1/b_{ij};b_{ij}=b_{ik}/b_{jk}(i,j,k=1,2,\cdots,n)$。

一级指标共构造了三个判断矩阵；二级指标共构成一个判断矩。

$$\boldsymbol{B}_{11}=\begin{pmatrix}1 & 9 & 2 & 2\\ 0.11 & 1 & 0.14 & 0.14\\ 0.5 & 7 & 1 & 1\\ 0.5 & 7 & 1 & 1\end{pmatrix} \qquad \boldsymbol{B}_{12}=\begin{pmatrix}1 & 0.5 & 0.5\\ 2 & 1 & 1\\ 2 & 1 & 1\end{pmatrix}$$

$$\boldsymbol{B}_{13}=\begin{pmatrix}1 & 0.14 & 0.11\\ 7 & 1 & 0.33\\ 9 & 3 & 1\end{pmatrix} \qquad \boldsymbol{B}_{2}=\begin{pmatrix}1 & 1 & 0.3\\ 1 & 1 & 0.3\\ 3 & 3 & 1\end{pmatrix}$$

（2）层次单排序。把本层所有各元素对上一层来说，排出评比顺序，利用方根法或和积法计算判断矩阵的最大特征向量，最常用的方法是和积法。和积法的具体计算步骤为：

①将判断矩阵的每一列元素作归一化处理，其元素的一般项为 $\underline{b_{ij}}=\dfrac{b_{ij}}{\sum\limits_{k=1}^{n}b_{kl}}$；

②将每一列经归一化处理后的判断矩阵按行相加，$\underline{W_i}=\sum\limits_{i=1}^{n}\underline{b_{ij}}$；

③对向量 $\underline{\boldsymbol{W}}=(\underline{\boldsymbol{W}_1},\underline{\boldsymbol{W}_2},\cdots,\underline{\boldsymbol{W}_n})^t$ 进行归一化处理，其元素的一般项为 $W_i=\dfrac{\underline{\boldsymbol{W}_i}}{\sum\limits_{k=1}^{n}\underline{\boldsymbol{W}_i}}$，得到项量 $\boldsymbol{W}=(\boldsymbol{W}_1,\boldsymbol{W}_2,\cdots,\boldsymbol{W}_n)^t$ 即为所求的特征项量近似解；

④计算判断矩阵最大特征根 $\lambda_{\max}=\sum\limits_{1}^{n}\dfrac{(BW)_i}{nW_i}$。

（3）检验一致性，最后层次总排序。判断矩阵一致性指标为 $C.R.=\dfrac{C.I.}{R.I.}$，当 $C.R.<0.1$ 时，可接受一致性检验，否则将对判断矩阵修正。

其中：

$C.I.=\dfrac{\lambda_{\max}-n}{n-1}$，$C.I.$ 的值越大，表明判断矩阵偏离完全一致性的程度越大。

$R.I.$ 取值表见表 3-21。

**表 3-21　*R.I.* 取值表**

| 指标个数（$n$） | 1 | 2 | 3 | 4 | 5 | 6 | 7 | 8 | 9 |
|---|---|---|---|---|---|---|---|---|---|
| $R.I.$ 值 | 0 | 0 | 0.58 | 0.90 | 1.12 | 1.24 | 1.32 | 1.41 | 1.49 |

通过计算，各级指标的权重见表 3-22。其一致性检验值（$C.R.$）均小于 0.1，因此所构造的判断矩阵和计算过程比较合理，计算得出的权重可靠。

表 3-22　各级指标的权重

| 一级指标 | 代码 | 权重 | 二级指标 | 代码 | 权重 |
|---|---|---|---|---|---|
| 生态效果 | $B'_1$ | 0.2 | 土壤素质 | B1 | 0.46 |
| | | | 生物多样性指标数 | B2 | 0.04 |
| | | | 植被覆盖率 | B3 | 0.25 |
| | | | 水土流失治理率 | B4 | 0.25 |
| 社会效果 | $B'_2$ | 0.2 | 组合化程度 | B5 | 0.2 |
| | | | 农民受益率 | B6 | 0.4 |
| | | | 就业贡献率 | B7 | 0.4 |
| 经济效果 | $B'_3$ | 0.6 | 成本投入 | B8 | 0.06 |
| | | | 产值 | B9 | 0.29 |
| | | | 效益 | B10 | 0.65 |

**4. 计算三种方案的综合评分**　根据上述确定的权数和表 3-19 中的专家的赋值，计算有机水稻单作制、有机稻鸭萍共作制、水稻常规耕作制三种种植模式的加权平均得分，分别为 1.23、1.61、1，表明有机稻鸭萍共作模式综合效果较高，应大力发展这种种植模式。各级指标的得分情况见表 3-23、表 3-24、表 3-25。

表 3-23　有机水稻单作模式加权平均得分表

| 一级指标 | 权重 | 加权平均分 | 得分 | 二级指标 | 权重 | 赋值 | 得分 |
|---|---|---|---|---|---|---|---|
| 生态效果 | 0.2 | 1.12 | 1.23 | 土壤素质 | 0.46 | 1.12 | 1.12 |
| | | | | 生物多样性指标数 | 0.04 | 1.23 | |
| | | | | 植被覆盖率 | 0.25 | 1.05 | |
| | | | | 水土流失治理率 | 0.25 | 1.18 | |
| 社会效果 | 0.2 | 1.22 | | 组合化程度 | 0.2 | 1.2 | 1.22 |
| | | | | 农民受益率 | 0.4 | 1.32 | |
| | | | | 就业贡献率 | 0.4 | 1.14 | |
| 经济效果 | 0.6 | 1.27 | | 成本投入 | 0.06 | 0.79 | 1.27 |
| | | | | 产值 | 0.29 | 1.34 | |
| | | | | 效益 | 0.65 | 1.28 | |

表 3-24　有机稻鸭萍共作模式加权平均得分表

| 一级指标 | 权重 | 加权平均分 | 得分 | 二级指标 | 权重 | 赋值 | 得分 |
|---|---|---|---|---|---|---|---|
| 生态效果 | 0.2 | 1.1 | 1.61 | 土壤素质 | 0.46 | 1.15 | 1.1 |
| | | | | 生物多样性指标数 | 0.04 | 0.77 | |
| | | | | 植被覆盖率 | 0.25 | 1 | |
| | | | | 水土流失治理率 | 0.25 | 1.18 | |
| 社会效果 | 0.2 | 1.22 | | 组合化程度 | 0.2 | 1.2 | 1.22 |
| | | | | 农民受益率 | 0.4 | 1.33 | |
| | | | | 就业贡献率 | 0.4 | 1.12 | |
| 经济效果 | 0.6 | 1.91 | | 成本投入 | 0.06 | 1.2 | 1.91 |
| | | | | 产值 | 0.29 | 1.56 | |
| | | | | 效益 | 0.65 | 2.13 | |

表 3-25　水稻常规耕作模式加权平均得分表

| 一级指标 | 权重 | 加权平均分 | 得分 | 二级指标 | 权重 | 赋值 | 得分 |
|---|---|---|---|---|---|---|---|
| 生态效果 | 0.2 | 1 | 1 | 土壤素质<br>生物多样性指标数<br>植被覆盖率<br>水土流失治理率 | 0.46<br>0.04<br>0.25<br>0.25 | 1<br>1<br>1<br>1 | 1 |
| 社会效果 | 0.2 | 1 | | 组合化程度<br>农民受益率<br>就业贡献率 | 0.2<br>0.4<br>0.4 | 1<br>1<br>1 | 1 |
| 经济效果 | 0.6 | 1 | | 成本投入<br>产值<br>效益 | 0.06<br>0.29<br>0.65 | 1<br>1<br>1 | 1 |

## 本　章　小　结

评价农业技术经济效果，实质上就是对农业生产中的各种技术经济活动进行综合的分析和论证。这种分析和论证，需要按照一定程序和要求，并掌握大量有关资料，才能有效地进行。由于农业技术经济效果评价比较复杂，涉及因素比较多，因而，具体评价的程序和要求各地做法也不相同。本章仅从一般的农业技术经济效果评价原理出发，对评价的内容与程序、指标体系及评价方法进行了简单介绍。在农业技术经济效果评价的内容与程序中介绍了农业技术经济效果评价的发展经历了自由评价、自发式管理评价和规范化评价三个阶段；分析了目前国内外农业技术经济效果评价的现状及发展方向；阐述了农业技术经济效果评价必须遵守技术效果与经济效果统一、微观效果与宏观效果统一、定性分析与定量分析统一等原则；总结了农业技术经济效果评价的主要内容，包括经济效果、社会效果、生态效果三方面的评价；详细说明了评价程序，包括前期准备、制定评价方案、实施评价等步骤。在指标体系中介绍了指标体系的含义及设置原则、指标体系的构成及各类指标的分析与计算。在评价方法中，介绍了比较分析法、因素分析法、综合评分三种评价方法并举例计算。

## 复　习　思　考　题

1. 农业技术经济效果评价的主要内容有哪些？
2. 农业技术经济效果评价的主要程序包括哪些步骤？
3. 农业技术经济指标体系设置的原则有哪些？
4. 农业技术经济效果评价应设置哪些主要指标？
5. 农业技术经济效果评价证据的收集方法有哪些？
6. 比较分析法、因素分析法、综合评分法的概念？
7. 综合评分法中评分标准与权重的确定方法有哪些？

# 第四章　农业生产要素投入的边际分析

**重点提示**：了解农业生产函数、边际分析、总产量、平均产量和边际产量、产出弹性、等产量曲线、边际技术替代率、生产可能性曲线等基本概念的基础上，掌握生产函数三个阶段的划分方法、单项变动要素最佳投入点的确定方法、有限要素的合理分配方法、两种可变要素的合理配置方法以及产品的最佳组合方法。

## 第一节　农业生产函数与边际分析概述

### 一、农业生产函数的概念

利用边际分析法研究农业生产要素的投入产出问题，必须借助于农业生产函数这一工具。农业生产函数是指在特定的农业技术条件下，农业生产要素的投入量和农产品的最大产出量之间的物质技术关系。如图 4-1 所示，阴影部分为生产集（production set），体现的是农业生产要素投入与所有产出之间的关系，生产集的边界（boundary）称为生产函数（production function）。

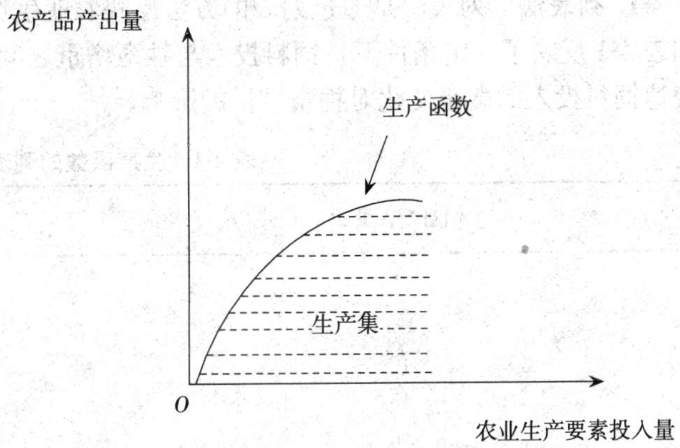

图 4-1　农业生产函数

对于这一概念的理解需要把握两点：第一，农业生产函数是建立在技术水平不变的基础上，如果技术进步，同样的要素投入会有较多的产出，生产函数曲线会相应地向上移动；第二，农业生产函数所描述的是要素投入与最大产出之间的关系，而不是要素投入与所有产出之间的关系。

### 二、农业生产函数的表示方法

农业生产函数的一般形式可以写成：

$$y=f(x_1, x_2, x_3, \cdots, x_n) \tag{4.1}$$

式中：$y$——农产品产出量；

$x_1, \cdots, x_n$——生产中投入的各种生产要素的数量，包括土地、劳力、种子、化肥、农药、农机具等。

由于各种生产要素在农业生产中所处的地位和作用不同，为了更清楚地考察每种生产要素用量对于农产品产量所发生的作用，通常假设在所有影响产量的生产要素中，只有一种生产要素的用量发生变化，其他生产要素的用量固定不变。这种假设是进行农业科学实验中比较常用的办法。在该假设下，农业生产函数可表示为：

$$y=f\ (x_1 \mid x_2,\ x_3,\ \cdots,\ x_n)$$

括号中竖线左侧的 $x_1$ 代表可变生产要素，右侧的 $x_2$，$x_3$，…，$x_n$ 代表固定不变的生产要素。此函数反映了在 $x_2$，$x_3$，…，$x_n$ 各种生产要素投入量固定不变的条件下，$y$ 与 $x_1$ 之间的函数关系，亦可用下列简式表示：

$$y=f\ (x_1) \tag{4.2}$$

如果考察生产中两种可变要素投入量与产出量之间的关系，则生产函数可简单表示为：

$$y=f\ (x_1,\ x_2) \tag{4.3}$$

上述列举的几种农业生产函数的一般形式，仅仅表明各种农业生产要素投入量与农产品产量之间存在着某种相互依存的关系，但是，农产品产量怎样随着生产要素用量变化而变化，还需要通过以下三种方法具体表示（这里以一种可变要素为例进行说明）。

**1. 列表法** 列表法是通过列表的方法反映农业生产要素投入与农产品产出之间的关系。如表 4-1 反映了一定条件下，饲料投入与牲畜增重之间的关系。这种表示方法的缺点是难以表达饲料投入的微小变化对牲畜重量的影响。

**表 4-1 生产函数的列表法**

| 饲料投入量 $x$ | 牲畜增重 $y$（$TP$） |
|---|---|
| 0 | 0 |
| 5 | 19.375 |
| 10 | 45 |
| 15 | 73.125 |
| 20 | 100 |
| 25 | 121.875 |
| 30 | 135 |
| 35 | 135.625 |

**2. 图示法** 图示法是用坐标或曲线来反映农业生产要素投入与农产品产出之间的函数关系。如果以横坐标表示要素投入量，纵坐标表示产品产出量，将表 4-1 中的投入产出数据描绘在坐标上，即得如图 4-2 所示的生产函数，图中曲线亦称总产出曲线。很显然，这种生产函数的表示方法对投入产出关系反映得较为直观清晰。

**3. 数学表达式法** 数学表达式法是根据上述表列中农业生产要素投入量（$x$）与农产品产出量（$y$）之间一一对应的关系，采用回归方法建立起的一个方程式，比如 $y=3x+0.2x^2-0.005x^3$。这种生产函数表示方法能够反映任何微小的变化，能够准确计算某一点的要素投入与相应的产品产出。但是需要注意，这里的投入并非全部投入，而是指生产当中那些可变的和可控的投入。

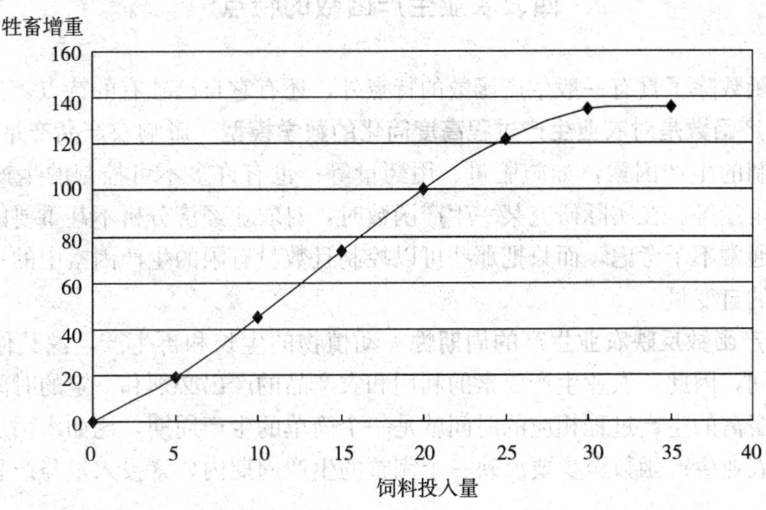


图 4-2　生产函数图示法

## 三、农业生产函数研究的问题

生产函数是对经济现象进行数量分析的重要工具。利用农业生产函数对农业生产过程中的投入产出关系进行研究，可以为生产决策提供可靠的参考。一般来说，狭义的农业生产函数主要是用来研究农业生产中的三种数量关系。

第一种是研究农业生产要素投入与农产品产出之间的数量关系，或称为投入—产出关系。这种农业生产函数是研究投入农业生产中的某种生产要素（如肥料）或某些生产要素（如肥料、种子、农药）的数量与农产品产出量之间的关系，研究生产要素投入量和产品产出量的变化过程及规律。通过对这一客观过程的定量分析，可以具体确定某种生产要素或某些生产要素的最佳投入量。

第二种是研究生产一定数量的农产品时，生产要素与生产要素之间的配置关系。这种农业生产函数是研究生产一定数量农产品时，投入农业生产的各种生产要素之间的合理组合和替代问题。通过这种研究，可以帮助人们选择出为获得某一特定数量农产品所需的各种生产要素（如种子、肥料和水）最适宜的配合比例，充分发挥各种资源的优势，提高生产要素利用效率。

第三种是研究利用一定数量的某种生产要素来生产多种农产品时，各种农产品之间的数量关系。这种农业生产函数是研究利用一定数量的生产要素生产多种农产品时，各种农产品之间数量关系变化的规律。这种研究，可以做到合理配置资源，实现各种农产品（或称各个农业部门）的最佳配合比例，从总体上实现最大经济效益。

广义的农业生产函数研究的内容则更为广泛，如研究农业生产的规模经济效益，分析各种生产因素（不仅限于生产要素）对农业生产发展的影响程度，确定科学技术进步对生产的促进作用，研究农业生产和各种社会技术因素的变动趋势及其规律性等。

## 四、农业生产函数的特点

农业生产函数除了具有一般生产函数的特点外，还有它自己独有的特点，具体表现在：

**1. 农业生产函数是对农业生产过程高度简化的数学模型** 影响农产品产量的因素很多，其中有可以控制的生产因素，如施肥量、用药量等；也有许多不可控制的生产因素，如阳光、气温、降雨量等。在实际研究某一生产函数时，对农业经济分析不甚重要的那些不可控制的生产因素通常不予考虑，而只把那些可以控制且数量有限的生产因素中的一个或几个作为生产函数中的自变量。

**2. 农业生产函数反映农业生产的周期性** 动植物的生长和再生产，像其他物质生产过程一样需要时间，因此，农业生产要素的利用和农产品的产出必须和一定的时间相联系。与一种农作物或畜禽的生产过程相应的时间就是一个简单的生产周期，比如水稻从种到收是一个生产周期。农业生产函数至少要反映一个完整的生产周期内要素投入量与产品产出量之间的数量关系。

**3. 生产函数一般不具有重复性** 农业生产受随机因素影响比较大，它既来自社会因素、自然因素，同时也有人为因素。尤其是自然因素的影响，几乎不可控制，也不可复制，导致相同的投入量在不同时间、不同地点产出不同，即使在同一时间不同地点产出也会不同。这表明，农业生产函数具有很大的随机性，只有掌握大量的试验统计数据后建立的生产函数才有可能用于有限指导农业生产实践，为了提高指导效果，还需要根据实际情况对生产函数不停地加以修正。

通过以上对农业生产函数特点的描述，可以看出，生产函数作为数量分析的一个重要工具，有着鲜明的实用性。应该根据不同问题、不同产品和生产因素、不同地区和时间、不同的研究目的，去建立相适应的生产函数。不存在适用于解决许多问题的统一的生产函数。解决某一具体问题就要建立一个或数个具体的生产函数。

## 五、边际分析的概念

边际分析（marginal analysis）是以增量的概念来研究农业生产中的投入产出问题。增量也就是指变化量，是在原有基础上增加的数量。当投入的生产要素增加某一数量时，产品产出量一般也会随之改变。用这种增量的比率研究农业生产中的投入产出变化规律，便是边际分析。通常用数学表达式 $\Delta y/\Delta x$（平均变化率）或 $dy/dx$（精确变化率）来表示。

当要素投入量 $x_0$ 增加到 $x_0+\Delta x$ 时，则产量 $y$ 相应的改变量为：

$$\Delta y = f(x_0+\Delta x) - f(x_0)$$

其变化率为：

$$\frac{\Delta y}{\Delta x} = \frac{f(x_0+\Delta x) f(x_0)}{\Delta x} \tag{4.4}$$

式（4.4）表示生产要素投入量在 $x_0 \sim x_0+\Delta x$ 这一区间内变化时总产量的平均变化量。

若生产要素投入量 $x_0$ 的变化量 $\Delta x \to 0$，则其变化率可以写成：

$$\lim_{\Delta x\to 0}\frac{\Delta y}{\Delta x}=\frac{\mathrm{d}y}{\mathrm{d}x}=f'(x_0) \tag{4.5}$$

可见，精确变化率其几何意义就是总产量曲线上某点切线的斜率。

### 六、边际报酬递减规律

所谓边际报酬递减规律是指在技术不变、其他生产要素的投入数量不变的情况下，随着某一种生产要素的投入量不断增加，起初，增加该要素投入所带来的产量增量是递增的，但过了一定点之后，增加该要素投入所带来的产量增量就会越来越小，甚至为负数。这一经济现象被称为边际报酬递减法则，也称边际报酬递减规律。

在理解该规律时应注意：第一，边际报酬递减规律在某点之前是不适用的，只有要素投入达到某点之后才会出现；第二，边际报酬递减规律具有严格的限制条件，即技术水平不变、其他生产要素的投入数量不变；第三，技术进步会推迟报酬递减的出现，但不会消灭报酬递减规律。

从农业生产实践来看，最明显的例子就是牲畜的饲料报酬递减和农作物的肥料报酬递减。关于牲畜的饲料报酬递减从表 4-2 可以清楚地看出。如果我们考察特定面积的麦田施肥效果，同样会体现出报酬递减规律。刚开始，由于可变投入与不变投入相比，可变投入数量过少，所以可变投入对总产出的贡献很小。随着肥料由少到多不断增加，不变投入与可变投入的配合比例越来越接近于最佳状态，肥料对总产出的贡献也越来越大。此后，继续增加肥料的投入，可变投入与不变投入的配合比例又会慢慢走向失衡，肥料对总产出的贡献也将会越来越小，直至为零甚至为负。可以看出，由于可变投入与不变投入之间存在一个最适的配合比例，所以随着一种可变要素由少到多不断增加，出现了报酬递减现象。当然，这一现象也可以用木桶原理即短板原理来解释，请读者自己思考。

由于在农业生产中存在着生产要素投入报酬递减规律，因此，有必要研究农业生产要素投入的最适度，即通过研究要素投入与产出之间的变化关系，寻求要素利用的最佳状态，提高农业生产的经济效益。

## 第二节　单项变动要素的合理利用

### 一、总产量、平均产量、边际产量以及生产三个阶段的划分

#### （一）总产量、平均产量、边际产量的概念及其函数关系

总产量（total product，通常简称 TP），是指在其他投入要素保持不变的条件下，随着变动要素投入量变化而变化的产品总量。总产量有时也用 $y$ 来表示。

平均产量（average product，通常简称 AP）是指在各种不同的投入水平下，平均每一单位变动要素所取得的产品数量。用公式表示为：

$$AP=\frac{y}{x} \tag{4.6}$$

式中：$y$——产品总量；

$x$——变动要素投入量。

边际产量（marginal product，通常简称 MP）是指在连续向某项生产追加要素的过程中，每增加一单位变动要素所引起的总产量的变化量，或者说最后一单位要素投入所取得的产品数量。其计算公式为：

$$MP = \frac{\Delta y}{\Delta x} \tag{4.7}$$

式中：$\Delta y$——产品增量；

$\Delta x$——变动要素投入量的增量；

$MP$——平均的边际产量。

当生产函数以确定的函数式表示时，可以计算精确的边际产量，计算公式为：

$$MP = \lim_{\Delta x \to 0} \frac{\Delta y}{\Delta x} = \frac{dy}{dx} \tag{4.8}$$

可见，边际产量是总产量对变动要素投入量的导数。

## （二）总产量、平均产量、边际产量曲线图及其相互关系

总产量、平均产量、边际产量曲线图如图 4-3 所示。

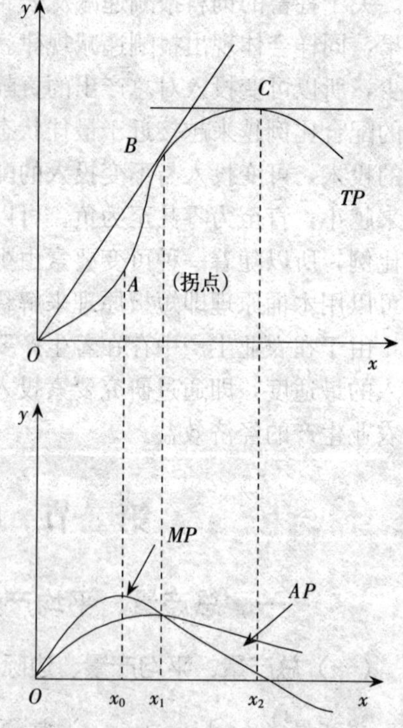


图 4-3　TP、AP、MP 之间的关系

**1. 边际产量（MP）与总产量（TP）之间的关系**　边际产量（MP）与总产量（TP）之间的数学关系是导数与积分的关系，总产量曲线上任何一点切线的斜率值就是边际产量。二者的关系具体表现为：

（1）当 MP 大于零时，TP 上升。其中，当 MP 处于上升阶段时，TP 以递增的速度上升；当 MP 处于下降阶段时，TP 以递减的速度上升。

（2）当 MP 等于零时，TP 达到最大。

（3）当 MP 小于零时，TP 下降。

**2. 平均产量（AP）和总产量（TP）之间的关系**　从原点出发向 TP 做射线，射线的斜率值即是对应要素投入的 AP 值，其中从原点出发与 TP 相切的射线斜率值最大，即对应 AP 的最大值。

**3. 边际产量（MP）与平均产量（AP）之间的关系**　当 $MP>AP$ 时，AP 上升；当 $MP<AP$ 时，AP 下降；当 $MP=AP$ 时，AP 达最大，即 MP 在下降阶段通过 AP 的最高点。

## （三）生产三个阶段的划分

生产三个阶段的划分是建立在产出弹性这一概念的基础上的。产出弹性（elasticity of outputs，简称 $E_o$），又称生产弹性，是衡量生产要素转化效率的重要指标。它是总产量变化率与生产要素投入量变化率的比率，反映产品产量变化对生产要素投入量变化的敏感程度。

具体测算时是以要素投入量增加百分之一，由它引起的产品产量增加百分之几来计算，其计算公式为：

$$E_o = \frac{\Delta y / y}{\Delta x / x} = \frac{MP}{AP} \quad (4.9)$$

根据 $MP$ 和 $AP$ 之间的大小关系，有：

(1) 当 $MP > AP$ 时，$E_o > 1$，表明产出增加的比例大于生产要素投入量增加的比例；

(2) 当 $0 < MP < AP$ 时，$0 < E_o < 1$，表明产出增加的比例小于生产要素投入量增加的比例。

根据产出弹性的大小，将生产函数划分为三个阶段，见图 4-4。

第一阶段：从原点起到平均产量最高点，这一阶段产出弹性 $E_o > 1$；

第二阶段：从平均产量最高点起到总产量最大点（或边际产量为零的点），这一阶段产出弹性 $0 < E_o < 1$；

第三阶段：总产量下降阶段，这一阶段产出弹性小于零。

### （四）生产要素的合理投入范围

按产出弹性将生产函数划分为三个阶段的目的，是为了确定农业生产要素投入的合理范围。从生产函数的三个阶段中明显地看出，第三阶段是不合理的生产阶段，在这一阶段，随着要素投入量的增加，总产量不断下降，说明变动要素投入的越多，越不利于生产。造成这一现象的原因是固定要素和变动要素比例失调。我们知道，任何生产都是以各种生产因素相互合理配合进行的，当某一要素数量投入过量时，便会对生产起着破坏作用。生产函数的第三阶段说明变动要素的投入量超过了固定要素所需要的比例量，所以生产函数的第三阶段为不合理的生产阶段。

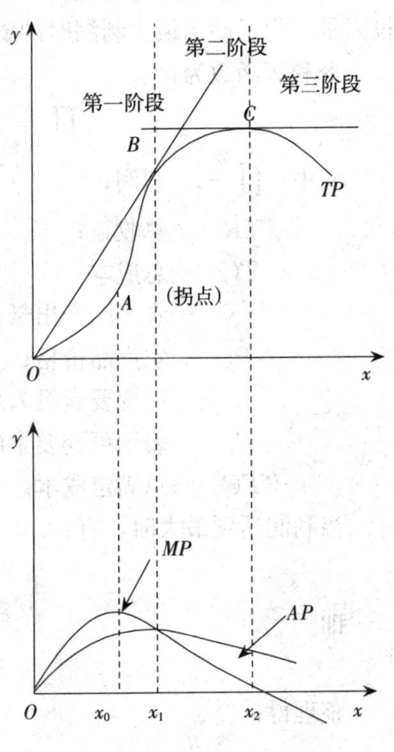


图 4-4　生产函数的三个阶段

在第一阶段，产出弹性 $E_o > 1$，意味着产出增加的比例大于要素投入量增加的比例，这说明增加要素投入量是有利可图的，要素转化效率较高，因而在这一阶段中，应尽可能地增加要素投入，以获得更高的生产效益。若生产要素投入量停留在此阶段，便会使固定要素的生产潜力得不到充分发挥而造成相对浪费。因此，这一阶段也是不合理的生产阶段。

在第二阶段，随着变动要素投入量的增加，总产量不断上升，说明变动要素的增加对生产起着积极作用，但这种作用在逐步递减，也就是说总产量上升幅度在不断下降，直至上升幅度为零，到达最大产量。这一阶段是变动要素由用量不足到投入过量的中间过程，对变动要素而言，是合理的投入范围。

由以上分析可知，变动要素投入量不论在第一阶段还是在第三阶段都属于不合理的生产行为。第一阶段没有充分发挥固定要素的潜力，第三阶段造成了变动要素的浪费。只有第二阶段才是生产行为较合理的阶段。因此，要讲究要素利用的经济效益，就应把变动要素投入在生产的第二阶段。至于在第二阶段，变动要素的最佳投入量在哪一点，这一问题在下一节将进行深入分析。

## 二、单项变动要素的最佳投入量

这里假定农业生产者购买投入的生产要素及出售产品均是在完全竞争市场上进行的，并假定生产者主要从可变投入获得最大利润，而且价格和投入—产出关系是确定的、已知的。本节只考虑使用一种可变要素的情形。

要素的最佳投入量是指获得最大利润时的要素投入量。根据前面生产函数三个阶段的分析，第二阶段是变动要素的合理投入区间。但哪一点是变动要素的最佳投入点，即变动要素投入到什么水平才能使生产者获取最佳的经济效益，还要取决于产品价格和生产要素的价格。

在确定单项要素的最佳投入量时，假设其他生产要素固定不变，仅改变一种可变要素的投入量。为了确定最大利润时的要素投入量，我们首先构建利润函数。

令利润函数为：

$$\prod = TR - TC = P_y y - P_x x - TFC$$

式中：$\prod$ ——利润；

$TR$——总收益；

$TC$——总成本；

$y$——农产品产出量；

$P_y$——农产品价格；

$x$——可变要素投入量；

$P_x$——表示可变要素的价格；

$TFC$——总固定成本。

当利润达到最大时，有：

$$\mathrm{d}(\prod)/\mathrm{d}x = 0$$

即

$$P_y y_x' - P_x = 0$$

整理得：

$$y_x' = \frac{P_x}{P_y}$$

也可以写作：

$$MP = \frac{P_x}{P_y} \tag{4.10}$$

式（4.10）表明，要获得最大利润，必须满足要素的边际产量等于要素价格与产品价格之比。

当 $MP>P_x/P_y$ 时，说明要素投入量不足，应继续增加投入，使边际产量下降，直至与价格比相等；

当 $MP<P_x/P_y$ 时，说明要素投入过量，应减少要素投入，使边际产量上升，直至与价格比相等。

【例 4-1】　现以表 4-2 的资料研究要素最佳投入量问题

某农业技术经济试点，进行了饲料投入和牲畜增重的关系试验，具体数据见表 4-2。假设每单位饲料价格 $P_x=9$，畜产品价格 $P_y=3$，价格比为 3。那么，饲料的合理投入范围以及最佳投入量分别是多少呢？

**表 4-2　饲料投入量与对应的利润水平**

| 处理编号 | 饲料投入 $x$ | 牲畜增重 $y$（$TP$） | 边际产量（$MP$） | 平均产量（$AP$） | 利润（Π） |
|---|---|---|---|---|---|
| 0 | 0 | 0 | | | |
| 1 | 5 | 19.375 | 3.875 | 3.875 | 13.125 |
| 2 | 10 | 45 | 5.125 | 4.5 | 45 |
| 3 | 15 | 73.125 | 5.625 | 4.875 | 84.375 |
| 4 | 20 | 100 | 5.375 | 5 | 120 |
| 5 | 25 | 121.875 | 4.375 | 4.875 | 140.625 |
| 6 | 30 | 135 | 2.625 | 4.5 | 135 |
| 7 | 35 | 135.625 | 0.125 | 3.875 | 91.875 |

从表 4-2 中可以看出，第 5 处理编号的边际产量 4.375>3（价格比），说明 25 单位的饲料投入量是不足的，应增加投入；而第 6 处理编号的边际产量 2.625<3（价格比），说明 30 的饲料投入是过量的，应减少投入。这就说明饲料的最佳投入量应该在 25～30 之间，具体数值可以通过生产函数来求得。

运用回归方法得到该例的生产函数为：

$$y=3x+0.2x^2-0.005x^3$$

根据前面得出的单项变动要素最佳投入条件：

$$y_x'=\frac{P_x}{P_y}$$

有：

$$3+0.4x-0.015x^2=\frac{9}{3}$$

解得：

$$x=26.667$$

即饲料的最佳投入量应为 26.667 单位。

那么，到底 $x=26.667$ 是不是位于生产的第二阶段呢？我们可以通过分别计算平均产量（$AP$）最大时的饲料投入量 $x_1$ 和总产量（$TP$）最大时的饲料投入量 $x_2$，然后看 26.667 是否位于 $x_1$ 和 $x_2$ 之间来判断。

根据前面的分析，平均产量（$AP$）最大时，有：

$$MP=AP$$

所以有：

$$3+0.4x-0.015x^2=3+0.2x-0.005x^2$$

解得：

$$x_1=20$$

而总产量（$TP$）最大时，对应边际产量（$MP$）为 0，

所以有：

$$3+0.4x-0.015x^2=0$$

解得：

$$x_2=32.77$$

可见，$x=26.667$ 的确位于 $x_1$ 和 $x_2$ 之间，即位于生产的第二阶段，验证了前面的结论。当然，也可以通过分析表 4-2 中的相关数据进行判断。

## 三、有限要素的合理分配

有限要素的合理分配是指对于一定量的限制要素应该如何分配于生产同一产品的不同技术单位，从而获得最大的收益。

【例 4-2】 某农户现有 100 单位的磷肥，要把这有限的磷肥分配在两块土壤肥力不同的地块上生产小麦，那么每块地应各分配多少，才能获得最大的经济效益？已知磷肥的单位价格为 0.4 元，小麦的单位价格也是 0.4 元。通过试验，得到小麦和磷肥的生产函数（表 4-3）。

**表 4-3 不同土壤肥力地块的生产函数**

| 要素投入单位 | 地块 A | | 地块 B | |
|---|---|---|---|---|
| | $y$ | $MP$ | $y$ | $MP$ |
| 0 | 352 | | 540 | |
| 20 | 413 | 3.05 | 568.9 | 1.445 |
| 40 | 464 | 2.55 | 591.4 | 1.125 |
| 60 | 504.7 | 2.04 | 607.5 | 0.805 |
| 80 | 535.4 | 1.535 | 617.5 | 0.485 |
| 100 | 556.1 | 1.035 | 620.5 | 0.165 |

**1. 边际产量最大法** 边际产量最大法是把每单位的投入要素投放在边际产量最大的生产单位上，直至要素分配完毕，最终可达到要素的最佳分配。

由表 4-3 可以看出，第一个 20 单位的磷肥应该投放在 A 地块，因为 A 地块的边际产量 3.05 大于 B 地块的边际产量 1.445；第二个 20 单位也应该投放在 A 地块，因为此时 A 地块边际产量为 2.55，仍大于 B 地块的 1.445。根据这一法则进行要素投放，最佳的要素分配方案为：A 地块投放磷肥 80 单位，B 地块投放磷肥 20 单位。

利用边际产量最大法进行要素最佳分配，仅适合于生产函数的第二阶段，即边际产量递减阶段；若在生产函数的第一阶段，边际产量处于上升时，此时边际产量最大法失效。

**2. 边际产量相等法** 边际产量相等法与边际产量最大法本质上是一回事，只是使用条件不同。边际产量最大法仅适用于表格形式的生产函数，而边际产量相等法主要用于连续的生产函数，即以数学模型表示的生产函数。在要素有限的条件下，只要使得各生产单位要素

利用的边际产量相等，此时的要素分配便是最佳的要素分配。

【例 4-3】 利用表 4-3 中的数据，分别建立两个地块的生产函数，得：

$$y_A = 352 + 3.301x - 0.0126x^2$$

$$y_B = 540 + 1.605x - 0.008x^2$$

根据上面的两个生产函数可利用边际产量相等的原则进行要素分配。为了区别于不同地块上施用的磷肥，分别以 $x_A$ 表示施用于 A 地块的磷肥量，$x_B$ 表示施用于 B 地块的磷肥量，要素分配的最佳方案可用下列方程组求得：

$$MP_A = MP_B \text{（边际产量相等）}$$

$$x_A + x_B = 100 \text{（磷肥总量为 100）}$$

则：

$$3.301 - 0.0252\, x_A = 1.605 - 0.016\, x_B$$

$$x_A + x_B = 100$$

解得：

$$x_A = 80$$

$$x_B = 20$$

也就是说，当 A 地块施用 80 单位的磷肥，B 地块施用 20 单位的磷肥时能够获取最大的经济效益。这一分配结果显然与边际产量最大法得到的结果完全一致。

## 第三节　多项变动要素的合理配合

在现实的农业生产中，任何一种产品的生产都需要投入多种生产要素。各种生产要素以什么比例配合生产产品成本最低，生产多少产品最为经济合理，这是要素配置问题研究的两项基本经济决策。

在农业生产中，以两种或两种以上变动要素生产一种产品时，其要素配置大体上有以下两种情况：

**1. 各种要素以一定的比例投入生产，要素间不存在替代关系**　如施肥时，氮肥、磷肥总以一定的比例配合使用。

**2. 各种要素对产品的形成具有相同的作用，可以按一定的比例相互替代**　如在一般情况下，硫铵和碳铵可以相互替代。

由于各种要素在生产中作用不同，要素价格也不同，它们以不同的配合比例投入生产，经济效益也会不同。前面说的第一种情况可以按一种变动要素投入的方法进行分析，本节研究和分析的重点是第二种情况，各种要素相互配合生产一种产品，并且要素间在一定程度上可以相互替代。为了便于分析，这里以两种要素相互配合为例，结论可以推广到多种要素的情况。

### 一、成本最低（或产量最大）的要素配置分析

要进行成本最低（或产量最大）的要素配置分析，首先必须掌握等产量曲线、要素的边际替代率和等成本线等基本概念。

### （一）等产量曲线

等产量曲线是具有同等产量的各种可能的投入组合曲线。为了更直观地说明等产量曲线的含义，现举例如下：

假设将某农业生产函数 $y=18x_1-x_1^2+14x_2-x_2^2$ 转换成表 4-4：

表 4-4　两种可变要素 $x_1$ 和 $x_2$ 投入量与产品 $y$ 的产量

| $x_1$ \ $y$ \ $x_2$ | 0 | 1 | 2 | 3 | 4 | 5 | 6 | 7 | 8 | 9 | 10 |
|---|---|---|---|---|---|---|---|---|---|---|---|
| 0 | 0 | 13 | 24 | 33 | 40 | 45 | 48 | 49 | 48 | 45 | 40 |
| 1 | 17 | 30 | 41 | 50 | 57 | 62 | 65 | 66 | 65 | 62 | 57 |
| 2 | 32 | 45 | 56 | 65 | 72 | 77 | 80 | 81 | 80 | 77 | 72 |
| 3 | 45 | 58 | 69 | 78 | 85 | 90 | 93 | 94 | 93 | 90 | 85 |
| 4 | 56 | 69 | 80 | 89 | 96 | 101 | 104 | 105 | 104 | 101 | 96 |
| 5 | 65 | 78 | 89 | 98 | 105 | 110 | 113 | 114 | 131 | 110 | 105 |
| 6 | 72 | 85 | 96 | 105 | 112 | 117 | 120 | 121 | 120 | 117 | 112 |
| 7 | 77 | 90 | 101 | 110 | 117 | 122 | 125 | 126 | 125 | 122 | 117 |
| 8 | 80 | 93 | 104 | 113 | 120 | 125 | 128 | 129 | 128 | 125 | 120 |
| 9 | 81 | 94 | 105 | 114 | 121 | 126 | 121 | 130 | 129 | 126 | 121 |
| 10 | 80 | 93 | 104 | 113 | 120 | 125 | 128 | 129 | 128 | 129 | 120 |

从表 4-4 中可以看到，对应 105 个单位的产出量，两种可变要素 $x_1$ 和 $x_2$ 有多种组合，包括 4 个单位 $x_1$ 和 7 个单位 $x_2$，5 个单位 $x_1$ 和 4 个单位 $x_2$，6 个单位 $x_1$ 和 3 个单位 $x_2$，9 个单位 $x_1$ 和 2 个单位 $x_2$，5 个单位 $x_1$ 和 10 个单位 $x_2$（该组合属于生产要素不合理使用范围，所以不予考虑）。将上述四个合理组合点（4，7）、（5，4）、（6，3）、（9，2）描绘在坐标上，即可得到一条等产量曲线 $y_1$，如图 4-5 所示。

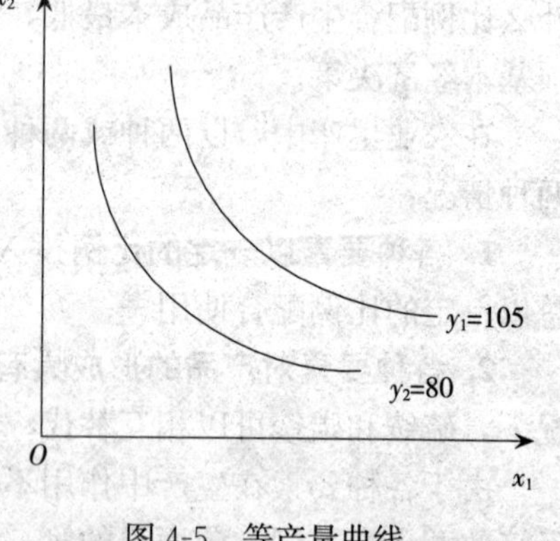

图 4-5　等产量曲线

再比如，对应表 4-4 中 80 单位的产出量，有（2，6）、（4，2）、（8，0）几个组合，若把这些组合点描绘在坐标上，又可以得到一条等产量曲线 $y_2$，如图 4-5 所示。

同样的道理，我们可以绘制出代表其他产量水平的等产量曲线。

可见，等产量曲线是一组曲线，它代表在技术水平不变的条件下生产同一产量的两种可变生产要素投入量的各种不同的组合。离原点越近的等产量曲线代表的产量水平越低，离原点越远的等产量曲线代表的产量水平越高。

### （二）边际技术替代率

**1. 边际技术替代率的含义及计算**　研究等产量曲线的重要目的之一就是探索生产要素

之间的替代关系。在农业生产中，普遍存在着生产要素的相互替代关系，如粗饲料与精饲料、机械与劳力等。研究要素间的替代关系，在于寻求要素的最佳配合，以达到降低成本、提高经济效益的目的。

要素间的替代关系通过要素的边际技术替代率来反映。那么，到底什么是边际技术替代率呢？在某一等产量曲线的合理使用范围内，若要保持产量不变，增加一种要素 $x_1$ 的投入量，可以减少另外一种要素 $x_2$ 的投入量。通常情况下，把 $x_1$ 和 $x_2$ 变化量的比值称作生产要素的边际技术替代率，用字母表示为 *MRTS*（Rate of Marginal Technical Substitution）。

边际替代率的计算公式为：

$$MRTS_{x_1x_2} = \frac{\Delta x_2}{\Delta x_1} \tag{4.11}$$

边际技术替代率还可以用边际产量来表示。因为，为了维持产量水平不变，由于一种投入要素增加而增加的产量必然等于由于另外一种投入要素减少而减少的产量，所以有：

$$MP_{x_1} \cdot \Delta x_1 + MP_{x_2} \cdot \Delta x_2 = 0$$

即

$$\frac{\Delta x_2}{\Delta x_1} = -\frac{MP_{x1}}{MP_{x2}} \tag{4.12}$$

从几何意义上看，边际技术替代率是等产量曲线上任意一点切线的斜率。

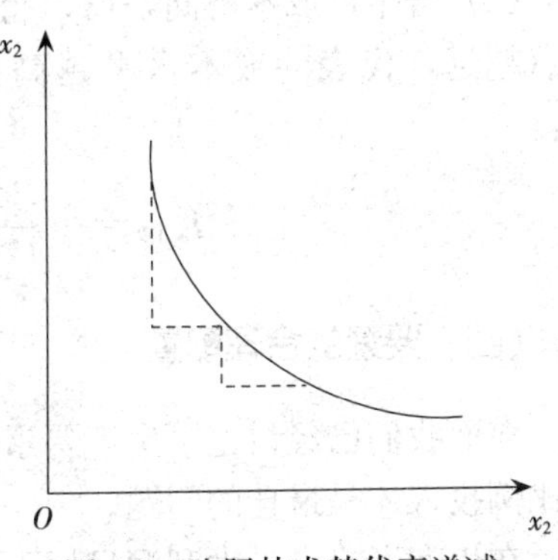

图 4-6　边际技术替代率递减

**2. 边际技术替代率递减**　沿着等产量曲线，以一种生产要素投入替代另一种生产要素投入的边际技术替代率不断下降，叫边际技术替代率递减法则。边际技术替代率递减的原因是边际报酬递减。如图 4-6，沿着等产量曲线由左上方向右下方移动，$x_1$ 的投入量不断增加，其边际产量不断下降，因此，每增加一单位 $x_1$ 所能替代的 $x_2$ 的量就会不断减少，导致两种要素的边际技术替代率下降。

**3. 脊线与生产经济区**　由于受技术水平限制，两种可变生产要素的替代是有限的。因此，等产量曲线并不以两个坐标轴为渐进线，这是等产量曲线不同于无差异曲线的一个特点。

所谓脊线是指等产量曲线上斜率由负到正的转折点的连线，图 4-7 中 *OS* 和 *OT* 即为脊线（为了方便分析，这里假设生产中所使用的两种可变要素分别为劳动 *L* 和资本 *K*）。

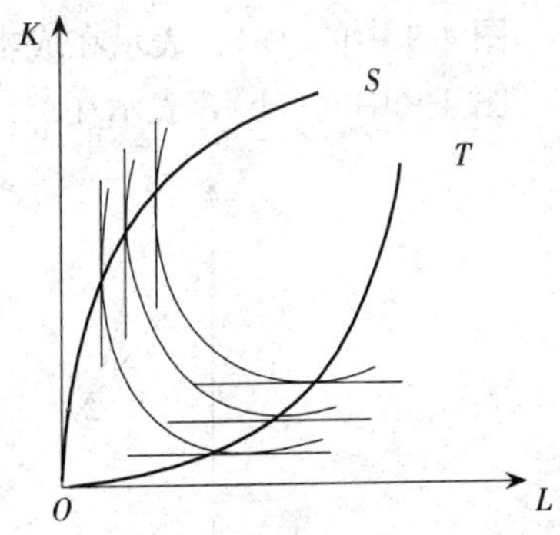

图 4-7　脊线和生产经济区

脊线确定了生产要素的合理使用范围，脊线以内为生产的经济区。根据前面对生产函数三个阶段的划分，由 *OT* 和 *OS* 两条脊线围成的区域属于生产的第二阶段。在这个区域内，$MP_L$ 和 $MP_K$ 都大于零。

需要注意，我们通常使用的等产量曲线是斜率为负的部分，即脊线以内的部分。

## （三）等成本线

等产量曲线只是说明生产者为获得一定产量而对要素投入配合方式的各种主观选择，在实际中，哪一种选择能付诸实施则要受资本水平（即成本额）的限制。成本对生产者要素配置选择的限制通过等成本线反映出来。

假设生产者用于购买可变要素的成本额为 $C$，要素 $x_1$ 和 $x_2$ 的价格分别为 $P_1$ 和 $P_2$，则有：

$$P_1 x_1 + P_2 x_2 = C \tag{4.13}$$

由于式（4.13）中 $C$、$P_1$、$P_2$ 均为已知量，则 $x_2$ 可以写成 $x_1$ 的函数，即

$$x_2 = \frac{C}{P_2} - \frac{P_1}{P_2} x_1$$

把此函数在坐标上图示出来即得等成本线，如图 4-8，$AB$ 即是一条等成本线。

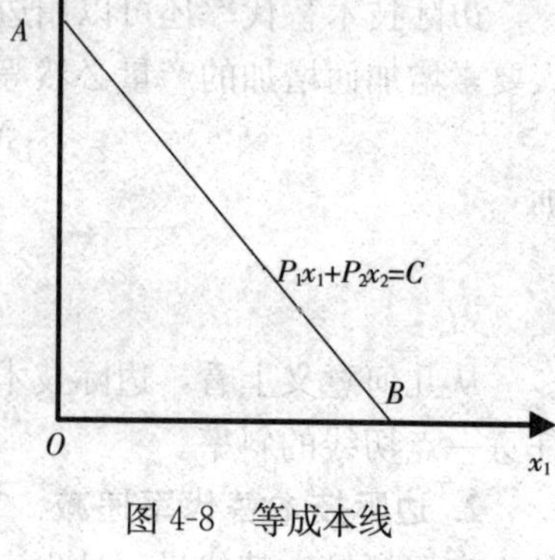

图 4-8　等成本线

等成本线具有以下两个特点：

（1）同一条等成本线上的不同点表示两种要素的不同数量组合，但每一种组合所耗费掉的成本额是相同的。

（2）若生产成本不同，可以得到不同的等成本线，离原点越远，代表的成本水平越高。等成本线 $AB$ 的斜率为：

$$K_{AB} = -\frac{P_1}{P_2} \tag{4.14}$$

## （四）要素的合理配置

前面我们已经讨论了生产要素的合理投入区间问题，本处将分析各种生产要素应以怎样的比例投入才是最佳的问题。

在生产者追求最大利润目标下，经常遇到两种情况：其一是在既定的产量目标下，如何使其成本最小；其二是在成本固定的情况下，如何使其产量达到最大。

图 4-9 中的（a），表示在成本既定的情况下，如何追求产量最大。

图 4-9 中的（b），表示在产量既定的情况下，如何实现成本最小。

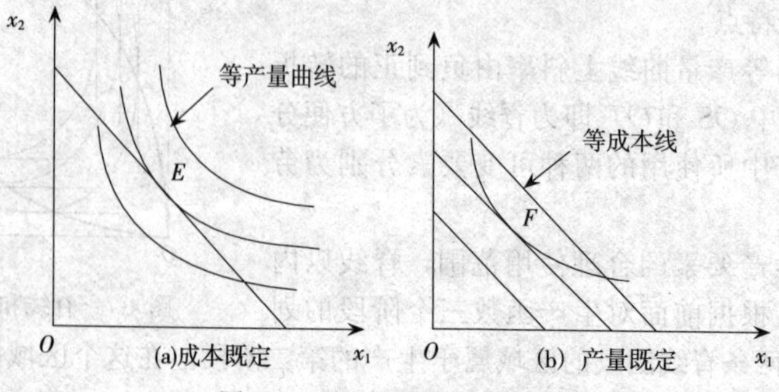

图 4-9　生产要素的最佳组合

通过图 4-9 很容易看出，切点 $E$ 为成本既定的情况下产量最大的要素组合点，切点 $F$ 表示产量既定的情况下成本最小的要素组合点。而不论是切点 $E$ 还是切点 $F$，都应该满足一个条件，即等成本线的斜率和等产量曲线的斜率（边际技术替代率）相等。

通过前面的分析我们知道，等产量曲线的斜率即边际技术替代率可以表示为：

$$MRTS_{x_1x_2}=\frac{\Delta x_2}{\Delta x_1}=-\frac{MP_{x_1}}{MP_{x_2}}$$

而等成本线的斜率为 $K=-\frac{P_1}{P_2}$。因此，在切点 $E$ 和 $F$ 处应满足：

$$\frac{MP_{x_1}}{P_1}=\frac{MP_{x_2}}{P_2} \tag{4.15}$$

式（4.15）表明在 $x_1$ 和 $x_2$ 上所花费的最后一单位货币所带来的产量增量相等，此即要素的合理配置条件（每元边际产量相等）。如果投入的生产要素为 $x_i$（$i=1, 2, \cdots, n$），生产要素的价格分别为 $P_i$（$i=1, 2, \cdots, n$），则要素合理配置条件为：

$$\frac{MP_{x_1}}{P_1}=\frac{MP_{x_2}}{P_2}=\frac{MP_{x_3}}{P_3}=\cdots=\frac{MP_{x_n}}{P_n} \tag{4.16}$$

【例 4-4】 已知两种要素配合生产某一定量畜产品的函数式为：

$$y=6(x_1,x_2)^{\frac{1}{3}}$$

要素 $x_1$ 的单价为 25 元,要素 $x_2$ 的单价为 200 元。欲使畜产品产量达 108 单位，两种要素如何配合可取得最低成本?

解：依据最低成本条件

$$\frac{MP_{x_1}}{P_1}=\frac{MP_{x_2}}{P_2}$$

有：

$$\frac{\frac{1}{3}\cdot 6x_1^{-\frac{2}{3}}x_2^{\frac{1}{3}}}{25}=\frac{\frac{1}{3}\cdot 6x_1^{\frac{1}{3}}x_2^{-\frac{2}{3}}}{200}$$

整理得：

$$x_1=8x_2$$

将 $y=108$ 及 $x_1=8x_2$ 代入生产函数 $y=6(x_1, x_2)^{1/3}$ 中，解得：

$$x_2=27$$

$$x_1=216$$

所以，当产量为 108 单位时，两种可变要素各投入 216 单位和 27 单位时成本最低。

## 二、赢利最大的要素配置分析

赢利大小不仅涉及要素价格还涉及产品价格。在一种产出、两种可变投入的情况下，利润方程为：

$$R=P_y y-P_1x_1-P_2x_2-TFC$$

式中：$R$——利润；

$y$——产品产量；

$P_y$——产品价格；

$x_1$、$x_2$——两种可变要素的投入量；

$P_1$、$P_2$——两种可变要素的价格；

$TFC$——总固定成本。

当利润最大时有：

$$\frac{\partial R}{\partial x_1} = P_y \frac{\partial y}{\partial x_1} - P_1 = 0$$

$$\frac{\partial R}{\partial x_2} = P_y \frac{\partial y}{\partial x_2} - P_2 = 0$$

由此推得：

$$P_y MP_{x_1} = P_1$$
$$P_y MP_{x_2} = P_2$$

即

$$\frac{MP_{x_1}}{P_1} = \frac{MP_{x_2}}{P_2} = \frac{1}{P_y} \tag{4.17}$$

此即最大利润的要素配置标准。可见，最大利润的要素配置一定是最小成本的要素配置，但最小成本的要素配置不一定是最大利润的要素配置。

上述最大利润标准可以推广到两种以上投入的一般情况。

【例 4-5】 已知两种要素配合生产某一定量畜产品的函数式为：

$$Y = 6\ (X_1,\ X_2)^{1/3}$$

要素 $X_1$的单价为 25 元，要素 $X_2$的单价为 200 元，畜产品单价为 200 元。试计算获得最大利润时的要素配置。

解：依据最大利润的要素配置标准

$$\frac{MP_{X_1}}{P_1} = \frac{MP_{X_2}}{P_2} = \frac{1}{P_y}$$

有：

$$\frac{\frac{1}{3} \cdot 6X_1^{-\frac{2}{3}} X_2^{\frac{1}{3}}}{25} = \frac{\frac{1}{3} \cdot 6X_1^{\frac{1}{3}} X_2^{-\frac{2}{3}}}{200} = \frac{1}{200}$$

解得：

$$X_1 = 512$$
$$X_2 = 64$$

当然，随着畜产品价格不同，两种要素的配置也要相应调整。如果本例中畜产品价格为 150，则要素的配置方法与前面最小成本的配置方法恰好一致，为（216，27），这说明利润最大的要素配置一定是对应该产量水平的成本最低的要素配置。

## 第四节　农产品的合理组合

在农业生产单位中，通常不是生产一种农产品，而是生产多项农产品。与此同时，投入生产的各种要素，如土地、劳力、资金及其他生产要素的数量却是有限的。为此，如何利用有限的生产要素，从事不同产品的生产，以取得最大的经济效益，是必须研究和解决的问题。例如，在 100hm$^2$ 耕地上种植多少小麦、玉米、稻谷，发展多大规模的畜牧业才能取得最大的收益？此类问题实际上就是要素分配问题。

## 一、两种产品之间的关系

在农业生产实践中，产品的配合关系主要有以下三种类型：

### （一）互竞关系

互竞关系是指，要使一种产品产出有所增加，只能减少另一种产品的产出。互竞产品在农业中很普遍，比如，种植小麦和玉米都需要占用土地，在土地面积既定的情况下，多种小麦就要少种玉米，而多种玉米就必须少种小麦，小麦和玉米的关系就是互竞关系。

### （二）互助关系

如果一种产品产量的增加使得另一种产品的产量也增加，而用于两种产品的要素总投入量保持不变，这类产品就是互助产品。比如豆科作物与谷类作物轮作，豆科作物可以增加土壤中的氮素，改良土壤结构，防止或控制有害病虫的繁衍，这些都为谷类作物生产提供了有利条件，从而使一个轮作周期内谷类作物产量增加。所以，在一定范围内，增加豆科作物的种植面积，实行与谷类作物轮作，虽然豆科作物占用了一部分谷类作物的种植面积，但往往谷类作物产量不仅不会减少，反而增加。但是，互助产品最终要变成互竞产品，即若大量资源用于一种产品的生产，另一种产品就必然减产。

### （三）互补关系

若增加一种产品的产量而不会增加或减少另一种产品的产量，这类产品就叫做互补产品。在农业生产中产品之间的互补关系主要来自产品的季节性。由于季节性的存在，农业中的劳动力、机械设备等的使用就形成了农忙时和农闲时的差异，劳动力和机械设备等就可在农闲时投入农业以外的其他部门进行生产，而并不会影响农业产出。当然，产品间的互补关系也是有一定限度的，超过这一限度，互补关系就会转化为互竞关系。如果把农业劳动力和机械设备大量地用于其他部门生产，农业生产必然会受到影响，农产品产量也必然会减少。

由于互竞关系是农业生产中最常见的，本节研究的内容即为具有互竞关系的多种农产品之间的合理组合问题。为了分析问题方便，这里首先分析一定量的要素生产两种产品的情况，然后再把结论推广到多种产品的一般情况。

## 二、生产可能性曲线

一定量要素用于两种产品生产时，由于对要素进行各种不同的分配，使得两产品的产量有多种可能的配合，这就是所谓的生产可能性。将不同的产量配合绘制成一条曲线，即为生产可能性曲线。确切地说生产可能性曲线是既定要素用于两种产品生产的所有可能组合。

**表 4-5　要素 $x$ 用于两种产品生产的可能组合**

| 生产要素投入量（$x=7$） | | 生产可能性组合 | |
|---|---|---|---|
| $x_{y_1}$ | $x_{y_2}$ | $y_1$ | $y_2$ |
| 0 | 7 | 0 | 43 |
| 1 | 6 | 7 | 42 |
| 2 | 5 | 13 | 40 |
| 3 | 4 | 18 | 36 |
| 4 | 3 | 22 | 29 |
| 5 | 2 | 25 | 21 |
| 6 | 1 | 27 | 12 |
| 7 | 0 | 28 | 0 |

表 4-5 中为有限要素 7 个单位 $x$ 用于生产 $y_1$ 和 $y_2$ 两种产品的 8 种可能组合。表中第一栏表示生产要素总量为 7 个单位时，对 $y_1$ 和 $y_2$ 两产品的分配。第二栏则是不同要素分配所对应的 $y_1$ 和 $y_2$ 的产量。如当 7 单位 $x$ 全部用于生产 $y_2$ 时，能够生产 43 个单位的 $y_2$；如果 1 个单位 $x$ 用于生产 $y_1$，6 个单位 $x$ 用于生产 $y_2$，则可以生产 7 个单位 $y_1$ 和 42 个单位的 $y_2$。把第二栏中的各种可能性组合转换成曲线，即可得到图 4-10 的生产可能性曲线 $MN$。

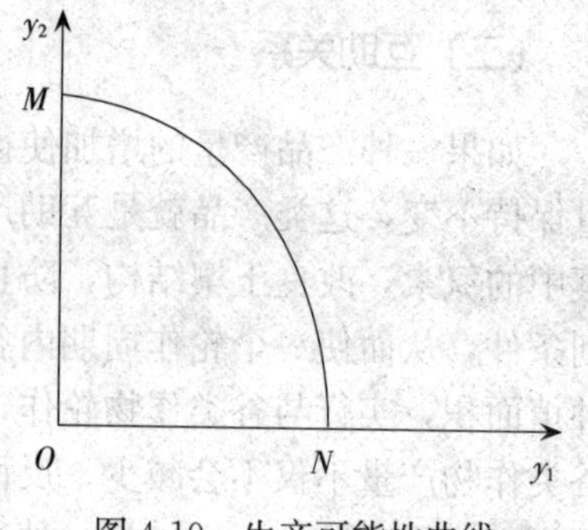

图 4-10　生产可能性曲线

生产可能性曲线又称等要素线，因为在这一条线上的任何一种产品组合，所使用的要素量都是相同的。如果投入生产的要素 $x$ 总量增大，则会得到一条离原点更远的生产可能性曲线；如果要素可用量减少，则会得到一条离原点更近的生产可能性曲线。

由于生产可能性曲线表明了两种最优产出之间的一种“转换”关系，即可以通过减少某种产出数量来增加另一种产出的数量，所以又称生产可能性曲线为产品转换曲线。

## 三、产品的边际替换率

### （一）产品边际替代率的含义及计算

在同一条生产可能性曲线上，若增加 $y_1$ 的产量，就必须减少 $y_2$ 的产量。通常把增加一单位 $y_1$ 所需要减少的 $y_2$ 的数量称为产品的边际替代率（$MRPS$），又叫边际转换率（$MRT$）。

边际替代率的计算公式为：

$$MRT_{y_1 y_2} = \frac{\Delta y_2}{\Delta y_1} \tag{4.18}$$

### （二）产品边际替代率递增

随着 $y_1$ 的增加，每增加一单位 $y_1$ 所需要减少的 $y_2$ 的数量亦在不断增加，这一现象被称为产品边际替代率递增规律。

产品边际替代率之所以会递增，是由于边际报酬递减规律作用的结果。在既定要素可用量情况下，要增加 $y_1$ 的产量，就要放弃一部分 $y_2$ 的产量，以把用于 $y_2$ 的要素投入的一部分用来生产 $y_1$。根据报酬递减规律，每牺牲相同数量的用于 $y_2$ 的要素投入所生产出的 $y_1$ 的量是在不断减少的，因而，每增加一单位 $y_1$ 所需要牺牲的用于 $y_2$ 的要素投入就会增加，从而导致每增加一单位 $y_1$ 所要减少的 $y_2$ 的数量也不断增加。这也是为什么生产可能性曲线凹向原点的原因。

## 四、等收益线

收益（revenue）是指生产者出售产品得到的全部货币收入，即价格与销售量的乘积。假设用 $P_{y_1}$ 和 $P_{y_2}$ 分别表示两种产品 $y_1$ 和 $y_2$ 的价格，$y_1$ 和 $y_2$ 为两种产品的产量，则两项产品生产的总收益函数为：

$$TR = P_{y_1} \cdot y_1 + P_{y_2} \cdot y_2 \tag{4.19}$$

将这一函数描绘在坐标上，即得等收益线，如图 4-11 所示，$AB$ 为等收益线。其斜率为：

$$K_{AB} = -\frac{P_{y_1}}{P_{y_2}} \tag{4.20}$$

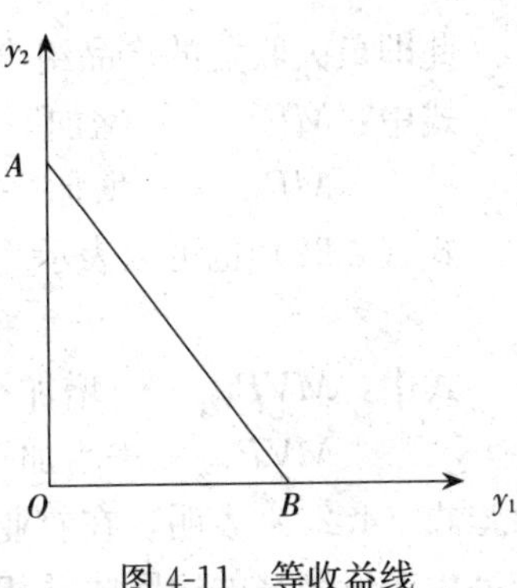

图 4-11　等收益线

在 $AB$ 上任意一点，尽管两种产品 $y_1$ 和 $y_2$ 的组合不同，但是能给厂商带来的总收益是相同的。

## 五、产品的合理组合

在既定的生产要素投入水平下，任何一个理性的生产者都会选择最优的产品组合进行生产。这就需要把生产可能性曲线和等收益线结合在一起，研究生产者如何选择最优的产品组合，从而实现既定生产要素投入水平下的最大收益。

将生产可能性曲线和等收益线绘制在同一坐标平面内，如图 4-12 所示，等收益线与生产可能性曲线的切点 $E$ 即是最大收益的产品组合点。

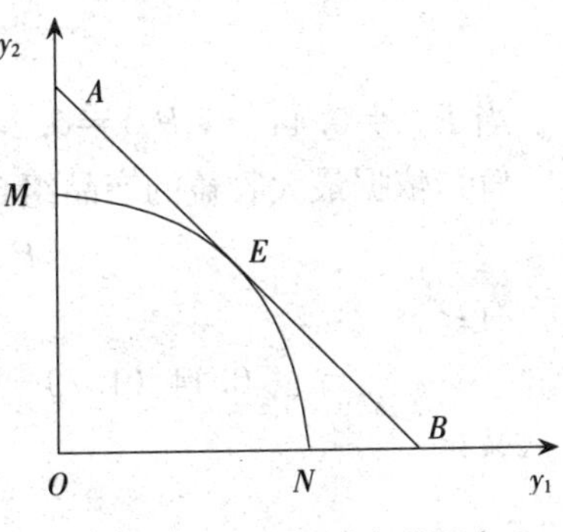

图 4-12　最大收益产品组合

那么，切点处应该满足什么条件呢？很显然，在该点上，生产可能性曲线的斜率和等收益线的斜率相等，即产品的边际替代率或边际转换率与负的产品价格之比相等。

所以，最大收益产品组合条件可以写为：

$$\frac{\Delta Y_2}{\Delta Y_1} = -\frac{P_{y_1}}{P_{y_2}} \tag{4.21}$$

式（4.21）还可以写成：

$$P_{y_1} \cdot \Delta y_1 = -P_{y_2} \cdot \Delta y_2$$

用 $\Delta x$ 表示相应的要素转移量（比如增加 $\Delta x$，用于 $y_1$ 生产），将式（4.21）两边同除以 $\Delta x$，则得：

$$P_{y_1} \cdot \frac{\Delta y_1}{\Delta x} = -P_{y_2} \cdot \frac{\Delta y_2}{\Delta x}$$

考虑到这里 $\Delta y_1$ 为正，$\Delta y_2$ 是负数，所以有：

$$P_{y_1} \cdot MP_{xy_1} = P_{y_2} \cdot MP_{xy_2}$$

将式（4.21）稍加变形得：

$$\frac{MP_{xy_1}}{MP_{xy_2}} = \frac{P_2}{P_1} \qquad (4.22)$$

此即最大收益的产品组合条件。

式中：$MP_{xy_1}$——增加一单位 $x$ 用于 $y_1$ 生产所增加的 $y_1$ 产量；

$MP_{xy_2}$——增加一单位 $x$ 用于 $y_2$ 生产所增加的 $y_2$ 产量。

式（4.22）也可以表示为：

$$MVP_{xy_1} = MVP_{xy_2} \qquad (4.23)$$

式中：$MVP_{xy_1}$——增加一单位 $x$ 用于 $y_1$ 生产所增加的收益；

$MVP_{xy_2}$——增加一单位 $x$ 用于 $y_2$ 生产所增加的收益。

式（4.23）表明，在农业生产中，最大收益的产品组合条件是增加一单位要素用于不同产品生产所带来的边际收益相等，因此，也称为边际收益均等原理。

当然，上述结论可以推广到既定要素生产多种产品的一般情况，此时的公式表示为：

$$MVP_{xy_1} = MVP_{xy_2} = \cdots = MVP_{xy_n} \qquad (4.24)$$

【例 4-6】 设有化肥总量 60kg 用于 $y_1$ 和 $y_2$ 两种作物生产，即 $x_{y_1} + x_{y_2} = 60$，其中 $x_{y_1}$ 表示用于 $y_1$ 生产的化肥量，$x_{y_2}$ 表示用于 $y_2$ 生产的化肥量。两种产品的生产函数分别为：

$$y_1 = 218 + 1.79\, x_{y_1} - 0.017\, x_{y_1}^2$$

$$y_2 = 216 + 2.68\, x_{y_2} - 0.033\, x_{y_2}^2$$

当 $P_{y_1} = 0.44$ 元，$P_{y_2} = 0.24$ 元时，求最大收益的产品组合。

解：依据最大收益的产品组合条件

$$P_{y_1} \cdot MP_{xy_1} = P_{y_2} \cdot MP_{xy_2}$$

有：

$$0.44\,(1.79 - 0.034\, x_{y_1}) = 0.24\,(2.68 - 0.066\, x_{y_2})$$

又：

$$x_{y_1} + x_{y_2} = 60$$

解得：

$$x_{y_1} = 35.55$$

$$x_{y_2} = 24.45$$

将 $x_{y_1}$ 与 $x_{y_2}$ 分别代入生产函数 $y_1 = 218 + 1.79\, x_{y_1} - 0.017\, x_{y_1}^2$ 和 $y_2 = 216 + 2.68\, x_{y_2} - 0.033\, x_{y_2}^2$ 中，可得：

$$y_1 = 260.15$$

$$y_2=261.80$$

所以，最大收益的产品组合为 $y_1=260.15$ 单位，$y_2=261.80$ 单位。相应的要素投入为 35.55kg 化肥用于 $y_1$ 产品的生产，24.45kg 化肥用于 $y_2$ 产品的生产。

## 本 章 小 结

本章介绍了农业生产投入产出的边际分析方法。在介绍边际分析、总产量、平均产量、边际产量、产出弹性、等产量曲线、边际技术替代率、等成本线、生产可能性曲线、产品边际替代率以及等成本线等基本概念的基础上，先后介绍了一种可变要素最佳投入点的确定方法、有限要素的合理分配方法、多项变动要素的合理配合方法以及农产品的合理组合方法。

在确定一种可变要素最佳投入点时需要遵循 $MP=P_x/P_y$ 的原则，如果 $MP>P_x/P_y$，说明要素用量不足，应继续增加投入；如果 $MP<P_x/P_y$，说明要素投入过量，应减少要素投入。在对有限要素进行合理分配时可以采用边际产量最大法和边际产量相等法两种方法，前者适用于表格形式的生产函数，而后者适用于函数形式的生产函数。

在利用两种可以相互替代的可变生产要素生产一种农产品时，如果追求的目标是成本最低（或产量最大），则需要遵循 $\frac{MP_{x_1}}{P_1}=\frac{MP_{x_2}}{P_2}$ 的原则，这一结论是将等产量曲线和等成本线绘制在同一坐标平面内，通过寻找切点处应该满足的条件得到的。该结论可以推广到多项变动要素的一般情况。需要注意的是，成本最低（或产量最大），并不一定是利润最大，利润最大应该遵循的条件是：$\frac{MP_{x_1}}{P_1}=\frac{MP_{x_2}}{P_2}=\frac{1}{P_y}$，可见利润最大一定满足成本最低（或产量最大）。

在利用既定数量的生产要素生产两种互竞农产品时，要想获取最大收益，则需要将生产可能性曲线和等收益线结合，满足条件 $\frac{MP_{xy_1}}{MP_{xy_2}}=\frac{P_2}{P_1}$。

## 复 习 思 考 题

1. 农业生产函数有哪些特点？
2. 什么是边际分析？
3. 生产函数的三个阶段是如何划分的？为什么第二阶段是生产要素的合理投入区间？
4. 边际报酬递减规律的内容是什么？在农业生产中如何体现？
5. 一种可变要素的最佳投入点是如何确定的？
6. 如何运用边际产量最大法和边际产量相等法来进行有限要素的合理分配？
7. 什么是等产量曲线？等产量曲线具有什么特点？
8. 作图说明，在利用两种可以相互替代的可变生产要素生产既定数量的一种产品情况下如何实现成本最低？既定成本水平下如何实现最大产量？
9. 什么是生产可能性曲线？为什么产品边际替代率递增？
10. 利用既定要素生产两种或两种以上产品时，产品的最佳组合条件是什么？

# 第五章 农业生产结构及其优化

**重点提示**：了解农业生产结构的基本概念与特征，掌握其发展的一般规律；了解农业生产结构优化的内容、目标和优化应该遵循的原则，并理解农业生产结构优化的动力源泉；掌握农业生产结构优化效率的理论基础，并理解农业生产结构优化的评价标准和测度指标；掌握线性规划基本概念和解法，以及线性规划模型在农业生产结构优化中的应用；理解农业生产结构优化对农业增长的贡献，并掌握其度量方法。

## 第一节 农业生产结构的特征及其发展规律

### 一、农业生产结构的概念与特征

农业生产结构又称农业产业结构，其含义有广义和狭义之分。狭义的农业生产结构指的是农业中各产业的构成比例。广义的农业生产结构除了指农业中各产业的构成比例之外，还指各产业间的结合方式，它们之间相互促进、相互制约的关系。

农业生产结构具有多层次性，第一个大的层次主要表现为不同生产部门之间的比例，即种植业、畜牧业、林业、渔业等生产部门之间的比例；第二个层次为同一生产部门中不同产品之间的结构，如种植业中粮食、油料、棉花、蔬菜、水果等作物之间的比例，肉类、奶类、禽蛋等畜产品之间的比例，海水产品和淡水产品之间的比例；第三个层次为品种结构，主要表现为某一产品中不同品种之间的比例，如小麦中的硬质小麦与普通小麦的比例，大豆中转基因品种与非转基因品种的比例，羊毛当中绵羊毛与山羊毛的比例等。

同时，农业生产结构还具有关联性和动态性：关联性是指农业各产业之间相互制约和相互促进的特征，即农业各个产业之间并不是分裂孤立的，而是有着千丝万缕的联系。如种植业可以为牧业等其他产业提供粮食和饲料，若种植业发展不好，那么连带的牧业也没有充足的粮食饲料，也发展不好。而林业可以为其他产业起到净化生态环境的作用，其净化空气、涵养水土的作用也可以为种植业等的发展创造良好的生态条件。各产业的协调发展至关重要，否则会形成恶性循环。动态性是指农业生产结构随着时间的推移而不断变化的特征，即各产业之间的比例不是一成不变的，而是随着时间的推移、社会经济和自然环境的变化不断变化的，如随着一个国家或地区经济发展水平的提高，对于肉、蛋、奶等畜产品的需求就会增加，畜牧业所占农业的比例也会随之增加。从理论上讲，在特定的环境和技术条件下，会产生一种最为合理的结构。

### 二、农业生产结构发展的一般规律

农业的增长与农业生产结构有密切的关系，若是一个国家或者地区的农业生产结构是合理有效的，那么这个国家或地区的农业就可以得到更好的发展，农业劳动者的收入也自然可以得到提高；若是相反，则农业的发展就会受到制约，农业劳动者增收也困难。在农业发展的新的阶段，农业生产结构将更加重视资源的合理利用、发挥区域优势、依靠先进的科学技术，发展高产、优质、高效、低耗、安全的农业。

从国际和国内的经验来看，农业生产结构的演变存在一定的规律性：

(1) 农业由种植业生产为主的结构转向农林牧渔综合发展的结构，且种植业和畜牧业还是占主导地位。目前来看，在世界范围内人口正在不断增加，粮食作物的产量只有稳定增加才能保证新增人口的口粮供给，与此同时，畜牧业的发展也使粮食的需求量增加，工业的发展和世界性能源的缺乏也使得粮食的消耗增多，如美国乙醇燃料产业的发展使得对玉米的需求和产量增多。且进入21世纪以来，世界粮食产量的增长明显低于粮食需求量的增长，经合组织和联合国粮农组织联合研究报告《2007—2016农业展望》指出，2001/2002年度至2005/2006年度，世界小麦的平均产量为59 450万t，而同期小麦的平均消费量达到60 880万t，小麦的消费量明显超过了小麦的生产量；当期粗粮的平均产量为95 020万t，同期粗粮平均消费量为94 870万t，粗粮消费量略低于粗粮生产量；当期大米的生产量为40 360万t，大米的消费量达41 820万t，大米消费量明显大于生产量，在这5年间，以小麦、玉米和其他粗粮为主的粮食平均生产量为194 830万t，而同期的粮食平均消费量为197 570万t，粮食消费量明显超过了粮食生产量。因此，在这种环境下，种植业在农业中还是占主要地位。

从各国的发展经验来看畜牧业在农业中所占的比例是不断增加的。经济发达的国家和地区的农业中种植业和畜牧业的产值大约各占一半。以美国为例，自19世纪以来，美国农业总产值中，种植业和畜牧业一直各占一半左右，在占45%～60%之间波动，且种植业所占比重呈上升趋势。在1996年美国农业部门最重要的农产品的排序中，肉牛占到第一位，其次是牛奶，然后是玉米、大豆，猪和肉鸡则分别排在第五、六位，可以看出畜牧业在美国农业中占有重要地位。澳大利亚种植业和畜牧业产值之比波动比较大，种植业受到气候变化的影响特别明显，这可能与国家地域辽阔、气候条件、灌溉条件缺乏等因素有关，在1975年种植业与畜牧业的比为52.9∶47.1，1979年这一比例为47.4∶2.6，到1983年为54.5∶45.5，1987年则降为38.8∶61.2，1995年这一比例为56.2∶43.8，但仍然可以看出种植业与畜牧业都在农业中占有重要地位，且畜牧业所占的比例一直较高。发展中国家畜牧业在农业中所占比例较低，但也越来越重视畜牧业的发展，畜牧业在农业中的比重呈不断上升的趋势，这将促进玉米、大麦等饲料作物的生产，粮食作物和经济作物的二元结构将逐步转变为粮食—经济作物—饲料作物的三元结构。

(2) 种植业由以粮食为主的结构转向粮食作物、油料作物、经济作物和蔬菜水果等共同发展的结构；粮食生产也由以传统的谷物生产结构转为多品种、多品质和专用谷物品种的生产结构。虽然粮食安全问题是一个世界性的问题，但是与此同时，在世界范围内还存在粮食作物的结构性过剩问题。种植业内部将实现产业结构升级，高集约度、高附加值的经济作物的比重将不断上升。且随着生产力的提高以及经济的增长、收入的增加，我国居民人均消费的口粮不断减少，城镇居民家庭平均每人全年购买的粮食数量1990年为130.72kg，1995年为97kg，1999年为84.91kg，2000年为82.31kg，2007年为77.6kg，呈现不断减少的趋势。对农产品的需求将由基本需求转向多样化的较高的需求，对农产品的品质等有了新的、更高的要求，所以，传统的粮食生产也将朝着多样化、高品质的方向发展，这也有利于区域优势的发挥和农民的增收。在我国，粮食、经济作物和其他作物种植面积比由1978年的80.4∶9.6∶10转变为2007年的68.9∶26.65∶4.45，经济作物种植比重明显提高，种植面积不断增大，且我国主要农产品良种覆盖率和优质化水平明显提高，据农业部统计，2007年我国水稻、小麦、玉米、大豆四大粮食品种优质率分别达到72.3%、61.6%、47.1%和70.3%。

从经济发达国家的农业产业的发展来看，又存在以下几种趋势：一是提供低脂高蛋白产品的行业日益重要；二是饲料粮的比重远远大于居民口粮的比重，这些国家饲料粮的比重在70%以上，而发展中国家饲料粮的比重只有10%左右；三是绿色有机农产品越来越受到消费者的青睐；四是各国都开始重视农业的生态环境，发展可持续农业。

## 三、我国农业生产结构的演变过程

我国的农业生产结构的发展大体上说有两个大的时期：一个是1978年之前的计划经济时期的单一的农业生产结构；一个就是1978年至今的农业生产结构的较快调整时期。具体又可以分为三个时期：一是1979年至20世纪80年代中期我国农业生产结构缓慢变动时期；二是20世纪80年代中期至2000年，我国农业产业结构大调整时期，这个时期以第一、二、三产业的协调发展取代此前以农业（其中又以粮食）为主的“一头重”的结构；三是2000年至今，农业结构调整进入战略性调整新阶段。

**1. 1949—1978年：单一的农业生产结构** 1949年，我国农村产业部门主要是农业，农村工业和农村商业很少，在农业中又以种植业为主，其产值占80%以上。在种植业中又以粮食作物为主，其面积占90%。在改革前的近30年里，我国的农业生产结构变化很小，主要是追求粮食产量的增长，农业生产结构比较单一。在1952年，种植业的播种面积在农业中所占的比例为86.9，1965年为81%，到1978年小幅下降到79.3%。在种植业中，粮食作物的播种面积所占的比例在1952年为89.2%，1965年为86.82%，1978年为80.4%，由此可见生产结构的单一性。新中国成立后，广大农民虽经努力奋斗，但由于农业制度和政策方面的失误，取得的成绩并不尽如人意。就大多数地区来说，农村面貌没有根本改观，虽然我国政府曾提出了农林牧副渔五业并举的发展方针，历史上形成的偏重种植业的单一结构虽有所变化，但是基本状况并没有改变，农业还是以种植业为主，种植业以粮食为主，粮食生产又以高产作物为主，其他部门即使有所增长，其比重的提高也是微乎其微的。这种结构是不合理的，主要表现在，农村产业不能协调发展，资源没有合理利用，地区优势没有得到充分发挥，严重影响了农业的多种经营和综合发展，导致粮棉油糖等主要农产品供应不足。这种单一的结构也使得我国农业劳动力的优势无从发挥，劳动的边际报酬很低，造成了农业劳动生产率的低下。而且生态环境也日渐恶化，比如把许多本来更为适合发展其他部门的资源也开发为粮田，甚至实行掠夺式经营，使得农业生态环境遭到了破坏。

这种单一生产结构的形成首先是由于受到了当时特定的社会经济条件的制约，特别是我国实行的计划经济体制以计划和行政命令作为资源配置的唯一手段，这就切断了地区之间、城乡之间以及生产者和消费者之间的联系，使得各个地区都比较封闭，导致了资源的不合理和低效率的利用，各个地区的比较优势不能发挥出来。其次，我国当时人口增加过快，1952—1978年，全国总人口由5.7亿多增加到9.6亿多，增长了67.46%，这就加重了粮食生产的压力，人均粮食占有量很低。第三，当时我国的农业生产水平很低，基础设施等物质基础较差，抵御自然灾害的能力很弱，粮食产量不稳定，这就使我国的粮食安全问题比较突出，政府不得不动员尽可能多的力量来投入粮食生产。第四，改革前，中国对外开放程度很低，外汇储备有限，不具备大量进口粮食的能力和条件，与此同时，中国没有真正融入世界经济体系之中，国际环境不佳使得我国缺乏与他国进行贸易互惠的广泛渠道。因此，我国只有自力更生，发展粮食生产，提高粮食产量。

**2. 1978 年以后：农业生产结构较快调整时期**　改革开放以后，伴随着经济体制改革的不断深入和城乡居民生活水平的提高，我国的农业生产结构开始快速调整，农业内部各个部门之间的关系开始趋于合理，促进了农业生产效率水平的提高和农民的增收。

（1）1979 年至 20 世纪 80 年代中期：农业生产结构缓慢变动时期。1978 年，中共十一届三中全会的召开，为农村经济的发展开辟了广阔的前景。单一的农业生产结构开始出现突破，从只重视粮食生产开始向同时大力发展多种经营转变，从只重视种植业开始向农、林、牧、渔，全面发展，从农村只搞农业向农业、工商、运输、服务综合发展。1984 年农业、工业、商业占农村各产业的比重为 69.5%、19.1%、3.3%，到 1978 年这一比重变化为 63.2%、23.1%和 3.7%，农业所占的比重减少了大约 6 个百分点，工业的比重上升的比较大，商业所占得比重增加得并不大。但这些数据也同时反映出我国偏重农业的生产结构并没有发生质的变化，农村产业结构调整的进程是比较缓慢的。

（2）20 世纪 80 年代中期至 2000 年：农业生产结构大调整时期。在这一时期，我国农业经济由计划经济向市场经济过渡，农业生产也由统一计划管理向由市场决定转变。1985 年，中央大幅度调减粮食和棉花播种面积，20 世纪 90 年代初，中央提出“两高一优”农业，增加总量和提高质量成为农业生产结构调整的双重目标。这几次调整的特征基本上是在农业内部进行的，调整取得很大的成效，种植业占农业的比例由 1984 年的 74.1%到 2000 年减少到了 55.7%，其他产业增长得也很快。同时，农业发展与资本、技术和组织化程度的关联越来越密切、依赖性越来越强，农业内部的社会分工已深化到生产过程中的主要工序。农业与二、三产业的联系比以往任何时候都更加紧密，而且这种趋势还将进一步加强。按可比价格计算，我国 GDP 年均增长 9.8%，农民年人均纯收入由 1978 年的 134 元，上升到 1997 年的2 090元，增长近 15 倍。可见这段时期，农业产业结构调整取得了较为明显的成效。同时，农产品供给由全国短缺走向结构性相对过剩，消费者对农产品的需求也在向多样化、高品质发展，供给结构与需求结构出现矛盾。

（3）2000 年至今：农业生产结构调整进入战略性调整新阶段。2000 年初，中央提出新阶段的中心任务是对农业和农村经济结构进行战略性调整。2001 年，中央又明确提出，积极推进农业和农村经济结构战略性调整，努力增加农民收入，是新阶段农业和农村工作的中心任务和基本目标。这次结构调整，与 20 世纪 80 年代中期和 90 年代中初期的两次调整相比，有一些不同之处：一是农产品供需形势不同。前两次结构调整，是在农产品供求总体上比较紧张的环境下进行的，产量的增加还是主要的目标，主要是结构性、地区性的调整，整个农产品市场还是卖方市场。而这次的调整农业发展已经进入了一个新的阶段，农产品供求关系也已经发生了根本变化，绝大部分农产品供大于求，存在着农产品结构性过剩的问题。二是城乡居民对农产品需求发生了较大的变化。过去主要是解决温饱，主要是对量的需求，而现在人们对农产品消费提出了优质化和多样化要求。三是调整的主体发生了变化。过去结构调整的主体是政府，而现在结构调整的主体是农民。四是调整的内容不同。过去主要是通过面积增减和规定粮食作物与经济作物的比例，调整大都是局限在种植业内部进行，而现在科技进步在农业生产中发挥着越来越重要的作用，且重视优化农产品品种和品质结构，发展多种经营，是一种立体式的调整。由此可知，这次农业结构调整的目标，是复合型的目标，要求比过去更高。

总体而言，改革开放以来我国的农业生产结构进行了较大幅度的调整，使得我国农业的综合生产能力不断提高，农民的收入也有了大幅度的增长。过去“农业—种植业—粮食”的这种单一的生产结构模式得到了很大程度的改变，同时由于科技进步等原因，农业生产效率水平得到提高，各项农产品的总量不断增长，农业与其他产业的结合也使得农业经济得到了整体的发展。虽然我国的农业生产结构得到了较快的调整，也取得了一定的成效，但还是跟不上更快的市场的变化。虽然农产品的总量获得了很大幅度的上升，但与过去不同的是，农业的增产并不一定会意味着农民的增收，实际上，这种情况在现实中屡见不鲜。这主要是由于经济的发展使得居民的收入水平提高，这个时候消费者所追求的就不只是温饱和简单的多样性，还要求品种的多样性和品质的优良化，在这种情况下，农业产业结构的调整就会经常滞后于需求结构的调整，加上我国农业市场的不健全，这个问题就更为突出。

新一轮的农业结构调整，由于背景的不同，应该有其自身的特点：一是适应国内外市场需求的变化，对农业的产品、产业结构进行全面调整优化，淘汰不适应市场需求的产品和品种，发展市场需要的、特别是供不应求的新产品、优质产品，满足社会对产品多样化、优质化的需求；二是以提高农业效益、增加农民收入为中心，大力发展加工业，增加农产品附加价值；三是不仅要调整优化种植业、养殖业结构，而且要调整第一、第二、第三产业的结构，使第二、第三产业有新的、更大的发展，实现农业产业效益和社会效益最大化；四是农业结构调整要同产业结构优化升级、所有制结构不断完善紧密结合，以利于加快农业和农村现代化的进程。

## 四、农业生产结构与区域布局

下面，以中国农业产业为例，考察农业生产结构的基本构成，见表 5-1。

**表 5-1　中国农业总产值的构成（按当年价格）**

| 年份 | 农业总产值（亿元） | 种植业 | | 林业 | | 牧业 | | 渔业 | |
|---|---|---|---|---|---|---|---|---|---|
| | | 产值（亿元） | 所占比例（%） | 产值（亿元） | 所占比例（%） | 产值（亿元） | 所占比例（%） | 产值（亿元） | 所占比例（%） |
| 1978 | 1 379.0 | 1 117.6 | 80.0 | 48.1 | 3.4 | 209.3 | 15.0 | 22.1 | 1.6 |
| 1984 | 3 214.1 | 2 380.1 | 74.1 | 161.6 | 5.0 | 587.3 | 18.3 | 85.1 | 2.6 |
| 1990 | 7 662.1 | 4 954.3 | 64.7 | 330.3 | 4.3 | 1 967.0 | 25.7 | 410.6 | 5.4 |
| 1995 | 20 340.9 | 11 884.6 | 58.4 | 709.9 | 3.5 | 6045.0 | 29.7 | 1 701.3 | 8.4 |
| 1997 | 23 788.4 | 13 852.5 | 58.4 | 817.8 | 3.4 | 6 835.4 | 28.8 | 2 282.7 | 9.6 |
| 1999 | 24 519.1 | 14 106.2 | 57.5 | 886.3 | 3.6 | 6 997.6 | 28.5 | 2 529.0 | 10.4 |
| 2000 | 24 915.8 | 13 873.6 | 55.7 | 936.5 | 3.8 | 7 393.1 | 29.7 | 2 712.6 | 10.8 |
| 2001 | 26 179.6 | 14 462.8 | 55.2 | 938.8 | 3.6 | 7 963.1 | 30.4 | 2 815.0 | 10.8 |
| 2002 | 27 390.8 | 14 931.5 | 54.5 | 1 033.5 | 3.8 | 8 454.6 | 30.9 | 2 971.1 | 10.8 |

（续）

| 年份 | 农业总产值（亿元） | 种植业 | | 林业 | | 牧业 | | 渔业 | |
|---|---|---|---|---|---|---|---|---|---|
| | | 产值（亿元） | 所占比例（%） | 产值（亿元） | 所占比例（%） | 产值（亿元） | 所占比例（%） | 产值（亿元） | 所占比例（%） |
| 2003 | 29 691.8 | 14 870.1 | 50.1 | 1 239.9 | 4.2 | 9 538.8 | 32.1 | 3 137.6 | 10.6 |
| 2004 | 36 239.0 | 18 138.4 | 50.1 | 1 327.1 | 3.7 | 12 173.8 | 33.6 | 3 605.6 | 9.9 |
| 2005 | 39 450.9 | 19 613.4 | 49.7 | 1 425.5 | 3.6 | 13 310.8 | 33.7 | 4 016.1 | 10.2 |
| 2006 | 40 810.8 | 21 522.3 | 52.7 | 1 610.8 | 3.9 | 12 083.9 | 29.6 | 3 970.5 | 9.7 |
| 2007 | 48 893.0 | 24 658.1 | 50.4 | 1 861.6 | 3.8 | 16 124.9 | 33.0 | 4 457.5 | 9.1 |
| 2008 | 58 002.2 | 28 044.2 | 48.4 | 2 152.9 | 3.7 | 20 583.6 | 35.5 | 5 203.4 | 9.0 |
| 2009 | 60 361.0 | 30 611.1 | 50.7 | 2 359.4 | 3.9 | 19 468.4 | 32.3 | 5 626.4 | 9.3 |

资料来源：根据《中国农业统计年鉴 2010》整理。

从表 5-1 的数据可以看到，农业总产值以及各个分项产业的产值是逐年增加的，就其所占比例来看，种植业所占的比例从 1978—2008 年都是最大的，这反映出中国还没有完成传统农业的改造，不过也不难发现，种植业所占的比例虽然是最大的但却是逐年下降的趋势，从 1978 年的高达 80%的比例下降到 2009 年的 50.7%，下降了将近一半；林业所占的比例都一直在 3%～5%之间没有太大的变化；牧业所占比例明显增加得很快，一直到现在增加到占总产值的 1/3；渔业所占比例上升得也很快，只是近年又有轻微的下降，从 1978 年的只有 1.6%一直增加到 10%左右。

表 5-2 给出了在种植业中各个农产品的种植面积。具体来看，在种植业农产品种植面积中，又以粮食作物为主，其次是蔬菜、瓜类以及油料作物。在粮食作物中，又以谷物的面积为最，占粮食作物的绝大多数，而豆类和薯类产量则相对较小。

**表 5-2　种植业主要作物种植面积所占比重**（单位：%）

| | 1995 | 2000 | 2005 | 2007 | 2008 | 2009 |
|---|---|---|---|---|---|---|
| 农作物总播种面积 | 100.00 | 100.00 | 100.00 | 100.00 | 100.00 | 100.00 |
| 粮食作物 | 73.43 | 69.39 | 67.07 | 68.84 | 68.34 | 68.70 |
| 谷物 | 59.59 | 54.55 | 52.66 | 55.89 | 55.19 | 55.72 |
| 豆类 | 7.49 | 8.10 | 8.30 | 7.68 | 7.75 | 7.53 |
| 薯类 | 6.35 | 6.74 | 6.11 | 5.27 | 5.39 | 5.44 |
| 油料作物 | 8.74 | 9.85 | 9.21 | 7.37 | 8.21 | 8.61 |
| 棉花 | 3.62 | 2.59 | 3.26 | 3.86 | 3.68 | 3.12 |
| 麻类 | 0.25 | 0.17 | 0.22 | 0.17 | 0.14 | 0.10 |
| 糖料 | 1.21 | 0.97 | 1.01 | 1.17 | 1.27 | 1.19 |
| 烟叶 | 0.98 | 0.92 | 0.88 | 0.76 | 0.85 | 0.88 |
| 药材 | 0.19 | 0.43 | 0.78 | 0.63 | 0.76 | 0.74 |
| 蔬菜、瓜类 | 7.08 | 11.06 | 12.82 | 12.76 | 12.88 | 13.08 |
| 其他农作物 | 4.49 | 4.70 | 4.78 | 4.44 | 3.86 | 3.58 |

资料来源：根据《中国统计年鉴 2010》整理。

在农业生产结构的区域布局上，我国的农业生产的重心由传统的以南方为主现转向了以北方为主。在粮食生产上，华北地区和东北地区粮食生产发展比较迅速，推动了全国粮食生产重心北移，到 2008 年，华北地区和东北地区的耕地面积占到了全国总耕地面积的 32.6%，华中地区和东南沿海地区的粮食生产地位有所下降，主要是因为其粮食播种面积大幅减少，同时粮食单产增加的幅度又低于东北地区和华北地区。其中，小麦的主要生产区为华北地区和华中地区，稻谷的生产本来主要在南方。但自 20 世纪 90 年代以来，北方稻谷产量增加，东北地区成为稻谷的主要产区，玉米的主产区为东北地区和华北地区，近年南方玉米的发展速度明显加快。

"八五"以来，我国畜牧业尤其是农区畜牧业发展非常迅速，但从区域分布来看，北方地区的增长明显快于南方。而渔业区域布局的变化与畜牧业恰恰相反，北方地区在全国的比重下降，南方地区在全国的比重在上升，东南沿海地区是我国水产品的主要产区。

## 第二节　农业生产结构优化的内容、目标和动力

### 一、农业生产结构优化的内容和目标

#### （一）农业生产结构优化的内容

优化农业生产结构是指通过调整农业内部各产业的相对比例以及各产业内部构成，使得一国或者一个地区的资源配置达到最佳。农业生产结构的优化可以从微观和宏观两个方面来理解。从微观方面来看，农业生产结构优化实质是作为农业活动微观主体的农户面对一系列外部环境和市场变化而产生的反应。农户的行为可以分为两个层次：一方面，农户可以根据市场状况调整作物种植的数量和面积来达到最大的收益，这是一种外延型的结构优化；另一方面，更深层次的是农户可以通过品种多样化、品质多样化、产品层次化和产业化来进行优化。从宏观方面来看，农业生产结构优化的内容可以分为以下几个方面：

**1. 农业内部三大产业的优化，努力加大农业中二、三产业的比重**　以种植业为例，加大可以获得更大附加值的农产品再加工的比例，发展种植业产业的服务行业如农产品的物流流通等。加大农业中二、三产业的比重，可以降低农业的生产成本，增加农产品的附加值，进而可以增加农民的收入。

**2. 优化农业产业内部构成**　合理布局农、林、牧、渔四大产业的比重，提高牧、渔业的比重，特别是畜牧业的比重，同时，协调好各个产业内部产品的结构。在种植业中，提高经济作物的比重，同时为了促进畜牧业的发展，注重提高饲料作物的比重，逐步转变为粮食、饲料和经济作物协调发展的三元结构。对于阶段结构性的过剩品种，必须在一定时间内将面积、产量调减下来，引导农民根据市场需求生产适销对路的产品，如在小麦生产方面，应稳定发展北方冬小麦生产，适当调减南方冬小麦面积，大力发展加工用小麦，改良东北地区春小麦品质。在经济作物内部，要开发高效棉田，重点发展可纺性强的棉花品种，控制糖料种植面积，选用含糖量高的甘蔗和甜菜等品种。在水果业方面，对于消费市场以国内为主的苹果、梨、香蕉等品种，要以提高品质、控制产量为主，对于有出口优势的水果，要按照国际市场需求进行生产，提高产品的知名度，实现产品向商品的转变。

在提高畜牧业在农业中比例的同时，畜牧业内部的优化应本着节粮高效的原则，适应区域畜禽生产特点和消费特点，实现畜种、品种、畜群与资源的合理组合。在粮食主产区大力发展

畜牧业，以利用种植业和畜牧业的相互促进的关系。东部地区以及大城市郊区要大力发展规模生产，推进畜牧业的集约化、产业化经营，加快实现畜牧业现代化。中西部地区要努力实现养殖方式的突破，降低生产成本并且提高生产效率和经济效益。草原牧区应加强草场改良，建立优质饲料基地，提高单位面积的载畜量，努力恢复草原植被，改善草原生态环境。同时，完善畜牧兽医水平和体系，引进先进技术改良畜禽品种，还要达到一定的卫生质量标准。

林业对于保护生态环境发挥着不可替代的作用，应重视经济林和防护林的建设，加强对林木产品的综合开发和利用。把林业由采伐天然林为主转变为保护天然林和培育人工林为主，积极营造生态林，大力推进重点林业生态工程建设，并加强重点项目、重点县和试验示范区建设。同时，加快用材林的营造和培育，以逐步缓解木材的供需矛盾。有计划、有步骤地进行退耕还林或还草，逐步使水土流失得到根本的治理。还可以在保护森林、保护环境的前提下，搞好规划，分步实施，发展森林旅游业，使林业资源获得更好利用，增加其经济效益。强化对森林资源的保护管理，彻底改变只重视植树造林而忽视对森林资源保护管理的局面，继续完善法律体系并加大执法力度，坚决制止超限额采伐林木、毁林开荒和乱占林地的破坏性行为，保护天然森林资源和造林绿化的成果，确保林业快速、持续和健康发展。

渔业中应重视发展养殖业，积极发展捕捞业。同时，保护并合理开发滩涂、水面等资源，加速品种的更新换代，发展名特优新品种养殖。应调整养殖模式，重点发展高效生态型水产养殖业，积极发展高科技工厂化养殖，因地制宜地发展水库和稻田养殖。完善休渔制度，严格控制捕捞强度，不断扩大国外作业海域，加强国际渔业合作。大力发展水产品的精加工、深加工和综合利用，重点抓好大宗水产品的保鲜和低值水产品的深加工，提高水产品质量和附加值。

### （二）农业生产结构优化的目标

农业生产结构优化的目标相对过去也发生了变化，过去对农业生产结构的优化主要是解决总量不足的问题，增加生产和有效供给。新的农业生产结构的优化的根本目标在于更有效地与市场的需求相结合，且这个市场已不仅仅是国内市场，还包括国际市场，通过与市场需求相结合来提高农业的经济效益，进而提高农民的收入水平。

从城乡居民家庭平均每人消费的主要食品量来看，城乡居民对粮食的消费量是逐年减少的，农村居民对粮食的消费量大于城镇居民。对于蔬菜的消费城乡居民大体来说是减少的，且城镇居民近年对蔬菜的人均消费量大于农村居民。对于猪牛羊肉的消费，城镇居民的人均消费量变化不大，农村居民的人均消费量却是不断增加的，这可能是由于农村居民生活水平的提高晚于城镇居民的原因，但是城镇居民对猪牛羊肉的消费依然大于农村居民的消费。对于家禽、蛋、奶、水产品的消费，城乡居民从1990年起都是逐渐增加的，城镇居民在这些方面的平均消费依然都是大于农村居民的消费的。对于瓜果的人均消费城乡也都是大幅增加的，但是城镇居民在瓜果的人均消费量上远大于农村居民。

改革开放以来，我国的农业生产结构进行了不断的调整，取得了一定的成果，但问题依然严重，如种植业仍然占主要地位，农产品技术含量低，导致市场竞争力弱。所以对于农业生产结构还应当继续进行调整，以达到更优化的资源配置、更高效的农业综合效益以及更高的农民收入。优化农业生产结构的方向应该是：以市场需求为导向，以科技进步和制度创新为依托，以提高农业综合效益和农民收入水平为目标，充分利用地区农业资源，发挥区域比较优势，促进产业结构升级，实现农业生产结构的合理化和高级化，为农业和农村经济的发展开拓新的增长空间，同时能够有利于生态环境。

在具体的目标上，在保持农产品总量供求基本平衡的基础之上，又要满足市场对农产品优质化和多样化的需求，应对国际市场的挑战，提高市场竞争力，逐步解决目前农产品卖难、价格下跌、农民收入增加缓慢的问题，全面提高农业的整体素质和经济效益，促进农业现代化，使农业形成合理的区域分工和布局，加强农业生产环境建设，促进农业持续发展。

## 二、农业生产结构优化遵循的原则

在对农业生产结构进行优化的过程中，还必须遵循以下原则：

### （一）经济效益原则

优化农业生产结构的重要目标之一就是要达到最大的经济效益水平，我国现在是市场经济，农业经济作为市场经济的一部分是效益优先的经济，而农业生产结构的合理性直接关系到经济效益的好坏。

**1. 要根据各地的实际情况，因地制宜，发挥不同地域的优势** 每个地域由于自然条件等的不同形成了各自不同的特点和优势，也形成了农产品天然的强大竞争力。在优化农业生产结构的过程中要发挥地域优势，突出地方特色，同时注重形成一定的规模优势，实现较高的经济效益。然而在目前的农业结构调整中，东南种玉米西北种水稻等违背自然规律现象比较普遍，这种布局就不能充分发挥地域优势。

**2. 要以市场为导向，根据市场的需要进行农业生产结构的优化** 农业生产结构的优化和调整，应当根据市场供求机制、竞争机制、价格机制的变动来进行调整，以保证农业生产能够满足市场的需求，使产品能够适销对路。如现在居民的肉、奶、蛋等消费比例在不断上升，畜牧业和饲料的生产就应当有一个大发展。并且现在居民的消费标准在不断提高，各种绿色食品、环保食品等高质量农产品就应当作为发展重点。农业结构调整只有在对现实市场的状况调查和未来潜在市场预测的基础上，不断地进行调整变化，才能保证有一个科学、合理、适应市场需要的农业结构。

**3. 降低农产品生产、流通成本，完善农产品流通体系** 在农产品的生产过程中，提高生产效率，增加单位面积产量，这就需要农业科技的应用。提高复种指数，加强间种套种、地膜覆盖、病虫害防治、配方施肥、种子包衣等新技术的普及，同时实施种子工程，加强良种的培育、引进和推广，提高良种作物覆盖率。扶持农业的龙头企业和新办的中小型农副产品加工企业，扶持农民兴办农产品加工企业或入股现有的非农民办加工企业让农民既参与加工和销售环节的利润分配，又与加工企业结成利益共同体，增强农民抗御市场风险的能力。发展农产品流通的合作经济组织，加强大型批发市场、城镇中心市场、乡村集贸市场网络建设和期货市场建设。

**4. 开发农业的新功能** 除了传统的农业提供食物和纺织原料，农业的新功能也在不断地开发出来，如园艺农业、休闲农业、生态农业、旅游农业等，积极向社会提供蕴含在农业领域的超越于衣食的生态保护、修身养性、审美等功能，这就大大拓宽了农业的发展和提高农业经济效益的空间。

### （二）可持续发展原则

农业生产结构的优化不仅要考虑到经济效益，同时还要实现农业的可持续发展，注意保护农业资源和生态环境的合理、有序的循环运动。

**1. 保护耕地环境，制止乱占乱用耕地的行为**　保证耕地的质量水平，推行耕地的轮耕休耕备耕。现在一个严重的问题是相关部门为提高农业产值，继续沿用外延式的点量扩张办法，不让耕地有一丝喘息之机。其结果陷入了低农产品品质—低经济效益—更大规模生产低质农产品的恶性循环。

**2. 保护农业生态环境**　对于天然的地理状态不要随意改变，充分认识荒山、沼泽等在水土保持、其后调节和生物多样性方面的积极作用，对垦荒行为应适当加以限制。减少高污染、高能耗的化肥农药的使用，发展有机农业。农产品品质不仅取决于品种，还取决于生产方式和生产环境，在一个优质的环境中生产的农产品往往有着更好的品质。我国农产品市场竞争力差的一个重要原因就是大量使用化肥、农药、激素或生长于被污染的环境而造成农产品品质低劣。这种低质农产品不仅在国际市场无竞争力，在国内市场的消费也受到限制，对国内消费者也是一种损害。有机农业取代化学农业不仅具有环保意义，随着消费者对这方面产品需求的增多，也使其具有巨大的市场潜力。比如，北方或南方坡地如退出一部分不具有比较优势如玉米、油料、糖料等生产用地，转而发展林业、水果生产，将可以有效地防止生态环境的退化，有助于我国整体生态环境的改善。也可以充分利用进口国外产品作为原料，增加进口一定量耗费土地和水资源的基本农产品，这也有利于节约我国的农业资源，保护自然生态环境。

### （三）农业保护原则

在优化农业生产结构时，要考虑到粮食安全问题，对一些农业生产进行支持和保护。粮食问题对于中国这样一个有近 14 亿人口的大国来说是一个大问题，如果吃饭的问题解决不了，就必然会引起社会的不稳定。而现实的农产品价格的低下造成了农业的劳动力大量减少，很多农民都不愿意再种粮，这是一个危险的信号。因此，要重视粮食的自给，保证粮食的种植面积，调动农民的种粮积极性，提高粮食生产率，完善粮食储备制度。同时还要建立合理的粮食进出口结构，比如要优先增加饲料进口，以利于发展劳动力密集、加工链长的畜牧业和渔业；增加小麦进口，缓解北方小麦产区缺水的困难；限制进口大米，保证稳定的口粮供应等。农业的保护可以是对整个农业的保护，也可以是就个别的农产品的生产进行保护，可是种植面积和产量的保护，也可以是农产品价格的保护。保护的手段可以是限制外来产品进入，也可以是对本国产品的政策和资金的支持，也可以是政府购买行为。当然，政府在实行保护措施时也要照顾到市场竞争的因素。这种保护主体是政府，保护的前提是在农业竞争时可能危机农业整体安全，影响整个国民经济健康发展和社会稳定的情况下。

### （四）结构优化升级原则

结构优化升级即通过改良生产环境等社会因素、应用先进的科学技术来促进农业的发展，提高农业生产力，将农业经济由纯粹依赖自然资源的自然经济向社会经济乃至知识经济提升。

（1）要大力扶持农业企业并引进先进的科学技术、生产方式和管理经验，将传统农业逐步改造成采用先进生产手段和科学技术的现代农业，这将大大提高农产品的经济效益以及市场竞争力，有助于实现农业的产业化和现代化。这也需要政府在财政、金融、税收、土地、人才、科技、市场等方面予以支持。

（2）要完善农村社会化服务体系，并且要限制政府部门的参与，以使得供需双方处于平等的谈判地位，按照自愿互利的原则运行，20 世纪 80 年代兴起的农村社会化服务就是由于政府的干预过多而失败，要以乡村集体或合作经济组织为基础，以专业经济技术部门为依托，以农民自办服务为补充，形成多经济成分、多渠道、多形式、多层次的服务体系。从现实情况看，大体包括五个主要方面：一是村级集体经济组织开展的以统一机耕、排灌、植保、收割、运输等为主要内容的服务；二是乡级农技站、农机站、水利（水保）站、林业站、畜牧兽医站、水产站、经营管理站和气象服务网等提供的以良种供应、技术推广、气象信息和科学管理为重点的服务；三是供销合作社和商业、物资、外贸、金融等部门开展的以供应生产生活资料，收购、加工、运销、出口产品，以及筹资、保险为重点的服务；四是科研、教育单位深入农村，开展技术咨询指导、人员培训、集团承包为重点的服务；五是农民专业技术协会、专业合作社和专业户开展的专项服务。

（3）积极推广科学技术，提高农业生产者的知识水平，开发高品质的农产品，同时要注意知识产权保护、科技推广服务体系运作、科技市场规范化等问题。优化农业生产结构离不开农业的科技进步，要加强培育专用、优质新品种，加强良种快速繁育技术开发；将先进的农业生产设施以及培育方法引进到农业生产当中，实施农业节水方面的研究，开发高效输配水系统及调控技术；加强畜禽因病防治技术的研究，大力加强淡水和海水养殖技术，海洋捕捞与水产品加工技术等。要建立农业科技创新体系，改革农业科技机构和服务体系，具体来说，要鼓励、支持农业企业采取多种形式参与农业科技工作，承担各级政府下达的科技任务和科技成果转化工作，大力调动农民、企业等社会力量参与农业技术推广工作，逐步形成国家扶持和市场引导相结合、有偿服务与无偿服务相结合的新型农业技术推广体系。切实解决部分推广人员素质不高和农业生产一线科技力量薄弱的问题。鼓励推广机构、科研院所、大中专院校、协会、企业及农民，以农业技术开发、技术咨询、技术服务和技术转让等多种形式，从事技术推广服务工作。

### （五）农民为农业经济主体原则

农民作为农村经济的主体，理应与其他经济主体处于完全平等的地位，但是实际上，农民的权益常常受到其他经济主体的侵害。政策的不适当的倾斜和过度行政干预以及农民负担沉重、法治环境相对恶劣等，不仅使农业由投资回报率高的产业变为比较效益低的产业，极大地削弱了农民的投入能力和其他行业投资农业的热情，导致农业基础薄弱，发展后劲不足，而且扭曲了行业间的自然关系，冲击了正常的经济秩序，加剧了经济波动。因此，要尊重并依法保护农民的土地产权、集体产权、经济决策权、收益权，这也需要政府加大惠农政策的力度，突出农民在农业经济中的主体地位，尽量降低农业投资的政策风险。就目前来说，发展农村合作经济组织有助于增强农民的主体地位，我国人多地少，农户分散经营、规模很小，严格来说绝大多数农户还称不上是完整的市场主体。农民通过建立自己的合作经济组织，联合起来能在更大的范围、更高的层次上进入大市场、实现大流通，争得生产经营的主动权，从而确立自己的市场主体地位。就现实情况来说，我国部分农民受专业知识和技术的制约，这也阻碍了农民主体地位的实现，需要政府加以支持和引导。

### 三、农业生产结构优化的动力

随着我国农村改革的发展，农村的基本经济制度发生了很大的变化，农户取得了独立的经济主体地位，决定自己的经济行为，并以收益最大化为目标，以市场价格信号为依据调整投入产出关系。扩大到农业的各个部门来说，投入产出比例较高的部门，生产要素将向该部门转移。这种生产要素与产品相对价格的变化即报酬率的变化引起了部门之间投入结构的调整。而生产要素投入的变动将导致产出结构的变动，农业生产结构优化实质上是农业生产要素在农业各个部门和各种产品之间的重新配置，以最大限度地发挥这些资源的经济和技术优势，实现产出效益的最大化。

农户根据收益最大化的目标做出农业生产经济决策的过程要受到一些因素的影响，同时也影响着农业的生产结构。①农业的产出受到农业资源的限制，特别是土地资源的限制，农业劳动力虽然比较充裕，但是随着我国非农产业的发展，农业劳动力的机会成本不断增加，必将影响农业生产中劳动的投入。在这些限制条件下，各个地区要大力发展自身具有比较优势的农产品，使得农业生产可以利用固有的资源达到最大的经济效益。并且我国加入 WTO 后，随着农产品关税水平的整体下降和关税配额的实行，一个地区的农业生产会受到国际市场的更大影响，在这种开放的经济条件下，我国各个地区更要按照比较优势进行农业生产结构的优化。②一国的农产品进出口和农村经济政策通过影响农产品价格和成本等对农业生产结构起着较大影响。如国外市场中的低价高质的农产品必然会冲击国内市场，对国内市场同类农产品的价格产生影响，我国对大豆和玉米的进口量一直在增加，这也会直接影响到我国的农业生产结构。政府的农产品流通、收购等政策对农产品交易成本和农产品价格有较大的影响，而政府的区域经济政策、农业生产投资和农村金融政策则对农业生产技术效率和农业生产成本有着间接的影响，通过这些农村经济政策直接影响农业生产结构变动。③国民经济其他部门通过对农业生产投入品如种子、化肥等和要素价格的影响，间接影响农业生产。若这些投入品的价格提高，则农业生产的成本无疑就会增加，就会影响到其经济效益，农民就有可能重新考虑其经济行为。④农业生产效率的提高可以改善农业资源利用效率，从而节约农业生产资源，降低生产成本，在农产品价格既定的条件下，增加农业生产者收入。

总体来说，农业生产结构的优化是以农户为经济主体，以农户收益最大化为目标的，在农业生产结构的变化过程中，主要是受市场的调控，同时也有政府农业政策的影响，然后通过价格机制来决定农户的行为，使得生产要素得到合理的配置，优化农业生产结构。

## 第三节　农业生产结构优化的效率

### 一、农业生产结构优化的理论基础

农业经济增长方式转变的一个主要特征是农业结构的合理化，农业经济增长和农民收入提高的基本要求是提高资源配置的效率，提高农业生产要素的使用效率，而资源配置效率和农业生产要素使用效率在很大程度上依存于农业结构的状况。因此，可以说农业生产结构变动所引起的资源配置效率提高和农业生产要素使用效率的改善，是农业生产结构效率的体现。此外，提高农业生产结构效率、合理利用农业生产资源、促进农村经济发展、增加农民收入已成为目前农业经济发展的焦点。

### （一）比较优势理论简介

农业生产结构效率的理论基础是国际贸易的比较优势理论。标准的比较优势理论起源于亚当·斯密的绝对优势理论。斯密认为，一国在某种产品的生产商所花费的成本绝对地低于他国，就称为“绝对优势”。如果这种绝对优势是该国固有的“自然优势”或已有的“获得优势”，它就应该充分利用这优势，发展某种产品的生产，并且出口这种产品，以换回他国在生产上占有绝对优势的产品，这样做对贸易双方都更加有利。斯密的“绝对优势说”也称“地域分工论”。亚当·斯密的绝对优势理论的基本结论是，如果两国都专门生产自己享有绝对优势的商品，然后通过贸易获得另一种商品，那么，两种商品的世界产量都会增加。因此，斯密主张：如果外国产品比自己国内生产的便宜，那么最好是输出本国在有利生产条件下生产的产品去交换外国的产品。然而，斯密关于交换的倾向产生了分工的观点是错误的，他认为，交换是人类固有的天性，正是由于人类有了交换的倾向，才产生了社会分工，斯密在这里颠倒了分工和交换的关系。

斯密的绝对成本理论有个重大缺陷，它只能说明在某些产品的生产中具有绝对优势地位的国家参加国际分工和国际贸易才能获得利益。而在现实中，世界上很多落后国家在任何产品的生产中都不存在比别国具有绝对优势的地位，它们生产的所有产品效率都低，成本都相对较高。那么这类经济落后的国家是否应该参加国际分工和国际贸易？如果参加，它们是否能够从中获得利益？斯密的绝对成本对此给出的回答是否定的。

大卫·李嘉图继承发展了斯密的理论，提出了比较优势理论，并在《政治经济学和赋税原理》一书中，对商品价值理论和财富分配问题进行了深入的研究，对地租及国际贸易问题也进行了卓有成效的探讨，完整地阐明了比较优势理论。李嘉图认为，一国不仅可以依据绝对优势原则参加国际分工和国际贸易，而且即使一个国家在生产商没有任何绝对优势，只要它与其他国家相比，生产各种商品的相对成本不同，那么，仍可以通过生产相对成本较低的产品并出口，来换取它自己生产中相对成本较高的产品，从而获得利益。斯密的理论论证了一部分在生产上具有绝对优势的国家参加国际分工的必要性，而李嘉图理论则论证了世界上所有国家参加国际分工的必要性，因此李嘉图的比较成本理论比斯密的绝对成本理论更具有普遍意义，这一学说当时被大部分经济学家所接受，时至今日仍被视作是决定国际贸易格局的基本规律，是西方国际贸易理论的基础。

### （二）以比较优势理论为基础的农业生产结构效率

比较优势理论不仅解释了国际贸易的动因和流向，而且对于现实的国际贸易和分工具有重要的指导意义。根据比较优势原理，各国应当生产相对具有比较优势的产品，同时进口具有相对劣势的产品，这样可以达到资源的最佳配置，并增进社会福利。即便其所有产品与国外相比都处于绝对劣势，但与潜在的贸易对象国相比，只要各产品的劣势程度有所不同，对外贸易就有利可图。此外，比较优势原理对国内生产的地域分工和布局同样也具有重要的指导意义。在开放经济下，一国应按照比较优势原则，根据各地区生产的比较优势状况实现生产的分工和布局。不论与其他地区相比其各种生产都具绝对优势或都处绝对劣势，各地区都应当生产其具有相对优势的产品，而通过外贸或内贸进口或调进具有相对劣势的产品，这样才能达到地区和全国资源配置效率的最佳和福利的最大化。

（1）从商品的供求角度来看比较优势与农业生产结构的关系。由于各种商品的需求弹性不同，粮食食品的需求收入弹性往往小于其他农产品（比如畜产品和果品）的需求收入弹性：畜产品、果品和粮食食品中质量较高商品的需求收入弹性往往大于品质较低的商品的需求收入弹性，这就使得随着人均收入水平的提高，各类商品需求会发生不同的变化，从而使农产品的比较优势发生变化。同时，品质高的农产品，需求价格弹性小，而品质低的农产品，需求价格弹性大，形成优质优价。因而，生产品质高的农产品比较利益大于生产质低的农产品，比较优势也大。农产品比较优势的变化，将会导致农业结构的变化，需求量大的、产品有销路、利益大的商品会扩大种植面积；需求量小的、产品无销路、利润低的产品就会减少其种植面积。

（2）从资源利用的角度讲，在价格给定的条件下，为获得最大产出或最低成本，要使各种资源能够达到最佳比例；而在一定的投入要素组合下，要求获得最大产出，或是在一定的产出组合下，要求最少要素投入。将比较优势理论应用到农业生产结构中，就构成了农业生产结构效率的理论基础，一个有效率的农业生产结构中，各生产要素得到合理的配置，经济体生产具有比较优势的农业产品，提高各自的生产率，在市场交换中获得整体利益的最大化。当然，农业生产结构中的比较优势运用不仅适用于国与国之间的贸易，也适用于更小的经济体之间的贸易关系。

### （三）农产品生产的地区间比较优势

地区是一个多侧面、多层次而且相对性极强的概念，按自然的、经济的、行政的、历史的，或者其他标准，可以划出种类繁多的地区。地区可以是一个自然单元，可以是一个经济单元，这里我们将地区定义为省（市）、自治区一级的行政区域。

不同的地区在自然、经济与社会条件上都存在着差异，这些差异是形成比较优势的基础，地区之间的差异一般表现在自然差异、人文差异、经济差异、组织体制差异上。自然差异主要指地理位置及自然条件的差异；人文差异是指除自然资源、经济资源之外的其他资源的差异；经济差异是指技术经济条件的差异；组织体制差异指地区发展的微观组织基础和宏观政策体制环境的差异。

地区间差异的存在是产生地区间优势的基础。差异的本身反映了比较对象的异质性，但不反映孰优孰劣的问题，只有在特定条件下，对特定地区而言，差异的双方才表现出了优势和劣势，可见，优势是相对于一定的目标而言的，总体来看，地区优势可以从以下几个方面来考察：

**1. 资源条件优势**　自然资源条件包括自然资源的储量、分布、质量、地理位置等，可以细分为农业自然资源、工业自然资源、旅游资源、运输自然条件等，研究农业地区优势只考察农业自然资源。

**2. 人文资源优势**　人文资源包括人口的数量、质量、分布，一个地区的历史基础与文化传统。其状况就构成了人文资源的优势与劣势。

**3. 生产要素禀赋优势** 生产要素包括劳动力资源的数量、质量，资本要素的规模、结构等；技术水平的高低、技术创新和扩散的能力大小。从其存在现状上可以看出生产要素禀赋的优势。

**4. 经济结构优势** 经济结构包括产业结构、产品结构、市场供求结构、规模结构、技术结构、消费结构等许多方面。这些结构的合理与否反映了经济结构的优劣与否。

**5. 政策体制优势** 这种优势主要是指享受国家倾斜政策的优势，地区自主发展的政策、体制优势。

不同的区域由于生产环境存在着差异，同样的技术水平得到的产出效果并不完全相同。

### （四）农业生产结构调整的意义

从现代观念来看，一个国家的比较优势应由三部分构成：一是土地、劳动力、金融资本等物质资源；二是技术、知识（人力资本）等无形资源；三是政府为克服市场缺陷而有效地干预资源配置的制度效率和激励机制等行政资源。对于农业来说，不同的产品在不同的地区表现出了不同的比较优势，这些比较优势是这三个方面的综合反映。

结合农业生产结构效率，将比较优势理论应用到我国农业生产结构的调整中具有相当重要的意义，由于我国地域辽阔，地区差异明显，区域比较优势在地区之间表现出较大的差异，对全国各地区的农业比较优势格局进行比较细致的测定和分析，能够对我国农业生产结构调整提供重要的参考依据。

比较优势理论可以指导国家的对外贸易、国内生产布局和地区生产结构调整。按照比较优势原理指导农业结构调整可以提高资源的配置效率，增加农业产出和农民收入。根据比较优势原理，生产的地域分工应当遵守这样的原则：不论与其他地区相比其生产是都具绝对优势或都处绝对劣势，各地区都应当生产其具有相对优势的产品，通过外贸或内贸，进口或调进具有相对劣势的产品。这就告诉我们，全国和各地区农业结构调整的依据应当是各农产品的相对比较优势，而不是绝对优势水平。

## 二、农业生产结构效率的评价

直接测定农业生产结构是否合理、有效是非常困难的，因为农业生产结构效率受到来自多方面因素的影响，而且农业结构效率在不断变化的环境中，常常表现为动态性和相对性。所以评价某一地区的农业生产结构效率应该与其他地区农业生产结构进行横向比较，或者进行自身纵向比较，计算出目前农业结构的相对效率。全要素相对生产率是以前沿生产函数为理论基础并建立在“帕累托最优”假设之上，测算在有效生产前沿面上的资源配置效率，即某地区的农业结构与其“最佳结构”状况之间的差距，根据差距的大小来度量农业结构效率。只有即时地对农业结构效率的高低做出评价，才能有效地针对农产品市场的变化，合理调整农业结构，有效利用生产资源，提高农业生产经济效益。

农业生产结构效率可以表述为农业结构性投入与农业总产出之间的效率关系，它的技术效率不仅仅包括一般农产品生产的效率，还包括农产品的组合效率。也就是说，在某一个区域内各种农产品生产是有效的，但并不一定说明该地区农业结构是有效的，农业结构的效率形成主要是视其相对效率能否充分发挥。相对效率包括某一种农产品生产的区域间相对效率、不同农产品间的相对效率和某一个区域内农产品生产相对效率的强弱。例如，浙江省的水稻生产在中国主要水稻生产省份的比较中是有效率的，从资源配置原理的角度考虑，浙江省应该充分发展水稻生产，若浙江省其他农产品生产与全国同类省份相比也都具有效率，那么应该发展什么摒弃什么？这就要分析浙江省各种有效率的农产品中，那一种产品更具有比较优势、更具有效率显性，有比较优势的产品和具有效率显性的产品应大力发展，以此形成农业结构的高效率。所以，农业结构效率是建立在这三种效率的基础之上的，有效率的农业结构首先应是其生产的产品有效率，其次是区域内主要农产品相对有效率，再次是生产量较大的农产品具有效率显性。

一般来说，度量生产结构效率的关键问题是确定生产函数。由于本书旨在对农业生产效率进行解释，因此不对生产函数的确定方法进行过多的介绍。

为了进一步分析农业结构效率与农业发展之间的关系，需要对不同区域间的农业结构效率进行比较分析。一般地，通过比较不同区域的农业生产结构效率，可以分析出那些区域的农业生产结构更好，更可以为调整农业生产结构提供可靠依据。

## 三、农业生产结构优化的测度指标

农业生产结构优化测度指标的设定必须符合农业生产结构优化的本质要求，从多个角度反映农业生产结构优化状况，同时，指标所需的资料也要可以获得且要易于比较。基于上述要求，提出以下各项指标。

### （一）反映农产品市场化程度的指标

农业生产结构的优化要以市场为导向，根据市场的需要进行农业产业结构的优化，农产品生产只有与市场需求相适应，生产的农产品才可以适销对路，获得经济效益。这里的市场除了国内市场之外还包括国际市场，因此，对这一指标的设定也要包括这两个方面。在这方面的指标有：农产品商品率、农产品适销率和农产品出口创汇率。

农产品商品率是农产品商品量在农产品总量中所占的百分比，这个比率越高则与农业市场的相关度就越紧。改革开放以来，随着计划经济体制向市场经济体制转变，我国的农产品商品率在逐步提高，但其总体水平依然偏低。农产品适销率可以反映生产出的农产品中符合市场需求的程度，是否可以使农产品顺利地从田间走向市场。如果农产品市场化程度低，不适销对路，在很大程度上会影响农民收入水平的提高和生活质量的改善。农产品出口创汇率反映了一国的农产品在国际市场的竞争力，国内农产品的出口创汇能力，这也可以间接地反映出一国农产品的质量和产量。今后要大力发展市场前景广阔的农产品和外向型农业，提高农产品的质量，努力提高农产品商品率和出口创汇能力，在当前农产品供给较为宽松的环境下，坚决淘汰那些市场没有销路、经济效益低的农产品。为引导农民走向市场，使其生产经营行为符合市场变化的需要，政府应采取有效措施尽快建立开放、统一、竞争、有序的农产品市场体系，并强化市场信息服务，适当引导农民的行为，减少农民生产经营的市场风险和交易成本，完善农业社会化服务体系，建设一批辐射面广、商品容量大、服务功能全和交易规范的农产品批发市场，大力发展市场中介组织，提高农民进入市场的组织化程度。培育具有较强市场竞争力、市场适应力、市场开拓力和市场占有力的农业生产主体和农产品营销主体。

### （二）反映农业生产结构优化技术进步的指标

我国农业的发展首先受到资源的制约，特别是土地资源的制约，且人口众多，为满足消费者的需求，提高农业的生产效率是实现农业发展的关键，而实现农业的高生产效率需要技术进步和制度创新，优化农业生产结构也必须依靠科技的进步。反映农业生产结构优化技术进步指标有复种指数、农产品优质频率、农业科技成果转化率和科技进步贡献率。

复种指数是指一年内农作物总播种面积与耕地面积之比，用百分数表示，是反映耕地利用程度的指标。提高复种指数，对发展农业生产、增加产量，具有重要作用。目前中国复种的耕地面积约占全国耕地面积的一半，全国各类地区复种指数大致为：五岭以南约 200％左右；五岭以北，长江以南地区约 180％～200％；长江以北，黄河、秦岭、白龙江以南地区为 150％～180％；黄河、秦岭、白龙江以北，长城以南地区约 120％～150％；长城以北地区，除部分区、县、旗外，大部在 100％以下。农产品优质品率可以反映农产品中质量优良的农产品的比例，我国目前的这一比例还比较低，随着人民生活水平的提高，对农产品质量的要求也越来越高，这种产品结构难以适应市场的需求，也不利于农民的经济效益的实现。农业科技成果转化率反映出科学技术在农业中的应用程度，一般来说，使用高科技的农业生产更有可能生产出高产优质的农产品，更加能够满足市场的需求并实现好的经济效益，我国每年农业科技成果有6 000多项，但转化为现实生产力的只有 30％～40％，与世界发达国家整体农业科技成果转化率的 65％～85％相比，我国科技成果的浪费相当严重。科技进步贡献率是指科技进步对经济增长的贡献份额，它是衡量区域科技竞争实力和科技转化为现实生产力的综合性指标。根据测算，目前我国的科技进步贡献率为 39％，而美国、日本等主要发达国家的科技贡献率现已达到 80％左右。

### （三）反映农业生产结构变动趋势的指标

在农业生产结构优化的过程中，农业内部各个产业之间的比例关系一定会随之发生变动，这些比例关系的变动指标可以通过农业生产结构优化的一般规律与趋势来作为衡量标准。反映农业生产结构变动趋势的指标主要有经济作物产值比重、养殖业产值比重和农业劳动力占农村劳动力比重。

经济作物产值比重可以衡量经济作物在农业生产中的发展状况，随着经济的发展，对于经济作物的需求是增加的，在计划经济时期，我国的种植业是以粮食生产为主的，经济作物的比重很低，在农业生产结构优化的过程中，这一比重不断增加。养殖业产值比重可以反映养殖业在农业生产中的地位，实际情况是，这一比例在我国是逐渐增加的。农业劳动力占农村劳动力比重可以反映出在农业生产中劳动力的投入多少以及农业剩余劳动力的状况，现今我国大部分地区人地矛盾尖锐，农业劳动力剩余严重，为给农业生产结构调整提供良好环境，必须降低农业劳动力占农村农动力比重，加快乡镇企业发展和小城镇建设，建立和完善劳动力市场，加速实现农业剩余劳动力向非农产业的转移。

### （四）反映农业生产结构优化效益的指标

实现农业生产的综合效益是农业生产结构优化的目标，以实现农民作为农业经济主体的经济效益的最大化并实现农业的持续快速增长。衡量农业生产结构优化效益的指标有土地生产率、农业增加值增长率、农民人均纯收入增长率和农民恩格尔系数。

土地生产率指在一定的投入水平下，单位面积土地的产品、产量或产值，反映土地的生产能力，农业生产结构优化也是要实现土地资源的最有效率的利用。增加土地的生产率一是根据土地的状况，因地制宜确定土地的合理利用方式，发挥不同类型土地的优势；二是增加土地的投入，引进先进科技和科学的管理方法来实现土地的增产。农业增加值增长率可以反映农业生产结构优化对农业总量增长整体作用。农民恩格尔系数反映了农民食品支出的比例、农民生活水平状况，进而显示出农民的收入水平。优化农业生产结构，提高农业综合效益，不仅包括提高农业的社会经济效益，而且还应当包括提高农业的生态环境效益。

作为一个综合的测度农业生产结构优化的指标，要结合上述的各项指标做出一个综合的指标。目前综合评价的方法有许多种，如功效系数法、层次分析法、灰色关联分析法、主成分分析法、因子分析法、模糊综合评价法、聚类分析法、判别分析法、综合指数法等。其中，综合指数法计算简便，更具有操作性，其计算公式如下：

$$农业生产结构优化综合指数=\sum X_{i1}/X_{i0}\cdot W_i/100$$

式中：$X_{i1}$、$X_{i0}$——第 $i$ 项报告期、基期的数值；

$W_i$——第 $i$ 项指标的权重，各指标权重之和为 100。

其中，农业劳动力占农村劳动力比重和农民恩格尔系数两项指标为逆指标，在计算综合指数时，应用它们的基期数值除以报告期数值或用标准值除以实际值。关于每项指标的权重，可以根据其在整个评价指标体系的重要性程度不同予以确定，并且由于各地的资源特点和比较优势不同，对于同一项指标，不同地区的比重可以有所不同，然后再根据所指定的权重来计算出最终的农业生产结构优化综合指数，且这一指数的数值越大，说明农业生产结构优化程度越高。

## 第四节　结构优化模型与方法：线性规划的应用

线性规划（Linear Programming）是在一组线性不等式或等式方程的约束条件下，求一线性目标函数的极限的数学方法，是数学规划的一个重要分支。自从 1947 年丹茨格（G. B. Dantzig）提出求解线性规划的单纯形方法以来，线性规划在理论上趋向成熟，在实用中日益广泛与深入；1975 年库普曼斯（Koopmans）因为对资源最优分配理论的贡献而获得诺贝尔经济学奖。随着计算机技术的引用，线性规划的适用领域越来越广泛，已成为现代管理中经常采用的基本方法之一。线性规划在工业、农业、商业、交通运输、军事、经济计划和管理决策等领域都可以发挥重要的作用，它已是现代科学管理的重要手段之一。

### 一、线性规划的概念和基本特征

#### （一）线性规划的概念

线性规划主要研究两类问题：一是如何统筹安排一项任务，以尽量用最少的资源来完成它；二是如何利用一定量的资源来完成最多的任务。因此，线性规划问题可以表示为以下标准形式：

$$\underset{(\text{或}\min)}{\max} z = c_1x_1 + c_2x_2 + \cdots + c_nx_n;$$

$$\text{s.t.}\quad a_{i1}x_1 + a_{i2}x_2 + \cdots + a_{in}x_n = b_i (i = 1,\cdots,m)$$

$$x_j \geqslant 0,\ j = 1,\cdots,n.$$

这里，约束 $a_{i1}x_1 + a_{i2}x_2 + \cdots + a_{in}x_n = b_i\ (i = 1,\cdots,m)$ 是对决策变量的主要约束，称为主约束，而约束 $x_j \geqslant 0 (j = 1,\cdots,n)$ [ $x_j (j = 1,\cdots,n)$ 称为非负变量] 是对决策变量的符号约束；$b_j (i = 1,\cdots,m)$ 是主约束的右端常数项（通常不妨设为非负数）；$c_j (j = 1,\cdots,n)$ 称为价值系数。

为了表达的方便，线性规划问题也可以表示成如下的矩阵形式：

$$\min z = \vec{c}^T\vec{x};$$

$$\text{s.t.}\ \boldsymbol{A}\vec{x} = \vec{\boldsymbol{b}},$$

$$\vec{\boldsymbol{x}} \geqslant \vec{0}.$$

式中：

$$\boldsymbol{A} = \begin{bmatrix} a_{11} & a_{12} & \cdots & a_{1n} \\ a_{21} & a_{22} & \cdots & a_{2n} \\ \vdots & \vdots & & \vdots \\ a_{m1} & a_{m2} & \cdots & a_{mn} \end{bmatrix}, \vec{\boldsymbol{c}} = \begin{bmatrix} c_1 \\ c_2 \\ \vdots \\ c_n \end{bmatrix}, \vec{\boldsymbol{x}} = \begin{bmatrix} x_1 \\ x_2 \\ \vdots \\ x_n \end{bmatrix}, \vec{\boldsymbol{b}} = \begin{bmatrix} b_1 \\ b_2 \\ \vdots \\ b_m \end{bmatrix}$$

这时 $\boldsymbol{x}^{\boldsymbol{T}} = (x_1,\cdots,x_n)^T$ 是决策向量，$\vec{\boldsymbol{b}} = (b_1,\cdots,b_m)^T$ 是主约束的右端常数向量，$\vec{\boldsymbol{c}} = (c_1,\cdots,c_n)^T$ 称为价值向量。

## （二）线性规划解的特点

决策变量的一组取值便构成了线性规划问题的一个解；满足约束条件的解称为可行解；所有可行解构成的集合称为可行域；使目标函数达到所追求极值的可行解称为最优解；最优解所对应的目标函数值称为最优值。线性规划问题的解有以下三个特点：

（1）线性规划的可行域是凸集。一般的，将集合中任意两点的线性组合仍然属于该集合的集合定义为凸集，图 5-1 中（1）、（2）所表示的集合为凸集，（3）、（4）所表示的集合为非凸集。

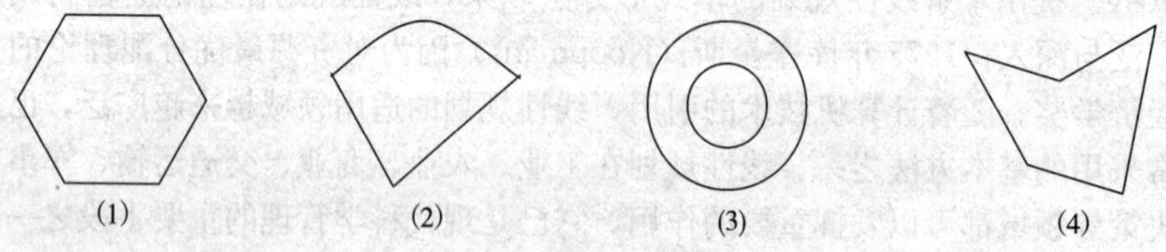


图 5-1

（2）求解线性规划将出现下列 4 种情况之一。

情况 1：有唯一（最优）解。

情况 2：有无穷多的（最优）解。

在某些线性规划问题中，可能存在多于一个的可行解使目标函数达到最优，在这种情况下，所有这些可行解都是最优解，线性规划具有无穷多最优解。

情况 3：有无界解。

有些线性规划模型中存在可行解，但没有最优解；也就是说，能不断地找到更好的可行解使目标函数值增大，此时线性规划问题有无界解。

情况 4：无解。

有些线性规划模型可能根本没有可行解；没有可行解即可行域为空集，当然也就不存在最优解。

（3）如果线性规划有最优解，那么它一定是可行域的某个顶点。

### （三）线性规划的解法

**1. 线性规划的图解法**　图解法的步骤如下：

（1）以变量 $x_1$ 为横坐标轴，$x_2$ 为纵坐标轴，适当选取单位坐标长度建立平面坐标直角坐标系。由变量的非负性约束性可知，满足该约束条件的解均在第一象限内。

（2）图示约束条件，找出可行域（所有约束条件共同构成的图形）。

（3）画出目标函数等值线，并确定函数增大（或减小）的方向。

（4）可行域中使目标函数达到最优的点即为最优解。

我们通过以下四个例子来说明线性规划的图解法，这四个例子分别代表了求解线性规划问题可能出现的四种情况：

【例 5-1】　$\max z=50x_1+100x_2$

$$x_1+x_2\leqslant 300$$
$$2x_1+x_2\leqslant 400$$
$$x_2\leqslant 250$$
$$x_1、x_2\geqslant 0$$

解：首先根据上述约束条件画出问题的可行域，如图 5-2 中由 $OABCD$ 围成的多边形（阴影部分）；再画两条目标函数等值线，如图中 $50x_1+100x_2=0$ 和 $50x_1+100x_2=14\,000$。由此可知，目标函数等值线向右上移动目标函数会增加，这样在可行域中平行移动目标函数等值线，使目标函数值达到最大，即可得到最优解，如图 5-2中的 $B$ 点，问题的最优解为 $x_1^*=50$；$x_2^*=250$，相应的最优值为 $z^*=27\,500$，该问题有唯一最优解。

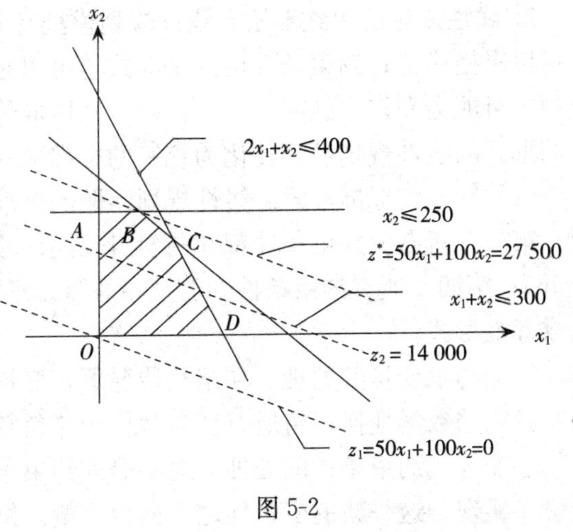


图 5-2

【例 5-2】　$\max z=50x_1+50x_2$

$$x_1+x_2\leqslant 300$$
$$2x_1+x_2\leqslant 400$$
$$x_2\leqslant 250$$
$$x_1、x_2\geqslant 0$$

显然，该问题的约束条件与例 5-1 完全相同，因此其可行域也是图 5-2 中阴影部分。另外，此问题仍然为极大化问题，且目标函数等值线的斜率与约束条件 $x_1+x_2\leqslant 300$ 相同，用例 5-1 同样的方法可知，目标函数等值线与直线 $x_1+x_2=300$ 重合时，问题得到极大值。因此该问题的最优解为图 5-2 中线段 $BC$ 上所有的点，该问题有无穷多最优解。

【例 5-3】 $\max z=2x_1+2x_2$

$$x_1-x_2\geqslant 1$$
$$-x_1+2x_2\leqslant 0$$
$$x_1、x_2\geqslant 0$$

解：图 5-3 中阴影部分就是该问题的可行域，显然该问题的可行域是无界的。两条虚线为目标函数等值线，它们对应的目标值分别为 2 和 4，可以看出，目标函数等值线向右移动，问题的目标值会增大。但由于可行域无界，目标函数可以增大到无穷。这种情况为无界解。

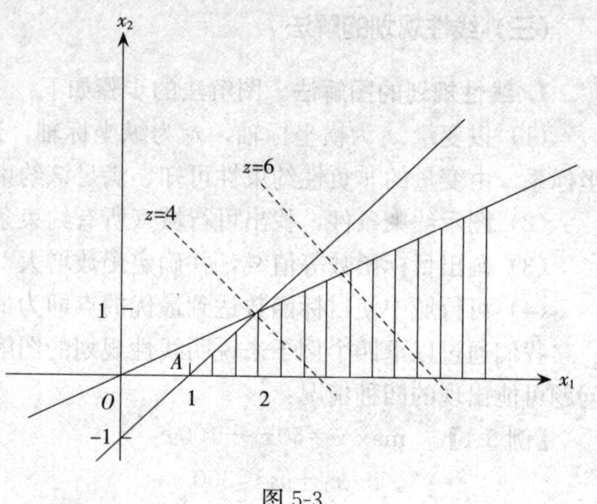


图 5-3

【例 5-4】 $\max z=x_1+2x_2$

$$-x_1+2x_2\geqslant 1$$
$$x_1+x_2\leqslant -2$$
$$x_1、x_2\geqslant 0$$

该问题各约束条件所描述的范围没有公共部分，即可行域为空集，也就是说该问题无可行解，也不存在最优解。

然而，需要指出的是，图解法虽然直观、简便，但它只适用于两个变量的情况。因此，有必要介绍另一种解决线性规划问题的方法——单纯形法，以便解决更为复杂的问题。

**2. 线性规划的单纯形法** 线性规划模型有各种不同的形式，即目标函数可以求极大值，也可以求极小值；约束条件可以是等式也可以是不等式；决策变量一般是非负的，但在理论模型中可能会允许在区间（$-\infty$，$+\infty$）内取值。因此，为了适应通用的代数求解方法，将不同形式的线性规划模型转化为统一的标准形式是十分必要的。

（1）问题的标准形式。线性规划问题的标准形式应符合条件：第一，所有的决策变量非负；第二，所有的约束条件都用等式来表示；第三，目标函数为最大化（max）或最小化（min）；第四，所有约束条件的右端项非负。求解线性规划模型的第一步必定就是把模型转化成标准形式。

①无约束变量的处理。在某些情况下，变量的取值并无正、负的限制，因此有必要进行一些必需的数学变换，将所有变量替换为非负替代变量。

②非等式约束条件的处理。对不等式约束条件可以通过引入一个代表不等式两边差的新变量来实现，这一新的变量称之为松弛变量。例如：$x_1+x_2\leqslant 5$ 可以置换为 $x_1+x_2+x_3=5$；$x_1+x_2\geqslant 20$ 可以置换为 $x_1+x_2-x_4=20$。这里的 $x_3$ 和 $x_4$ 就是松弛变量。

③负约束条件右端项的处理。对负约束条件右端项的处理只需在约束条件的两端同时乘以“$-1$”，即可将约束条件右端项转换为非负。

（2）单纯形原理。在讨论单纯形原理之前，首先要对线性规划问题解的概念进行拓展。

一般线性规划问题的标准形式可表示为：

$$\min \boldsymbol{Z}=\boldsymbol{CX}$$

$$\begin{cases}\boldsymbol{AX}=\boldsymbol{b}\\ \boldsymbol{X}\geqslant 0\\ \boldsymbol{b}\geqslant 0\end{cases}$$

式中：

$$\boldsymbol{A}_{m\times n}=\begin{bmatrix}a_{11} & a_{12} & \cdots & a_{1n}\\ a_{21} & a_{22} & \cdots & a_{2n}\\ \vdots & \vdots & \vdots & \vdots\\ a_{m1} & a_{m2} & \cdots & a_{mn}\end{bmatrix}=[P_1,P_2,\cdots,P_n]$$

其秩为 $m$，若 $\boldsymbol{B}_{m\times m}$ 是 $\boldsymbol{A}_{m\times n}$ 中的一个满秩子阵（$|\boldsymbol{B}|\neq 0$），则称 $\boldsymbol{B}$ 是线性规划问题的一个基。这就是说，矩阵 $\boldsymbol{B}$ 是由 $m$ 个线性独立的列向量构成的，不失一般性，可设 $\boldsymbol{B}=|P_1,P_2,\cdots,P_m|$。构成矩阵 $\boldsymbol{B}$ 的每一个列向量 $P_j$（$j=1,2,\cdots,m$）称为基向量，与每一个基向量对应的决策变量称为基变量，其余变量为非基变量。若 $\boldsymbol{X}=(x_1,x_2,\cdots,x_m)^T$ 是方程组 $\boldsymbol{BX}=\boldsymbol{b}$ 的解，则称 $\boldsymbol{X}=(x_1,x_2,\cdots,x_m,0,\cdots,0)^T$ 为基于 $\boldsymbol{B}$ 的基本解，满足非负条件的基本解称为基本可行解，与基本可行解对应的基称为可行基。

以上几种解的概念之间的关系可用图 5-4 加以表示。

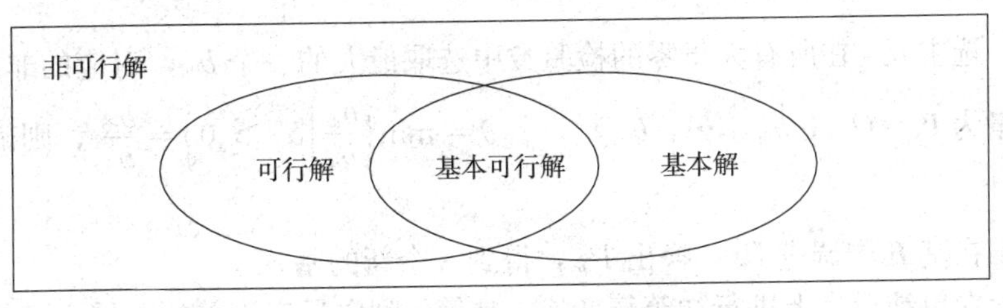


图 5-4

(3) 单纯形表。单纯形法是从某一基本可行解出发，连续地寻找相邻的基本可行解，并最终达到最优解的迭代过程。单纯形法的各个步骤可以通过表格形式加以表达，由于表格形式相当于对迭代过程进行了标准化处理，所以表格形式的应用使单纯形法更有效、更方便。

根据以上思路对线性规划问题进行处理，令 $\boldsymbol{N}=(p_{m+1},p_{m+2},\cdots,p_n)^T$ 则 $\boldsymbol{A}=(\boldsymbol{B},\boldsymbol{N})$，基变量为 $\boldsymbol{X}_B=(x_1,x_2,\cdots,x_m)^T$，非基变量为 $\boldsymbol{X}_N=(x_{m+1},x_{m+2},\cdots,x_n)^T$，则有 $\boldsymbol{BX}_B+\boldsymbol{NX}_N=\boldsymbol{b}$，简单处理后得到 $\boldsymbol{X}_B=\boldsymbol{B}^{-1}\boldsymbol{b}-\boldsymbol{B}^{-1}\boldsymbol{NX}_N$，相应的，记 $\boldsymbol{C}_B=(c_1,c_2,\cdots,c_m)$，$\boldsymbol{C}_N=(c_{m+1},c_{m2},\cdots,c_n)$，$\boldsymbol{C}=(\boldsymbol{C}_B,\boldsymbol{C}_N)$，目标函数记为 $\boldsymbol{Z}_B=\boldsymbol{C}_B\boldsymbol{B}^{-1}\boldsymbol{b}+(\boldsymbol{C}_N-\boldsymbol{C}_B\boldsymbol{B}^{-1}\boldsymbol{N})\boldsymbol{X}_N$，则对应于基 $\boldsymbol{B}$ 的基本解为：$\boldsymbol{X}_B=\boldsymbol{B}^{-1}\boldsymbol{b}$，$\boldsymbol{X}_N=0$。

下面我们针对目标函数 $\boldsymbol{Z}_B=\boldsymbol{C}_B\boldsymbol{B}^{-1}\boldsymbol{b}+(\boldsymbol{C}_N-\boldsymbol{C}_B\boldsymbol{B}^{-1}\boldsymbol{N})\boldsymbol{X}_N$ 来判定最优解，当 $\boldsymbol{C}_N-\boldsymbol{C}_B\boldsymbol{B}^{-1}\boldsymbol{N}\leqslant 0$ 时，则由目标函数式可看出对应于 $\boldsymbol{B}$ 的基本可行解为最优解，这时，$\boldsymbol{B}$ 也被称为最优基。由于 $\boldsymbol{C}_N-\boldsymbol{C}_B\boldsymbol{B}^{-1}\boldsymbol{N}\leqslant 0$ 与 $\boldsymbol{C}-\boldsymbol{C}_B\boldsymbol{B}^{-1}\boldsymbol{A}\leqslant 0$ 等价，故可得最优解的判定定理：对于基 $\boldsymbol{B}$，若 $\boldsymbol{B}^{-1}\boldsymbol{b}\geqslant 0$，且 $\boldsymbol{C}-\boldsymbol{C}_B\boldsymbol{B}^{-1}\boldsymbol{A}\leqslant 0$ 则对应于基 $\boldsymbol{B}$ 的基本解为最优解，$\boldsymbol{B}$ 为最优基。

对目标函数与约束不等式运用矩阵变形得：

$$\begin{bmatrix} -1 & \boldsymbol{C}-\boldsymbol{C}_B\boldsymbol{B}^{-1}A \\ 0 & \boldsymbol{B}^{-1}\boldsymbol{A} \end{bmatrix}\begin{bmatrix} \boldsymbol{Z} \\ \boldsymbol{X} \end{bmatrix}=\begin{bmatrix} -\boldsymbol{C}_B\boldsymbol{B}^{-1}\boldsymbol{b} \\ \boldsymbol{B}^{-1}\boldsymbol{b} \end{bmatrix}$$

在上式中，称系数矩阵

$$\begin{bmatrix} -\boldsymbol{C}_B\boldsymbol{B}^{-1}\boldsymbol{b} & -1 & \boldsymbol{C}-\boldsymbol{C}_B\boldsymbol{B}^{-1}\boldsymbol{A} \\ \boldsymbol{B}^{-1}\boldsymbol{b} & 0 & \boldsymbol{B}^{-1}\boldsymbol{A} \end{bmatrix} \text{或} \begin{bmatrix} -\boldsymbol{C}_B\boldsymbol{B}^{-1}\boldsymbol{b} & \boldsymbol{C}-\boldsymbol{C}_B\boldsymbol{B}^{-1}\boldsymbol{A} \\ \boldsymbol{B}^{-1}\boldsymbol{b} & \boldsymbol{B}^{-1}\boldsymbol{A} \end{bmatrix}$$

为对应于基 $\boldsymbol{B}$ 的单纯形表，记为 $T(B)$.

如果记 $-\boldsymbol{C}_B\boldsymbol{B}^{-1}\boldsymbol{b}=b_{00}$，$\boldsymbol{C}-\boldsymbol{C}_B\boldsymbol{B}^{-1}\boldsymbol{A}=[b_{01},b_{02},\cdots,b_{0n}]$，$\boldsymbol{B}^{-1}\boldsymbol{b}=[b_{10},b_{20},\cdots,b_{m0}]^{\mathrm{T}}$，以及 $\boldsymbol{B}^{-1}\boldsymbol{A}=\begin{bmatrix} b_{11} & b_{12} & \cdots & b_{1n} \\ b_{21} & b_{22} & \cdots & b_{2n} \\ \vdots & \vdots & \vdots & \vdots \\ b_{m1} & b_{m2} & \cdots & b_{mn} \end{bmatrix}$，则 $T(B)=\begin{bmatrix} b_{00} & b_{01} & b_{02} & \cdots & b_{0n} \\ b_{10} & b_{11} & b_{12} & \cdots & b_{1n} \\ b_{20} & b_{21} & b_{22} & \cdots & b_{2n} \\ \vdots & \vdots & \vdots & \vdots & \vdots \\ b_{m0} & b_{m1} & b_{m2} & \cdots & b_{mn} \end{bmatrix}$。

单纯形法的基本步骤可以概括为：

第一步，找出初始可行基，建立初始单纯形表。

第二步，判别检验所有的检验系数 $b_{0j}(j=1,2,\cdots,n)$。如果所有的检验系数 $b_{0j}\leqslant 0(j=1,2,\cdots,n)$，则获得最优解；若存在正的检验系数，但其中某一正的检验系数所对应的列向量的各分量均非正，则线性规划问题无解。所对应的列向量中有正的分量，则进行换基迭代。

第三步，选主元。在所有大于零的检验数中选取最大的一个 $b_{0s}$，对应的非基变量为 $x_s$，对应的列向量为 $\boldsymbol{P}_s=(b_{1s},\ b_{2s},\ \cdots,\ b_{ms})^T$，若 $\theta=\min\left\{\frac{b_{i0}}{b_{is}}\middle|b_{is}>0\right\}=\frac{b_{r0}}{b_{rs}}$，则确定 $b_{rs}$ 为主元项。

第四步，在基 $\boldsymbol{B}$ 中调进 $Ps$，换出 $P_{jr}$，得到一个新的基。

第五步，在单纯形表上进行初等行变换，使第 $s$ 列向量变为单位向量，又得一张新的单纯形表。

第六步，转入上述第二步。

下面我们通过一个具体地例子来演示用单纯形法来解决线性规划问题。

【例 5-5】 用单纯形法求解线性规划问题

$$\max z=2x_1+3x_2$$

$$\text{s. t.}\begin{cases} x_1+3x_2\leqslant 12 \\ 2x_1+x_2\leqslant 9 \\ x_1\geqslant 0,x_2\geqslant 0 \end{cases}$$

解：首先引入松弛变量 $x_3,x_4$，把原问题化为标准形式：

$$\max z=2x_1+3x_2$$

$$\text{s. t.}\begin{cases} x_1+3x_2+x_3=12 \\ 2x_1+x_2+x_4=9 \\ x_1,x_2,x_3,x_4\geqslant 0 \end{cases}$$

第一步，确定初始单纯形表如下：

| C | | | 2 | 3 | 0 | 0 | |
|---|---|---|---|---|---|---|---|
| | | | $x_1$ | $x_2$ | $x_3$ | $x_4$ | $\theta$ |
| | $-z$ | o | 2 | 3 | 0 | 0 | |
| 0 | $x_3$ | 12 | 1 | 3 | 1 | 0 | 4 (=12/3) |
| 0 | $x_4$ | 9 | 2 | 1 | 0 | 1 | 9 (=9/1) |

第二步，判别。在初始单纯形表中 $b_{01}=2$，$b_{02}=3$，所以 $B_1$ 不是最优基，进行换基迭代。

第三步，选主元。根据选主元法则，确定主元项 $b_{12}=3$

第四步，换基，得一新基 $B_2=(p_2,\ p_4)$

第五步，进行初等行变换，得 $B_2=(p_2,\ p_4)$ 下的新单纯形表如下：

| C | | | 2 | 3 | 0 | 0 | |
|---|---|---|---|---|---|---|---|
| | | | $x_1$ | $x_2$ | $x_3$ | $x_4$ | $\theta$ |
| | $-z$ | −12 | 1 (=2−3×1/3−0×5/3) | 0 (=3−3×1−0*0) | −1[=0−3×(−1/3)−0×(−1/3)] | 0 | |
| 3 | $x_2$ | 4 | 1/3 | 1 | −1/3 | 0 | 12 |
| 0 | $x_4$ | 5 | 5/3 | 0 | −1/3 | 1 | 3 |

第六步，因检验系数有正数 $b_{01}=1$，重复以上步骤可得对应于 $B_3=(p_2,\ p_3)$ 的单纯形表，检验各检验数可知得最优解 $x_1=3$，$x_2=3$，$x_3=0$，$x_4=0$：目标函数最大值为 $Z=15$。

| C | | | 2 | 3 | 0 | 0 | |
|---|---|---|---|---|---|---|---|
| | | | $x_1$ | $x_2$ | $x_3$ | $x_4$ | $\theta$ |
| | $-z$ | −15 | 0 | 0 | −4/5 | −3/5 | |
| 0 | $x_3$ | 3 | 0 | 1 | 2/5 | −1/5 | |
| 0 | $x_4$ | 3 | 1 | 0 | −1/5 | 3/5 | |

## 二、线性规划在农业生产结构优化中的应用

### （一）线性规划模型的建立

线性规划模型有三个要素：决策变量（ decision variables)、目标函数（objective function）以及约束条件（constraints)。对于具体要研究的问题，设置决策变量就是要求解什么；建立目标函数，就是说要达到的目标是什么，目标函数一定是决策变量的线性函数；约束条件即限制达到目标的条件是什么。

一般来说，建立一个线性规划模型一般分为以下步骤：

（1）确定决策变量。决策变量可以是一个变量，也可以是多个变量，这些变量都是决策者进行分析决策的对象。在决策变量的选取时，要注意其与目标函数要存在密切的制约关系，而不是将所有的生产活动都纳入模型中来。

（2）确定目标函数。这个环节要解决两个问题：其一是确定经济目标，譬如最大产值、

最大利润，或者最小成本；其二是确定目标函数（它是决策变量的线性函数）的系数。

(3) 确定约束条件。构成约束的因素主要包括投入要素和生产数量等，投入要素不是无限供给的，而是有限的，同时要注意生产数量或生产成本不能为负。

线性规划模型具有以下特点，判断一个模型是否是线性规划模型，可以看它是否符合以下条件：

(1) 每个模型都有若干个决策变量（$x_1$，$x_2$，$x_3$，…，$x_n$），$n$ 为决策变量个数，决策变量一般是非负的；

(2) 目标函数是决策变量的线性函数，根据具体问题可以是最大化（max）或最小化（min）；

(3) 约束条件是一组多个决策变量的线性不等式或等式。

### （二）案例

线性规划在农业生产中的应用有很多，这里仅给出一个简单的例子作为示范。

【例 5-6】　某农场计划用 $12hm^2$ 耕地生产春小麦，大豆和玉米，可投入1 290个劳动日，资金30 500元。生产 $1hm^2$ 春小麦，需 130 个劳动日，资金1 750元，可获净收入5 200元；生产 $1hm^2$ 大豆，需 75 个劳动日，资金1 900元，可获净收入5 100元；生产 $1hm^2$ 玉米，需 120 个劳动日，资金3 400元，可获净收入5 400元，试利用线性规划求出最佳组合以使得该农户的净收入最高。

首先，设种植小麦，大豆和玉米的面积分别为 $x_1$，$x_2$和 $x_3$，建立如下线性规划模型：

$$\max z = 5\,200x_1 + 5\,100x_2 + 5\,400x_3$$

$$\text{s.t.}\begin{cases} x_1 + x_2 + x_3 \leqslant 12 \\ 130x_1 + 75x_2 + 120x_3 \leqslant 1\,290 \\ 1\,750x_1 + 1\,900x_2 + 3\,400x_3 \leqslant 30\,500 \\ x_1 \geqslant 0 \\ x_2 \geqslant 0 \\ x_3 \geqslant 0 \end{cases}$$

将线性规划问题标准化后，利用单纯形表可以求出（由于计算过程比较简单，且与前一节的例题类似，这里我们没有给出计算过程）最佳的组合为：

$x_1 = 2.7hm^2$，$x_2 = 3.9hm^2$，$x_3 = 5.4hm^2$，目标函数值为63 087元。

用 Excel 软件对以上的模型进行了计算，得到了类似的结果，计算过程可参见附录。

## 第五节　农业生产结构优化与农业经济增长

古典经济学家就已经对经济结构与增长之间的关系给予了关注。亚当·斯密认为不断扩张的过程的前提是，随着“生产性”（与“非生产性”相对）劳动增加而来的是就业结构的变化。而大卫·李嘉图更明确地指出，如果没有不同经济部门的相对规模不断变化的过程，整个生产的增长不可能超过一定的水平。

根据经典的增长理论，影响经济增长的因素有多种，其中包括物质资本、劳动、人力资本，以及技术进步。以上诸因素中，除了技术进步以外，其他因素都可以用概念清晰的统计指标和数据来表达。经济学家罗伯特·索洛为了讨论技术进步对经济增长的影响，采用“索洛余值法”来分解技术进步的贡献。

## 一、生产结构对经济增长的影响

以上这种方法也可以用来考察农业科技进步对农业经济增长的影响，不过，本节要讨论的问题是生产结构及其优化对农业经济增长的贡献。而这个所谓的“生产结构”，在经典增长理论中是看不到的。

### （一）理论基础

对以钱纳里等结构主义的经济学家来说，经济是非均衡的。如果说新古典的总量增长是一种均衡增长路径，则发展经济学中的结构主义的经济增长就是一种非均衡增长。结构主义认为经济增长是生产结构转变的一个方面，资本和劳动力等投入要素从生产效率较低的部门转向较高部门能够促进经济增长。同时，经济的快速增长会带来经济结构的剧烈变动。

各个要素的边际产出不同，如果通过结构调整，譬如调整要素的比例关系，就可能带来经济的增长。也就是说，结构因素是非常重要的。这也为优化农业生产结构以促进农业经济增长提供了理论支持。

受这种经济思想的影响，在经济学家划分农业发展阶段时，经济结构调整也被当成重要的标志性因素。日本经济学家速水佑次郎提出的农业发展阶段论把农业发展分为三个阶段：第一阶段，以增加农业生产和粮食供给为主要目标的发展阶段；第二阶段，以解决农村贫困为重点的发展阶段，这一阶段把提高农产品价格当做提高农民收入的重要手段；第三阶段，以调整和优化农业生产结构为特征的发展阶段，此时的农业政策也以调整农业结构为主要任务。

产业结构变动影响经济增长的原因在于产业间存在深层次复杂的关联性。经济增长虽然依靠要素投入的增加，但是增长的质量则直接来源于结构的优化程度。因为广泛的投入产出的关联关系，每一个产业通过“前向关联”和“后向关联”与其他产业形成一种互为供求的紧密联系。

从更为一般的意义上看，产业结构的优化程度实际上体现的是整个经济体对国内、国际市场供求的契合程度。如果产业结构严重失衡，与国内外需求都不适应，技术水平远远落后，则资源配置的效率必然是低下的，经济增长必然是缓慢的和不稳定的。而且同样重要的是，产业结构的失衡将对技术创新和扩散产生强大阻力。

产业结构变动影响经济增长的途径有以下几个方面：第一，通过劳动力结构的变动影响经济增长。当劳动力结构与技术结构等比较合适时，劳动力资源能得到充分利用，经济增长的速度会较快；反之则反是。第二，通过促进科技进步来影响经济增长。合理的产业结构能够保证科学技术较快发展，使技术进步更有效地转化为实际生产力。第三，通过产业组织结构来影响经济增长。产业组织结构比较合理，就能够在保证产业竞争活力的基础上获取更多的规模经济的好处，经济增长就更有可能实现。

### （二）国际经验

作为较早完成工业化的发达国家，美国的农业结构相对稳定，但也呈现出一定的变动，其间美国政府的调整政策起到了重要作用。在第二次世界大战结束近 30 年的时间里，美国农业结构中，种植业的比重小于畜牧业。而 20 世纪 70 年代后期，因为世界粮食市场供求发生变动，美国放松了对粮食产量的限制，从而导致种植业产值上升，并使得其比重超过了畜牧业。而在此期间，美国农业总产值也取得了显著增长。

而在种植业内部的结构也发生了变化，其突出表现为谷物与大豆种植比例的此消彼长。美国政府鼓励大豆种植，以满足出口。大豆在种植业中的比重从 1961 年不足 13%，逐年上升至 1999 年的 30%以上。(美国农业部的数据显示，2010 年美国大豆产量为 33.75 亿蒲式耳[①]，与此同时，2010/11 年度大豆出口达到 15.7 亿蒲式耳。)

在第二次世界大战之前，种植业在日本的农业结构中占到 80%以上，畜牧业等产业比重很小。战后随着经济的恢复，日本的农业产业结构发生了显著变化。从 1955—1985 年这 30 年来看，种植业的比重逐年下降，而畜牧业的比重不断上升，从最初的 11%升至 24%。这期间农业总产值则增长了 7 倍以上。

## 二、度量农业生产结构优化对农业经济增长的贡献

生产结构优化的表现是它表现的是资源从产值和收入较低的生产部门、产品转向产值和收入较高的部门和产品，从而在各种产品自身价格不变的同时提高了农产品的加权平均价格，实现了资源和技术不变的条件下产值和收入的增长（钟甫宁等，2000）。但是对于如何度量农业生产结构变动对农业增长的贡献，却不是一个没有争议的问题。下面本书将介绍几种常见于实证研究的计量方法。

### （一）两因素分解方法

如果把农业产出用两种因素，即单位面积产值与种植面积的乘积来表示，通过分解单位面积产值变化对农业增长的影响以及种植面积变化对农业增长的影响，从而得出农业生产结构变动对农业增长的贡献，本书且将之称为两因素分解方法。

这种方法实际上主要考察的是种植业，因为种植业在整个农业结构中占有主要地位，其结构效率直接影响着农业结构的效率。下面探讨种植结构变动对种植业增长贡献。在种植业中，分别考虑各种作物产值的变化，其总和就是种植业的增长情况。

用 $Vp = \sum_{j=1}^{n} Y_j F_j$ 表示种植业的产值，则有

$$\frac{\mathrm{d}Vp}{\mathrm{d}t} = \frac{\sum_{j=1}^{n} Y_j F_j}{\mathrm{d}t} = \frac{\sum_{j=1}^{n}(F_j \mathrm{d}Y_j + Y_j \mathrm{d}F_j)}{\mathrm{d}t}$$

$$\Delta Vp = \sum_{j=1}^{n} F_j^t (Y_j^t - Y_j^{t-1}) + \sum_{j=1}^{n} Y_j^t (F_j^t - F_j^{t-1})$$

式中：$\Delta Vp$ ——种植业总产值的年增量；

$Y_j^t$，$Y_j^{t-1}$ ——$t$ 年和 $t-1$ 年 $j$ 作物单位面积产量；

① 蒲式耳为非法定计量单位，1bushel（英）$=36.368\,72\mathrm{dm}^3$（准确值）

$F_j^t$，$F_j^{t-1}$ ——$t$ 年和 $t-1$ 年作物种植面积。

种植业的总产值由单位面积产值与种植面积决定，其增长也由这两个变量决定。上面等式右边多项式的第一项为各种作物单位面积产值变化对种植业增长的影响，第二项为各种作物种植面积变化对种植业增长的贡献。而一般来说，单位面积产值的变化取决于生产能力、产品价格和产品布局等因素；种植面积变化不仅包括总量的变动，还包括各种作物种植面积的相对变动，也就是种植结构的变动。

**1. 产品单位面积产值贡献分解**　首先来看单位面积产值对种植业增长的贡献，也就是：

$$\Delta Vp_1 = \sum_{j=1}^{n} Y_j^t \cdot F_j^t - \sum_{j=1}^{n} Y_j^{t-1} \cdot F_j^t$$

以上公式表示由于各类农作物平均单位面积产值变化引起的种植业总产值的增长量。因为全国各区域生产能力和生产水平的不同，农作物的生产布局是影响单位面积产值全国平均水平的主要因素；另外，各区域存在一定的价格差异，这种差异也会影响单位面积产值的平均水平。

所以，农作物单位面积产值的变化由三部分组成，即价格贡献、生产能力贡献，以及区域结构贡献，而生产能力贡献又可以分解为投入要素贡献和其他因素贡献。

**2. 农产品种植面积贡献分解**　农产品种植面积对种植业总产值增长贡献可以表达为：

$$\Delta Vp_2 = \sum_{j=1}^{n} Y_j^{t-1} \cdot F_j^t - \sum_{j=1}^{n} Y_j^{t-1} \cdot F_j^{t-1}$$

种植面积的变化有两层含义：一是总种植面积的变化；二是各种作物面积的变化，也就是种植结构的变化。这两种种植面积变化都会引起种植业总产值的改变。所以，种植面积的贡献可以分解为总种植面积贡献和种植结构调整的贡献。

综合产品单位面积产值贡献和农产品种植面积贡献，可以把种植业总产值的增长分解为6项：即价格贡献、投入要素贡献、其他因素贡献、区域结构贡献、种植面积贡献以及种植结构贡献。关于以上分解方法的计量模型比较复杂，有兴趣的读者可以参考《农业技术经济学》（第三版）第五章第三节的相关内容。

### （二）三因素的分解方法

一般在此类研究中，为了分析农业部门结构对农业增长的贡献，以各行业基期产出在农业总产值中的份额为权重来衡量该行业报告期的增长对农业增长的贡献。钟甫宁等（2000）则就结构调整对农业增长的贡献进行了计量检验。他们提供了一种度量生产结构调整对经济增长贡献的方法。以种植业为例，其总产量由各类农产品的产值加总得来，而各项产值分别是其播种面积、单位面积产量以及价格的乘积。这种关系可由公式表示为：

$$\text{种植业总产值} = \sum(\text{播种面积} \times \text{单位面积产量} \times \text{价格})$$

正如作者所指出的，在影响种植业产值的这三类因素中，单位面积产量的增加可能来源于农业技术进步，或者生产积极性提高，以及各种投入增加，但是这些与结构调整没有关系。播种面积的数量变化受许多因素的影响，包括价格和生产积极性的提高。价格的变动或者是政策的直接结果（如粮食保护价格），这与结构调整关系不大；或者因市场供求变化而导致，如果用可比价格计算各种产品的加权平均价格，则这一价格的变化基本上就能反映结构调整对种植业增长的贡献。

可以用$V$代表种植业总产值，$A$、$Y$、$P$分别代表作物的播种面积、单位面积产量和价格。用$G$来表示发展速度，也就是增长率，则有

$$G_V = G_A + G_Y + G_P$$

式中：$G_V$——按不变价计算的种植业总产值的年均增长率；

$G_A$——播种总面积的年均增长率；

$G_Y$——单位面积产量（按播种面积加权）的年均增长率。

这三方面的数据都是容易获取的。把以上公式稍加变换，则可以把价格的变化率表示为：

$$G_P = G_V - G_A - G_Y$$

所以，结构调整对种植业增长的贡献率（用$R_1$表示）为：

$$R_1 = G_P / G_V \times 100\%$$

以上度量的是种植业内部调整对种植业增长的贡献[①]，如果扩展到整个农业领域，还需要考虑哪些因素呢？

如种植业一样，林牧渔各产业都会因为结构调整获得产值的提升，而对于“大农业”的概念，则要考虑各产业相互之间比重变动给农业总产值带来的变动。在各产业技术进步速度一致的假定下，如果要素投入向林牧渔业倾斜，从而发展速度快于种植业，则其超出的部分可看做农林牧渔各产业之间结构调整的结果，这也是资源重新配置所带来的效应。这种产业结构调整的贡献，用公式表示为：

$$RX_t = \sum V_{i0} \cdot (GV_{it} - GV_t)$$

$$RC_t = RX_t / (GV_t \cdot V_0) \times 100\%$$

式中：$RX_t$——第$t$期林牧渔业之间结构调整的总贡献量；

$RC_t$——第$t$期林牧渔业之间结构调整的总贡献率；

$V_{i0}$——各产业基期总产值；

$GV_{it}$——按可比价格计算的总产值年均增长率（$i$=1，2，3，4分别表示种植业、林业、畜牧业和渔业）；

$GV_t$——包括农林牧渔业的广义农业总产值按可比价格计算的年均增长率；

$V_0$——广义农业基期的总产值。

$GV_{it} - GV_{1t}$（$i$=2，3，4）表示林、牧、渔业增长率超出种植业的部分，即农林牧渔业之间结构调整的结果，$V_{i0} \cdot (GV_{it} - GV_{1t})$表示林、牧、渔业因结构调整而引起的产值增长。各产业加总得到农林牧渔业之间结构调整的总贡献量，该贡献量在农业增加值中所占份额即为产业之间结构调整的贡献率。[②]

所以，要全面理解结构调整对农业增长的贡献，要综合考虑两个方面：农林牧渔各业之间的结构调整和各业内部的结构调整。用公式可表示为：

结构调整的总贡献率＝各产业之间结构调整的贡献率＋各产业内部增长的贡献率×各产业内部结构调整对自身增长的贡献率

① 因为种植业受自然的影响比较大，各年的具体产量不能完全代表根据长期趋势当年应当或可能得到的产量，所以在分析中使用几年（譬如3年）移动平均数代替统计资料中有关年份的具体数值（钟甫宁等，2000）。

② 谢正勤．2002. 农业市场化与农业增长中的结构效应研究．南京农业大学硕士学位论文．

或者表示为：

$$R = RC + \sum \frac{GV_i \cdot V_{i0}}{GV \cdot V_0} \cdot R_i$$

式中：$R_i$——各产业内部结构调整对其自身增长的贡献；

$GV_i \cdot V_{i0}/(GV \cdot V_0)$——各产业增长对农业增长的贡献。

### （三）其他方法

**1. 计量分析**　可以运用计量模型度量农业结构调整对农业经济增长的贡献度，这种方法也在很多研究中被广泛应用。

在相关研究中，模型一般采用以下双对数模型的形式：

$$\ln Y = C + \sum \lambda_i \ln S_i$$

式中：$Y$——总产值；

$S_i$——$i$ 产业在总产值中所占比重；

$\lambda_i$——结构变化对经济总量变化的弹性系数；

$C$——常数项。

在模型中，产业结构被当做决定总产值的变量，而每个产业的弹性系数则能反映该产业比重变动对总产值变动的敏感程度。

**2. 灰关联分析**　灰关联分析方法也能用来讨论农业结构调整与农业增长之间的关系。因为农业是一个多因素多层次的系统，每个系统都有许多因素共同在起作用。因素分析的内容包括在众多的因素中分析出主要因素和次要因素，分析各因素对系统的影响大小，判断出推动系统发展需要强化因素和阻碍系统发展需要抑制的因素等。灰关联度分析方法是灰色系统理论提出的一种分析方法，它是根据事务、因素之间发展态势的相似或相异程度，来量化事物之间、因素之间关联性程度，也是动态发展态势的量化分析方法。

其分析步骤简单来说就是，第一步：列出原始数据，确定比较数列和参考数列；第二步：数据列的初值化处理；第三步：求关联系数和关联度；第四步，关联度按大小排序，关联度数值最大意味着它影响最显著。

不过，这种方法用来在产业内部进行对比分析可能更为有效。因为与前面提到的方法相比，它不能提供更为具体的贡献度测量结果。

## 本　章　小　结

农业生产结构的特征，即多层次性、关联性和动态性，并归纳农业产业结构发展的一般规律，用我国和其他国家的实际发展状况和相关经验数据进行验证。我国农业生产结构的调整大致可分为四个时期：1949—1978 年间单一的农业生产结构；1979 年至 20 世纪 80 年代中期的较快调整时期；20 世纪 80 年代中期至 2000 年的大调整时期；2000 年至今的战略性调整新阶段。

农业生产结构优化的内容包括农业内部三大产业的优化和农业产业内部构成的优化。优化的目标在于更好地与国内国际市场需求相结合，提高农业经济效率，和提高农民收入。在进行农业生产结构优化时应该遵循经济效益、可持续发展、农业保护、结构优化升级以及农民为农业经济主体等五项原则。

农业生产结构优化的理论基础是比较优势理论，农业生产结构优化的测度指标包括：农产品市场化程度指标；农业生产结构优化技术进步指标；农业生产结构变动趋势指标；农业生产结构优化效益指标。

线性规划是结构优化的重要方法，一般可以用图解法和单纯性法来求解。线性规划建模的一般步骤为：第一，确定决策变量；第二，确定目标函数；第三，确定约束条件。

常见的度量农业产业结构优化对农业经济增长的贡献方法可以概括为两因素分解法、三因素分解法和其他方法。

## 复习思考题

1. 农业生产结构具有什么特征，发展过程中呈现什么规律？
2. 农业生产结构优化应该遵循哪些原则？
3. 反映农业生产结构优化的指标有哪些？
4. 线性规划模型建立的步骤分别是什么，模型具有什么特点？
5. 某省位于黄土高原的东部，处于我国东部温湿季风区和西北半干旱地区之间的过渡地带，自然条件复杂多样。在调整农业和农村经济结构，努力增加农民收入成为当前农村经济工作重心的大背景下，利用线性规划模型能够为实现农业生产结构的优化提供很有价值的对策和建议。以下案例中，以该省 1990—2002 年农林牧渔业产值 $z$ 为因变量，农业产值（$x_1$）、林业产值（$x_2$）、牧业产值（$x_3$）和渔业产值（$x_4$）为自变量，利用线性规划模型，确定了短期内该省农业生产结构的调整方向。下面我们对这个案例予以说明。

首先，确定目标函数，使该省的农林牧渔总产值最大化。

$$\max z=x_1+x_2+x_3+x_4$$

其次，确定约束条件。

$$a_{11}x_1+a_{12}x_2+a_{13}x_3+a_{14}x_4\leqslant b_1$$
$$a_{21}x_1+a_{22}x_2+a_{23}x_3+a_{24}x_4\leqslant b_2$$
$$a_{31}x_1+a_{32}x_2+a_{33}x_3+a_{34}x_4\leqslant b_3$$
$$x_4\leqslant b_4$$
$$x_1-1.79x_3=14.293$$
$$x_1、x_2、x_3、x_4\geqslant 0$$

其中，$z$ 表示该省农林牧渔业总产值；$x_1$，$x_2$，$x_3$，$x_4$ 分别表示农林牧渔业产值中的农业、林业、牧业和渔业各业的产值；$b_1$，$b_3$，$b_3$，$b_4$ 分别表示该省农业劳动力总人数、农业可利用面积总数、生产过程中物质消耗总额、渔业总产值；$a_{11}$，$a_{21}$，$a_{31}$ 表示单位农业产值所需农业劳动力人数、所占可利用地面积、物质消耗；$a_{12}$，$a_{22}$，$a_{32}$ 表示单位林业产值所需农业劳动力、所占可利用地面积、物质消耗；$a_{13}$，$a_{23}$，$a_{33}$ 表示单位牧业产值所需农业劳动力、土地面积、物质消耗；$a_{14}$，$a_{24}$，$a_{34}$ 表示单位渔业产值所需农业劳动力、土地面积、物质消耗；$x_1-1.79x_3=14.293$ 来自于对以往数据进行计量分析得到的经验方程。

研究者通过对以往数据的分析以及针对统计数据对方程的约束，得到了具体的线性规划模型：

$$\max z = x_1 + x_2 + x_3 + x_4$$

$$14\,913.38x_1 + 6\,531.64x_2 + 1\,968.99x_3 + 2\,684.78x_4 \leqslant 3\,895\,465$$

$$15.49x_1 + 14.34x_2 + 0.485x_4 \leqslant 4\,029.258$$

$$0.300\,7x_1 + 0.379\,8x_2 + 0.397\,8x_3 + 0.441\,8x_4 \leqslant b_3$$

$$x_4 \leqslant 2.72$$

$$x_1 - 1.79x_3 = 14.293$$

$$x_1、x_2、x_3、x_4 \geqslant 0$$

试利用 Excel 的线性规划功能求出最佳组合以使得该省农林牧渔业总产值最高。

6. 农业生产结构影响农业增长的途径是什么?

# 附　录　5-1

利用 Excel 求解线性规划问题（求解本章［例 5-6］）

Excel 是 Microsoft office 软件包中的一个重要组成部分，是具有强大功能的电子表格。它的“规划求解”是一个非常有用的工具，可以对有多个变量的线性规划和非线性规划等问题进行求解，省去了人工编程的麻烦。下面我们对如何利用 Excel 进行先行规划求解进行简单的介绍。

**1. 安装 Excel 规划求解加载项**　在 Office2003 中，单击“工具”，弹出菜单，然后单击“加载宏”，会弹出如下画面：

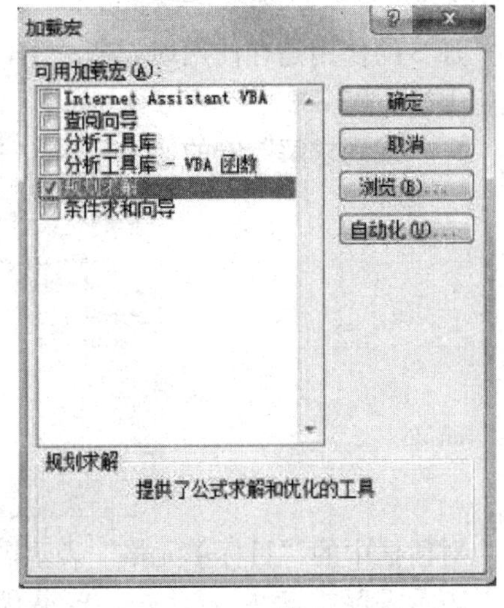


选择“规划求解”，单击确定，这样 Excel 就具备了求解线性规划问题的功能。

**2. 设计电子表格**　以例 5-6 中的线性规划问题为例设计电子表格。

|  | A | B | C | D | E | F |
|---|---|---|---|---|---|---|
| 1 |  | X1 | X2 | X3 |  |  |
| 2 | 最优解 | 0 | 0 | 0 | 约束方程 | 约束值 |
| 3 | 目标单元格 | 0 |  |  |  |  |
| 4 | 目标函数的系数 | 5200 | 5100 | 5400 |  |  |
| 5 | 约束方程1 | 1 | 1 | 1 | 0 | 12 |
| 6 | 约束方程2 | 130 | 75 | 120 | 0 | 1290 |
| 7 | 约束方程3 | 1750 | 1900 | 3400 | 0 | 30500 |

一般的，我们依次在 A2，A3，A4 中依次输入“最优解”、“目标单元格”、“目标函数的系数”，这样我们默认 Excel 表格中的 B2，C2，D2 分别表示我们需要求解 $x_1$，$x_2$，$x_3$ 的最优值，B3 为目标函数的最大值，在 B4，C4，D4 中分别输入目标函数中 $x_1$，$x_2$，$x_3$ 的系数值，此例中分别为 5 200、5 100、5 400。在 A5，A6，A7 中分别输入约束方程 1、约束方程 2、约束方程 3，在 B4 到 D7 中一次输入约束方程的系数。在 E2 中输入“约束方程”，在 F2 中输入“约束值”，然后在 F5 到 F7 中一次输入三个约束方程的约束值，此例中分别为 12、1 290、30 500。

**3. 目标单元格的表示**　目标单元格表示所求的目标函数，这里我们设置为 B3 单元格，目标单元格在输入时必须表示为公式的形式，参见下图。

B3　　$f_x$　=B4*B2+C4*C2+D4*D2

| | A | B | C | D | E | F |
|---|---|---|---|---|---|---|
| 1 | | $X_1$ | $X_2$ | $X_3$ | | |
| 2 | 最优解 | 0 | 0 | 0 | 约束方程 | 约束值 |
| 3 | 目标单元格 | 0 | | | | |
| 4 | 目标函数的系数 | 5200 | 5100 | 5400 | | |
| 5 | 约束方程1 | 1 | 1 | 1 | 0 | 12 |
| 6 | 约束方程2 | 130 | 75 | 120 | 0 | 1290 |
| 7 | 约束方程3 | 1750 | 1900 | 3400 | 0 | 30500 |

**4. 约束条件的表示**　首先，我们需要在E5单元格中输入第一个约束条件所对应的公式，如下图所示：

E5　　$f_x$　=B5*B$2+C5*C$2+D5*D$2

| | A | B | C | D | E | F |
|---|---|---|---|---|---|---|
| 1 | | $X_1$ | $X_2$ | $X_3$ | | |
| 2 | 最优解 | 0 | 0 | 0 | 约束方程 | 约束值 |
| 3 | 目标单元格 | 0 | | | | |
| 4 | 目标函数的系数 | 5200 | 5100 | 5400 | | |
| 5 | 约束方程1 | 1 | 1 | 1 | 0 | 12 |
| 6 | 约束方程2 | 130 | 75 | 120 | 0 | 1290 |
| 7 | 约束方程3 | 1750 | 1900 | 3400 | 0 | 30500 |

加＄的作用是在使用填充柄从E4拖到E6的时候要使变量的位置不发生变化（也就是固定B2，C2，D2）。

**5. "规划求解"宏的使用**　单击"工具"——规划求解，会出现下面的画面：

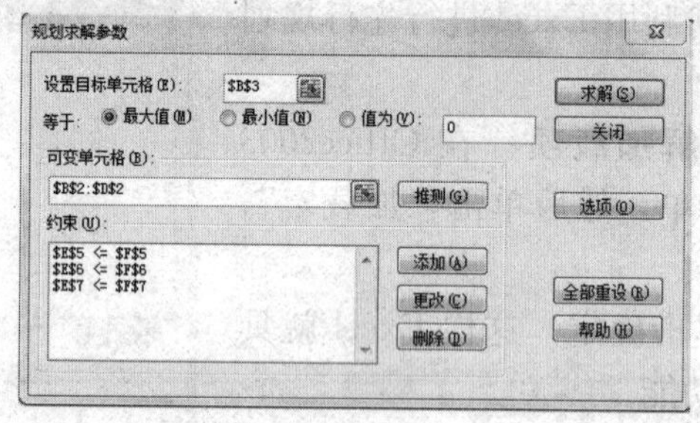


对话框中的"目标单元格"表示需要求解的目标函数，这里我们设置为B3，"可变单元格"表示需要求解的 $x_1$，$x_2$，$x_3$ 最优值，这里为B2，C2，D2，按照软件的规范表示为＄B＄2：＄D＄2，然后我们将线性规划问题中的约束条件依次添加。

**6. 选项卡的填写**　单击上图中的"选项"按钮，在出现的对话框中选中"采用线性模型"和"非负假定"，这样就确保了在估计约束条件中各自变量均非负的条件。

**7. 求解**　在填好选项卡后，关闭选项卡，在上图的对话框中单击求解按钮，并选定"保存规划求解结果（K）"，单击"确定"，可得到如下的结果：

| | A | B | C | D | E | F |
|---|---|---|---|---|---|---|
| 1 | | $X_1$ | $X_2$ | $X_3$ | | |
| 2 | 最优解 | 2.672269 | 3.927171 | 5.40056 | 约束方程 | 约束值 |
| 3 | 目标单元格 | 63087.39 | | | | |
| 4 | 目标函数的系数 | 5200 | 5100 | 5400 | | |
| 5 | 约束方程1 | 1 | 1 | 1 | 12 | 12 |
| 6 | 约束方程2 | 130 | 75 | 120 | 1290 | 1290 |
| 7 | 约束方程3 | 1750 | 1900 | 3400 | 30500 | 30500 |

该结果与例5-6中利用单纯形法求解的结果一致，是有效的求解答案。

# 第六章　农业科技进步与经济增长

**重点提示**：在了解农业科技进步的概念、特征和类型、科技进步对经济增长作用的基础上，掌握科技进步率的度量、科技进步测定常用的生产函数、农业科技进步对经济增长速度贡献份额的度量，并能结合实例进行农业科技进步测定。

## 第一节　农业科技进步的概念、特征和类型

### 一、科学技术

#### （一）科技词源

科技是科学与技术的简称。“科学”一词是英文“science”翻译过来的外来名词。清末，“science”曾被译为“格致”。明治维新时期，日本学者把“science”译为“科学”。康有为首先把日文汉字“科学”直接引入中文，严复翻译《天演论》和《原富》两本书时，也把“science”译为“科学”，20世纪初开始在中国流行起来。

“技术”一词出自希腊文lechne（工艺、技能）与logos（词、讲话）的组合，意指对造型艺术和应用技术进行论述，后来，在很长的历史时期里，技术在生产经验的总结中不断得到发展，很多科学理论就来自对技术经验的总结和归纳，使技术成为科学的摇篮。1615年，美国出现了“technology”一词，也有一些学者说，英国经济学家贝克曼于1772年最先在文献中使用了这一术语。经过漫长的时期，技术虽然已得到了充分的发展，但是要对技术下一个准确定义却显得十分困难和复杂。技术史家、技术专家、科学家、经济学家、哲学家都从不同的角度给技术下过各种定义，其数量可达上百种之多，这表明对技术这一复杂的社会现象，虽然从一个侧面可在一定程度上阐明技术的一些特性，但不能揭示技术的本质。同时，由于技术又是一种历史现象，这就更增加了理解上的困难。

科学与技术的关系，在现代，一方面表现为密不可分，几乎被看做是同一范畴；另一方面二者的任务、目的和实现过程不同，在其相互联系中又相对独立地发展，二者是辩证统一的整体。

#### （二）科学与技术的区别

科学的任务是通过回答“是什么”和“为什么”的问题，揭示自然的本质和内在规律，目的在于认识自然。技术的任务是通过回答“做什么”和“怎么做”的问题，满足社会生产和生活的实际需要，目的在于改造自然。

科学主要表现为知识形态，技术则具有物化形态。科学提供物化的可能，技术提供物化的现实。科学上的突破叫发现，技术上的创新叫发明。科学是创造知识的研究，技术是综合利用知识于需要的研究。对科学的评价主要视其创造性、真理性，对技术的评价则首先看是

否可行，能否带来经济效益。

具体区别体现在：

(1) 形态不一样。科学一般表现为知识形态、理论形态；而技术则一般表现为物质形态。

(2) 任务不一样。科学要解决“是什么”、“为什么”的问题；技术回答的是“做什么”、“怎么做”。

(3) 目的不一样。科学的目的是现象之中求本质，探求真理，弄清自然界和现实世界的事实与规律，求得人类知识的增长；技术是来自某种认识或者经验的升华，通过设计与制造各种人工事物，控制自然、改造世界，增长社会财富，提高人类社会福利。

(4) 管理方法不一样。科学的管理方法强调工作得如何；技术则注重如何工作。

(5) 科学革命与技术革命不是一回事。科学革命至今已经历了两次，目前正酝酿着第三次。第一次是哥白尼等科学家，研究了宏观低速运动规律，第二次是量子论和狭义相对论的产生，发现了微观高速运动的规律，生命科学将是第三次革命的主要内容。技术革命至今已经历了三次。一次是蒸汽机革命，一次是电机革命，再一次是控制论、原子能和电子计算机革命，现正面临着第四次产业革命。

(6) 科学与技术的评价方法不同。对科学的评价是一个深字；对技术的评价是一个新字。

(7) 科学是不保密的，保密的都是技术。各国先进的科学研究成果都抢先公开，但是新技术却绝对保密。

(8) 科学没有强烈的沽誉主义色彩和商业性质，不能出卖和转让，而技术则可以。

### （三）科学与技术的联系

科学和技术总是有着不可分割的紧密联系，它们相互依存、相互渗透、相互转化。科学是技术发展的理论基础，技术是科学发展的手段。科学常常可以启发我们提出新的、以前没有想到过的事物特性，进而导致新技术的产生。新技术常常需要新见解，新研究也常常需要新技术，人们运用技术，发明了越来越多的新仪器和新技艺，进而推动了各方面的科学研究。技术不仅为科学研究提供了工具，而且还可以激励理论研究动机并提供方向。

随着现代科学革命和技术革命的兴起，科学与技术越来越趋向一体化，技术与科学的联系就越紧密，许多新兴技术尤其是高技术的产生和发展，就直接来自现代科学的成就。科学是技术的升华，技术是科学的延伸。科学与技术的内在统一和协调发展已成了当今“大科学”的重要特征。

技术发明需要科学理论支撑，科学发现是技术发明的理论基础；科学提出发展的可能，技术变“可能”为“现实”；技术发明推动科学进步，科学的成就推动技术进步。现代科学与技术相互依存、相互促进、相互转化，其内在的统一与协调发展已经成为当今“大科学”的一个基本特征。实际上“大科学”概念已经包括了技术的概念。

只有科学先进，才能技术进步，经济发达。

当然，技术和生产的进步反过来又促进了科学的发展，为科学发展提供更好的手段和条件，特别是科学研究的技术手段和资金条件。于是，科学、技术和生产形成一个相互促进的良性循环关系，造就了现代科学技术，以及经济和社会迅速发展的良好环境。

## 二、农业科技进步的含义

从现有的各种理解来看，一般将技术分为广义和狭义的技术，狭义的技术称为物质技术，是人类有目的地改变自然界而形成的；广义的技术是人类有目的地改变现实世界（自然界、人类社会和思维）而形成的知识系统，广义的技术实际上是指科学技术。本书所研究的技术主要是指广义的技术进步，因此本书中在没有特别指出的情况下，书中所描述的技术进步是指广义的技术进步，即科技进步。

任何生产都是在一定的技术条件下进行的，人们为了达到一定的经济目标和满足一定需要都必须采用一定的技术。农业作为使人类生存成为可能的产业，当然与技术关系日益密切。

农业技术是人类经验和智慧的结晶，它是在农业生产过程中，为增加农产品数量和提高农产品质量而应用的凝结在农业生产力诸要素中的各种知识和技能的总和。农业技术是一个动态过程，随着生产力的发展，人们通过对原有技术的研究、革新，开发出新技术代替旧技术，这就产生了农业科技进步。

农业科技进步是一个不断把新技术、新知识推广应用到农业生产实践中，重新组合生产要素，建立效能更优、效率更高、生产费用更低的生产技术新体系，提高农业的经济、生态、社会效益，促进农业技术水平不断递进和农业有效增长的过程。

由于人们对技术的理解存在着广义与狭义两种观点，自然对农业科技进步的理解也有广义和狭义上的差别与分歧。表现在农业科技进步的内涵与处延上。

农业科技进步的内涵包括四层基本含义：一是农业新技术、新知识出现并投入使用，这是农业科技进步最本质的含义；二是农业生产要素重新按比例地合理配置进行生产，这是农业科技进步的扩展；三是应用于生产的新技术、新知识以及资源合理有效配置的手段必须能带来经济、社会、生态效益，这是农业科技进步的目标；四是农业科技进步的累积效果，体现为技术水平的宏观递进以及农业的有效增长。

农业技术进步的处延包括“软技术”进步和“硬技术”进步两个方面。“硬技术”是指物质形态的技术，指传统的工具、机器、设备等人造物及基于人造物的操作程序、工艺流程、技术标准等的方法与手段，“软技术”是指人的思维和行为，是指“解决各种实际问题的来自社会科学、非自然科学的知识，以及非传统科学知识”（金周英，2010）。广义的农业技术进步主要内容有：①生产要素质量的改进；②劳动技能的提高；③农业生产要素的合理配置；④规模的经济性；⑤生产决策管理水平的提高；⑥采用新的农业组织形式；⑦采用新的管理体制和政策。

## 三、农业科技进步的特征

通观农业科技进步过程，可以明显地看出，与工业及其他产业的技术进步相比，农业科技进步具有其特殊性，这些特殊性是由农业生产的特点和农业科技进步自身的特殊性共同决定的，并构成了农业科技进步的重要特点，这些特点规定着农业科技进步运行及变动的基本特征，考察这些基本特点，有助于更准确地认识和把握农业科技进步的规律和运行机制。概括起来，农业科技进步具有以下特点：

**1. 农业科技进步的社会性** 农业科技进步不是一个孤立挺进的过程，而是依赖于它所存在的社会、政治、文化、自然资源等，是多种因素相互作用、相互影响的综合产物，因此技术进步具有社会性，无论是技术创新、技术采用，还是技术推广都是社会活动的一部分，反过来技术发明、应用又影响着社会经济的发展。此外，农业科技进步的压力和动力主要是外生的。伴随着人口的增加，非农产业的发展，对农产品的需求在增加，迫使农业不断更新技术，提高农产品的有效供给能力。同时整个科学技术的发展，给农业的支援和刺激越来越大，诸如良种、化肥、农药、排灌、地膜、机械等技术供给都来自非农业部门，给农业科技进步以很大的推动力。技术在部门间、地区间、国际间的扩散与转移，也是技术进步的一个重要因素，甚至劳动力自身的进步也是社会支援和推动的结果，因为农民的教育和技术素质的提高，没有社会支援和推动是很难奏效的。因此，要想取得农业科技进步，就得首先创造或改造出一个适于技术进步的社会环境。

**2. 农业科技进步的周期性** 农业科技进步的周期性包含两个方面的内容：其一是指一种技术或技术体系从生长到应用，再到新技术的出现，其淘汰的过程具有一定的时间周期。农业科技进步的周期性主要依赖于农业科技成果的周期性而定，农业科技成果的周期是指从农业科研成果的创意、发明、试推广、推广应用到被淘汰的过程。通常农业科技成果的周期较长，特别是生物遗传成果，因其须经过几代甚至几十代的作物基因遗传研究和杂交试验，才能培育出抗性强的高产良种，同时由于农业科技成果由创意到发明的时间较长，其农业生产中发挥作用的时间亦较长，因此决定了农业科技成果的周期较工业等其他产业科技成果的周期长。其二，农业技术转化为生产力并产生经济效益的过程具有周期性。农业技术或技术体系并不是一次性地替代原有技术或技术体系，相反在初期应用范围很小，经过几个周期后，应用范围逐渐扩大，最终取代原有技术，这就形成了农业科技进步的周期性。随着科学技术的迅速发展，技术寿命周期越来越短，农业技术的应用周期在不断缩小。

**3. 农业科技进步的连续性和渐进性** 技术是人对自然的认识转化为改造自然的手段和方法，因为人类利用自然和改造自然的能力是不断提高的，这种提高源于人类对自然的认识不断深化，因此，技术进步也必然是在前人的技术基础上的进步，是对原有技术的继承基础上实现的，因而它是连续渐进积累的过程。农业生产中大量的技术是由渐进的形式出现的，即在基本原理不变的前提下，通过无数大大小小的改进，使技术本身不断完善，促进技术的不断进化，这种微小的技术累积变化的效果从而推动着农业技术不断向前进步，当发展到一定阶段后，必然引起质的飞跃，引起技术革命，而每一次飞跃又为新的渐进的技术进步提供理论依据。因此在推进农业科技进步的过程中，不仅应当注意技术飞跃而且应当注重渐近的技术进步。

**4. 农业科技进步的效益外溢性** 在市场经济条件下，生产者供给的农产品数量和消费者购买的农产品数量由市场的供求曲线所决定，由于农业科技进步的作用，使农产品的成本下降，供给增加，同样的，由于农业科技进步的作用，使农产品的成本降低，价格下降，消费量增加。在市场供需均衡变化的过程中，农产品的生产者和消费者都因农业科技进步的作用而获益，即产生经济剩余，经济剩余分为消费者剩余和生产者剩余两部分。消费者剩余和生产者剩余反映了技术进步带来的收益在生产者和消费者之间的分配，这种分配取决于供给曲线和需求曲线的相对斜率（或弹性）。如图 6-1，由于技术进步的作用，使农产品成本下降，农产品的供给曲线从 $S_1S_1$ 移至 $S_2S_2$，假定农产品的需求曲线是 $DD$（因农产品需求缺乏弹性，故需求曲线为一条较陡的直线），市场均衡从 $E_1$ 变为 $E_2$，农产品均衡价格从 $P_1$ 降为 $P_2$，农产品的供给从 $X_1$ 扩张至 $X_2$，结果，消费者剩余增加了由图中对应的阴影部分的面积，生产者剩余增加了由图 6-1 中对应的带“a”部分的面积，总收益等于两部分的面积之和，很显然，对于缺乏弹性的农产品而言，农业科技进步的主要受益者是消费者，因此农业科技进步的效益具有外溢性。这说明，农业科技进步理应受到农业以外的力量给予支持，政府理应承担起促进农业科技进步的责任。

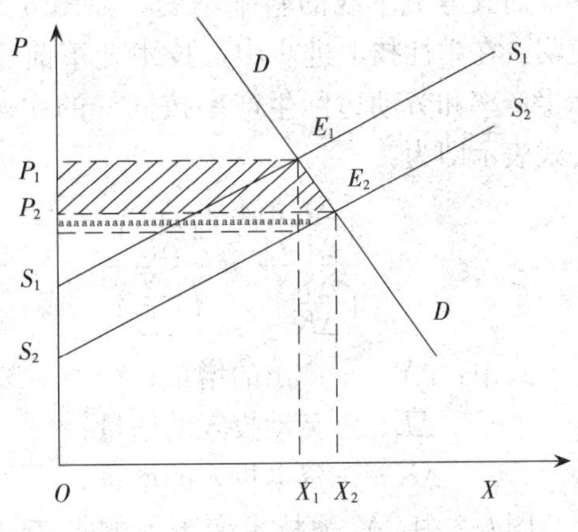


图 6-1　技术进步产生的经济效益由消费者和生产者分享的情况

**5. 农业科技进步的选择性**　由于农业是一门对环境高度依存的产业，不仅受区域内光、热、水、气、肥等自然环境因素的制约，而且受社会、经济、文化的影响，因此，在农业生产上很难找到万能的通用技术，每一项技术必须按照当地的区域生态、经济特性进行，这就决定了农业科技进步的选择性。例如日本在明治维新之初，从欧美等国大量输入肥料种子资源和农法，并积极为普及欧美的农法而设立了农业制造工厂、育种场、试验场，还创办农业学校，聘请外国教师讲授欧美农法。但是，这种不加选择地输入欧美农法很快就在实践中遇到了困难。日本山多地少，人多田少，以节约劳动为目标的欧美农法既与日本的自然环境不相适应，也与当时日本很重视农业色彩的社会经济条件相悖，于是，在欧美农法与日本农法之间产生了很大的争论，随后不得不放弃，这是日本现代化进程中对农业科技体系的一次失败的选择。我国在 20 世纪 80 年代以前的很长一段时间内，建立了以政府为技术选择主体，由政府强制实施农业技术选择的集中机制，20 世纪 70 年代仿效苏联农业科技进步模式和工业化战略，盲目提倡全盘机械化，结果造成了农机事业的仓促大上和无选择的引进。可见，农业科技进步的选择应以特定的自然社会经济为背景，需要按照市场诱导性和利益性原则进行选择。

## 四、农业技术进步的类型

农业技术进步包含的内容相当丰富，依据不同的标志可以有多种分类，按部门划分，有种植业技术进步、养殖业技术进步、农产品加工业技术进步等，按技术进步作用的方式，有机械技术进步、化学技术进步、生物技术进步、管理技术进步等。在经济学中，一般按技术进步与资源替代程度进行划分。

**1. 中性技术进步**　所谓中性技术进步，其前提是资本—劳动组合的最佳比例保持不变。也就是说，在技术进步以后，生产一定的经济产品（或取得一定的经济收入）所占用的资本和劳动的最佳组合，与技术变革前生产同量产品、创造同量收入所占用的资本与劳动的比例相同。所不同的是，技术变革后，资本和劳动都按比例地得到了节约。

中性技术进步对资本和劳动的影响在生产函数图形中的反映是：生产函数曲线出现位

移，而其等成本线的斜率不变，如图 6-2 所示。这说明，在中性技术进步中，技术变革前后的资本边际生产率和劳动边际生产率按同样的比例增长。用公式表示即为：

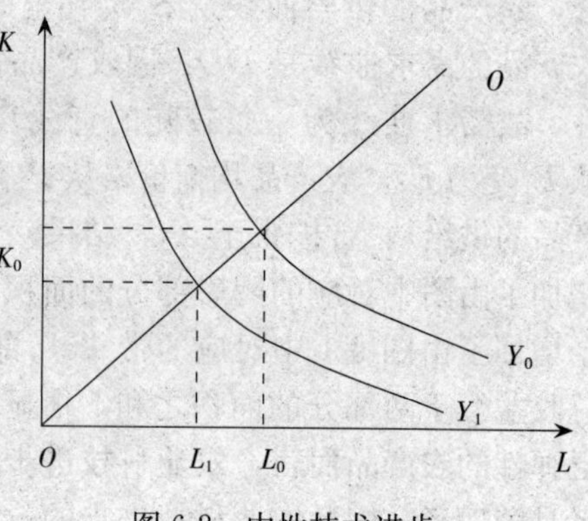

图 6-2　中性技术进步

$$\frac{\left(\frac{\Delta Y}{\Delta L}\right)_0}{\left(\frac{\Delta Y}{\Delta K}\right)_0}=\frac{\left(\frac{\Delta Y}{\Delta L}\right)_1}{\left(\frac{\Delta Y}{\Delta K}\right)_1} \tag{6.1}$$

式中：$\Delta Y$——产出的增量；

$\Delta L$——劳动投入的增量；

$\Delta K$——资本投入的增量。

图 6-2 中，$Y_0$ 为技术变革前的等产量线，$Y_1$ 为技术变革后的等产量线，$Y_0=Y_1$，但 $L_0/K_0=L_1/K_1$，即资本—劳动配合比例不变。

**2. 资本节约型技术进步**　在资本—劳动最佳组合中，技术变革相对使资本的份额减少了，这种减少可能是因为技术进步节约了资本投入，而劳动投入仍保持不变，或者技术进步既节约了资本，也节约了劳动，但资本节约的份额大于劳动节约的份额。此种技术变革称为资本节约型技术进步。

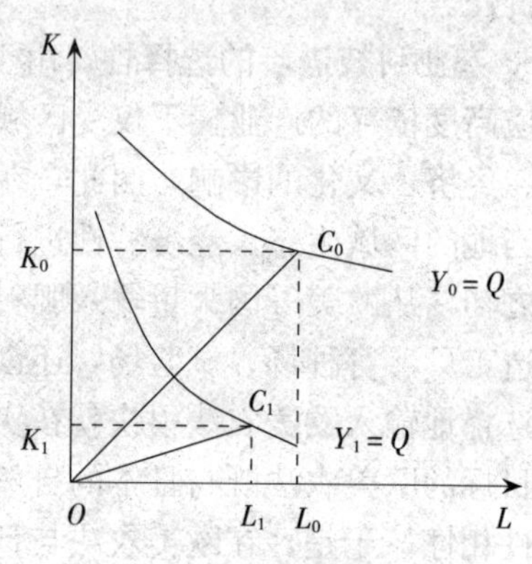

图 6-3　资本节约型技术进步

图 6-3 表明，技术变革前后，生产函数曲线发生了移位，等成本线的斜率也发生了变化。同是生产 $Q$ 单位的产出，生产曲线从 $Y_0$ 移到了 $Y_1$，$Y_0=Y_1=Q$ 单位产出，但 $K_1<K_0$，$L_1\leqslant L_0$，$L_1/K_1>L_0/K_0$（或 $K_1<K_0$，$L_1>L_0$）。这说明：在资本节约型技术变革中，资本边际生产率和劳动边际生产率是不一致的，资本的节约大于劳动的节约。即：

$$\frac{\left(\frac{\Delta Y}{\Delta L}\right)_0}{\left(\frac{\Delta Y}{\Delta K}\right)_0}>\frac{\left(\frac{\Delta Y}{\Delta L}\right)_1}{\left(\frac{\Delta Y}{\Delta K}\right)_1} \tag{6.2}$$

**3. 劳动节约型技术变革**　与资本节约型技术相反，在技术变革后，在资本-劳动的最佳组合中，劳动相对于资本的份额减少了，这种技术进步称为劳动节约型技术进步或资本密集型技术进步。如生产中引进了先进的技术设备，可以节约大量的劳动，但资本可能节约很少，甚至增加，或者劳动的节约大于资本的节约。

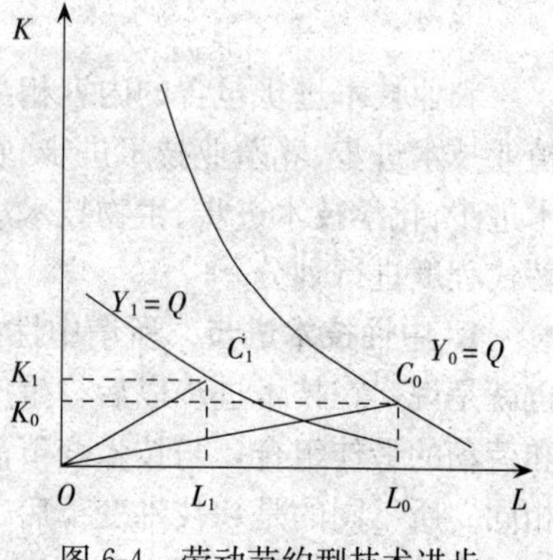

图 6-4　劳动节约型技术进步

图 6-4 表明，技术变革前后，生产函数曲线发生了位移，等成本线的斜率也发生了变化。同是生产 $Q$ 单位的产出，生产曲线从 $Y_0$ 移到了 $Y_1$，$Y_0=Y_1=Q$ 单位产出，但 $K_1\geqslant K_0$，$L_1<L_0$ 或 $K_1\leqslant K_0$，$L_1<L_0$，$L_1/K_1<L_0/$

$K_0$。这说明：在资本节约型技术变革中，资本边际生产率和劳动边际生产率是不一致的，劳动的节约大于资本的节约。即：

$$\frac{\left(\frac{\Delta Y}{\Delta L}\right)_0}{\left(\frac{\Delta Y}{\Delta K}\right)_0} < \frac{\left(\frac{\Delta Y}{\Delta L}\right)_1}{\left(\frac{\Delta Y}{\Delta K}\right)_1} \tag{6.3}$$

**4. 各类技术类型优缺点的比较**　资本密集型技术（又称劳动节约型技术）的优点在于：

（1）采用资本密集型技术具有较大的乘数效应（连锁效应），可以带动许多有关行业技术的发展，这是由于资本密集型技术大多属于物质技术。例如农业机械技术的采用，就可以带动机械行业、钢铁行业、燃料和维修服务业的发展。

（2）采用资本密集型技术能有效地增加生产的产出。即这类技术可以极大地放宽和延伸生产者、劳动者的体力和智能，放大物质生产资源的生产力和经济供应量，从而可以大幅度地提高生产资源的效率和劳动生产率。

（3）采用这类技术可以帮助一部分劳动力不足的地区缓解劳动力不足的困难。

（4）采用更多的资本密集型技术，意味着资金积累的加快。

资本密集型技术的缺点表现在：

（1）资本密集型技术的适应性有限。在那些资本不足、劳动力丰富的地区，用不起这类技术，不仅经济上负担不起，同时又不利于发挥当地劳动力资源丰富的优势。

（2）资本密集型技术虽然可以减少部分劳动力用量，但它又要求劳动者具有较高的科技文化水平。

（3）采用资本密集型技术，在农村对风险承担能力有限，较难推广普及。资本密集型技术的采用，意味着投资的增加，投资越多，所要承担的投资风险越大，而发展中国家或贫困地区对投资风险的承担能力则是有限的。

劳动密集型技术（又称资本节约型技术）的主要优点：

（1）它符合农村资金不足、劳动力有余的实际情况，采用这类技术不必花太多的资本，而又能充分利用劳动力丰富的优势。

（2）采用劳动密集型技术，通常可以用一定量的资本创造出更多的劳动就业机会，从而有利于改善经济收入的均等分配。因此，劳动密集型技术能比较容易地在农村和贫困地区得到普及推广。

劳动密集型技术存在的缺点：

（1）这类技术相对来说，劳动生产率不高，人均所得增长慢。

（2）采用劳动密集型技术，比较不利于社会资本存量和经济实力的积累和增长。

（3）采用劳动密集型技术需要大量农村劳动力，不利于农业劳动力的转移输出。

## 五、中性技术进步假设

技术进步是经济增长的源泉之一，因此，我们可以把技术作为影响生产函数变化的一个因素。假定在生产过程中，产出 $Y$ 受到两个生产要素资本 $K$ 和劳动力 $L$ 以及技术影响，$Y$ 服从生产函数：

$$Y = F(K, L, t) \tag{6.4}$$

其中，$t$ 代表时间，或者换一种说法，它是代表某个技术状态的指数。

但是在这种形式下，技术的作用太一般化，使得我们无法对它进行透彻的研究，这就需要我们考虑如何将技术引入生产函数，然后再将它分离出来，最终度量出技术的变化对于经济增长的影响。为了达到这个目的，我们建立一些假设以表明技术进步对生产函数中一些重要变量的影响。这些变量包括：①资本—产出率；②人均产出；③要素比例；④边际生产力；⑤边际替代率等。这样我们就可以假定技术进步是按某种给定的方式影响这些变量中的任何一个。比如说，它可以使某一变量保持不变。但是，由于这些变量不仅依赖于技术，而且也与要素投入的比例有关。因此，有必要使投入的变化“中性化”，这样我们就可以把技术的变化度量出来。

定义中性技术进步的目的是指出技术进步的特征。在某种意义上，这种技术进步使资本与劳动间的平衡保持不变，因而允许经济的稳定增长。

中性技术进步分为三种类型：即，“产出增长型”技术进步（希克斯中性）、“劳动增长型”技术进步（哈罗德中性）和“资本增长型”技术进步（索洛中性）。

**1. 希克斯中性假设** 在劳动—资本比（$L/K$）不变的条件下，当技术发生了变化，而并没有使劳动与资本的边际替代率（$dK/dL$）发生变化，那么就定义为发生了中性技术进步。图 6-5 反映了希克斯的中性技术进步。

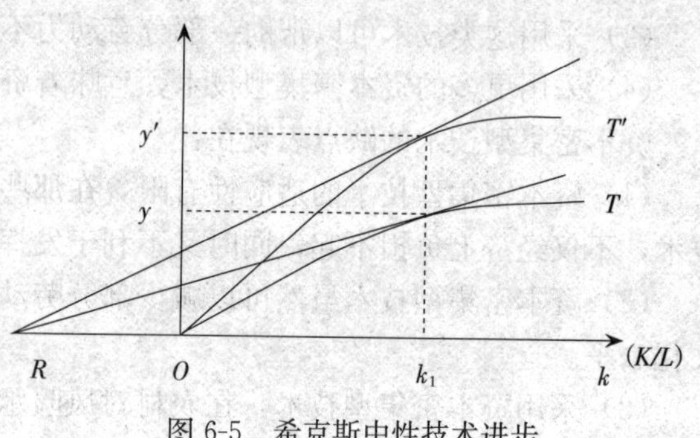


图 6-5 希克斯中性技术进步

如果技术进步属于希克斯中性，反映到生产函数上，生产函数就由 $Y=F(K, L, t)$ 演变为这样的特殊形式。

$$Y = A(t)F(K, L) \tag{6.5}$$

很显然，$A(t)$ 就是由于技术进步的作用而产生的。

希克斯中性表明，这种形式的技术进步使得资本和劳动这两种要素的效率获得同步提高，即劳动的边际产量（$dY/dL$）和资本的边际产量（$dY/dK$）之比保持不变，而使产出得到增长，因此，称为“产出增长型”技术进步。这样，我们就可以写出一般生产函数 $Y=A(t)F(K, L)$ 的形式，然后，通过度量 $A(t)$ 来测算技术进步对经济增长的影响。

**2. 哈罗德中性假设** 哈罗德中性是这样定义的：资本的边际产量不变，并假定它等于利润率 $\rho$。如果 $K/L$ 比不变，那么技术进步会正常地提高资本的边际产量，为了保持资本的边际产量不变，$K/L$ 比就必须提高，技术进步以后，使资本—产出比保持不变的 $K/L$ 比水平也同样会使 $\rho$ 保持不变，这种技术进步就是哈罗德意义上的中性技术进步（图 6-6）。在数学表达上，如果技术进步属于哈罗德中性，那么生产函数就由 $Y=F(K, L, t)$ 演变为这样的特殊形式：

$$Y = F[K, A(t)L] \tag{6.6}$$

在哈罗德中性条件下，无论 $K/L$ 处于何种水平之上，只要它保持不变，产出就会以相同的速度增加，这个速度就是提供了衡量技术进步的标准。从服从哈罗德中性技术进步的特

殊生产函数 $Y=F[K, A(t)L]$ 上可以看出，如果技术进步属于哈罗德中性，那么这种技术进步的作用主要是使得劳动的效率得到提高，技术进步以后 $L$ 数量的劳动能够做相当于从前 $A(t)$ 倍的工作。所以，这类技术进步称为“劳动增长型”技术进步。

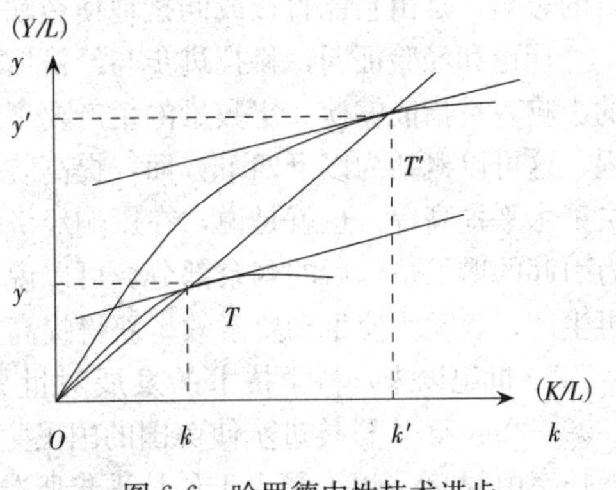


图 6-6　哈罗德中性技术进步

**3. 索洛中性假定**　索洛中性技术进步是与哈罗德中性相反的对称概念。索洛中性定义为：劳动的边际产出是一个常数，并假定它等于工资率 $w$，如果 $K/L$ 比水平不变，那么技术进步会正常地提高劳动的边际产量，为了保持劳动的边际产量不变，$K/L$ 比就必须降低，技术进步以后，使劳动—产出比保持不变的 $K/L$ 比水平也同样使 $w$ 保持不变，这种技术进步就是索洛意义上的中性技术进步。在数学表达上，如果技术进步属于索洛中性，那么，生产函数具有这样的特殊形式：

$$Y=F[A(t)K, L] \tag{6.7}$$

从这一函数式我们可以看出，如果技术进步属于索洛中性，那么这种技术进步的作用主要是使得资本的效率得到提高，技术进步以后 $K$ 数量的资本能够做相当于以前 $A(t)$ 倍的工作。可以，这类技术进步称为“资本增长型”技术进步。

# 第二节　科技进步对经济增长的作用

## 一、科技进步与经济增长的关系

经济增长是指一个国家或地区在一定时期内生产总量的增加。一个国家的经济增长可以定义为：不断扩大地供应它的人民所需要的各种各样经济商品的生产能力有着长期的提高。而生产能力的提高是建立在先进技术基础上的，并进行技术所需要的制度上和意识形态上的调整，持续扩大商品的供应是经济增长的结果，这种丰裕情况应该是由于应用先进的现代技术实现的。但是，技术是潜在的和必要的条件，它本身还不是充分条件，要使技术得到有效的和充分的应用，还必须进行制度和意识形态的调整。可见，商品供应量的持续增加是经济增长的标志，广泛应用先进的科学技术是经济增长的来源，制度和意识形态的调整是利用先进的科学技术实现经济增长的保证。现代经济增长主要来自先进技术的采用，而先进技术的涌现又是以科学的迅速发展为前提的。因此，科技进步是经济增长的动因和决定因素，科技进步对经济增长的贡献最终表现为产品数量的增加，产品的增加又是通过先进技术的应用而实现的。

科学、技术与经济增长之间有着密切的联系。科学技术进步是指科学的发展和技术的变革互相促进，互相转化的过程，科学技术进步与经济增长的关系，一方面表现为经济的发展不断对科学技术提出新的要求，反过来又会促进科学技术的不断发展和变革；另一方面，表现为在创造、推广和应用科技成果的基础上，不断地促进经济的增长。科学技术进步作为影响经济增长的一个重要因素，它是提高社会生产效率的决定性条件。科学技术进步对经济增长的影响，是由它能直接或间接地使劳动过程发生变化来促进经济的增长。

理论和经验证明，科技进步与经济增长之间的关系更加直接密切。科技进步对经济增长的影响，是指能够使一定数量的生产要素组合生产出更多产品的一切因素共同发生作用的过程，这可以概括为以下四个方面：提高装备技术水平、改革工艺、提高劳动者的素质、管理决策水平提高等。也就是说，在影响经济增长的诸因素中，剔除了由于增加资金和增加劳动力引起的增长量以后的剩余部分。可以说，科技进步对经济增长的作用，是一种内涵的扩大再生产，表现为使生产要素效率获得提高。

20 世纪以来，科学技术的发展对世界各国的经济发展产生了巨大的影响。例如，从1899—1960 年，科技进步使美国的国民生产总值每年增加 1.85%，同期美国国民生产总值增长率中的 90%以上是由于科技进步所造成。自 1950—1958 年，科技进步使苏联国民生产总值每年增加 3.7%，1958—1964 年间这一数字为 2%，从 1950—1964 年，苏联国民生产总值增长率中的约 50%是由于科技进步的作用。由此可见，科技进步对于经济增长的作用是巨大的。

我国在 1985 年以前，经济增长速度较快，但主要是靠大量的不断投资取得的，据测算，我国全民所有制独立核算工业企业，1952—1982 年期间，总产值增长速度为 10.6%。其中依靠资金与劳力增长的贡献占 72.2%，科技进步对总产值增长速度的贡献为 27.8%。据中国农科院的研究，运用 1976—2000 的数据，对我国几个五年计划期间科技进步进行了测算，其结果如表 6-1 所示，“九五”期间农业科技进步率为 45.16%，意味着农业总产值增长中，源于科技进步的贡献为 45.16%。

**表 6-1　1976—2000 年农业科技进步贡献率**

单位：%

| 时　间　段 | 科技进步贡献率 |
|---|---|
| 1976—1980 | 26.68 |
| 1981—1985 | 34.84 |
| 1986—1990 | 27.66 |
| 1990—1995 | 34.30 |
| 1995—2000 | 45.16 |

## 二、农业科技进步的作用

决定农村经济、社会发展的基本力量是农村生产力的发展，而现代科技已成为农村生产力发展中最有决定意义的一个因素。如果没有科技进步，要增加产量只能单纯地依靠增加劳动力和生产资料的投入量，不发展农村生产力将不会有农村经济的高速增长。而依靠科技进步，可以在不增加劳动力和生产资料的情况下，通过提高劳动力和生产资料的效率使产出大幅度增加，并提高了农业生产的经济效益。

科技进步已经并将继续使组成生产力要素—劳动者、劳动资料和劳动对象发生巨大的变化，从而促进农村生产力的大发展，不断提高农业生产的经济效益。随着科学技术的进步，对生产力中最活跃的劳动者——人的因素，有着深刻的影响。由于科技进步及由此而产生的生产发展，劳动者的体质增强、劳动强度的减轻、劳动者在一生中能够工作的时间延长。更重要的是，科学科技进步，迅速地加强了劳动者的智力功能，提高了劳动者的智力水平，这对农村生产力的发展有着深远的意义。

农业科技进步对劳动资料的影响主要表现为两个方面：①对原有劳动资料的改造、完善和提高，如从手工农具到半机械化农具再到机械化农具；②提供大量新的劳动资料，如新化肥、新农药、地膜等的应用。

农业科技进步对劳动对象的影响，主要是提高了原有劳动对象的质量，如培养出新的动植物优良品种；开发了新的劳动对象，如野生动物的驯化，野生植物的人工种植等。

总之，农业科技进步在农村社会发展和农业经济增长过程中，起着十分重要的催化作用，它渗透于生产力三要素之中，极大地推动着农村生产力向前发展，成为提高农业生产效率和农产品质量，降低资源消耗的农业经济的内涵性增长的关键。单纯的经济发展不一定有经济效益的提高，如在总产出增加的同时，总投入的增加按一定比例增加的，即经济效益就没有任何提高。如果总投入的增加大于总产出的增加，将出现一方面是经济增长，一方面却是经济效益的下降。只有依靠科技进步，实现内涵型扩大再生产，才会有提高经济效益的经济增长。当然，经济效益并非完全是由于科技进步带来的，影响经济效益的因素是多方面的，但是，科技进步是带来经济效益的重要因素和源泉。

实践证明，农业科技进步，对农业生产发展和农业经济增长起着巨大的推动作用。具体作用表现在以下几个方面：

（1）不断提供先进的农业机具和其他技术装备，不断提高和改善现有生产技术装备水平，从而使劳动生产率、生产规模效益、投入产出比提高。

（2）不断提供高质量的生产资料，如种子、化肥、农药、除草剂，不断开发新的生产资料和新能源，从而提高资源的生产效率。

（3）改善和提高农艺技术水平。农艺技术水平的高低对资源充分利用、产品质量和成本等都有十分重要的作用，改善农艺技术，采用新的先进的农艺技术措施是提高经济效益的主要途径之一。

（4）提高劳动者的素质。劳动者的科学文化水平和劳动技能的不断提高是提高经济效益的决定因素，无论多么先进适用的科学技术，如果没有劳动者相应素质与之配合也不能充分发挥作用，经济效益也不会有相应提高。

（5）提高生产力要素的组合功能。生产力系统效能的高低，不仅取决于各构成要素，而且取决于构成要素的结合状态。科学技术作为农业生产中最活跃的决定性因素，起着渗透、凝聚、调度、组合、控制其他生产力要素的作用，不仅提高劳动资料、劳动对象的性能和劳动者素质，而且可使三者在新水平下实现更佳组合。科学技术对生产力要素结合的促进作用表现为：一是管理科学对生产力发展的推动。生产管理职能是对生产力要素的计划、组织、指挥、协调和控制，其目的就是使生产力充分发挥整体功能，改善和提高宏观和微观决策管理水平，这是软科技进步的内容，它具有少投资或不投资就能大幅度提高经济效益的特点。二是表现在信息技术的发展。信息是现代生产力系统的神经中枢，它是生产力各因素联结为一个有机整体的关键。三是综合技术配套应用上，农业生产过程中每一要素的科技进步都不是孤立存在的，某一要素的技术突破往往要求有其他各要素技术的相应变化与之配套，才能保证新技术发挥作用和综合配置效应；四是表现为农业科技进步对结构调整的影响。科技进步具有结构性，例如古老的单一型种植结构转变为多样化、多抗型种植结构，轮作制代替连作制等，都会引起投入产出变化，现代物质技术和方法技术的开发利用，以及动植物新品种的培育和推广应用，会使技术结构发生变化，而且伴随生产结构调整。农业科技不断地进步，必然引起农业内部各部门间生产要素的革新并要求建立新的平衡，这时农业的产品结构、产业结构，必然跟上运动发展的方向，创造条件使生产要素在新的水平上达到最佳组合，只有这样，农业内部的有机整体才能发挥更高的有效作用。科技进步促进农业各部门各生产要素由低水平平衡不断向高水平平衡发展过程就是农业经济结构调整的过程，也是科技进步发生作用的过程。

## 第三节　农业科技进步的测定

### 一、科技进步率的度量

#### （一）科技进步率的内容和含义

在上一节我们讨论了科技进步的定义及其与经济增长的关系，从中可以看出，经济增长的一个重要的源泉是科技进步，这个科技进步是“广义”的，包括硬技术进步和软技术进步。二者互相配合，相辅相成，共同推动经济的增长。因此，测定技术进步对经济增长的作用，必须考虑广义的技术进步。我们可以分软技术和硬技术，也可从理论上讨论它们对增长的不同作用，但在现实的经济增长中，它们是共同起着促进作用，你中有我，我中有你，要区分各自的作用大小是极其困难的，只能综合测算它们的综合作用。因此广义的科技进步率包含以下几个方面因素对经济增长的影响：

（1）新技术应用后抬高了生产函数的曲面。具体地说，新技术提高了资源边际产量和降低了产品的边际成本。这是狭义技术进步的内容，也是技术进步最重要的经济贡献内容。

（2）提高技术效率，使每个生产单位都能达到或接近推广技术应该达到的投入产出水平。

（3）提高资源的分配效率和产品结构效益，获得规模效益。

后两个方面主要是软技术进步的内容，而且，在不少情况下，这三个方面对提高资源平均生产效率和降低产品平均成本有着举足轻重的作用。

如何来测定技术进步对于经济增长的作用呢？我们可以采取这样一个思路：经济的增长有两大来源：一是投入的增加，引起生产规模的扩大，进而使产出水平增加，引起经济的增长，这是“外延”扩大再生产。二是技术的进步，使得生产的综合效率提高，在增加或者不增加投入的情况下，使产出水平得到更大的提高，这是“内涵”扩大再生产。然而在现实的经济增长之中，以上这两种情况往往是交织在一起的，投入的增加和技术的进步共同作用使经济获得增长。如果我们能够把由于投入的增加引起的经济增长率从总增长率中加以扣除，那么显然余下的部分就归功于技术进步的作用，即广义科技进步带来的经济增长率——广义的科技进步率。经济学家从这一思路出发研究出了一套测定技术进步对经济增长贡献的方法，这就是著名的“余值法”。“余值法”是美国著名经济学家1987年诺贝尔经济学奖得主R. M. Solow在1957年所提出的一种度量技术进步对经济增长贡献的方法，也可以称为“原始索洛方法”。余值法的核心是度量出“产出增长中不被生产要素的增加所解释的那部分增长”。而后，许多经济学家都致力于对技术进步贡献度量的研究，发展和深化了技术进步贡献度量的理论和一系列的度量方法。

### （二）科技进步率测定的基本方法

对广义科技进步率的度量有两类基本方法：其一是经济计量学方法（又称为参数方法），它通过对经济增长过程中投入产出关系——生产函数或成本函数的估计，来度量科技进步对经济增长的作用；第二类方法是综合指数法（亦称为非参数方法），这种方法直接通过对总产出与总投入之比——总要素生产率的变化，衡量由于科技进步使总投入的生产效率提高，对经济增长的促进作用。若以是否考虑经济增长过程中的效率（包括技术效率，配置效率，规模效率等）的变化为标志，可将参数方法分为均值函数法和边界函数法；将指数法方法分为综合指数法和 Malmquist 指数法，下面我们介绍几种常用的参数和非参数方法：

**1. 生产函数法**　科技进步率测定的生产函数法，设含有时间变量 $t$ 的生产函数为：

$$Y=f(x,\ t) \tag{6.8}$$

式中：$Y$——产出量；

　　$x$——各种投入的组合，并设投入不随时间变化而变化。

式（6.8）对 $t$ 求导数，有：

$$\partial Y/\partial t=\partial f(x,\ t)/\partial t$$

式（6.8）两边同除以产出 $Y$，有：

$$T(x,\ t)=\frac{\partial Y}{\partial t}\cdot\frac{1}{Y}=\frac{\partial f(x,\ t)}{\partial t}\cdot\frac{1}{Y} \tag{6.9}$$

式（6.9）表示单位时间内产出增加的百分率，用 $T(x,\ t)$ 表示。由于假定投入与时间无关，即投入组合和投入量不变，产出随时间的增加都是科技进步的作用，故 $T(x,\ t)$ 叫做科技进步率，即投入产出比变化的时间速率。

在实际经济活动中，投入也是时间的函数，通常有增加的趋势，其结果，增加的投入也对产出增加作出贡献，因此需要将其作用扣除，后者才是科技进步的作用。

考虑投入也随着时间变化的生产函数为：

$$Y=f[x(t),\ t] \tag{6.10}$$

求式（6.10）的全导数，有：

$$\frac{dY}{dt}=\sum_i\frac{\partial f}{\partial x_i}\cdot\frac{dx_i}{dt}+\frac{\partial f}{\partial t}$$

两边同除以 $Y$，得：

$$\frac{dY}{dt}\cdot\frac{1}{Y}=\sum_i\frac{\partial f}{\partial x_i}\cdot\frac{x_i}{Y}\cdot\frac{dx_i}{dt}\cdot\frac{1}{x_i}+\frac{\partial f}{\partial t}\cdot\frac{1}{Y}$$

$$\frac{d\ln Y}{dt}=\sum_i\varepsilon_i\frac{d\ln x_i}{dt}+T(x,t)\qquad\left(\varepsilon_i=\frac{\partial f}{\partial x_i}\cdot\frac{x_i}{Y}\right)$$

$$T(x,t)=\frac{d\ln Y}{dt}-\sum_i\varepsilon_i\frac{d\ln x}{dt}$$

即：

$$T(x,t)=(\ln Y_i-\ln Y_{t-1})-\sum_i\varepsilon_i(\ln x_{it}-\ln x_{i,t-1}) \tag{6.11}$$

式（6.11）表明，科技进步率 $T(x,\ t)$ 等于产出增长率 $(\ln Y_t-\ln Y_{t-1})$ 减去各种投

入增长率（$\ln x_{it}-\ln x_{i,t-1}$）与其相应的生产弹性 $\varepsilon_i$ 的乘积，该式称作增长速度方程，即“余值法”的公式。

应用增长速度方程测定科技进步率时，难点是各投入要素生产弹性 $\varepsilon_i$ 的确定。常用的方法有两种：其一是经验比例确定法：假定是完全市场经济，生产者按利润最大化决策，那么可以证明投入要素的生产弹性等于该要素的要素份额（即占总产值中的比重）。因此，有：

$$T(x,t)=(\ln Y_i-\ln Y_{t-1})-\sum_i S_i(\ln x_{it}-\ln x_{i,t-1}) \qquad (6.12)$$

式中：要素份额 $S_i=w_ix_i/PY$（式中 $w$ 是投入要素的价格；$P$ 是产出的价格）。

考虑到不同时点 $S$ 的值不一样，有人提出用两个时点 $S$ 的平均值代替，这就是 Theil-Tornqvist 公式：

$$T(x,t)=(\ln Y_i-\ln Y_{t-1})-\sum_i 0.5(S_{it}+S_{i,t-1})(\ln x_{it}-\ln x_{i,t-1})$$

在生产者成本最小化决策条件下，可证明生产弹性等于该要素费用与总成本费用的比重，即要素份额 $S$ 为：

用要素份额作为生产弹性，暗含着规模经济为零。但实际规模经济可能不为零，其变动已计入广义科技进步作用。

$$S=\frac{wx_i}{\sum wx_i} \qquad (6.13)$$

如果只考虑两种生产投入因素资金 $K$ 和劳力 $L$，并用 C-D 函数，则有

$$Y=A(t)K^{\alpha}L^{\beta}$$

用资金要素份额（$K/Y$）作为资金的生产弹性，并假定 $\alpha+\beta=1$，则推出：

$$A(t)=(Y/L)(K/L)^{-K/Y} \qquad (6.14)$$

式（6.14）右边由三部分组成：劳动生产率（$Y/L$）、劳动装备率（$K/L$）和资金产值率（$Y/K$），则科技进步率为：

$$T(x,t)=\ln A(t)-\ln A(t-1)$$

其二是回归确定法，即通过各年投入产出数据的回归分析，直接求出各要素的弹性 $\varepsilon_i$ 和年均科技进步率 $\delta$。对 C-D 函数 $Y=A(t)K^{\alpha}L^{\beta}$ 中的 $A(t)$ 的形式作如下假定：

$$A(t)=A_0e^{\delta t} \qquad (6.15)$$

则可证明，$\delta$ 正好是广义希克斯中性的科技进步率。

**2. 科技进步率测定的综合指数法——*TFP* 指数法** 总要素生产率 $TFP$（Total Factor Productivity），是指一个生产单元（企业、行业、国家或地区），在一定时期内生产的总产出和总投入之比。它常用作衡量一个行业或地区经济运行状况的综合性指标，$TFP$ 的增长则是科技进步、效率（技术效率、规模效率等）提高的综合体现。反映了与广义科技进步内涵的相同内容，因此总要素生产率的增长率等同于广义科技进步率。根据定义，时期 $s$、$t$ 的总要素生产率 $TFP_s$、$TFP_t$ 可分别表示为：

$$TFP_s=\frac{(\text{总产出})_s}{(\text{总投入})_s} \qquad TFP_t=\frac{(\text{总产出})_t}{(\text{总投入})_t}$$

从时期 $s$ 到时期 $t$ 总要素生产率的变化，可用 $TFP$ 指数 $TFP_{st}$ 来度量：

即：

$$TFP_{st}=\frac{TFP_t}{TFP_s}=\frac{(\text{总产出})_t}{(\text{总投入})_t}\bigg/\frac{(\text{总产出})_s}{(\text{总投入})_s}=\frac{(\text{总产出})_t}{(\text{总产出})_s}\bigg/\frac{(\text{总投入})_t}{(\text{总投入})_s}$$

因此，对生产率增长的度量，转化为对总投入和总产出增长的度量。由于实际中的生产单元，大都是以多种要素投入来生产多种产品，而且各种投入和产出变化的速度、乃至变化方向都可能存在较大差异，因而对总投入指数和总产出指数的计算，并不像单一投入产出时那样简便易行，而必须使用综合指数来度量这种复杂变化。下面是生产率研究中经常使用的总量指数。

$$TFPst=\frac{(\text{总产出指数})_{st}}{(\text{总投入指数})_{st}} \tag{6.16}$$

**3. 常用总量指数公式**　为了表述上的方便，对于 $N$ 种物品（投入的资源或生产的产品），我们引入 $P_{ij}$ 和 $Q_{ij}$ 分别表示第 $i$ 物品在第 $j$ 时期（$j=s$，$t$，分别表示基期和报告期）的价格和数量，当然 $s$、$t$ 亦可表示两个不同企业、行业、地区等。作为参照的时期称为基期，另一时期称为报告期（或现期）。我们用 $Q_{st}$、$I_{st}$ 分别表示以 $s$ 为基期，$t$ 为现期的数量指数和一般指数。

（1）拉氏（Laspeyres）和帕氏（passche）数量指数。拉氏指数和帕氏指数，是两个使用最广泛的指数公式。拉氏数量指数是以基期的价格为权重，而帕氏数量指数则是以现期的价格为权重。拉氏数量指数为：

$$Q_{st}^{L}=\frac{\sum_{i=1}^{N}P_{is}q_{it}}{\sum_{i=1}^{N}P_{is}q_{is}}=\sum_{i=1}^{N}\omega_{is}\times\left(\frac{q_{it}}{q_{is}}\right)$$

这里，$\omega_{is}=p_{is}q_{is}/\sum_{j=1}^{N}p_{js}q_{js}$ 是第 $i$ 物品在基期 $s$ 的价值份额。价值份额的大小，反映了物品的相对重要程度。拉氏（Laspeyres）指数有两层含义：其一是它表明拉氏指数是以基期价格指标为同度量因素，而计算的现期和基期 $N$ 种物品价值总量的比率；其二是这种指数是以基期价值份额为权重的，$N$ 种物品个体数量指数的加权平均值。

对于以基期价值份额为权重的拉氏指数，一个自然的替代公式，便是用现期价值份额为权重而计算的指数，这就是帕氏指数，即：

$$Q_{st}^{P}=\frac{\sum_{i=1}^{N}P_{it}q_{it}}{\sum_{i=1}^{N}p_{it}q_{is}}=\frac{1}{\sum_{i=1}^{N}\omega_{it}\times\left(\frac{q_{is}}{q_{it}}\right)}$$

这里，$\omega_{it}=p_{it}q_{it}/\sum_{j=1}^{N}p_{jt}q_{jt}$ 是第 $i$ 物品在时期 $t$ 的价值份额。上式表明帕氏指数是以现期价格为同度量因素，分别以现期价格和基期价格计算的，两个时期的 $N$ 种物品总量之比。或者说帕氏指数是以现期价格份额为权重的个体价格指数的调和平均值。拉氏指数和帕氏指数被广泛使用的原因，除了它们的简单易于计算外，也还因为它们实际上给出了真实指数的上下界限。

（2）费氏（Fisher）指数。从两种指数的计算公式可以看出，拉氏指数和帕氏指数正好代表两个极端，分别强调了基期价格份额和现期价格份额的重要性。拉氏指数与帕氏指数间的差异，导致 Fisher（1922）将这两种指数的几何平均值定义为一个新的指数，即费氏指数，即：

$$Q_{st}^{F}=\sqrt{Q_{st}^{L}\times Q_{st}^{P}}$$

虽然 Fisher 指数是在两极之间的一种构造，但他却有着许多令人满意的统计和经济理论上的性质。正是费氏指数所具有的良好性质，使其被称为 Fisher 理想指数（Fisher Ideal Index）。迪沃特（E. W. Diewert，1992）证明了费氏指数在生产率分析中的广泛用途。

（3）汤氏（Tornqvist）数量指数。汤氏（Tornqvist）指数被广泛地应用于总要素生产率问题的研究中。汤氏数量指数定义为个体数量指数的赋权几何平均值，而权重则是基期和现期价值份额的简单算术平均值，即：

$$Q_{st}^{T}=\prod_{i=1}^{N}\left(\frac{q_{it}}{q_{is}}\right)^{\frac{\omega_{is}+\omega_{it}}{2}}$$

这里 $\omega_{is}$ 和 $\omega_{it}$ 仍是如前定义的第 $i$ 种物品在基期 $s$ 和现期 $t$ 的价值份额。汤氏指数一般写成它的对数形式：

$$\ln Q_{st}^{T}=\sum_{i=1}^{N}\left(\frac{\omega_{is}+\omega_{it}}{2}\right)\times(\ln q_{it}-\ln q_{is})$$

这种对数变换形式为实际计算提供了方便。对数形式下的汤氏指数，是对数形式的个体数量指数的加权平均值。由于第 $i$ 种物品数量对数的变化，代表了第 $i$ 物品数量变化的百分率。$\ln q_{it}-\ln q_{is}=\ln(q_{it}/q_{is})\approx q_{it}/q_{is}-1$ 因此对数形式的汤氏指数表现的是总体数量的增长率。汤氏数量指数是在度量总投入和总产出数量变化时，最常用是指数公式。

## 二、科技进步测定常用的生产函数

### （一）C-D 函数

美国数学家 C. W. Cobb 和经济学家 P. H. Douglas 根据统计资料，研究 1899—1922 年美国的资本与劳动对生产的影响，得出这一时期的美国生产函数，后来通称“柯布—道格拉斯生产函数”，简称 C-D 生产函数。这个函数的形式为

$$Y=A_0K^{\alpha}L^{\beta}\qquad(\alpha+\beta=1)$$

式中：$Y$——$GDP$；

$K$——资本投入；

$L$——劳动投入；

$A_0$——综合变量的限制条件；

$\alpha$、$\beta$——资本、劳动力的产出弹性；

$\alpha+\beta=1$——着固定比例报酬。

1942 年 J. Tinbergen 在 C-D 函数模型中引入了时间变量，并运用时间序列的数据测算技术进步的作用。其模型形式：

$$Y=A_0e^{\delta t}K^{\alpha}L^{\beta}\tag{6.17}$$

式中：$\delta$——技术进步率。

C-D 函数假设条件包括：①各要素的价格等于其边际生产力；②规模报酬不变；③一阶齐次生产函数；④希克斯中性技术进步；⑤充分就业。

1937 年 Durand 提出了取消规模报酬不变的假定，允许要素的产出弹性之和大于 1 或小于 1，这样 C-D 函数就由一阶齐次生产函数变为 $\alpha+\beta$ 阶的齐次生产函数，$\alpha$、$\beta$ 的取值取决于参数的估计结果。

C-D 函数的优点：投入要素的量纲可以不一致，函数中系数意义明确，是测定技术进步广泛使用的一种方法。其缺点在于任何投入要素不能为零，且各要素投入的产出弹性是固定的。

## （二）不变替代弹性（CES）生产函数

1961 年由 K. J. Arrow，H. B. Cheneru，B. S. Minhas 和 R. M. Solow 四位学者提出来了两要素不变替代弹性（Constant Elasticity of Substitution）生产函数，简称 CES 生产函数模型，其基本形式为：

$$Y = A\left(\delta_1 K^{-\rho} + \delta_2 L^{-\rho}\right)^{-\frac{1}{\rho}} \tag{6.18}$$

其中，待估参数 $A$ 为效率系数，是广义技术进步水平的反映。显然，应该有 $A > 0$ ，$\delta_1$ 和 $\delta_2$ 为分配系数，$0 < \delta_1 < 1, 0 < \delta_2 < 1$ ，并且满足 $\delta_1 + \delta_2 = 1$ ，$\rho$ 为替代参数。由于

$$Y = A\left[\delta_1 (\lambda K)^{-\rho} + \delta_2 (\lambda L)^{-\rho}\right]^{-\frac{1}{\rho}} = \lambda\left[A\left(\delta_1 K^{-\rho} + \delta_2 L^{-\rho}\right)^{-\frac{1}{\rho}}\right]$$

所以该生产函数具有不变规模报酬，即当资本和劳动的数量同时增加 $\lambda$ 倍时，产出量也增长 $\lambda$ 倍。为了更加满足实际情况，采用以下形式：

$$Y = A\left(\delta_1 K^{-\rho} + \delta_2 L^{-\rho}\right)^{-\frac{m}{\rho}}$$

有：$A\left[\delta_1 (\lambda K)^{-\rho} + \delta_2 (\lambda L)^{-\rho}\right]^{-\frac{m}{\rho}} = \lambda^m\left[A\left(\delta_1 K^{-\rho} + \delta_2 L^{-\rho}\right]^{-\frac{m}{\rho}}\right.$
这表示生产函数可以是规模报酬递增的，也可以是规模报酬递减的，取决于参数 $m$ 的估计结果。参数 $m$ 为规模报酬参数，若 $m=1$，生产函数为不变规模报酬，若 $m>1$，则为递增规模报酬，若 $m<1$，则为递减规模报酬。

## （三）变替代弹性（VES）生产函数

变替代弹性（Variable Elasticity of Substitution）生产函数模型，简称 VES 生产函数模型，有许多理论和方法方面的研究成果，是生产函数研究的一个前沿领域。较著名的是 Revankar 于 1971 年提出的模型和 Sato 和 Hoffman 于 1968 年提出的模型。

（1）Revankar 模型。假定要素替代弹性 $\sigma$ 为要素比例的线性函数，即：

$$\sigma = a + b \cdot \frac{K}{L}$$

容易理解，要素比例不同，要素之间的替代性能是不同的。当 $K/L$ 较大时，资本替代劳动就比较困难；当 $K/L$ 较小时，资本替代劳动就比较容易。生产函数的一般形式为：

$$Z = A\exp\int \frac{\mathrm{d}k}{k + c\left(\frac{k}{a+bk}\right)^{\frac{1}{a}}} \tag{6.19}$$

其中，$Z = \frac{Y}{L}$；$k = \frac{K}{L}$。

当 $b=0$ 时，VES 生产函数退化为 CES 生产函数；

当 $b=0$，$a=1$ 时，替代弹性 $\sigma=1$，VES 生产函数退化为 C-D 生产函数。

当 $a=1$ 时，$\sigma = 1 + bk$ ，此时 VES 生产函数可写成：

$$Y = AK^{\frac{1}{1+c}}\left[L + \left(\frac{b}{1+c}\right)K\right]^{\frac{1}{1+c}} \tag{6.20}$$

式（6. 20）即为一般常用的 VES 生产函数模型，为规模报酬不变的情况，其中 $A$，$b$，$c$ 为待估参数。如果将规模报酬系数 $m$ 作为一个待估参数，则 VES 生产函数模型的理论形式为：

$$Y = AK^{\frac{m}{1+c}}\left[L + \left(\frac{b}{1+c}\right)K\right]^{\left(\frac{1}{1+c}\right)m}$$

（2）Sato 和 Hoffman 模型。该模型假设替代弹性 $\sigma$ 为 $t$ 的线性函数，即 $\sigma = \sigma(t) = a + bt$

假定生产函数在任何时间点上均为 CES 形式，随着时间的推移，技术进步将使要素之间的替代更容易。生产函数的一般形式为：

$$Y = B\left(\lambda L^{\frac{\sigma(t)-1}{\sigma(t)}} + (1-\lambda)K^{\frac{\sigma(t)-1}{\sigma(t)}}\right)^{\frac{\sigma(t)}{\sigma(t)-1}} \tag{6.21}$$

所以，该 VES 生产函数表现为 CES 生产函数的漂移。

## （四）超越对数生产函数

L. Christensen、D. Jorgenson 和 Lau 于 1973 年提出超越对数生产函数，该函数模型是一种易于估计和包容性很强的变弹性生产函数模型，它在结构上属于平方反映面模型，可有效研究生产函数中投入要素的交互影响、各种投入技术进步的差异。通过超越对数生产函数模型，可以分析技术进步率、投入要素的产出弹性和要素的替代弹性。其形式为：

$$\begin{aligned}\ln Y_t &= \ln F(\ln K_t, \ln L_t, t)\\ &= \alpha_0\left(\alpha_1 + \frac{1}{2}\alpha_2 t\right) + (\beta_K + \beta_{K1}t)\ln K_t + (\beta_L + \beta_{L1}t)\ln L_t \\ &\quad + \beta_{KK}(\ln K_t)^2 + \beta_{LL}(\ln L_t)^2 + \beta_{KL}\ln K_t \cdot \ln L_t + u\end{aligned} \tag{6.22}$$

式中：$Y_t$ ——$t$ 年产出；

$K_t$、$L_t$ ——$t$ 年资本存量、劳动力投入量；

$\beta$ ——需要估计的系数。

（1）技术进步率。

$$\dot{TP} = \frac{\partial \ln F(\ln K_t \ln L_t, t)}{\partial t} = (\alpha_1 + \alpha_2 t) + \beta_{k1}\ln K_t + \beta_{L1}\ln L_t$$

（2）要素投入的产出弹性。

资本投入的产出弹性为：

$$\eta_K = \frac{dY/Y}{dK/K} = \frac{d\ln Y_t}{d\ln K_t} = \beta_K + \beta_{K1}t + \beta_{KL}\ln L_t + 2\beta_{KK}\ln K_t \tag{6.23}$$

劳动投入的产出弹性为：

$$\eta_L = \frac{dY/Y}{dL/L} = \frac{d\ln Y_t}{d\ln L_t} = \beta_L + \beta_{L1}t + \beta_{KL}\ln K_t + 2\beta_{LL}\ln L_t \tag{6.24}$$

（3）要素的替代弹性。

替代弹性可以定义为：在技术水平和投入要素的价格不变的情况下，边际技术替代率的相对变动所引起的生产要素投入的比例的相对变动，即投入要素比例的变动的百分比与边际技术替代率的变动百分比的比值。要素之间可替代程度的高低可用要素替代弹性（the Elasticity of Substitution）来描述，其具体含义是：一种生产要素价格变化以后，它与另一种生产要素相互替代率的变化。要素替代弹性在 0 与无穷大之间变化，当替代弹性为 0 时，说明两种要素之间完全不能互相替代，如固定投入比例生产函数（里昂惕夫生产函数）；当替代弹性无穷大时，说明两种要素之间可以完全替代。资本、劳动两种投入的替代弹性计算如下：

资本和劳动的替代弹性为：

$$\sigma_{KL}=\frac{\mathrm{d}\left(\frac{K}{L}\right)}{\left(\frac{K}{L}\right)}\Bigg/\frac{\mathrm{d}\left(\frac{MPP_L}{MPP_K}\right)}{\left(\frac{MPP_L}{MPP_K}\right)}=\frac{\mathrm{d}\left(\frac{K}{L}\right)\cdot\left(\frac{MPP_L}{MPP_K}\right)}{\mathrm{d}\left(\frac{MPP_L}{MPP_K}\right)\cdot\left(\frac{K}{L}\right)} \tag{6.25}$$

由于，
$$\frac{MPP_L}{MPP_K}=\frac{\partial Y}{\partial L}\Bigg/\frac{\partial Y}{\partial K}=\frac{\eta_L}{\eta_K}\cdot\frac{K}{L}$$

结合式（6.24）和式（6.25）可得：

$$\sigma_{KL}=\frac{\mathrm{d}\left(\frac{K}{L}\right)}{\mathrm{d}\left(\frac{MP_L}{MP_K}\right)}\cdot\frac{\eta_L}{\eta_K}=\frac{\eta_L}{\eta_K}\cdot\left[\frac{\mathrm{d}\left(\frac{MP_L}{MP_K}\right)}{\mathrm{d}\left(\frac{K}{L}\right)}\right]^{-1}=\frac{\eta_L}{\eta_K}\cdot\left[\frac{\mathrm{d}\left(\frac{\eta_L}{\eta_K}\cdot\frac{K}{L}\right)}{d\left(\frac{K}{L}\right)}\right]^{-1}$$

因为，
$$\frac{\mathrm{d}\left(\frac{\eta_L}{\eta_K}\cdot\frac{K}{L}\right)}{\mathrm{d}\left(\frac{K}{L}\right)}=\frac{\eta_L}{\eta_K}+\frac{K}{L}\cdot\frac{\mathrm{d}\left(\frac{\eta_L}{\eta_K}\right)}{\mathrm{d}\left(\frac{K}{L}\right)}$$

$$\mathrm{d}\left(\frac{\eta_L}{\eta_K}\right)=-\frac{\eta_L}{\eta_K{}^2}\mathrm{d}(\eta_K)+\frac{1}{\eta_K}\mathrm{d}(\eta_L)$$

$$\mathrm{d}\left(\frac{K}{L}\right)=-\frac{K}{L^2}\mathrm{d}L+\frac{1}{L}\mathrm{d}K$$

$$\frac{\mathrm{d}\left(\frac{\eta_L}{\eta_K}\right)}{\mathrm{d}\left(\frac{K}{L}\right)}=\frac{-\frac{\eta_L}{\eta_K{}^2}\mathrm{d}(\eta_K)+\frac{1}{\eta_K}\mathrm{d}(\eta_L)}{-\frac{K}{L^2}\mathrm{d}L+\frac{1}{L}\mathrm{d}K}=\frac{-\frac{\eta_L}{\eta_K{}^2}\frac{\mathrm{d}(\eta_K)}{\mathrm{d}L}+\frac{1}{\eta_K}\frac{\mathrm{d}(\eta_L)}{\mathrm{d}L}}{-\frac{K}{L^2}+\frac{1}{L}\frac{\mathrm{d}K}{\mathrm{d}L}}$$

进一步得资本与劳动的替代弹性：

$$\sigma_{KL}=\left[1+\left(-\beta_{KL}+\frac{\eta_K}{\eta_L}\beta_{LL}\right)(\eta_L-\eta_K)^{-1}\right]^{-1} \tag{6.26}$$

## 三、农业科技进步对经济增长速度贡献份额的度量

这是直接反映科技进步对经济增长影响的一项综合指标，它体现了科技进步在总产值（净产值或国民收入）增长中的大小或所占的比重。计算公式为：

$$\text{科技进步对总产值增长速度的贡献}=\frac{\text{年科技进步率}}{\text{总产值年增长速度}} \tag{6.27}$$

对于C-D生产函数 $Y=A_0\mathrm{e}^{\delta t}K^{\alpha}L^{\beta}$，对时间 $t$ 求导数，则有：

$$\frac{\mathrm{d}Y}{\mathrm{d}t}=\frac{\partial Y}{\partial t}+\frac{\partial Y}{\partial K}\cdot\frac{\mathrm{d}K}{\mathrm{d}t}+\frac{\partial Y}{\partial L}\cdot\frac{\mathrm{d}L}{\mathrm{d}t}$$

即
$$\frac{\mathrm{d}Y}{\mathrm{d}t}=Y\cdot\delta+\beta\cdot\frac{Y}{K}\cdot\frac{\mathrm{d}K}{\mathrm{d}t}+\alpha\cdot\frac{Y}{L}\cdot\frac{\mathrm{d}L}{\mathrm{d}t}$$

式（6.27）两边同除以 $Y$，得到：
$$\frac{\mathrm{d}Y/Y}{\mathrm{d}t}=\delta+\beta\cdot\frac{\mathrm{d}K/K}{\mathrm{d}t}+\alpha\cdot\frac{\mathrm{d}L/L}{\mathrm{d}t} \tag{6.28}$$

令，$\tilde{y}=\dfrac{\mathrm{d}Y/Y}{\mathrm{d}t}$—— 反映总产值的年均增长速度

$\tilde{k}=\dfrac{\mathrm{d}K/K}{\mathrm{d}t}$—— 反映资本投入的年均增长速度

$\tilde{l}=\dfrac{\mathrm{d}L/L}{\mathrm{d}t}$—— 反映劳动投入的年均增长速度

则，
$$\tilde{y}=\delta+\alpha\tilde{k}+\beta\tilde{l} \tag{6.29}$$

式中：$\alpha\tilde{k}$ ——资本投入的增长引起的总产值增长

$\beta\tilde{l}$ ——劳动投入的增长引起的总产值增长

$\delta$ ——技术进步率，$\delta=\tilde{y}-\alpha\tilde{k}-\beta\tilde{l}$

两边再同除以 $\tilde{y}$，有：
$$1=\frac{\delta}{\tilde{y}}+\frac{\alpha k}{\tilde{y}}+\frac{\beta l}{\tilde{y}} \tag{6.30}$$

式（6.30）可以计算出技术进步、资本投入以及劳动投入对经济增长的贡献份额。

$\dfrac{\delta}{\tilde{y}}$—— 反映科技进步对经济增长的贡献份额

$\dfrac{\alpha\tilde{k}}{\tilde{y}}$—— 反映资本投入对经济增长的贡献份额

$\dfrac{\beta\tilde{l}}{\tilde{y}}$—— 反映劳动投入对经济增长的贡献份额

## 四、农业科技进步测定的案例

这里只介绍一种方法，即 C-D 生产函数法。

【例 6-1】已知 1958—1972 年中国台湾地区农业部门的实际总产值、劳动日和实际资本投入有关统计资料如表 6-2。

**表 6-2 中国台湾地区农业部门的实际总产值、劳动日和实际资本投入**（1958—1972 年）

| 年 份 | 实际总产值 $Y$（百万元新台币） | 劳动日 $X_1$（百万日） | 实际资本投入 $X_2$（百万元新台币） |
|---|---|---|---|
| 1958 | 16 607.70 | 275.50 | 17 803.70 |
| 1959 | 17 511.30 | 274.40 | 18 096.80 |
| 1960 | 20 171.20 | 269.70 | 18 271.80 |
| 1961 | 20 932.90 | 267.00 | 19 167.30 |
| 1962 | 20 406.00 | 267.80 | 19 647.60 |
| 1963 | 20 831.60 | 275.00 | 20 803.50 |
| 1964 | 24 806.30 | 283.00 | 22 076.60 |
| 1965 | 26 465.80 | 300.70 | 23 445.20 |
| 1966 | 27 403.00 | 307.50 | 24 939.00 |

（续）

| 年　份 | 实际总产值 $Y$（百万元新台币） | 劳动日 $X_1$（百万日） | 实际资本投入 $X_2$（百万元新台币） |
|---|---|---|---|
| 1967 | 28 628.70 | 303.70 | 26 713.70 |
| 1968 | 29 904.50 | 304.70 | 29 957.80 |
| 1969 | 27 508.20 | 298.60 | 31 585.90 |
| 1970 | 29 035.50 | 295.50 | 33 474.50 |
| 1971 | 29 281.50 | 299.00 | 34 821.80 |
| 1972 | 31 535.80 | 288.10 | 41 794.30 |

资料来源：古扎拉蒂．1996．计量经济学：上册．林少宫，译．第3版．北京：中国人民大学出版社：201.

**1. 建立模型**　根据表6-2的资料，用 $t=1,2,3,\cdots,15$ 分别代替年份1958，1959，1960，…，1972。假设实际总产值是资本投入、劳动投入及时间 $t$ 的函数，同时资本投入、劳动投入也是时间 $t$ 的函数。运用EVIEWS3.1软件，用OLS方法建立回归模型如下：

$$
\begin{aligned}
&\ln Y=-2.0322+0.00655t+1.3652\ln X_1+0.4308\ln X_2\\
&(-0.7186)\ (0.9383)\qquad (2.4341)^{*}\qquad (3.5809)^{**}\\
&R^2=0.8973\qquad F=320199\qquad df=11\\
&\text{调整后 } R^2=0.8692\quad D\cdot W=1.2629
\end{aligned}
\tag{6.31}
$$

还原为C-D函数形式，即为：

$$
Y=0.1310e^{0.00655t}X_1^{\ 1.3652}X_2^{\ 0.4308}
\tag{6.32}
$$

从统计观点看，该回归方程拟合优度较高，表明总产值（的对数）变异的89.73%都可由劳动和资本（的对数）来解释；F统计量显示总产值（的对数）与自变量总体（劳动和资本的对数及时间）之间线性关系极显著；劳动力变量的回归系数通过5%显著水平的检验，资本变量的回归系数通过1%显著水平的检验，而回归系数及时间 $t$ 未能通过t检验。

**2. 简要的经济分析**　弹性分析：由方程（6.31）可知，1958—1972年中国台湾地区农业部门产出的劳动和资本的弹性分别为1.3652和0.4308。换言之，在研究时期，保持资本投入不变，劳动增加1%，平均导致产出增加约1.37%。类似地，保持劳动投入不变，资本增加1%，平均导致产出增加约0.43%。把两个产出弹性相加得1.7960，表明在此研究期间，中国台湾地区农业部门经历着递增的规模报酬。

科技进步测定：时间变量的回归系数为 $\delta=0.00655$，即科技进步率为0.00655，表明1958—1972年中国台湾地区年平均农业科技进步率为0.655%，而同期间，台湾地区农业部门总产值的年平均增长率约为0.655%，而同期，台湾地区农业部门总产值的年平均增长率约为4.6869%（$\sqrt[14]{31535.8/16607.7}-1=0.046869$），劳动投入的年均增长率约为0.3199%（$\sqrt[14]{288.1/275.5}-1=0.003199$），资本投入的年均增长率约为6.285%（$\sqrt[14]{41794.3/17803.7}-1=0.062855$）。

根据方程（6.31）可以计算出该时期台湾地区农业科技进步对农业部门总产值增长的贡献份额为13.98%，劳动投入增长对农业部门总产值增长的贡献份额为9.32%，资本投入增长对农业部门总产值增长的贡献份额为57.77%。

# 第四节　科技进步与经济增长方式

## 一、经济增长与增长方式

### （一）经济增长

对经济增长概念的界定，理论和实务界都有着不同的看法，但比较流行的观点和较通用的定义是：经济增长是指一个国家或地区在一定时期包括产品和劳务在内的产出增长。而衡量这种产品和劳务总量的数量指标，通常用国民生产总值（*GNP*），它是指一个国家或地区在一定时期内生产的，以货币计量的商品和劳务的总和。以及在此基础上计算的国民生产净值（*NNP*）和国民收入（*NI*）。在数量上国民生产净值等于国民生产总值减去折旧，国民收入则为国民生产净值加政府津贴再减去间接税。而税收和津贴是政府取之于民用之于民的一种调剂手段，它们都是社会生产部门创造财富的一部分，因此它们的存在及数量上的大小并不改变一个国家或地区财富总量。因而国民生产净值的变动更能准确地反映经济增长的情况。而当国民生产净值在计算上遇到困难时，国民生产总值则可作为较为恰当的替代指标。无论是国民生产净值或是国民生产总值都是相对于最终产品而言的，即避免了总产值计算上由于中间投入物的存在，而形成的重复计算问题，是对一个国家或地区在一定时期内新创价值的正确体现。而国民生产净值的变化，则反映了经济增长的变化情况。

### （二）经济增长的因素分解

经济学常识告诉我们，一个生产系统的经济增长取决于两个基本因素，其一是投入到生产系统中的资源总量水平及其增长，其二是投入资源的总体生产率水平及其变化。由于现实中的生产系统，一般是以多种投入生产多种产品的多投入多产出系统，而且总产出又是各种投入共同作用的结果，单一资源的利用效率（偏要素生产率），并不能代表系统对资源的总体利用水平；单要素生产率的变化，也不反映生产系统总体生产效率的变化情况。因此，对生产系统总体效率的度量，人们更倾向于使用总要素生产率 *TFP*（Total Factor Productivity），即生产系统的总产出与总投入之比。用 *X*、*Y* 分别表示某种形式的总投入和总产出，则总要素生产率 *TFP* 为：

$$TFP=\frac{Y}{X}$$

总产出 *Y* 等于总投入 *X* 与总要素生产率 *TFP* 的乘积，总产出的增长率可分解为总投入的增长率与总要素生产率的增长率之和。

即：

$$Y=TFP\times X$$

$$\frac{\mathrm{dln}Y}{\mathrm{d}t}=\frac{\mathrm{dln}X}{\mathrm{d}t}+\frac{\mathrm{dln}TFP}{\mathrm{d}t}$$

总产出的增长率（*GY*）＝总投入的增长率（*GI*）＋总要素生产率的增长率（*GA*）

投入增长率的大小仅表明生产规模扩张的程度，其本身不是效率研究所关心的主要问题，我们主要研究的是效率指标（*TFP*）的增长水平、要素构成，研究导致 *TFP* 变化的各种作用因子，对效率增长的促进或制约作用的大小，以及 *TFP* 增长在经济增长中的份额（增长方式）的变化。

### （三）经济增长方式

在现有的工具书及教科书中，对什么是经济增长方式尚无明确的定义和解释。综合当前学术理论界的各种观点，可以概述如下：经济增长方式是指一个经济系统，在一定的制度安排下，在所处的经济发展阶段上，关于经济运行状况和经济增长动力结构的统称；是经济扩大再生产过程中，各种投入产出因素在增长的数量、速度结构等方面相互关系的总和；是达到一定增长目标而采取的方法、路线。从资源配置的角度可以认为，经济增长方式是指对经济生产力系统的整体效能和发展状况起决定性作用的生产要素分配、投入、组合和使用方式。对经济增长方式的类型划分及衡量标准，目前较为一致的做法是：根据马克思《资本论》中的观点做出理论上的解释，并用增长经济学中所给出的基本相通的理论进行定量刻画。

当前对经济增长方式的分类中，所使用的“粗放”和“集约”的概念，首先由李嘉图等在古典经济学中的地租理论中提出，马克思在《资本论》中给以解释，并用工业的扩大再生产进行分析，把通过追加资本投入使产出增加叫做外延扩大再生产方式，把通过技术改进等使产出增加叫做内涵扩大再生产方式。后来逐步延伸到其他要素，他说“如果生产场所扩大了，就是外延上扩大”，“如果生产资料效率提高了，就是内涵上扩大”。可见，粗放（外延）增长和集约（内涵）增长是指对待和利用生产要素的两种不同的方式：粗放增长强调增加投入，通过增加生产函数的数量来实现增长，集约增长强调改善投入产出关系，通过提高要素的使用效率来实现增长。

前面的分析表明，一国经济的增长源泉分为要素投入的增加和总要素生产率的提高，即：

$$GY=GI+GA$$

式中：$GY$——经济增长率；

$GI$——由于投入增加而带来的经济增长率；

$GA$——总要素生产率 *TFP* 的增长率。

根据经济系统在一定时期中的 $GI$ 与 $GA$ 的大小，把经济增长大致分为投入增长型，即投入数量增加，在经济增长中起主要作用；和效率增长型，即要素使用提高起主要作用。这两种类型的增长方式，与外延和内涵、粗放和集约对经济增长方式的划分，在含义上是基本相通的。匈牙利经济学家柯尔奈在比较后指出，两种划分方法，只是用语不同而含义相同：“要素增加等于外延方式，要素生产率提高则与内涵方式相当。”

人们一般用科技进步对经济增长的贡献率 *CRTP*（Contribution Rate of Technical Progress）对增长方式更为具体的数量描述，即：

$$CRTP=\frac{GA}{GY}$$

一般将经济增长中，科技进步贡献率大于 60%时的经济增长称为集约型的增长方式，科技进步贡献率小于 40%时的经济增长称为粗放型的增长方式，当科技进步贡献率介于 40%和 60%之间时，即 $40\%\leqslant CRTP\leqslant 60\%$时为混合型的经济增长方式。

应当指出增长方式是由经济增长过程中 GA 和 GY 的相对关系所决定的。较高的科技进步贡献率，既可以由经济的适度增长中较高的科技进步率来实现，也可以由较低的科技进步率伴以更低的产出增长率来达到。因此，单一的科技进步贡献率指标，仅是对增长方式的一种考察，而无法反映经济的实际发展状况，只有将增长方式指标与产出增长率（或与科技进步率）相结合，才能全面反映经济的增长的质量。

## 二、增长方式转变的技术进步机制

经济增长方式的选择，取决于科技进步、资源占有状况、对增长的需求压力，以及经济运行体制和运行的外部环境等许多因素的不同组合。而无论在任何一种组合中，科技进步都将是决定能否实现长期有效增长及决定增长方式的关键因素。也可以说，推进科技进步是实现增长方式转变最有效的途径。

前面的分析使我们清楚地看到，技术进步对经济增长及增长方式的巨大作用。对这种作用机制的更深刻地认识，将使人们提高对科技投入的自觉性，以科技进步为主促进经济增长，从而达到增长方式的转变。科技进步对增长方式的转变的促进作用，可分为宏观和微观两个不同的层面，以下予以分别讨论。

科技进步对经济增长方式转变的宏观作用，主要体现在它对社会生产力系统要素改进时，对系统的结构整合以及对社会生产力系统运行环境的改善等方面。具体地说，其一是对劳动者素质的影响。随着社会生产水平的提高，劳动者的体力已不再是劳动力的主要内容，且其份额将逐渐减少，取而代之的是劳动者的知识水平和劳动技能。这种由科技进步带来的劳动者科技素质的提高，将会提高社会生产力系统的运行效率。其次是对劳动手段的影响。生产工具是社会生产力水平的重要体现物，且在很大程度上决定了生产的效率。而这种生产效率的主要影响因素，正是科学技术的“物化”和知识密集的产物。其三是对劳动对象的影响。社会发展导致的越来越细的专业化分工，使得以自然资源为主要劳动对象如农业中的种子、化肥、农药等。而这种投入物的科技含量的高低，亦是影响效率的一个重要因素。其四是科技进步加深了人们对社会生产力的控制力，使其结构功能更高级，运行更协调，效率更高。科技进步不仅对生产力系统产生全面深刻的影响，同时也促进了意识形态领域的深刻变化，使社会朝着更稳定更有秩序的更高级的社会阶段前进，从而为社会生产力系统的发展提供一个良好的环境。比以上诸方面都更为重要的是，科技进步带来的上述各方面发生的变化有着积累的外溢效应，它更进一步加速科技进步，迅速提高生产效率，从而推动经济增长方式的转变。

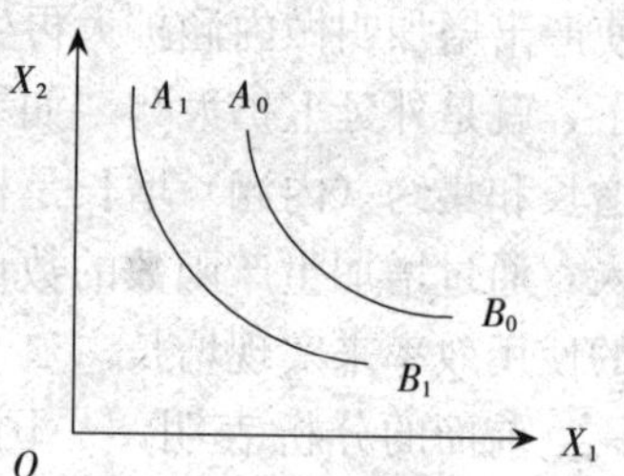


图 6-7　不同技术条件下的资源配置空间

从微观上看，科技进步促进增长方式转变的作用，主要是从生产过程的投入产出关系及这一过程中资源配置关系的变化而表现出来。也可以列为以下几点：①科技进步可抬高生产函数曲面，即技术性能的提高，同时科技进步和普及可使人们更好地掌握已有的技术，从而提高对技术使用的有效性，这两方面作用的结果是相同的，即提高资源的产出效应。②新技术的应用，可以突破现有的资源约束，拓宽资源的范围，如利用原来的生产废料作为新的生产资源，或是启用原生产条件下，无法使用的物质要素或信息要素，形成新的经济增长源。

这些都必然带来生产效率的提高和增长方式的集约化。③新科技的应用，拓宽了资源的配置空间，从而可得到更大的资源配置的可能性空间。这种变化不仅使资源投入数量减少，同时还有两种资源的可替代的数量范围扩大（即扩大了技术选择的空间）。这将允许生产者根据资源的不同稀缺程度更有效地配置资源，提高资源的配置效率。如农业的立体栽培或套间作物方式的引进，使生产者有可能用较少的耕地，较多的劳动投入获得相同甚至更多的产出，实现劳动力对耕地的替代。科技进步对每个生产者的科技素质的影响，则又推动新技术不断得以应用，发挥其生产潜力。

转变增长方式意味着实现主要由生产效率提高来推动产出增长，而科技进步则是促进效率提高的主要途径。这种促进作用发生在微观领域，会使生产技术水平和技术效率得以提高，资源利用更充分。发生在宏观领域则使社会的科技水平提高，知识累积加速，使经济运行的管理调控系统运行效率提高，使资源在更广泛的领域得到优化配置。

## 三、增长方式转变的途径

从增长方式的数量化定义可知，它是由产出的增长率（$GY$），投入增长带来的产出增长率（$GI$）和要素使用效率的增长率（$GA$）三个因素中的任两个之间的数量比例关系所决定。一般而言 $GY$ 是由 $GI$ 和 $GA$ 所决定，但在某些情况下，$GY$ 是预先给定的增长目标（如总产值翻两番），由于 $GA$ 的增长难度较大，$GI$ 便成为达到增长目标的主要手段。然而 $GA$ 却是增长方式转变过程中的最关键因素。以下主要考察 $GA$ 对增长方式转变的影响。

由于在一个较为普遍的假设（广义的 Hicks 中性）条件下，广义技术进步率 $\delta$ 等价于总要素生产率（$TFP$）的增长率。为了行文的方便，我们将以广义技术进步率代替要素利用效率（$TFP$）的增长率。

用 $CRTP=GA/GY$ 表示增长方式的数量化指标，则当经济增长向集约型转变时，$CRTP$ 的值增大，当经济增长向粗放型退化时，$CRTP$ 的值减小。在不发生总要素生产率下降的前提下，增长方式向集约型转变有如下种可能的情况：

（1）$GA$ 不变，$GI$ 下降，则 $GY$ 下降，导致 $CRTP$ 上升；

（2）$GA$ 上升，$GI$ 不变，则 $GY$ 上升，导致 $CRTP$ 上升；

（3）$GA$ 上升，$GI$ 下降，则 $GY$ 的变化视前两者变化幅度的比例而定，但此时却一定有 $CRTP$ 上升；

（4）$GA$ 上升，$GI$ 上升，则 $GY$ 上升，此时，只有外延增长的科技进步弹性$>1$ 时，才有 $CRTP$ 上升；

（5）当 $GA$ 下降时，只要保持 $GA>0$，就意味着生产率在增长，但增长速度降低。在这种情况下只有 $GI$ 也降低，而且降幅大于 $GA$ 的降幅，才有 $CRTP$ 的上升，这时必然造成产出增长率 $GY$ 的大幅降低。

虽然在实际上，$GA$、$GI$、$GY$ 是相互联系的，其数量变化在很多情况下是联动的。我们这种形式上的划分，有助于认识增长方式转变的不同途径。以下让我们分析一下每种情况下的具体含义，并假定总投入的产出弹性不变。因此，$GI$ 与总投入增长率同步变化。

一般来说第一种情况较易于达到，这时只要保持目前农业科技投入的水平，取消对农产品增长的过大需求压力（取消刺激农业超速增长的各种手段，如产值增长目标等）。在市场经济条件下，生产者将会放慢传统要素投入增长的速度，降低外延增长的份额，寻求一种低增长高效率的发展途径。如美国在 1950—1983 年期间，农业产出的年均增长率仅为 1.33%，其中总要素生产率增长率达到 1.22%，贡献率为 91.73%，而总投入的增长率仅为 0.09%（S. M. Capalbo，1988）。中国农业虽不可能达到如此程度，但这种高效率低增长的方式，也确实是转变农业增长方式的一种可能途径。

第二种情况是在总投入增长基本保持不变的条件下，依靠科技进步实现农业的快速增长。这一种高增长、高效率的模式，在我国目前物质投入增长率水平仍旧很高的情况下，实践起来有较大的难度。这种模式不但要求有很高的科技投入水平（包括科技、开发、推广、应用等各环节上的相应投入），而且农业总投入的结构也必须进行相应的变化，向科技水平高的要素投入转移。要使这两方面得以实现，都需要一个相当的过程。而由于我国农业总投入的增长率一直较高，要继续保持这种增长速度也有一定的难度。

第三种情况是在农业总投入的增长速度下降的条件下，依靠科技进步水平的提高，来转变增长方式。这种途径在我国目前具有一定的可行性。原因之一是我国目前农业科技投入水平低、农业生产科技水平也低，只要适当增加农业的科技投入，特别是增加科研投入（研究表明，科研投资的边际产出远高于物质投入的边际产出），并在农业的科研、开发、推广应用等环节进行适当的组织，在目前水平上提高科技进步率，还是较容易达到的。而从农业投入角度看，劳动力和耕地的下降趋势是难以改变的，而很高的物质费用增长率（“八五”时期为 9.16%）也难长期维持，因此，投入增长率的下降，也将是未来农业发展所必然面临的问题。在这种情况下，农业产出的增长是不确定的，国家可根据国民经济发展的需要进行调节。

第四种情况是一种外延与内涵并存的增长类型。这是一种在经济高速增长时期才具有的增长特征。在这种情况下，要实现增长方式不断朝集约型发展，就必须使外延增长的科技进步弹性大于 1。也就是说，外延增长 1%，就必须使科技进步率提高 1%以上。这就要求新增投入（或新上项目）的科技含量很高，而且具有较强的辐射性和对已有投入的带动性。不仅自身效率很高，而且可带动其他的生产提高效率。这种情况一般存在于新生的高科技产业，而农业是一个传统的基础性产业，因此在我国目前的农业部门实现的可能性是不大的。

第五种情况是调整型增长。当农业遇到不利的发展环境，实用性强的新技术有效供给不足时，不仅会使农业投入增长的速度降低，也会降低农民对采用新生产技术的热情，最终引起科技进步率的下降。我国农业在“七五”期间的增长就属于这种情况，这期间全国农业科技进步率比“六五”时期下降 2.2 个百分点，总产值增长率下降 2.9 个百分点，因而可以推算由投入带来的增长率 GI 仅下降了 0.7 个百分点，小于 GA 下降的幅度，致使“七五”期间农业增长方式退化（CRTP 的值下降）。要在 GA 下降的情况下，取得增长方式向集约化转变，就必须大幅降低农业投入的增幅，从而造成农业产出增长的更大幅度的下降，无论从国民经济的稳定发展，12 亿人口的食物保障来看，或是从农业自身发展、农民收入增长来讲，都应极力避免这种情况的发生。

## 本 章 小 结

从内涵和外延两个方面去理解农业科技进步。农业科技进步包括多层含义，农业科技进步具有社会性、周期性、连续性、渐进性、效益外溢性和选择性的特点，农业技术进步可分为中性、资本节约型和劳动节约型的技术进步，各类型的技术进步均有其优缺点。中性技术进步包括“产出增长型”技术进步（希克斯中性)、“劳动增长型”技术进步（哈罗德中性）和“资本增长型”技术进步（索洛中性)。实践证明，农业科技进步，对农业生产发展和农业经济增长起着巨大的推动作用。

科技进步率即广义科技进步带来的经济增长率，对广义科技进步率的度量有两类基本方法，其一是经济计量学方法（又称为参数方法)，它通过对经济增长过程中投入产出关系——生产函数或成本函数的估计，来度量科技进步对经济增长的作用。第二类方法是综合指数法（亦称为非参数方法)，这种方法直接通过对总产出与总投入之比——总要素生产率的变化，衡量由于科技进步使总投入的生产效率提高，对经济增长的促进作用。

科技进步测定常用的生产函数有C-D生产函数、不变替代弹性（CES）生产函数、变替代弹性（VES）生产函数、超越对数生产函数。

运用科技进步率测定科技进步对经济增长的贡献份额。以1958—1972年中国台湾地区农业部门的实际总产值、劳动日和实际资本投入有关统计资料为例，建立C-D函数，测定该地区该时期的科技进步。

经济增长方式的选择，取决于科技进步、资源占有状况、对增长的需求压力，以及经济运行体制和运行的外部环境等许多因素的不同组合。而无论在任何一种组合中，科技进步都将是决定能否实现长期有效增长及决定增长方式的关键因素。也可以说，推进科技进步是实现增长方式转变最有效的途径。

## 复习思考题

1. 什么是农业科技进步？
2. 试述农业科技进步的特点。
3. 试述农业科技进步的类型。
4. 试述农业科技进步的作用。
5. 何谓农业科技进步率？科技进步率测定的方法有哪些？
6. 测定农业技术进步的理论依据是什么？
7. 收集所在地区的数据资料，建立C-D生产函数模型，并对该地区的技术进步进行测定和分析。

# 第七章　农业技术创新与扩散

**重点提示**：要求熟练掌握技术创新、农业技术创新、农业技术扩散、农业技术推广以及农业技术选择与采用等相关概念，在此基础上掌握农业技术创新的特点、过程以及影响因素，掌握农业技术扩散的相关理论及模型，会运用农业技术采用行为和决策模型，进而分析农业技术创新在实际生产中农户的决策行为，会运用相关理论知识解决我国农业生产中的实际问题。

## 第一节　技术创新

### 一、技术创新的概念

"创新"这个概念最早是由美籍奥地利经济学家阿洛伊斯·熊彼特提出的。他于1912年在其著作《经济发展理论》中首次提及创新理论。熊彼特认为技术创新的主体是"企业家"，企业家的职能就是组织创新与观念创新。他认为创新实质就是企业家对生产要素的重新组合，其目的是获得潜在的经济利润。熊彼特在其创新理论中提出了技术扩散的思想，比较详细地论述了社会对技术创新的"模仿"如何作用于经济发展周期。

在熊彼特看来，所谓"创新"就是要建立一种新的生产函数或者供应函数，把从未用过的生产要素和生产条件的新组合引进生产体系中去，即实现生产要素和生产条件的重新组合。熊彼特认为，创新包括下列五种情况：①开发新产品；②采用新的生产工艺；③开辟新的市场；④发现新的原料或半成品；⑤创建新的组织形式。创新的含义非常广泛，迄今为止，尚未形成一种统一的定义。在熊彼特之后，有很多国内外学者都在其基础上对创新的概念和理论做过系统的研究，如：

英国学者费里曼在《工业经济学》中将技术创新定义为新产品、新过程、新系统和新服务的首次商业化转化。20世纪80年代末，缪尔森对技术创新进行系统分析，他指出：当一种新思想和非连续性的技术活动，经过一段时间后，发展到实际和成功应用的程序，就是技术创新。我国学者傅家骥在《技术创新学》中指出，技术创新就是企业家抓住市场潜在盈利机会，以获取商业利润为目标，重新组织生产条件和要素，建立起效能更高强、效率更高和费用更低的生产经营系统，从而推出新产品、研发新生产（工艺）方法、开辟新市场、获取新原料或半成品供给来源或建立企业间新的组织，它包括科技、组织、商业和金融等一系列活动的综合过程[①]。

从他们对技术创新的定义看出，技术创新包括技术性的创新和非技术性的组织管理上的创新，因为这两者都能导致生产函数或者供应函数的变化。正是由于技术创新的涉及面广，

---

① 傅家骥．1998. 技术创新学［M］. 北京：清华大学出版社：13.

从不同角度去研究就会赋予技术创新不同的含义。我们从经济学的角度去考虑技术创新这个概念，则是指一种新产品、新工艺的思维构造的形成到商业化成功实现的完整过程。它主要包括新设想的产生与形成、产品的研究与开发、商业化生产与扩散等一系列活动。

## 二、技术创新的特征

人们对“技术创新”这个概念的理解最早是从经济与技术相结合的角度上认识的，是探讨技术创新在经济发展中的作用。因此，技术创新具有科技和经济两方面的特征：

**1. 思维性** 技术创新始于新思想、新设想的产生与形成，因此技术创新首先是一个思维活动的过程，具有思维性。技术创新必须要有创新意识，用全新的思维方式取代封闭的、僵化的和传统的思维定势，才能把技术创新推向更高的阶段。

**2. 创造性** 技术创新无论在理论上，还是在新技术或新工艺的开发、新产品的问世、新市场的开拓上都是创造性的结果，这种创造能力是人们把已经形成积累的知识与经验通过科学分析、加工和提炼，形成新的科学成果。

**3. 阶段性** 技术创新从新思想的构思，到新产品的研发再到新产品的首次商业化生产与扩散，具有明显的阶段性特征。一般来说，技术创新过程可以分为三个阶段：第一阶段主要是新思想的形成阶段，它是技术创新的先导。第二阶段主要是新产品的开发、新工艺的采用阶段，它是技术创新的实践性阶段。第三阶段主要是新产品、新工艺的商业化应用以及在社会上的扩散与采用，它是技术创新的应用性阶段。

**4. 应用性** 技术创新的最终目标是其成果的广泛应用。在技术创新的过程中，只有实现商业化生产并在社会上形成扩散，转化为现实的生产力，才能实现技术创新的价值，才能产生经济利润，才能产生社会效益。

**5. 周期性** 市场经济的发展具有“繁荣—危机—萧条—复苏”的周期性行为，决定这种周期过程的重要因素就是了技术创新。技术创新是经济发展的原动力，伴随着经济从“波谷”走向“波峰”的周期性涨落，其具有内在的周期性规律。

**6. 风险性** 技术创新从经济学意义上讲，是一种蕴含不确定性的经济行为，具有相当大的风险。这是由于在市场经济条件下的创新活动具有许多不确定性的因素，使技术创新的成功的概率小于失败的概率，使技术创新呈现高风险性。

## 三、技术创新的分类

技术创新涉及面广，是个十分复杂的行为过程，主要的分类介绍如下：

### （一）按技术创新的内容分类

按技术创新的内容来划分，技术创新可以分为：

**1. 产品创新** 产品创新主要是指企业为满足不断变化的市场需要，提高其经济效益，在市场上首次推出新产品的过程。这些产品在技术上有所改变，它可以是内在性的变化，如性能的提高，也可以是外在性的改变，如外观、包装的改进，还可以是性能、外观等完全不同的新产品。

**2. 工艺创新**　工艺创新主要指生产产品的技术和工艺的改进或变革，可以是生产工艺的创新，也可以是生产设备技术的创新，还可以是管理技术的创新。我们可以根据工艺创新的程度，又可以把工艺创新分为全新的工艺创新和改进的工艺创新。工艺创新一方面是为了推出某种新产品或产品技术创新而进行的，另一方面，通过工艺创新，促进产品创新，提高产品质量，改善产品生产效益。同时，对于某些行业来说，其产品创新同时又是另一行业的工艺创新。因此，工艺创新与产品创新二者存在一定的联系。

**3. 服务创新**　服务创新是指新的思想、新的生产技术转变成新的服务。由于熊彼特所处在的时代特点，他并未对此进行归类，但是随着第三产业的迅猛发展，特别是以信息产业为代表的服务业的不断壮大，第三产业在国民生产中的比重不断增大，因此，服务创新的作用日益突出，我们应该对服务创新给予更多的关注。

### （二）按技术创新的程度划分

按技术创新的程度，技术创新可以分为：

**1. 渐进性创新**　渐进性创新是对现有产品或生产要素的改进，使其产品性能得到提高。尽管单独这种创新并不是技术上的突破，只是小创新，但是对各种生产要素的使用效率的改进是非常重要的，它通过产品和服务的改进而反映在投入产出的关系上。同时，许多大的、根本性的创新都是由许多小的创新积累而成的。许多渐进性创新对生产率稳定增长起着重要的作用

**2. 根本性创新**　根本性创新是指在技术上有根本上的突破，是一种非连续事件，其特点是经历时间长，但是一旦成功后，新产品被引入市场，将对经济发展产生重大的影响，同时将会引发出许多创新，引起产业结构发生深刻变革，带来显著的经济效益。

**3. 技术体系的变革**　技术体系的变革并不是单独一项的创新，是一系列技术上相关联的创新的组合，包含着渐进性创新和根本性创新，是一种影响深远的技术变革，往往伴随着对许多众厂商有影响的机构创新和管理创新。这种新变革的产生会对若干经济领域产生影响。

**4. 技术经济模式的变革**　技术经济模式是相互关联的产品和工艺、技术、组织、管理创新的结合。它是先进的技术与经济优势的一种新的组合。这种变革不仅包括许多渐进性创新和根本性创新，还包含若干新技术体系的变化。它的变革将产生更深远的影响，直接或间接地影响每一个经济领域。

## 第二节　农业技术创新

### 一、农业技术创新的概念

在当前日益激烈的经济竞争中，农业技术创新对于提高农产品国际竞争力起到关键性作用。在技术创新这个概念产生的近 100 年里，对农业技术创新的概念并未有统一的定义，不同学者对农业技术创新的界定也不相同。我国对农业技术创新的研究起步比较晚，对其界定大体上可以分为两类：一类是强调了技术创新的本义；另一类则是强调了技术创新的过程。

### （一）从技术创新的本义来看

白献晓、薛喜梅（2002）认为农业技术创新是将农业技术发明应用到农业经济活动中所引起的农业的生产要素的重新组合，它主要包括新产品或生产方法的研究开发、试验推广、生产应用和扩散等一系列关联的技术发展过程。

陈会英、周衍平（2002）从狭义的方面定义了农业技术创新，他们认为农业技术创新是指农业科技成果（如新产品、新设计、新工艺）在农业生产实践中首次应用成功。

### （二）从技术创新的过程来说

夏恩君、顾焕章（1995）认为，农业技术创新是一个从新的农产品或生产方法的设想的产生，到普通推广应用的完整过程，它包括从新思想的产生、研究、开发、商业化生产到扩散的一系列活动的过程。

顾海英（1997）认为，农业技术创新包含着几个相互依存、相互融合的基本过程。即农业技术创新是一个不断构思、研究与开发新的农业科研成果的过程，是一个不断把新的农业科研成果应用到农业生产实践中去，重新组合原有农业技术，并通过市场应用先进的物质设备和有效配置资源的手段把农业新构思、新技术和原有生产要素（投入物）转变成新的农艺和新的农产品的长期增值，不断提高农业生产、社会经济、生态效益的过程。

邵建成（2002）认为，农业技术创新的含义有微观和宏观两方面。从微观的方面讲，农业技术创新是指农业技术与农业经济相互促进和相互转化的过程。它既包括农业新技术的研究、获取与掌握，又包含农业新技术的扩散、转移和渗透，还包括农产品市场的开拓、售后服务以及改进创新。从宏观方面讲，农业技术创新是指由一系列公共机构（农业高等院校、国家农业科研机构、国家农业重点实验室等）和农业经济组织构成的系统或网络。这些机构相互联系、相互作用，相互影响，其协调性与整合性的程度决定整个国家农业技术创新与扩散的能力。

根据以上不同学者从不同角度对农业技术创新的认识，我们可以对农业技术经济作如下简单的定义：农业技术经济创新是指新的农业科技成果（新产品、新工艺）从产生到应用到农业生产实践中的过程，它包括新思想的产生、研究开发、商业化生产到扩散等一系列复杂的创造过程。根据农业技术创新的特点，农业技术创新的行为主体主要包括：政府、农业科研机构（包括高等农业院校）、农业技术推广与中介服务机构、农业企业以及农民。由于农业技术创新是个复杂的过程，因此，各行为主体只有通过互相学习和信息、交流人才，抓住各种潜在的技术市场和需求机会，促使农业技术的扩散与创新，进而促进生产要素的重组，提高农业生产效率。

## 二、农业技术创新的特点

农业技术创新具有如下的特点：

**1. 农业技术创新具有阶段性和主体多样性**　农业技术创新是生产要素和生产条件的重新组合，是一个连续的、多步骤的、主体多元性的过程，这些过程彼此关联，相互作用，共同推动农业技术创新活动。农业技术创新可以分为三个阶段，不同阶段所参与的主体也呈现多样性：第一阶段主要是农业新技术的研究、实验与开发，其主体主要是农业高等院校和农业科研机构；第二阶段主要是农业新技术的推广，其主体是政府与农业技术推广与中介服务机构；第三阶段主要是农业新技术的采用与扩散，其主体是农业企业与农民。

**2. 农业技术创新具有生物性和周期性长的特性** 农业技术创新受到农业的生物学特性的限制，它必须顺应动植物生长发育的自然规律，具有生物性特点。与工业部门的技术创新一样，农业技术创新从构思、设计、实验，到正式的研发，再到最后商业化生产和社会化扩散，需要一段比较长的时间，此外，由于农业技术创新还受到自然条件和生物本身特性的限制以及农民素质较低，因此农业技术创新所花费的时间将会比工业部门的技术创新更长。

**3. 农业技术创新具有风险性** 农业技术创新从构思到研制、实施再到商业化生产的过程是一种探索活动，受到技术水平和人们认识能力局限的限制，具有超前研究的不确定性，同时农业技术创新又受到自然条件的约束和限制，这使得农业技术创新存在较大的不确定性。此外，还有创新成果市场的不确定性所导致的农业技术创新的不确定性，这种不确定性特征决定了创新的高风险性，属于投机性风险，需要建立风险防范机制，能起到防范、处理和化解这种风险的作用。

**4. 农业技术创新具有公共产品性** 公共物品时指能够同时提供许多人共同享有，满足其需求的物品，并且提供该物品的成本不随享用人的数量增多而变化。它具有消费的非排他性和非竞争性。农业技术创新具有公共产品性，即农业技术创新具有非竞争性与非排他性。这种公共产品性主要是由于：第一，我国农业生产的规模小、较分散，大多数农业生产技术创新成果具有很强的通用性，保密性较差，容易被模仿。第二，农业功能的多样性决定了农业技术创新成果在使用上存在非排他性的特点。第三，农业技术创新的潜在有效需求较大，但现实有效需求明显不足，光靠市场的刺激没法达到推动农业技术创新的发展的效果。第四，农业技术创新收到自然规律和经济规律的双重制约，周期长、风险大，需要政府的介入和支持。

## 三、农业技术创新的过程

由以上对农业技术创新概念的界定来看，农业技术创新是一个复杂的创造过程，它是一个新的农业科技成果（新产品、新工艺）从产生到应用到农业生产实践中的过程，它包括新思想的产生、新产品的研究开发、商业化生产到扩散等一系列复杂的创造过程。它具有明显的阶段性，可以划分为以下几个部分：

**1. 准备阶段** 农业科技工作者根据农业生产实际，储备农业科学知识和先进农业技术以及其他科学知识，积累能够解决未来农业发展问题的、具有高新水平的技术成果。这些技术知识除了包括农业科学和先进农业技术以外，还包括民间技能和传统技术。就全世界范围来看，农业科技知识储备大都掌握在一些国际农业研究中心和各国农业研究与推广机构手中，我们需要加强学术交流，为农业技术创新创造条件。

**2. 研发、试验阶段** 在这一阶段，利用储备的科学知识、技术，形成具有所需的功能的各项新技术成果，并对这些技术成果进行试验。它包括三个步骤：第一，技术生产。它是指将储备的科学知识、技术，甚至是民间工艺都融入到一起，形成符合某项可利用的功能或用途的一种形式。它可以是一种产品，如种子，也可以是一项技术措施，如无土栽培；第二，技术试验。在实验室条件下对新技术成果进行小规模、小范围的试验，以便完善各项技术成果；第三，技术适应。将这些成果进行小批量生产，将其带出实验室，转移到其他条件下进行测试，以便能够更好地适应现实的农作体系。

**3. 技术一体化**　技术一体化是指一项新技术成果能够适用于现行的农作体系，并且融会于其中。在这一阶段，主要将这一技术同生产系统联系起来，同农业生产要素市场、农业产品市场相融合，实现与国家政策相结合。

**4. 技术传播与推广**　在这一阶段主要向农民提供新技术信息和帮助他们解决怎样使新技术适用于他们的农作体系，实现农业新技术的扩散与采用。一般情况下，农民自身可以通过他们的亲族关系和其他社会体系建立一股强大的力量来促进或者阻止技术扩散行为的进行。农民的这种创新行为的原动力在没有得到研究与推广人员的帮助时，就已经对许多技术扩散产生了影响，因此，农业技术推广机构可以借助农民这种创新行为的原动力并激励它，这对新技术的扩散和采用是最有效的。

## 四、影响农业技术创新的因素

农业技术创新过程是从新技术的产生到技术普遍应用的过程，它所涉及的范围广，影响因素也较多，主要有以下几个方面：它既受到技术供给和需求影响以及各行为主体的利益取向影响，又受到农业科技、教育文化等环境、政策的影响，还受到金融信贷、资源禀赋等社会条件限制。

**1. 市场需求规模**　农业技术创新的市场需求规模主要是对农业科技的有效需求而言的。农业技术创新行为是否成功是由农业科技有效需求强弱决定：农业科技有效需求高，农业技术创新行为成功的可能性就高，反之，农业科技有效需求低，则农业技术创新行为成功的可能性就低。从我国当前的情况来看，我国的农业科技需求不足，特别是对低收入农户来说，缺乏有效需求，从而限制了我国农业技术创新行为。

**2. 技术创新行为产生的预期收益**　进行农业技术创新必须要有明确的经济目的和效益目标，这也决定了农业技术创新的发生必将使其行为主体获得较好的预期收益。在追求预期收益的动力驱动下，使其行为主体不断采用新技术，努力提高农业生产力水平，进而推动农业技术创新。此外，市场潜在利益也是促进农业技术创新部门开展技术创新的动力。但是，农业技术创新具有风险性，而我国目前农业风险投资机制没有形成，加上农民的文化素质限制等，使得农业生产者对技术创新行为所能产生的预期收益信心不足，从而阻碍了我国农业技术创新的进程。

**3. 技术创新政策环境**　政府是农业技术创新的行为主体之一，通过政策对农业技术创新环境进行干预是政府干预农业技术创新的手段之一。政府一方面可以加大科研投入力度，通过提供资金，人力和技术的帮助来推动农业技术创新。从国际经验看，发展中国家农业科研投资占农业总产值的适宜比例为1%～2%，而目前我国远低于这一科研投入水平，制约了农业技术创新的进程。另一方面又可以通过政府购买、合同的方式拉动对创新产品的需求，同时，政府也可以通过税收、专利等政策为农业技术创新创造一个好的环境。

**4. 金融信贷与资源禀赋**　从农业技术创新的国际经验来看，农业技术创新遵循一定的规律，朝着节约相对稀缺生产要素的方向发展，受资源禀赋的限制。土地资源的状况、劳动力供给、工业化程度、地区经济发展水平等都会对农业技术创新产生影响。目前，我国的农村金融市场和农业信贷系统远不能适应农业技术创新的需求，阻碍我国的农业技术创新的发展。

## 五、农业技术创新与我国农业发展

### （一）我国农业技术创新的模式以及实现途径

根据我国农业的特点，农业技术创新有两种基本模式，一种是政府供给主导型农业技术创新：农业资源→农业技术创新→农业技术扩散→农业技术需求→供求平衡。另一种是农户需求主导型技术创新：农产品需求→农业技术需求→农业技术创新→农业技术扩散→农业技术供给。从当前我国的实际情况来看，由于市场经济体制的不完善，信息的不对称性使得农户对市场的信息掌握得不够全面，同时市场对农业技术创新的自组织能力还比较弱，技术创新与技术采用不成比例，农业对农业技术的需求不够主动，农业产业化程度不高，这些决定了我国主要以政府主导型农业技术创新模式为主①，如图 7-1 所示：

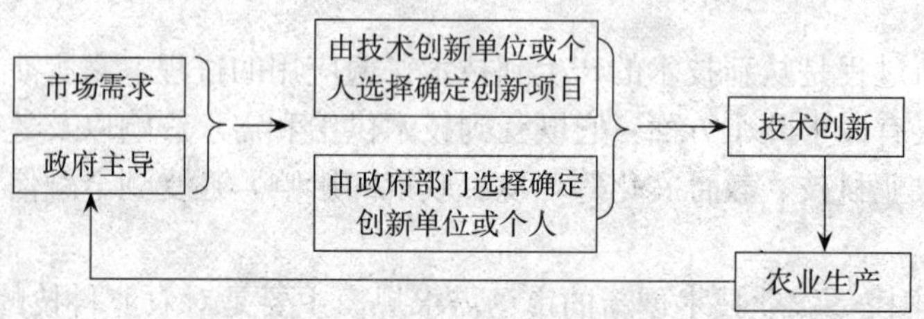


图 7-1　我国农业技术创新模式

为了加快我国农业现代化建设，促进农业的可持续发展，实现农业技术创新，必须加强以下几个方面的工作：首先，加强农业科技研究。要加强生物技术的基础性研究，加强农业重大技术的应用研究，以及农用工业的研究。同时，还应该加强农业国际交流与合作，积极引进国外先进农业技术成果，促进我国农业技术创新。其次，推广农业先进实用技术。推广与普及先进实用技术是实现农业现代化的关键，也是将科研成果转化为农业现实生产力的重要环节。加快农业技术推广，必须巩固和发展农技推广专门机构和专业队伍，健全农技推广体系，保证农技推广经费。第三，提高龙头企业技术水平。龙头企业是一个地区经济发展的支柱，是农业产业化发展的动力和农业发展的出路。龙头企业的巩固和发展很大程度上取决于技术水平的发展。因此，提高龙头企业的技术水平有助于实现农业产业化，促进农业发展和农业技术创新。第四，深化农业科技体制改革。深化农业科技体制的改革，要实行农科教结合和产学研一体化，促进科技与农业好农村经济的紧密结合，建立适应社会主义市场经济体制，符合农村特点和科技发展规律的农村科技体制，加快科技成果的转化，调动科技人员的积极性，为农业技术创新创造良好的环境。第五，加强农民技术培训。农民科学文化素质的提高有助于实现加快农业科技成果的转化，提高农业现实生产率。因此，加强对农业生产者的技术和技能培训，提高

① 王雅鹏．2003．农业技术经济学［M］．北京：高等教育出版社：81.

农村劳动力素质，是发展农业现代化的一项重大举措。

### （二）现代农业技术创新与我国农业发展

在新中国成立后，我国农业科学技术取得了重大的发展，对传统农业技术的改造与农业技术创新取得的成就有目共睹。我国农业技术创新的成就主要体现在这几个方面[①]：

**1. 逐步完善了农业教育、科研与推广体系**　新中国成立，我国农业教育方面有较大的发展，已基本形成多层次、多种类、多形式的农业教育体系，截至2010年年底我国已有高等农业院校81所，在校本科学生598 385人，农学类在校研究生数45 273万人[②]。此外，还有超过千所的各类培训学校，每年培养出成千上万的农业科技人员，使我国农业在各层次、各领域都有充足的后备力量。据第二次农业普查结果，截止到2006年末，全国共有农业技术人员207万人，其中，在农业生产经营单位中从业的94万人。按职称分，高、中、初级农业技术人员分别为12万人、46万人和149万人。在农业科研机构方面，全国各个地区都分别建立了农科院、农科所，使我国科研体系形成了由民营、县、地区（市）、省到国家的多层次的结构[③]。

**2. 取得许多大量的先进实用的农业科技成果**　农业科技成果主要表现在农作物的品种改良和繁育上。品种改良，包括杂种优势的利用，是作物及畜禽生产中应用最广泛和最经济有效的重要增产途径。新中国成立以来我国的农作物几乎每隔10年左右就进行一次大的更新。据农业部统计，2006年，我国水稻、小麦、玉米、大豆四大粮食品种优质率分别达到69%、55%，42%和66%[④]；主要粮食作物品种从改革开放以来，已实现3～4次大更新，粮食亩产到2009年已经达到363kg，总产量到2009年达到53 082.1亿t[⑤]。

农业生产技术创新主要体现在农业生产工具的变革与农用化学制品的技术创新上。一方面，新中国成立以来，我国农业生产工具革新的主要方面是实现了机械化。农业机械化发展对农业品的产量增收起到了重要作用，推动我国农业的现代化发展。到2011年，全国农机总动力达到9.7亿kW，农机作业水平持续提高，耕种收综合机械化水平达到54.5%，比2003年末增加22个百分点。另一方面，我国的农业化学制品也从单一的化肥发展到种类齐全的农业制品，有调剂品、添加剂、塑料薄膜等，为我国农业发展提供有力的物质支持。第二次农业普查显示，2006年末，全国温室面积8.1万 $hm^2$，大棚面积46.5万 $hm^2$，中小棚面积23.1万 $hm^2$。2006年度，在温室和大棚中，种植蔬菜72.3万 $hm^2$，食用菌4.6万 $hm^2$，水果13.7万 $hm^2$，园艺苗木47万 $hm^2$。

**3. 高新农业技术创新成果丰富**　新中国成立以后，我国的农业技术创新不断涌现，在农业生产的应用基础的研究和在生产实践上都取得很大的进展，获得一批又一批的富有价值的创新成果，其中一些已达到国际先进水平，成绩十分显著。超级稻、杂交玉米、转基因抗虫棉、杂交油菜、地膜覆盖技术等一大批突破性科技成果的研发和推广应用，使主要农作物良种覆盖率达到95%以上，大大提高了粮棉油等大宗农作物的生产能力。在取得重大成就

---

① 何忠伟.2003.现代农业技术的经济分析［M］.北京：中国农业出版社：22-27.

② 数据来源：2010中国教育年鉴［M］.北京：人民教育出版社.

③④ 数据来源：第二次全国农业普查主要数据公报（第二号）［EB/OL］，http：//www.stats.gov.cn/tjgb/nypcgb/qgnypcgb/t20080222_402463937.htm.

⑤ 数据来源：2010中国统计年鉴［M］.北京：中国统计出版社.

的同时，我们也对农业技术创新成果进行较系统的总结和概括，为进一步的农业技术创新获取宝贵的经验。

# 第三节　农业技术扩散理论

## 一、农业技术扩散概述

农业技术扩散不仅是技术问题，而且属于社会经济问题。当一项新技术从一个区域扩散到另一个区域并被有效引入农业生产过程，将会带动整个农业技术的发展，从而促进地区技术进步，加快经济增长，并推动社会进步。

### （一）农业技术扩散的内涵

一项新技术一旦进入市场，被某一用户首次采用后，就有可能被其他用户采纳吸收，即被模仿。经济学上将这种现象称为技术创新的扩散。一项新技术的产生，能否在经济领域内发挥其作用，要看它是否能够被继续利用并迅速扩散。技术扩散是指技术创新通过市场或非市场渠道的传播，使创新的产品、技术被其他生产单位（包括企业和个人）通过合法手段采用的过程，它是技术的时空传播、渗透和交叉。它包括两方面的含义：一方面，新技术创新之后的继续利用，即生产企业或个人把技术创新成果继续应用于生产的过程；另一方面，新技术创新之后，新技术的采用者不断增加，即新技术采用者的人数、单位和区域不断增加。从本质上说，农业技术扩散是农业生产技术现代化的过程，是建立“高产、优质、高效”农业的过程，是农业科技成果转化为生产力的过程。它是一个动态渗透的过程，它所涉及的部门和人员较多，包括农业技术创新者、农业技术推广者、农业技术的接收者、农业技术的管理者，以及中介服务机构等。此外，农业技术扩散具有较大的风险，离不开农业社会化服务体系的支撑。

### （二）农业技术扩散的规律

大量关于农业技术扩散的实证研究表明新技术扩散过程呈现 *S* 型曲线，即已采纳新技术的潜在使用者占所有潜在使用者的比例随时间呈现 *S* 型曲线变化①。如图 7-2② 所示，可以把农业技术扩散划分为三个部分：①关键阶段 *AB*。当一项新技术被研制出来后，采用者人数会逐渐递增。这一阶段是农业新技术能否取得成功的关键阶段。②递增阶段 *BC*。在这一阶段，会有越来越多的人采用该项新技术，

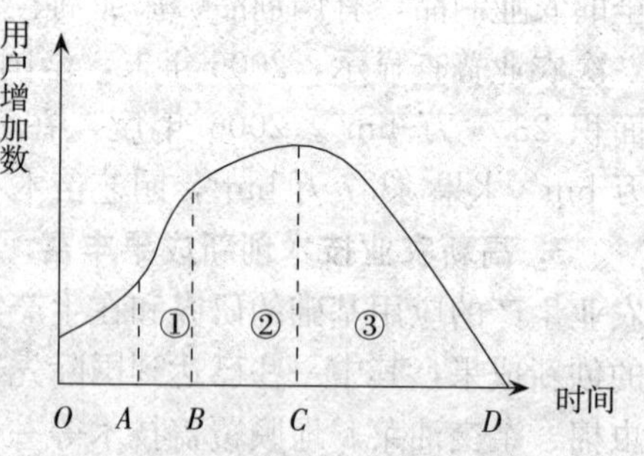

图 7-2　农业技术扩散阶段划分示意图

技术扩散的速度明显加快。③递减阶段 *CD*。在前两个阶段，由于利润的驱动，使用该项新技术的人数在增多，但是随着使用该技术的人数不断增加，新产品的价格不断下跌，而相应

① 孟令杰．2007．农业技术经济学［M］．北京：中国农业出版社：213.

② 孟令杰．2007．农业技术经济学［M］．北京：中国农业出版社：215.

的投入品的价格却不断上涨，使得采用该技术的利润下降，于是采用者人数呈现递减趋势。

### （三）农业技术扩散的速度

农业技术扩散的速度是用来衡量技术传播快慢的指标。可以从横向转化速度（TS）和纵向转化速度（VS）这两个不同侧面来反映技术扩散速度：横向转化速度（TS）是用来衡量单项技术在空间范围扩散快慢的速度概念，它反映在一个较大区域中，从技术已经被使用并向周围渗透、传播的快慢指标；纵向转化速度（VS）是用来衡量单项技术从其产生到已被实际应用这个过程时间长短快慢的指标，它反映某项技术从成果发源地，经过各种阶段，通过一系列传输过程，到被某一地区的农民实际采用所经历时间的长短快慢。其公式分别为：

$$\text{横向扩散速度}(TS)=\frac{\text{扩散度增量}}{\text{时间增量}} \tag{7.1}$$

$$\text{纵向扩散速度}(VS)=\frac{1}{\text{科研成果产生到已被实际应用的时间(年)}} \tag{7.2}$$

其中，

$$\text{扩散度}=\frac{\text{实际扩散规模}}{\text{应扩散规模}}\times 100\% \tag{7.3}$$

式中："扩散度"是来反映技术扩散的程度，即某项技术在空间分布状况。"应扩散规模"是指在"适宜扩散规模"中剔除同类成果所占的规模。"已被实际应用"一般说来应该根据不同的技术和不同的地区来确定，也可按照国家科技部的统计口径来定："凡一项农业技术成果的扩散度等于或超过20%，则判定该项技术成果'已被实际应用'"。对某项技术在特定区域的扩散，纵向转化速度为一常数，而随着技术的不同或研究区域不同，则纵向转化速度也随之发生变化，其速度随之发生变化。

### （四）农业技术扩散的运行机制

在农业技术扩散的总过程中，各大科研机构、大专院校以及相关机构充当信息源的角色，为信息传播者提供信息来源。信息传播者通过一定渠道向信息接受者（主要指农民）传播信息。其中，信息传播者是指收集信息、传播发散信息的个人和群体组合；信息主要是指农业科研成果以及各种有用的农业信息。技术扩散可以分为三个子过程：①供给子过程。在这个过程中从因地制宜的原则出发，对技术创新成果进行试验、示范，引起农户的采用欲望，拉动新技术的需求。②采用子过程。技术采用一般需要经过这几个阶段：认识→产生兴趣→使用、评估→采用或放弃。③交流子过程。技术供给方与技术采用方进行新技术信息的交流，实现技术扩散。

## 二、农业技术扩散的基本理论与模型

国内外学者从不同角度对农业技术扩散进行分析，提出不同的理论：

### （一）技术扩散相关的理论

**1. 熊彼特理论**　熊彼特认为，一项技术创新是通过对该技术的模仿来实现具体扩散，技术扩散又引起经济活动的长期波动。在经济处于循环的波谷时，最先应用新技术的企业家获得了利润，致使他人纷纷效仿，从而提高了技术扩散的水平，经济开始繁荣；随着新技术被越来越多人的采用，该技术带来的赢利能力逐渐下降，技术扩散的速度减慢，经济进入萧条期，又促使新技术的出现，经济进入再一次波动。

**2. 曼斯菲尔德理论** 他是从部门内采用新技术的企业的数量上进行研究，而不是研究新技术的采用程度。他认为，决定部门内采用新技术的企业数量的增加与下列因素有关：①模仿比率；②采用新技术所需的投资；③采用新技术获取的利润；④企业的流动性；⑤采用新技术的相对赢利率。并得出了结论：①具有高预期利润和低投资的技术扩散快；②从新技术中获取较高利润的部门会将新技术较快地扩散开来；③某部门技术存量的耐久性、销售量的增长速度以及部门发展在商业周期中所处的阶段都会影响技术扩散速度。

**3. 生命周期理论** 以荷兰经济学家冯·丹为代表的学者认为，技术创新经历了技术介绍、技术扩散、技术成熟、技术衰退四个阶段，其中技术扩散最为重要。在技术扩散阶段，随着新产品的需求不断增加，其利润会不断提高，进而带动生产的进一步扩大，又通过经济结构内乘数加速器的作用，带动经济高速发展。

**4. 国际技术转让理论** 该理论认为，新技术的扩散受技术转让方所做出的决策影响：一国企业在拥有区位优势又控制技术专有权的时候，一般选择对外直接投资；当一国企业不具备区位优势时，一般选择出口贸易；一国企业不具备区位优势，同时又在内部交易市场不具备一定规模，该企业才选择技术转让。

**5. 经营规模理论** 该理论从生产单位的经营规模的角度来研究，认为技术扩散与经营规模存在密切的关系，而经营规模又与经济效益关系密切：当经营规模过大或过小都会因为成本过高，使得经营效益变差，不利于技术的扩散；只有当经营规模适中时，才有利于技术的平稳扩散。

**6. 博弈论** 近些年，技术扩散的研究领域越来越宽，一些学者也将博弈论引入技术扩散的研究中。该理论认为，随着技术的扩散，引进新技术带来的收益将发生变化，这样就存在一个均衡，使得各个企业在不同时期采用新技术，从而影响技术扩散的速度。技术扩散是垄断性博弈对策的结果，新技术的潜在使用者通过博弈对策确定使用新技术的时间。

### （二）技术扩散的基本模型——S 形扩散模型

曼斯菲尔德于 1961 年提出了著名的 S 形扩散模型，他创造性地将传染病模型与逻辑斯蒂增长模型运用于扩散研究中，开创了对扩散问题研究的宏观、定量分析。他用创新的企业数或已采用新技术的企业与潜在的新技术的采用者的比率来表示扩散的速度，并假定所有潜在的新技术采用者除了采用新技术的时间不同外，再无其他任何差别；同时还假定了扩散环境的不变性和技术创新的一次性。其模型如下：

设 $m$ 为新技术潜在采用者总数，$N(t)$ 表示在 $t$ 时刻累积的新技术采用者数；$n(t)$ 表示 $t$ 时刻新技术采用者数；$E$ 表示赢利预期；$L$ 表示初次使用新技术时间；$C$ 表示企业流动性；$I$ 表示企业规模，则有以下公式：

$$\frac{N(t+1)-N(t)}{m-N(t)}=h(E,C,I,L,N(t)/m) \qquad (7.4)$$

对等式右边的 $h$ 函数进行泰勒级数展开，并用微分方程整理，得：

$$n(t)=\frac{\mathrm{d}N(t)}{\mathrm{d}t}=(a+b\frac{N(t)}{m})(m-N(t)) \tag{7.5}$$

其中，$a$ 为 $h$ 函数的泰勒级数展开的常数项，$b=c_0+c_1E+c_2C+c_3I+c_4L+\varepsilon$，令 $a=0$（表示技术扩散过程纯为模仿而采用新技术）并通过解上述微分方程，可得曼斯菲尔德模型：

$$\frac{N(t)}{m}=\frac{1}{(1+ce^{bt})} \tag{7.6}$$

式中：$c$——积分常数。

其结论有：

(1) 企业内的技术扩散曲线呈S形；

(2) 技术扩散速度 $b$ 是赢利预期 $E$、初次使用新技术时间 $L$、企业流动性 $C$ 以及企业规模 $I$ 的线性函数；

(3) 一个企业在实践 $T$ 内应用新技术的水平与赢利预期 $E$、初次使用新技术时间 $L$、企业流动性 $C$. 企业规模 $I$ 以及技术扩散后技术采用者总数 $m$ 成正比。

虽然该模型具有较好的模型分析性质，该理论也存在一些缺陷：

(1) 该模型的拐点只出现在累积技术采用者数小于潜在技术采用者总数的1/2处，且扩散曲线在时间区间［0，$T$］与［$T$，$2T$］是对称的；

(2) 该模型假定 $m$ 在整个扩散期内是保持不变的；

(3) 该模型假定创新的特点是不随时间变化的，即一次性的；

(4) 该模型没有考虑市场策略对新技术扩散的影响。

## 三、农业技术推广

与农业技术扩散不同，农业技术推广是一种有目的、有组织的活动。农业技术扩散是农业技术推广的结果，它可通过农业技术推广来实现，而农业技术推广是农业技术扩散的加速器。

### （一）农业技术推广的概念

由于世界各国历史特征、国情不一样，很难对农业推广下一个确切的定义。农业推广的涵义随时间、空间的不同而不同。但是，每一种含义都在不同程度上反映农业推广的基本要素，为各国提供了可选择的推广方式。可以将其划分为狭义和广义的农业推广：

**1. 狭义的农业推广**　狭义的农业推广范围狭小，是对农事生产的指导。它是指把大学和科研机构的科研成果通过适当的方式介绍给农民，增加农民的知识和技能，并应用在生产中，从而提高农业产量，增加农民收入。

**2. 广义的农业推广**　广义的农业推广工作范围广，是以农村发展需要为依据。它是通过教育的方式，将有用的信息传递给农民，帮助农民获得必要的知识、技能和观念来有效地利用信息和技术，增加农民收入，改善农民实际生活质量，促进农村社会经济发展。总的来说，广义的农业推广强调教育过程。

随着农业经济的发展，农业技术推广的界定范围逐步包含农业推广。因此，可将农业技术推广理解为农业技术人员通过有目的的宣传活动，帮助农民获得必要的信息、知识、技能，使农民掌握新技术的具体操作过程及相关知识。农业技术推广有利于农民改善生产条件，提高产品质量，增加收入，改善生活质量，促进农村社会经济发展。

## （二）中国的农业推广体系

我国的农业推广机构建立于20世纪50年代初期。随着我国社会主义市场经济的发展，我国农村经济形势发生了重大变化。我国农业技术推广主体呈现多元化发展的趋势，已经形成了政府技术推广机构为主体，专群结合的农业技术推广体系，主要包括政府主导型体系、民营推广组织和私人推广组织三种类型。此外，新型农业产业组织不断发育，农民专业技术协会开始成为我国农业技术推广体系中的新生力量。随之涌现出了多种农业技术推广形式，最具代表性的是科技特派员制度、农业星火科技专家大院和农村信息化技术服务（农技“110”、网络医院）等农村技术推广服务形式。

**1. 现行农业技术推广机构的现状** 改革开放以来，中国的农业技术推广体系建设取得了明显的进展，初步形成了从中央到省、地、县、乡多层次、多功能的农业技术推广体系，为农业科技成果转化、促进农业和农村经济发展作出了新的贡献。我国农业技术推广机构是从中央到乡镇的五级推广网络，在中央层次，设有农业部直属事业单位——全国农业技术推广服务中心；省和市级这两个层次履行与国家层次相对应的职责；县乡两级的农业技术推广部门是直接面向农民、为农民服务的基层农业技术推广机构，是当前政府农业技术推广机构的基础。截至2003年年底，全国县乡两级共有推广机构15.1万个，其中县级2.37万个，乡级约12.75万个；有农技推广人员100.78万人，其中，县级推广人员33.4万人，乡级农技推广人员67.4万人；乡镇农业“五站”现有国家编制内农技人员60.8万人。与此同时，全国有40多万个村设立了服务组织，还有10多万个农村专业技术协会和数百万个科技示范户场①。

**2. 科研单位、教育单位、其他单位组织的推广活动** 农业科研单位和教育单位是农业科研成果的创造者，它们为了将自己的科研成果转化为现实的生产力，主动投身到农业生产第一线，为农业技术推广做出重要贡献。它们主要是通过与地方政府或农业合作经济组织订立合同、与涉农企业组织联合、建立示范基地、选派科技特派员等形式进行技术推广。

农业合作经济组织是以家庭承包经营为基础，追求高收益的经营组织。它主要是通过加强与农业科研单位和农业教育单位合作，引进科技人员作顾问，主动寻求并积极采用新技术，实现农业技术的推广。农业合作经济组织有效得弥补了乡镇农业技术推广机构到村级单位的推广缺位现象。

涉农企、事业单位依据其自身对市场行情与动态的把握，进行新技术的引进和推广。它掌握有关新技术以及市场对新技术产品要求等信息，将这些信息传达给相关技术开发部门，再由技术人员进行开发，不仅实现了企事业单位的利益，也实现了农民的利益。

**3. 现阶段新的农业技术推广形式** 科技特派员制度。科技特派员制度首创于福建南平，

① 数据来源：中国政府网，农业技术推广体系建设发展状况［EB/OL］. http://www.gov.cn/test/2005-07/04/content_11974.htm

是为了弥补农业发展中科技服务的缺位现象，将大批高素质科技人才派到农业生产实践第一线。经过实践证明，科技特派员制度的实施把科技、资本、管理等生产要素有效地配置到农业生产体系中，有助于提高农业组织化程度，被评价为新时期解决“三农”问题的成功实践。

农业星火科技专家大院。它是针对地方主导型产业，由政府创造条件，以大院为平台，将大量新科研成果输送到农业生产第一线。它缩短了科技成果转化的途径，省去了许多中间环节，新技术直接进入农户，是新时期科技贴近农村、专家贴近农民、技术贴近农业生产的一条有效途径，产生了巨大的经济效益和社会效益。

农村信息化技术服务。它是充分利用现代信息技术开展农业技术推广的服务。它通过开通热线咨询的方式，将农民与科技专家顾问团联系起来，以便农民获得技术指导。同时，农业科技服务站也开展科技知识的普及、使用技能培训等活动，实现技术推广。

### （三）农业技术推广的原则与评价指标

**1. 开展农业技术推广活动需要遵循的原则**

（1）农业技术推广要根据当地的实际情况。

首先，农业技术推广要与当地的生态、地理环境相适应。农业生产具有较强的地域性和季节性，对生态环境有特殊的要求，在进行农业技术推广时必须与当地的生态、地理环境相适应。

其次，农业技术推广要与当地经济状况相适应。采用新技术需要一定的资金，因此在根据当地实际的经济状况，推广与当地经济状况相符的新技术，即在经济发达与落后地区所推广的技术应该有所区别。经济落后地区资金不足，应该选择资金投入与占用较少的技术进行推广。

第三，农业技术推广要与当地的人文环境与农民的接受能力相适应。各个地区、农村的教育水平不一样，农民大众的接受能力不同，应该选择与当地人文环境相适应的新技术进行推广。

（2）农业技术推广之前，要进行试验。由于农业生产具有较强的地域性和季节性，使得每一项新技术的推广都带有不确定性。因此，农业技术推广活动要坚持“先试验，后推广”的原则。通过生产试验了解该新技术的特性和具体的操作方法与规范，确定该项技术能否在该地区实施推广，才能确定技术的推广价值。此外，在推广之前还要进行生产示范试验，以便掌握当地农民对该项技术的需求状况，从而决定是否有必要推广示范技术和采用积极有效的推广措施与方法展开推广工作。

（3）农业技术推广要在示范的基础上引导农民采用新技术。农业技术推广的最终目的是将新技术在农村中得以推广，应用于农民的农业生产，实现增产与增收，为农民带来财富。因此，能否给自己带来利益，这是农民是否愿意采纳新技术的关键。农业技术推广必须在根据农民意愿，在生产示范的基础上来引导农民采用新技术。

**2. 农业技术推广需要有相应的评价指标来反映某项新的农业科技成果推广的效果**　主要的指标有：

（1）农业科技成果推广度。它所反映是单项技术的推广程度。其公式为：

$$推广度 = \frac{已推广规模}{应推广规模} \times 100\% \tag{7.7}$$

式中的推广规模可以用面积单位或者台、件、株以及其他单位来表示。

(2) 农业科技成果推广率。它是评价多项技术推广程度的指标。其公式为：

$$推广率 = \frac{已推广农业科技成果数目}{农业科技成果数目} \times 100\% \tag{7.8}$$

(3) 农业科技成果推广指数。它综合了以上两种指标反映的状况，可以用来评价、比较不同地区的农业技术推广的情况。其公式为：

$$推广指数 = 推广度 \times 推广率 \tag{7.9}$$

(4) 农业技术推广费用收益率。它所表示的是投入的单位费用所用获得纯收益增长量。其公式为：

$$G = \frac{P \times R}{E} \tag{7.10}$$

式中：$G$——推广费用的收益率；

$P$——新科技成果推广应用后为社会新增的纯收益；

$R$——新增纯收益中技术推广所占的份额系数；

$E$——所投入的各项推广费用

(5) 农业技术推广劳动生产率。它表示投入的推广人员单位时间内获得的纯收益增长量。其公式为：

$$RL = \frac{P \times R}{L} \tag{7.11}$$

式中：$RL$——推广劳动生产率；

$P$——科技成果推广应用后为社会新增的纯收益；

$R$——新增纯收益中，技术推广所占的份额系数；

$L$——推广新技术而投入的人员的人年总数。

## 第四节　农业技术选择与采用

### 一、农业技术选择

技术选择是技术应用的重要环节。农业技术的科学合理选择关系到农业技术创新能否高效运作于现行农业发展过程，一个国家或地区，采取何种农业技术进步路线，不能主观臆定，必须依据科学、合理的原则做出正确选择。否则，必然影响农业增长的能力和农业发展的进程。

#### (一) 农业技术选择的含义

农业技术从不同的角度来看，可以划分为若干不同类型。按投入要素中技术占用资源状况划分，可将农业技术划分为[①]：①资金密集型技术。它是一种资金占用与消耗较多的技

① 孟令杰.2007.农业技术经济学［M］.北京：中国农业出版社：205.

术，其技术装备程度较高，具有劳动生产率高、产出高、竞争力强等优点，同时资金占用多，周转较慢，投资回收期长等缺点。②劳动密集型技术。它是一种劳动占用与消耗较多的技术，其技术装备程度较低，具有容纳劳动力多的特点。③技术密集型与知识密集型技术。它一般指高新技术，其特点是技术装备复杂，投资费用高，需要从业人员具备高知识、高技术水平的特点。按技术的节约与替代对象划分，农业技术可以划分为[①]：①资金节约型与资金替代型；②劳动节约与劳动替代型；③土地节约与土地替代型。随着技术的不断发展，以及技术与经济的不断相互渗透，可以是几种技术类型同时存在，于是选择什么样的技术才是最有利的，这就是农业技术选择的问题。因此，农业技术选择就是指某地区、某企业或者农户综合考虑各种客观因素，选择最适合的技术的过程。

### （二）农业技术选择的原则

在农业经济发展中，技术选择受很多因素影响。因此，农业技术选择不是无原则无目的，而是要按一定原则进行的，应因地制宜，根据不同地区的实际情况来选择农业技术：

**1. 必须坚持农业技术经济评价的标准**　即技术先进、经济合理、生产可行，综合评价最优。技术先进是进行技术选择的基础，通过选择先进的技术去替代原有的落后技术，实现技术进步。经济合理是技术选择的核心，技术选择要符合农业科技进步的主要经济目标和要求。生产可行是技术选择的前提，若无生产上的可能，技术再好也没用。

**2. 必须坚持对社会有益，资源节约的原则**　对社会有益是技术选择的要求。对现代技术的评价不仅要看它的生产效率，还要关注其一系列的社会效益的指标，技术选择必须要对社会有益。资源节约是进行技术选择的条件。由于资源的稀缺性，技术选择时要遵循资源节约这个原则。

**3. 必须有利环境改善，生态平衡**　近年来，全球气候的不断恶化，不仅严重影响了农业、林业、畜牧业的发展，也严重影响农产品加工业等工业部门的发展，因此，环境改善也是进行技术选择所必需的条件，技术选择应该有利于恢复或重建生态平衡。

## 二、农业技术采用

任何技术在运用在生产之前都只是一个潜在的生产力。要把这种潜在的生产力转变成为现实的生产力，必须使该技术与生产资料相结合，经过实际生产，即技术采用。技术采用具有重要的社会经济功能。

### （一）农业技术采用

农业科技成果要变成现实的农业生产力，必须通过一定的方式、方法、手段将其转移到农户手里，必须经过实际农业生产环节。农业技术采用就是将农业科技成果应用于农业生产之中，使其转变为现实的农业生产力。农业技术采用具有重要的社会经济功能[②③]：

① 袁飞．1995. 农业技术经济学［M］．北京：中国农业出版社：75-76.

② 王雅鹏．2003. 农业技术经济学［M］．北京：高等教育出版社：101-103.

③ 肖焰恒，闫文圣．2002. 可持续农业技术创新理论研究［M］．济南：山东大学出版社：101-103.

**1. 农业技术采用是联系科研与生产的纽带** 农业技术创新的社会和经济效益很难通过技术本身来体现，只有在农业技术在农业生产中实际应用后才能显示出来，否则，农业技术与经济相脱离，从而农业技术创新将失去意义。

**2. 农业技术采用是促进农业科研发展和调节科研方向的重要因素** 农业技术创新成果是否有效最终要在生产过程中加以验证，只有通过实际的生产过程的检验，才能发现该技术在原来的研究中没有出现的问题，并通过信息反馈及时做出调整、改善。

**3. 农业技术采用是保证技术再生产顺利进行的条件** 农业技术活动作为一种生产过程，实际是一种经济活动。农业技术只有应用于实际生产中，才能形成出新的生产要素，生产出新的产品，进而对下一个新的技术产生需求，促使新技术创新，实现农业技术再生产，从而促进技术进步，带动社会进步。

### （二）影响农业技术采用的因素

影响农业技术采用的因素很多，概括起来主要有内因和外因。其中内因主要是指农民自身的习性、认识水平等因素，外因主要是指外部自然环境、政策环境、技术供给、市场条件等的因素。具体而言，影响农业技术采用的因素主要表现在以下几个方面：

**1. 农业作物生长发育的特点** 农作物的生长发育规律影响着农业生产，而农业生产的周期影响着农民采用技术的周期。

**2. 自然环境和社会环境** 农业技术采用受到各种自然环境和经济发展水平的影响，有一定的地区适应性。自然环境好、经济发展较好的地区，农业技术采用越容易；自然条件恶劣、经济发展不好的地区，其农业技术采用受到限制更多，技术采用就少。

**3. 农民农业生产的习惯** 农民从事农业生产的习惯会对农业技术产生偏好，从而会对农业技术采用产生影响。若对技术的偏好不强，农业技术的有效需求就会不足，农业技术采用就少。

**4. 农民自身的认识水平** 农民的受教育水平、认识水平越高，农业技术采用就会越多，反之则越少。

**5. 政府政策** 经济体制和政策因素对农民技术采用具有特殊的影响。在我国的计划经济时期，由于国家实行强制性的指令性计划指标，技术采用者只能被动的执行技术采用。在市场经济条件下，技术采用者可以根据市场上各种技术主动做出技术采用决策。

**6. 不确定性因素和各种风险** 由于农业生产容易受到气候等自然条件的影响，从而导致农业技术采用也容易受影响。不确定性因素主要是指技术采用者对某种技术所能产生的效益和成本所表现的一种不可预测性。自然风险、市场风险还有技术供给能力都会对技术采用产生影响。

## 三、农业技术采用行为和决策模型分析

对于农户而言，一项农业新技术是否被采用、如何被采用，需要一个决策过程，即农业技术采用行为。农户在做决策时具有较强的目的性和主观性，会因为农户所处的环境不同具有差异性，需要在生产实践中不断调整。

### (一) 农业技术采用行为

农业技术采用行为是指农户对某项农业技术了解、思考、认可和掌握，并在农业生产实践中进行实际应用的过程。它是农业生产者根据自己所掌握的各种知识和信息，对生产中可能采用的技术做出选择和决定。因此，农业技术采用行为是生产者的一种决策行为或决策过程。它具有以下特点：首先，农业技术采用具有强烈的目的性，它是以追求产出、收入和利润最大化为主要目标和动力。其次，农业技术采用行为具有积极的主观能动性，生产者会根据自己的预期目标与生产环境和条件主动地制定其技术采用的方针、策略，使自身行为与预期目标之间的距离不断缩小。第三，农业技术采用行为具有明显的差异性，会因为农户所处的不同的外部条件，而采用不同的技术。第四，农业技术采用行为是在生产实践中逐步掌握的，通过不断学习和不断积累经验，对技术的需求会不断调整。

### (二) 农业技术采用决策模型分析

我国经济学家林毅夫在对农户进行农业技术采用分析时，运用了一个采用新技术的行为模型①：

农业 $i$（1 或 2）拥有一个既定的资源禀赋情况，即土地、劳动力、资本等，在这个禀赋集合 $E_i$ 下，农户可按照其生产可能性曲线：

$$Y_{i1} = F_i(Y_{i2}/E_i) \tag{7.12}$$

生产两种产品：水稻（$Y_{i1}$）和非水稻（$Y_{i2}$）。并做了如下的假设：①假定生产这两种产品的投入的要求是不同的，资源禀赋结构在两家庭间是不同的，两个家庭生产这两种产品的比较优势是不同的：农户 1 在水稻生产上有比较优势，农户 2 在非水稻生产上具有比较优势。②假定不存在要素市场，两个农户的所有交易都通过产品市场进行。假定产品 $Y_{i1}$ 的价格为 1，产品 $Y_{i2}$ 的价格为 $P$，则农户 i 的全部收入为：

$$I_i = Y_{i1} + PY_{i2} \tag{7.13}$$

并将其代表预算约束水平。每个农户按其偏好、禀赋、生产技术及其所面对的价格，选择生产组合和消费组合使自身的效用最大化。由瓦尔拉斯均衡定理可知，存在一个市场均衡价格使得两种产品各自市场同时出清。

现在有一项新的水稻技术可供利用。假定农户 1 的禀赋结构使得新技术对他更有利，结果农户 1 采用新技术，使得生产可能性曲线向外扩张；农户 2 则没有采用这项新技术。假设 $(Y_{i1}, Y_{i2})$ 是在初始的均衡价格 $P$ 下农户 $i$ 的生产组合，$(Y_{i1}^*, Y_{i2}^*)$ 是在新的均衡价格 $P^*$ 下的农户 i 的生产组合。对比二者，如图 7-3，对于农户 1，有 $Y^*_{12} > Y_{12}$，但 $Y_{11}^*$ 可能大于、小于或等于 $Y_{11}$（若均衡价格的下降额不大，则很可能有 $Y_{11}^* < Y_{11}$）；对于农户 2，$Y_{21}^* > Y_{21}$ 且 $Y_{22}^* < Y_{22}$。若仅考虑水稻收入，则技术创新会促使收入向采用新技术的农户集中。但作为两个农户进行生产组合调整的结果，非水稻的收入则可能向未采用新技术的农户集中。

通过分析可以得出：当存在一项新的农业技术可供利用时，在采用该技术上具有比较优势的农户将采用它，并将资源从其他生产中重新配置到该生产中；相反，未采用新技术的农

① 林毅夫．2000．再论制度、技术与中国农业发展［M］．北京：北京大学出版社：171-174．

户将从现有的生产向其他生产转移。从而采用新技术生产带来的收入将进一步集中于采用新技术的农户上，从事其他生产所带来的收入将进一步集中于未采用新技术的农户手中。可以认为，农业技术采用不仅仅是采用数量的多少问题，关键在于农户的收入水平是否能从新技术中得到提高，若农户收入水平有所提高，则农户倾向于采用新技术；反之，则不会采用新技术。

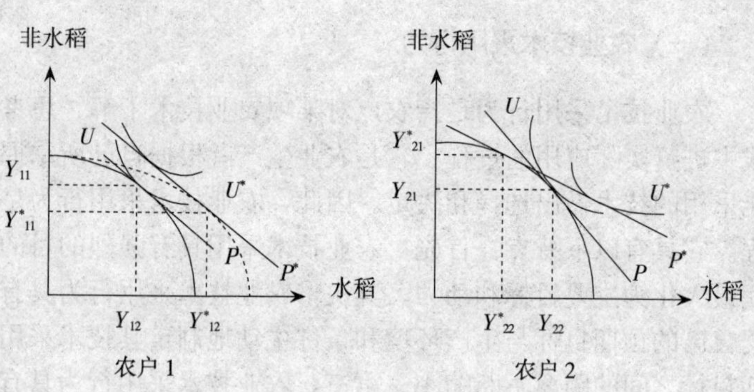

图 7-3　农业技术扩散阶段划分示意图

## 本 章 小 结

技术创新包括新设想的产生与形成、产品的研究与开发、商业化生产与扩散等一系列活动。农业技术创新建立在技术创新的基础上，是一个复杂的过程，由准备阶段、研发试验阶段、技术一体化以及技术传播与推广等部分组成，具有明显的阶段性、主体多样性、生物性、周期性长、风险性以及公共物品性等特点，受市场需求规模、技术创新的预期收益、技术创新政策环境以及金融信贷与资源禀赋等因素影响。根据我国农业的特点，农业技术创新的模式分为政府主导型和农户需求主导型。实践表明，我国主要以政府主导型的农业技术创新模式为主。

从本质上说，农业技术扩散是将农业科技成果转化为现实生产力的过程，其扩散规律呈S型曲线，可以从横向转化速度（TS）和纵向转化速度（VS）这两方面来反映技术扩散速度；农业技术推广是一种有目的、有组织的活动，可以通过农业科技成果推广度、农业科技成果推广率、农业科技成果推广指数以及农业技术推广费用收益率等指标来反映某项新的农业科技成果推广的效果。从二者的关系来看，农业技术扩散是农业技术推广的结果，它可通过农业技术推广来实现；农业技术推广能够加速农业技术扩散。

从不同角度来看农业技术，就可以将其划分为不同类型，于是选择什么样的技术才是最有利的，这就是农业技术选择的问题。农业技术的选择就是因地制宜地选择出最合适的技术。农业技术采用就是将农业科技成果应用于农业生产之中，将潜在的生产力转变为现实的农业生产力。一项技术是否被采用，需要一个决策行为，即农业技术采用行为。通过分析，农业技术采用不仅仅是采用数量有关，还跟农户收入水平有关，当农户收入水平有所提高时，农户就会倾向于采用新技术。

## 复 习 思 考 题

1. 什么是技术创新？技术创新如何分类？

2. 什么是农业技术创新？农业技术创新的特点是什么？影响农业技术创新的因素有哪些？

3. 农业技术创新有哪些过程？其行为主体有哪些？
4. 简述我国农业技术创新的模式以及实现途径。
5. 什么是技术扩散？技术扩散的理论有哪些？
6. 什么是农业技术推广？试简述我国的农业推广体系。
7. 农业技术选择有哪些原则？
8. 什么是技术采用和技术采用行为？影响技术采用的因素有哪些？

# 第八章　农业生产的效率分析

**重点提示：** 掌握生产效率的相关概念及其相互关系，理解技术是否有效与生产前沿面的关系，熟悉投入角度和产出角度的技术效率、配置效率和经济效率的表达方式，理解研究农业生产效率的意义，了解参数方法与非参数方法的特点及区别，了解生产前沿面的确定型参数方法，熟悉生产前沿面的随机型参数方法，掌握规模报酬不变假设下的 CRS 模型和规模报酬可变假设下的 VRS 模型及其估计方法，能够运用 DEA 方法对农业生产效率进行估计。

## 第一节　农业生产效率概述

### 一、效率的基本含义

从资源利用的角度，效率可以分为资源配置效率和生产技术效率。Farrell（1957）提出公司效率包括技术效率和配置效率两部分，认为技术效率反映了公司由一个给定的投入集合中获得最大产出的能力，配置效率反映了公司合理划分投入成分，并合理安排对应价格和生产技术的能力，这两种能力的结合可以实现对公司总体经济效率的测量。

早期 Farrell 的技术效率和配置效率的界定主要基于资源投入角度。根据微观经济学中的生产可能性集最大产出边界和等产量线的最小投入边界的描述，在假定投入确定条件下的产出扩张和假定产出确定条件下的投入压缩是提高生产效率的两个重要途径，目前生产效率中技术效率、配置效率等的研究拓展到投入角度和产出角度两个方面。

**1. 技术效率 TE**（technical efficiency）　技术效率是指在技术的稳定使用过程中，技术的生产效能所发挥的程度。在一定的投入要素组合下，技术效率是指获得最大产出的能力；在一定的产出组合下，技术效率是指取得最少要素投入的能力。

**2. 配置效率 AE**（allocative efficiency）　配置效率包括资源配置效率和产品组合配置效率。配置效率一般指资源配置效率，即在价格已知的条件下，为获得最大产出或最低成本，各种资源能够达到最佳比例的能力。值得注意的是，在多产出的产业中，还要考虑产出组合中的配置效率。

**3. 经济效率 EE**（economic efficiency）　经济效率是成本与收益之间的关系，只有当成本既定收益最大，或收益既定成本最小时，才实现了经济效率。在产出既定的条件下，经济效率体现为成本效率 CE（cost efficiency）；在投入既定的条件下，经济效率体现为收益效率 RE（revenue efficiency）。

### 二、生产前沿面

**1. 生产前沿面的含义**　生产前沿（production frontier），又称生产边界，是用来界定投入产出的关系。即理论上给定投入所能达到的最大产出边界或是给定产出所需付出的最小投入可能边界，能反映当前产业的技术水平。通俗地讲，生产前沿面就是在既定技术水平下有效率的投入产出向量的集合。

**2. 生产前沿面与技术是否有效率**　如果在某个产业中企业是技术有效的，那么它将在生产前沿面上运行；如果不是技术有效的，它将在生产前沿面下部运行。在特定技术水平下，企业实际生产状态与生产前沿面状态总是存在差距的，这种差距所反映的是生产（技术）的有效性程度，即前沿和实际生产水平之差是由于技术效率未达到最佳而引起的损失。

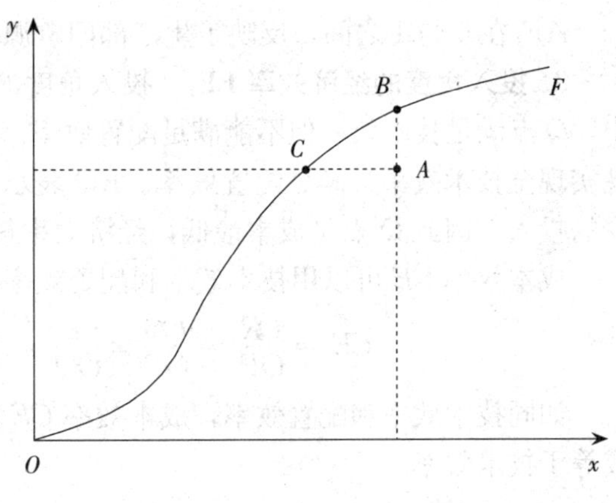

图 8-1　生产前沿面与技术效率

由于生产前沿面表示的是对于不同投入水平可以获得的最大产出水平，所以，企业的实际状况不会在生产前沿面的上部运行。图 8-1 中，$x$ 代表投入，$y$ 代表产出，$OF'$ 线表示的是生产前沿面，$A$ 代表无效率，$B$、$C$ 都表示有效率。在 $A$ 点运行的企业无效率，是因为在不增加投入的情况下，企业可以将其产出提高到 $B$ 点，或者可以用更少的投入生产出与 $A$ 点相同水平的产出，如生产前沿面上的 $C$ 点。

## 三、投入角度的效率

**1. 投入角度的技术效率 $TE_I$**　投入角度的技术效率测量是在不改变产出数量的情况下，如何成比例减少投入的数量。假设一个生产部门的规模收益固定，有两种投入要素 $x_1$ 和 $x_2$ 生产一种产品 $y$，单位等产量线为 $SS'$，如图 8-2 所示。

如果一个给定生产部门的要素投入量在 $P$ 点，则该部门投入角度的技术效率（$TE_I$）通常可以表示为：

$$TE_1=\frac{OQ}{OP}\qquad(0\leqslant TE_1\leqslant 1)\tag{8.1}$$

或

$$TE_1=1-\frac{QP}{OP}\tag{8.2}$$

如果生产部门的投入量在单位等产量线上 $Q$ 点，表示该生产部门是完全技术效率的；如果生产部门的投入量在 $P$ 点，表示该生产部门技术效率是比较低的，这个部门的非技术效率可以用 $QP$ 线段表示，即在产出不变的情况下可以减少的投入量。通常用百分比来表示，需要减少的投入比例为 $QP/OP$。

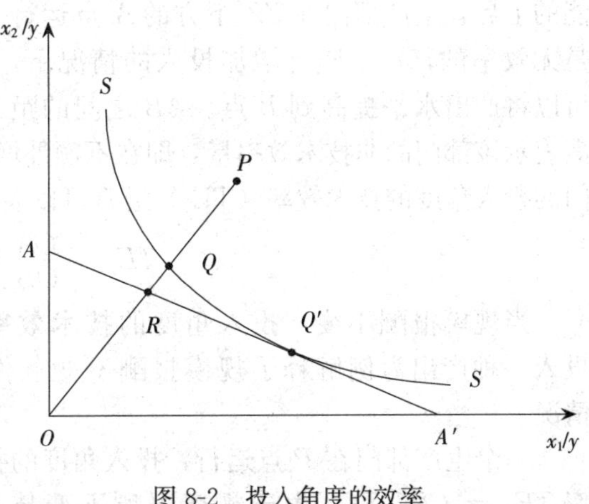

图 8-2　投入角度的效率

$TE_1$的取值在 0 与 1 之间，反映了生产部门技术效率的程度。若 $TE_1$为 1，说明生产部门是全技术效率的。

**2. 投入角度的配置效率 $AE_1$** 如果已知投入要素的价格，用等成本线 $AA'$的斜率表示两种投入要素的价格比，如图 8-2 所示，则配置效率 $AE_1$可以表示为：

$$AE_1 = \frac{OR}{OQ} \quad (0 \leqslant AE_1 \leqslant 1) \tag{8.3}$$

$AE_1$在 0 与 1 之间，反映了生产部门资源配置效率的情况。

**3. 投入角度的经济效率 $EE_1$** 投入角度的经济效率 $EE_1$体现为成本效率 $CE$。在图 8-2 中，$Q$ 点满足技术效率但不能满足配置效率。而等成本线 $AA'$与单位等产量线 $SS'$的切点 $Q'$既实现全技术效率又满足配置效率。$RQ$ 表示 $Q'$与 $Q$ 点相比，在产出不变的前提下，可减少的投入。因此 $Q'$点是成本最低，经济效率最高点。

成本效率 $CE$ 可以用技术效率和配置效率共同表示：

$$CE = \frac{OR}{OP} = \frac{OQ}{OP} \times \frac{OR}{OQ} = TE_1 \times AE_1 \quad (0 \leqslant CE \leqslant 1) \tag{8.4}$$

如同技术效率和配置效率，成本效率 $CE$ 的取值也在 0 与 1 之间，但成本效率总是小于或等于技术效率。

## 四、产出角度的效率

**1. 产出角度的技术效率 $TE_2$** 产出角度的技术效率测量是在保持投入要素数量不变的情况下，确定产出量的适宜增长。假设以一种投入 $x$ 生产两种产品 $y_1$，$y_2$，并且规模报酬不变，如图 8-3 所示。

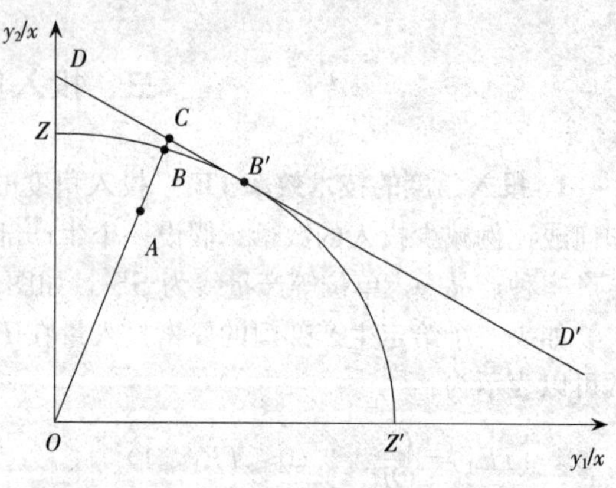


图 8-3 产出角度的效率

$ZZ'$曲线为单位生产可能性曲线，即 1 单位生产要素投入的产出组合。假设某生产部门的产出组合在 $A$ 点，$A$ 点为非效率的生产组合，即非效率点。因为 $ZZ'$表示生产可能的上界，生产部门在 $ZZ'$下方的 $A$ 点运行是无效率的，在不额外增加投入的情况下，可以将产出水平提高到 $B$ 点。$AB$ 之间的距离表示该部门的非技术效率量，即在不额外增加投入的情况下产出量可以增加的部分。该部门的投入角度的技术效率（$TE_2$）通常可以表示为：

$$TE_2 = \frac{OA}{OB} \ (0 \leqslant TE_2 \leqslant 1) \tag{8.5}$$

当规模报酬不变，投入角度的技术效率等于产出角度的技术效率。图 8-4 以一种投入一种产出为例解释了规模报酬不变条件下，投入角度和产出角度技术效率相等的情况。

一个生产部门在 $P$ 点运行，投入角度的技术效率 $TE_1 = AB/AP$，产出角度的技术效率 $TE_2 = CP/CD$。由于规模报酬不变技术的存在，两者的结果相等，即 $AB/AP =$

$CP/CD$。

**2. 产出角度的配置效率 $AE_2$**　如果一种投入 $x$ 生产两种产品 $y_1$，$y_2$，规模报酬不变的条件下，有产出的价格信息，那么就可以得到等收益线 $DD'$，则产出角度的配置效率 $AE_2$ 为：

$$AE_2=\frac{OB}{OC}\quad(0\leqslant AE_2\leqslant 1)\quad(8.6)$$

图 8-3 中 $B$ 点是技术有效点，但不是配置有效点。因为等收益线 $DD'$ 与生产可能性曲线 $ZZ'$ 的切点 $B'$ 是收益最大点，与 $B$ 点相比，在不增加投入的情况下，如果该生产部门在 $B'$ 点生产，收益可以增加 $BC$ 量。

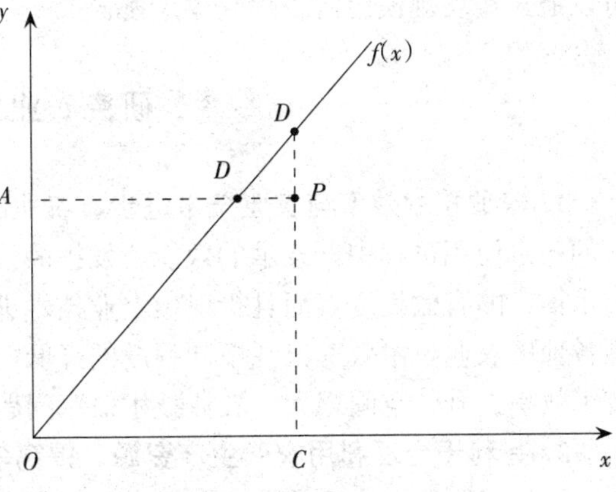


图 8-4　规模报酬不变条件下基于投入角度和基于产出角度的技术效率

**3. 产出角度的经济效率 $EE_2$**　产出角度的经济效率 $EE_2$ 体现为收益效率 $RE$。类似于投入角度的成本效率，产出角度的收益效率 $RE$ 也可以用技术效率和配置效率共同来表示：

$$RE=\frac{OA}{OC}=\frac{OA}{OB}\times\frac{OB}{OC}=TE_2\times AE_2\qquad(0\leqslant RE\leqslant 1)\qquad(8.7)$$

产出角度的技术效率、配置效率和收益效率取值范围也都在 0 与 1 之间。

从效率的计算公式与图示可见，效率是从原点到可观测生产点的射线测量得出的。因此，这些测量值都与投入（或产出）成固定的比例关系。射线效率测量方法的一个优点是单位不变性，即改变测量的单位（例如把劳动单位量由人年改为人日或人小时），不会影响效率的测量值，而非射线测量法则不具备这个优点。我们把投入角度的技术效率、配置效率、成本效率称其为基于投入的径向效率，特点是各个投入之间的相对比例保持不变；同时，我们把产出角度的技术效率、配置效率、收益效率称其为基于产出的径向效率，特点是各个产出之间的相对比例保持不变。

## 五、技术效率与生产率的关系

技术效率是实际产出或投入与生产配置有效状态产出或投入的比率，计算公式为：最优投入/实际投入或实际产出/最优产出，技术效率度量在固定数量的要素投入下实际生产达到最大产出的程度，或者固定产出条件下所能实现最小要素投入的程度，它是一个不大于 1 的正数。而生产率是指生产过程中产出与投入的比率，即生产率＝产出/投入。按照投入要素的数量，它可以分为单要素生产率、多要素生产率或全要素生产率。

通过前述技术效率与生产前沿面的分析可以发现，在不考虑时间因素的前提下，当一个企业是技术有效率时，它一定在生产前沿面上运行。但生产前沿面上的点并不都是生产率最高的，当企业处于生产前沿面上并且与原点的连线是生产前沿面的切线时，不仅能获得最大的可能生产率，而且也是技术的最佳规模点。可以说，即使一个企业是技术有效率的，依然可以通过实现规模经济来提高生产率。

### 六、研究农业生产效率的意义

**1. 农业技术效率与农业技术进步、农业经济增长有密切关系** 生产技术效率是指在技术的稳定使用过程中，技术的效能所发挥的程度。农业技术效率水平的高低，不仅反映农业技术推广的有效程度，而且折射出农业技术进步速度以及农业经济增长的质量。近年来，我国各地区农业技术效率出现不同程度的降低，农业发展带有“粗放型”特征，在农业发展中技术效率提升的空间很大，农业技术效率问题研究也日益受到重视。

**2. 有利于合理利用农业生产资源，提高农业生产要素的配置效率** 经济学上的资源配置有效性问题源自永恒存在的资源有限性与人类欲望无穷性之间的矛盾。随着我国农业生产环境的不断变化，上述矛盾在农业领域更加凸显，一方面资源约束对农业生产的影响愈来愈严重，另一方面现实农业生产经营中大量存在着有限资源利用不合理现象。在农业生产中，由于生产技术和管理水平难以充分发挥，且受规模经济的限制，资源有效配置和实际无效配置的差距难以避免，运用生产效率对农业生产资源利用状况进行分析，能够具体测算出农业资源低效率配置实际状态与有效配置理想状态之间的差距，指出这种差距存在的原因及影响因素，找出有效缩小这种差距的可行对策措施，最终达到提高合理利用农业生产资源，提高生产要素配置效率，从而促进农业经济快速增长的目的。

**3. 有利于处理好农业技术效率和经济效率的关系，提高农业生产的经济效益** 实现生产技术有效，即充分利用现有的技术和投入，是实现利润最大化的基础。但技术效率本身并不等于利润最大化，利润最大化要在技术效率的基础上实现经济效率。衡量生产单位实现资源有效配置的标准就是技术效率和经济效率两个方面的有机结合。我国农业技术成果很多，但有相当一部分没有转化成生产力，成果的经济效率不高是主要原因之一。通过农业生产效率的分析，不仅能够确定农业最佳生产决策单元，而且可以根据影响效率的因素和程度，改进和提高农业生产的效率，实现农业增产增效。

## 第二节　农业生产效率分析的参数方法

Farrell 度量技术效率、配置效率和经济效率时，均假设生产前沿面是已知的，但在实际研究中，这个前沿面是不确定的，因此，度量技术效率、资源配置效率和经济效率的关键是确定生产前沿面。目前估计生产前沿面的方法归纳起来有两大类：一类是以经济计量学方法为主的参数方法（parametric estimation method）；另一类则是以数学规划为主的非参数方法（non-parametric estimation method）。

参数方法测度技术效率的重点是确定生产前沿面，即确定一个合适的生产前沿函数。大致过程为：在投入与产出之间假设一个满足生产前沿要求的具体生产函数形式，然后根据一组投入产出观测数据，考虑误差项的分布形式，采用回归分析、概率统计等方法估计生产函数中的有关参数，确定投入和产出之间的关系表达式，最后将实际值与生产前沿面进行比较得出相应的技术效率值。

自 Cobb & Douglas（1928）提出 C-D 生产函数以来，经济学领域的实证研究从深度和广度上都极大地拓展了生产函数的理论内涵和应用形式。20 世纪生产函数研究的主要成果如表 8-1 所示。

**表 8-1 参数方法所采用的主要生产函数形式**

| 年份 | 创 始 者 | 生产函数名称 |
| --- | --- | --- |
| 1928 | 柯布和道格拉斯（Cobb & Douglas） | C-D 生产函数 |
| 1937 | 杜兰尔（Dulaner） | C-D 生产函数改进 |
| 1957 | 索洛（Solow） | C-D 生产函数改进 |
| 1960 | 索洛（Solow） | 体现型技术进步生产函数 |
| 1961 | 阿罗（Arrow） | 两要素 CES 生产函数 |
| 1967 | 佐藤（Sato） | 二级 CES 生产函数 |
| 1968 | 佐藤和霍夫曼（Sato & Hoffman） | VES 生产函数 |
| 1971 | 克里斯滕森和乔根森（Christensen & Jorgenson） | 超越对数生产函数 |
| 1971 | 波德（Diewert） | 广义列昂惕夫生产函数 |
| 1979 | 布朗、卡维斯和克里斯滕森（Brown，Caves & Christensen） | 多产出超越生产函数 |
| 1980 | 格林（Greene） | 最大可能前沿生产函数 |

（黑迪・O，狄龙・L. 1991. 农业生产函数. 沈达尊，译. 北京：中国农业出版社）

参数方法根据发展历程分为确定型参数方法和随机型参数方法，两种方法确定的模型分别称为确定型前沿模型和随机型前沿模型。

## 一、确定型参数方法

### （一）确定型参数方法简介

确定型参数方法最初是由 Aigner and Chu（1968）提出的。Aigner and Chu 运用 Cobb-Douglas 生产函数形式，不考虑随机因素影响，通过线性规划方法确定前沿面。在 Aigner and Chu 研究的基础上，Timmer（1971）提出了可能性边界生产模型，该模型在剔除了最接近前沿边界的观测样本后，对样本模型参数重新进行估计，这一过程一直反复到参数估计值平稳为止。上述确定型参数方法确定前沿面时均没有克服参数估计所具有的不确定性统计特征。Afriat（1972）提出统计生产前沿面的确定型参数方法，Afriat 认为技术效率是由单边的干扰项来度量的。如果假设干扰项有明确的分布，前沿面由最大似然法 MLE（Maximum Likelihood Method Estimator）估计；如果没有假设干扰项的分布，则用修正的最小二乘法 COLS（Corrected Ordinary Least Squares）估计。这种估计方法取前沿面向上移动的中间值，直到干扰项接近 0 为止。

确定型参数方法估计生产前沿面存在的主要弊端是：假定所有的生产单元共用一个固定的前沿面，即存在一个确定的上界生产函数，同时把生产过程中所有可能影响因素，包括不可控因素（如气候、政策变动、资料统计误差、方程测定误差等）和可控因素，不加区分全部归入一个单侧的误差项中，作为非效率的反映，造成所估计的有效生产前沿面与真实的最大可能生产边界存在很大的偏差。

### （二）确定型参数方法度量技术效率的理论模型

效率测算的确定型参数方法主要包括确定型参数边界生产函数法和确定型统计边界生产

函数法。

**1. 确定型参数边界生产函数法** 确定型参数边界生产函数法首先选择一个确定性的生产函数形式，并假设误差项大于0。如设有 $k$ 个生产者，多投入单产出的生产可能集为 $(x_{kn}, y_k) \in T$，构造投入需求集为：

$$L(y_k) = \left\{ x_{nk} \mid y_k \leqslant A \prod_{n=1}^{N} x_{nk}^{a_{nk}}, A > 0, a_{nk} > 0 \right\} \tag{8.8}$$

其中 $k=1, 2, \cdots, K$，$n=1, 2, \cdots, N$。

然后建立线性规划模型：

$$\begin{cases} \min\left[\mathrm{In}A + \sum_{n=1}^{N} a_{nk}\,\mathrm{In}x_{nk} - \mathrm{In}y_k\right] \\ \left[\mathrm{In}A + \sum_{n=1}^{N} a_{nk}\,\mathrm{In}x_{nk} - \mathrm{In}y_k\right] \geqslant 0 \end{cases} \tag{8.9}$$

通过求解线性规划模型，估计边界生产函数中的待定参数值，将实际投入或产出值与生产前沿面上的投入或产出值相比较得出相应的效率值。若效率值等于1，则说明生产观测点在生产前沿面上，若效率值小于1，则说明生产无效。

**2. 确定型统计边界生产函数法** 确定型统计边界生产函数方法设定的生产函数一般为：

$$y_k = f(x_k)\mathrm{e}^{-u} \qquad (u \geqslant 0) \tag{8.10}$$

假设误差项 $u$ 具有一个明确的统计分布，利用回归分析等统计方法对生产函数待定参数进行估计，最后将所观测的实际投入水平与所估计生产前沿面上的投入值相比较得到相应的效率值。

## 二、随机型参数方法

### （一）随机型参数方法简介

考虑到确定型参数方法的上述不足，Aigner，Lovell and Schmidt（1977）和 Meeusen and Van Den Broeck（1977）几乎同时提出了用随机型参数方法来测度技术效率，随机型参数方法也称为随机前沿分析方法（Stochastic Frontier Analysis，SFA），该方法考虑到生产前沿面本身在不同生产单元中是随机变化的，即使对同一生产单元，生产前沿面随时间的变化也会不同，所以，生产前沿面是随机的。随机型参数方法确定的模型中将导致生产无效的各种可控因素和不可控因素加以区分，即模型误差项被分为技术非效率项 u 和随机误差项 v 两类。技术非效率项反映由企业可控因素，如技术无效、职工努力程度等造成的每个生产单元的产出不可能位于其前沿生产函数上方的偏差（极端地，当技术非效率项为0时，其产出在前沿面上）。随机误差项表示任何可能出现的不可控因素带来的影响，是一个双边误差项，因为该影响可以是有利的也可以是无利的。可见，确定型前沿面认为生产边界的差异是由技术非效率引起的，而随机型前沿面认为生产边界的差异是由误差项（噪音）和技术非效率共同引起的。

根据技术非效率项假定是否有明确的分布，随机型参数的前沿面估计可以分为两种情况：如果对技术非效率项没有假设明确的分布，则生产前沿面可用最小二乘法 COLS 进行随机估计；如果对技术非效率项假设了明确的分布，例如，指数分布、半正态分布，则生产前沿面可用最大似然法 MLE 估计。Greene（1980）根据技术非效率干扰项的特定分布对模型参数估计，能够测量出样本的平均技术效率，但不能测量个体技术效率。Jondrow，Lovell，Materov and Schmidt（1982）突破了 Greene 的研究，能够根据随机前沿模型测量样本个体技术效率。

现代经济学领域中应用最为广泛的效率测算参数方法为随机前沿分析，它是确定型前沿分析方法在随机性方面的拓展。近年来，随机型参数方法的发展主要沿着两个方向：一是设定模型方程函数的选择以及采用方程形式的选择，前者如生产函数、成本函数或利润函数，后者如 C-D 函数形式和 Translog 函数形式；二是利用面板数据进行实证分析，早期主要采用截面数据进行生产前沿面估计，而 20 世纪 80 年代以后更多的是基于面板数据，主要考虑到面板数据具有不需要假设技术非效率项与其他解释性变量相互独立的优势，并且模型不需要限定技术非效率项必须遵循假定的特定分布来对其进行检验。目前最常用的随机前沿模型就是 Battese&Coelli（1992，1995）设定的运用面板数据进行生产前沿面估计的函数模型，简称 BC 模型。

运用随机型参数方法进行生产前沿面估计最大优势在于：它估计的生产前沿面是随机的，各生产单元不需要共用一个前沿面；对误差项进行区分，认为生产边界的差异是由误差项（噪音）和技术非效率共同引起的，能更准确地反映生产有效状态；可以对结果进行假设检验，当数据噪声较大时，这种方法比 DEA 方法好。但是随机型参数方法也存在一定不足：需要大规模观测样本；作为一种参数方法，需要已知生产函数形式；处理多产出生产过程存在困难。

### （二）随机型参数方法度量技术效率的理论模型

随机型参数方法度量技术效率的模型主要有以下几种：

**1. ALS**（1977）**和 MVB**（1977）**模型**

美国的 Aginer，Lovell and Schmidt 和比利时的 Meeusen and Van den Broeck 几乎同时于 1977 年提出了随机前沿生产函数模型。该模型用于截面数据，误差项由两部分组成：一个是随机误差项；另一个为技术非效率项。模型的表达形式为：

$$Y_i = x_i\beta + (V_i - U_i) \quad (i = 1,2,3,\cdots,N) \tag{8.11}$$

式中：$Y_i$——第 $i$ 个企业的产出；

$x_i$——第 $i$ 个企业的 $k\times1$ 维向量的投入；

$\beta$——待估参数；

$V_i$——随机变量，可以为正，也可以为负，服从于均值为 0，方差为 $\sigma_v^2$ 的正态分布，且独立于技术非效率变量 $U_i$；

$U_i$——非负的随机变量，表示技术非效率程度，服从于正态分布、指数分布、密度分布等。

由公式（8.11）定义的模型为典型的“随机前沿生产函数”。

**2. Battese and Coelli**（1992）**模型**　在前人研究基础上，Battese and Coelli 于 1992 年提出了用于面板数据的随机生产函数模型，也是实证研究中应用最为广泛的模型。该模型假设技术非效率项服从截尾正态分布，并认为技术效率随时间而改变。模型的表达式为：

$$Y_{it} = x_{it}\beta + (V_{it} - U_{it}) \quad (i = 1,2,3,\cdots,N; t = 1,2,3,\cdots,T) \tag{8.12}$$

式中：$Y_{it}$——第 $i$ 个企业在 $t$ 时期的产出；

$x_{it}$——第 $i$ 个企业在 $t$ 时期的 $k\times1$ 维要素投入；

$\beta$——待估参数；

$V_{it}$——随机变量，服从于均值为 0，方差为 $\sigma_v^2$ 的正态分布，且独立于技术非效率变量 $U_{it}$。

$U_{it}=U_i\exp[-\eta(t-T)]$，$U_i$ 为非负的随机变量，表示技术非效率程度，同时服从于符合 0 特征的截尾正态分布 $N(\mu,\sigma_u^2)$，$\eta$ 为待估参数。

运用 Battese and Corra（1977）的参数替换方法，用 $\sigma^2$ 代替 $\sigma_v^2$ 和 $\sigma_u^2$，令 $\sigma^2=\sigma_v^2+\sigma_u^2$，$\gamma=\sigma_u^2/(\sigma_v^2+\sigma_u^2)$，从而简化模型的计算。参数 $\gamma$ 必须在 0 和 1 之间，以便在迭代求极值时有合适的初始范围。

**3. Battese and Coelli**（1995）**模型**　随着对技术效率研究的深入，很多学者不仅仅局限于技术效率数值大小的测算与比较，而是转向对影响技术效率的因素进行研究。早期常用的方法是先估计随机前沿函数，测算出企业的技术效率水平，然后再用回归方式对影响因素进行分析。由于分两步进行，存在估计一致性问题。如果一次性估计能测得技术效率和影响因素，将会减少因估计不一致性带来的不确定性，从而提高估算的效率。

为解决上述问题，Battese 和 Coelli 于 1995 年，提出了一个新模型，该模型不仅像其他学者提出的模型一样将技术效率分布的均值表示为效率影响因素的函数，而且又有不同于其他学者研究的方面，主要是考虑了配置效率，即解除了对利润最大的假设，并使用面板数据。模型的表达式为：

$$Y_{it}=x_{it}\beta+(V_{it}-U_{it})\quad(i=1,2,3,\cdots,N;t=1,2,3,\cdots,T)\qquad(8.13)$$

式中：

$Y_{it}$，$x_{it}$，$\beta$ 的含义同公式（8-12）。

$V_{it}$ 为随机变量，服从于均值为 0，方差为 $\sigma_v^2$ 的正态分布，且独立于技术非效率变量 $U_{it}$；$U_{it}$ 为非负随机变量，表示技术非效率程度，同时服从于符合 0 特征的截尾正态分布 $N(m_{it},\sigma_u^2)$，同时假设：

$$m_{it}=z_{it}\delta\qquad(8.14)$$

其中，$z_{it}$ 表示影响企业效率的 $p\times1$ 维的向量，$\delta$ 表示 $1\times p$ 维待估的参数向量。

仍可运用 Battese and Corra（1977）的参数替换方法，用 $\sigma^2$ 代替 $\sigma_v^2$ 和 $\sigma_u^2$，令 $\sigma^2=\sigma_v^2+\sigma_u^2$，$\gamma=\sigma_u^2/(\sigma_v^2+\sigma_u^2)$，从而简化模型的计算。

**4. Kumbhakar and Lovell**（2000）**模型**　由于各种随机前沿模型的基本函数没有太大的区别，根据 Kumbhakar & Lovell（2000）的总结，参照随机生产前沿面估计模型，效率测算随机前沿分析方法设定的一般生产函数为：

$$y=f(x,\beta)\exp(u-\nu)\qquad(8.15)$$

式中：$y$——产出；

$x$——投入；

$\beta$——一组待定参数。

误差项为复合结构，第一部分 $v$ 为随机扰动项，服从独立正态同分布，表示任何可能出现的对生产决策造成影响的不可控因素，包括测量误差、生产单位无法控制的外生干扰等；第二部分 $u$ 大于或等于 0，为管理误差项，用以表示那些对生产过程造成冲击的可控因素，也就是导致生产无效的主要因素。根据 $v$ 和 $u$ 的概率密度函数，利用卷积公式经过一系列的推导，可以得到每个生产单元的效率测算公式：

$$PEA=\exp(-u) \tag{8.16}$$

当 $u=0$ 时，效率值为 1，生产观测点恰好处于生产前沿面 $y=f(x,\beta)\exp(u-\nu)$ 之上；当 u>0 时，效率值小于 1，观测点就处于生产前沿下方，也就是处于非生产有效状态。

关于 $u$ 和 $v$ 的假设是随机前沿模型中的重点，现有模型对随机误差项 $v$ 都比较一致地假设服从均值为 0、方差为 $\sigma_u^2$ 的正态分布。但对于技术非效率项 $u$ 所服从分布的假设不同，如正态分布、指数分布、密度分布等，因此 SFA 在具体应用中可以采用不同的参数估计方法。

# 第三节 农业生产效率分析的非参数方法——DEA 方法

## 一、非参数方法概述

生产效率的参数方法研究中面临函数形式需要事先假定、参数估计的有效性和合理性需要检验等多方面问题，而农业生产是一个多投入多产出的系统，参数方法有诸多的局限性。一般选择非参数方法测度农业的生产效率，因为非参数方法不要求限定描述生产前沿面的具体生产函数形式。大量文献使用的非参数方法主要有数据包络分析（Data Envelopment Analysis，DEA）和自由可置壳（Free Disposal Hull，FDH）方法，其中数据包络分析即 DEA 方法使用较为广泛。

### （一）DEA 方法的产生与发展

Farrell（1957）提出用逐段凸函数逼近的方法进行前沿面估计，Boles（1966），Shephard（1970），Afriat（1972）提出用数学规划方法能解决这个问题，但没有引起注意。直到著名运筹学家 A. Charnes，W. W. Cooper 和 Rhodes（1978）发表了有关面向投入的规模报酬不变模型论文以后，数据包络分析模型方法即 DEA 模型成为运筹学、管理科学和数理经济学交叉的一个新领域。初始的 DEA 模型 CRS 是一个分式规划，通过 $C^2$（即 Charnes-Cooper 变换），可将分式规划为一个与其等价的线性规划模型。通过求解线性规划模型的对偶模型，可以判断是否为 DEA 有效。由于非参数方法所得到的生产可能边界是多个线性边界的包络，所以非参数模型也被称为分段线性模型。

Banker，Charnes 和 Cooper（1984）给出了 $BC^2$ 模型。CRS 模型用于评价决策单元 DMU 的规模效率与技术效率的总体有效性，而 $BC^2$ 模型用于评价决策单元 DMU 的技术有效性。Fare 和 Grosskopf（1985）提出了 FG 模型。Seiford 和 Thrall（1990）提出了 ST 模型。此后，越来越多的学者投入到 DEA 模型的研究中，出现了一些 DEA 的改进模型。

目前 DEA 方法在世界范围内很多领域得到应用和发展，除用于学校、医院、铁路、银行等公共服务部门的运行效率分析之外，在经济学领域也被广泛应用，如技术进步、技术创新、资源配置等各个方面，DEA 方法已成为评价具有同类型投入和产出的若干个生产或非生产部门（决策单元）相对效率的有效方法，其评价部门的相对有效性的优势地位，是其他方法所不能取代的。在本书中重点介绍 CRS 模型和 VRS 模型。

### （二）决策单元 DMU

一个经济系统或生产过程可以看成一个单元在一定范围内，通过投入一定的生产要素并产出一定数量“产品”的活动。虽然这些活动的具体内容各不相同，但其目的都是尽可能地使这一活动取得最大的“效益”。这样的单元被称为决策单元 DMU（Decision Making Unit）。

决策单元 DMU 的概念是广义的，既可以是银行、学校、医院、商店、政府等企事业，可以是整个企事业，或者是企事业的一部分，也可以是技术方案、技术政策等。

通常把具有相同的目标和任务、相同的外部环境，相同的输入和输出指标特征的 DMU 称为同类型的 DMU。另外，在外部环境和内部结构没有太大变化的情况下，同一个 DMU 的不同阶段也可视为同类型的 DMU。

### （三）DEA 方法的基本原理

DEA 方法是以凸分析和线性规划为工具针对多投入多产出决策单元 DMU 的效率进行评价与分析的一种方法。该方法运用线性规划构建一个非参数逐段线性的包络面（或前沿面），将数据包络起来，使用数学规划模型对 DMU 的输入输出数据进行综合分析，得出每个 DMU 综合效率的数量指标，并据此将各个 DMU 定级排序，比较决策单元之间的相对效率，对决策单元作出评价，确定有效的 DMU。

由于评价各 DMU 时，依据是决策单元的输入和输出数据，根据输入和输出数据来评价决策单元的优劣，因此，每个决策单元是相对有效的，在多投入和多产出情况下，这种有效性紧密依赖于输入综合与输出综合的比。

### （四）采用 DEA 方法的基本前提

**1. 每个决策单元 DMU 都代表一定的经济意义** 每个决策单元都具有一定的输入和输出，并且在将输入转换成输出的过程中，努力实现自身的决策目标。

**2. 技术关系的假定是正确的** 假定每个输入都关联到一个或者多个输出，而且输出输入之间确实存在某种关系，同时做到对规模报酬的准确设定和所选择的指标能够正确反映投入和产出之间的因果关系。

**3. 满足“自由度”的要求，即必须有足够多的决策单元** 一般要求决策单元 DMU 的个数 $K$ 与投入指标数 $M$ 及产出指标数 $N$ 之间，应满足 $2(M+N)\leqslant K$ 的关系，否则评价结果可信度就会降低。因此，在使用 DEA 方法时，投入或产出变量不易选择过多，对相关性较强的变量应进行合并。

### （五）DEA 方法的优点

与传统的计量经济方法相比，DEA 方法在处理多投入多产出的有效性方面，具有绝对优势，主要体现为四个方面：

**1. 不需要一个预先已知的生产函数，简化效率计算和评价工作** DEA 方法不去寻求生产前沿面的具体函数形式，而是通过所观测的大量实际生产点数据，基于一定的生产有效性标准找出位于生产前沿包络面上的相对有效点。由于对多投入多产出的系统，采用 DEA 方法在不给出函数表达式的前提下，即不确定输出输入关系的显示表达式，仍能正确确定各种投入与产出之间的数量关系，因此，大大简化和方便了效率的计算和评价工作。

**2. 不必人为事先确定各指标的权重，使评价最有利于每个 DMU**　传统的计量经济方法对效率的测度一般要求对所有的决策单元 DMU 采用相同的权重，但实际上每个 DMU 的生产组织方法不同，不同产出的重要程度也不同。所以，每个 DMU 对各个投入和产出的重要程度评价不同，所要求的权重也不同。DEA 方法以投入产出指标的权重为变量，不需事先确定各指标的权重，即每一个输入输出的权重不是根据评价者的主观确定，而是由决策单元的实际数据求得的最优权重，使每个 DMU 以生产组织方式最相近的其他 DMU 为参照，采取客观性很强的最适宜权重，避免了权重分配时评价者的主观意愿对评价结果的影响，从最有利于被评价单元的角度进行评价。

**3. 采用射线测量方法测量效率，效率不受测量单位变化的影响**　效率是由从原点到可观测生产点的射线测量得出的，因此基于投入的径向效率，各个投入之间的相对比例保持不变，而基于产出角度的径向效率，各个产出之间的相对比例保持不变。因此效率的测量值不受测量单位变化的影响，有效避免了传统计量经济方法中计算综合投入量与综合产出量时各指标量纲不一致所产生的困难。

**4. 能为管理部门改善效率提供有用的信息**　DEA 方法不仅能够确定有效的决策单元 DMU，而且对其他非有效的 DMU，指出非有效的程度和原因，提出具体的效率改进方法。DEA 方法还能判断各 DMU 的投入规模是否恰当，并给出了各 DMU 调整投入规模的正确方向和程度。可见，DEA 方法能对管理部门及决策者改善效率提供重要的管理决策信息。

## 二、DEA 模型

DEA 模型在计算技术效率时根据是否排除规模效率的影响有两种具体模型，一种是假设规模报酬不变的模型 CRS（Constant Returns to Scale）模型，该模型测得的效率值，包含了规模效率和技术效率两部分的内容；另一种是规模报酬可变的模型 VRS（Variable Return to Scale）模型，该模型测得的效率值排除了规模效率的影响，结果是纯技术效率。

### （一）规模报酬不变假设下的 CRS 模型

A. Chames，W. W Cooper 和 E. Hodes（1978）提出的 DEA 模型是基于投入的，并假设规模报酬不变的评价决策单元相对有效性的 CRS 模型。CRS 模型是最早提出并最先被广泛使用的，又称为 CCR 模型或 $C^2R$ 模型。

**1. CRS 模型的建立与求解**

（1）输入与输出。假设有 $K$ 个具有可比性的决策单元 $DMU_1$、$DMU_2$、…、$DMU_k$，每个决策单元有 $M$ 种投入要素（即 $M$ 个输入），生产 $N$ 种产品（即 $N$ 个输出）。对每个决策单元，均想获得一个全部产出对全部投入的比率测度，并对不同决策单元要进行评价与对比，因此需要对投入和产出进行综合标准处理，把它们看作只有一个总体输入和一个总体输出的生产过程。由于各种投入与产出在效率计算中所起的作用不同，应对每个输入、输出赋予一定的权重。各决策单元的输入与输出数据如表 8-2 所示。

**表 8-2 决策单元的输入数据和输出数据对应表**

| 数据类型 | 权重 | 序号 | 1 | 2 | … | $j$ | … | $k$ |
|---|---|---|---|---|---|---|---|---|
| 输入数据 | $v_1$ | 1 | $x_{11}$ | $x_{12}$ | … | $x_{1j}$ | … | $x_{1k}$ |
| | $v_2$ | 2 | $x_{21}$ | $x_{22}$ | … | $x_{2j}$ | … | $x_{2k}$ |
| | ⋮ | ⋮ | ⋮ | ⋮ | | ⋮ | | ⋮ |
| | $v_m$ | $m$ | $x_{m1}$ | $x_{m2}$ | … | $x_{mj}$ | … | $x_{mk}$ |
| 输出数据 | $u_1$ | 1 | $y_{11}$ | $y_{12}$ | … | $y_{1j}$ | … | $y_{1k}$ |
| | $u_2$ | 2 | $y_{21}$ | $y_{22}$ | … | $y_{2j}$ | … | $y_{2k}$ |
| | ⋮ | ⋮ | ⋮ | ⋮ | | ⋮ | | ⋮ |
| | $u_n$ | $n$ | $y_{n1}$ | $y_{n2}$ | … | $y_{nj}$ | … | $y_{nk}$ |

表 8-2 中，$x_{ij}$表示第$j$个决策单元第$i$个输入的投入量，要求$x_{ij}>0$；

$y_{rj}$表示第$j$个决策单元第$r$个输出的产出量，$y_{rj}>0$；

$v_i$表示第$i$个输入的权重；

$u_r$表示第$r$个输出的权重；

$j=1, 2, \cdots, k, i=1, 2, \cdots, m; r=1, 2, \cdots, n$。

（2）分式规划形式。对第$j$个决策单元，用列向量$\boldsymbol{X}_j$和$\boldsymbol{Y}_j$分别代表它的投入和产出，也就是说，$\boldsymbol{M}\times\boldsymbol{K}$的投入矩阵$\boldsymbol{X}$和$\boldsymbol{N}\times\boldsymbol{K}$的产出矩阵$\boldsymbol{Y}$代表了$\boldsymbol{K}$个决策单元所有的数据。第$j$个决策单元的投入向量$\boldsymbol{X}_j$和产出向量$\boldsymbol{Y}_j$可分别用如下形式表达：

投入向量：$\boldsymbol{X}_j=(x_{1j}, x_{2j}, \cdots, x_{mj})^T>0 \ (j=1, 2, \cdots, K)$

产出向量：$\boldsymbol{Y}_j=(y_{1j}, y_{2j}, \cdots, y_{nj})^T>0 \ (j=1, 2, \cdots, K)$

$x_{ij}>0, y_{rj}>0, i=1, 2, \cdots, m; r=1, 2, \cdots, n$。

用列向量$\boldsymbol{V}$和$\boldsymbol{U}$分别代表投入和产出的权重，即$\boldsymbol{V}$是一个$\boldsymbol{M}\times 1$的向量，$\boldsymbol{U}$是一个$\boldsymbol{N}\times 1$的向量。投入和产出的权重向量可以表示为：

投入权重向量：$\boldsymbol{V}=(v_1, v_2, \cdots, v_m)^T\geqslant 0$

产出权重向量：$\boldsymbol{U}=(u_1, u_2, \cdots, u_n)^T\geqslant 0$

$x_{ij}$和$y_{rj}$为已知的数据，可以根据历史资料得到，也即是实际观测到的数据。但是对于投入和产出的权重并不是事先给定，而是先把它们看做是变向量，然后在分析过程中根据某种原则确定。

每个决策单元 DMU 都有相应的效率评价指数，第$j_0$个决策单元$DMU_{j_0}$的效率评价指数为：

$$h_{j_0}=\frac{u^TY_{j_0}}{v^TX_{j_0}} \tag{8.17}$$

一般来说，$h_{j_0}$越大，表明$DMU_{j_0}$能够用相对较少的输入而得到相对较多的输出。如果要对$DMU_{j_0}$进行评价，看$DMU_{j_0}$在$K$个$DMU$中相对来说是不是最优的，可以考察当尽可能地变化权重时，$h_{j_0}$的最大值究竟是多少。以第$j_0$个决策单元$DMU_{j_0}$的效率评价指数为目标，以所有的决策单元的效率指数（包括第$j_0$个决策单元$DMU_{j_0}$）$h_j=\frac{u^TY_j}{v^TX_j}\leqslant 1$（$j=1, 2, \cdots, K$）为约束，构成 CRS 模型的分式规划形式：

$$\begin{cases}\max h_{j_0}=\dfrac{u^TY_{j_0}}{v^TX_{j_0}}=\dfrac{\sum\limits_{r=1}^{n}u_ry_{rj_0}}{\sum\limits_{i=1}^{m}v_ix_{ij_0}} \\ \dfrac{u^TY_j}{v^TX_j}=\dfrac{\sum\limits_{r=1}^{n}u_ry_{rj}}{\sum\limits_{i=1}^{m}v_ix_{ij}}\leqslant 1\ (j=1,\ 2,\ \cdots,\ K) \\ \boldsymbol{V}=(v_1,\ v_2,\ \cdots,\ v_m)^T\geqslant 0 \\ \boldsymbol{U}=(u_1,\ u_2,\ \cdots,\ u_n)^T\geqslant 0\end{cases} \tag{8.18}$$

（3）线性规划形式。式（8.18）是一个分式规划问题，使用 $C^2$ 变换（Charnes-Cooper 变化），可将分式规划转化为一个与其等价的线性规划模型。即令：

$$t=\frac{1}{v^TX_{j0}},\omega=tv,\mu=tu$$

分式规划问题式（8.18）转化为线性规划形式：

$$\begin{cases}\max h_{j_0}=\mu^TY_{j_0} \\ \omega^TX_j-\mu^TY_j\geqslant 0,\ (j=1,\ 2,\ \cdots,\ K) \\ \omega^TX_{j_0}=1 \\ \omega\geqslant 0,\mu\geqslant 0\end{cases} \tag{8.19}$$

用线性规划的最优解来定义决策单元 $j_0$ 的有效性。不难看出，利用上述模型来评价决策单元 $j_0$ 是不是有效是相对于其他所有决策单元而言的。

（4）对偶规划模型。应用线性规划对偶理论，通过建立对偶规划来判断决策单元 $DMU_{j_0}$ 的有效性。上述线性规划的对偶规划为：

$$\begin{cases}\min\theta_c \\ \sum\limits_{j=1}^{k}X_j\lambda_j\leqslant\theta_cX_{j_0} \\ \sum\limits_{j=1}^{k}Y_j\lambda_j\geqslant Y_{j_0} \\ \lambda_j\geqslant 0,\ (j=1,\ 2,\ \cdots,\ K)\end{cases} \tag{8.20}$$

式中：$\lambda$——常数向量；

$\theta_c$——一个标量，是决策单元 $DMU_{j_0}$ 的有效值（投入相对于产出的有效利用程度），其取值范围在 0 和 1 之间，由于是在 CRS 模型中求得的效率，故以下标 $C$ 表示，若 $\theta_c$ 为 1，则说明该决策单元在前沿面上。经过 $K$ 次线性规划求解就可以得到每个决策单元的 $\theta_c$ 值。

**2. 松弛变量的存在与处理**　DEA 中逐段线性形式的非参数前沿面可能在效率测度上有一些困难，主要是由于逐段线性的前沿面有些区段与坐标轴平行，会产生投入松弛变量和产出松弛变量，而这种情况在多数参数函数中不会发生。

以两种投入，一种产出的 DEA 模型为例，说明松弛变量产生的原因，如图 8-5 所示。图中 $C$ 和 $D$ 代表有效率的两个决策单元，$A$ 和 $B$ 是效率较低的决策单元，折线 $SCDS'$ 是前沿面，$SC$与纵轴平行，$DS'$与横轴平行。

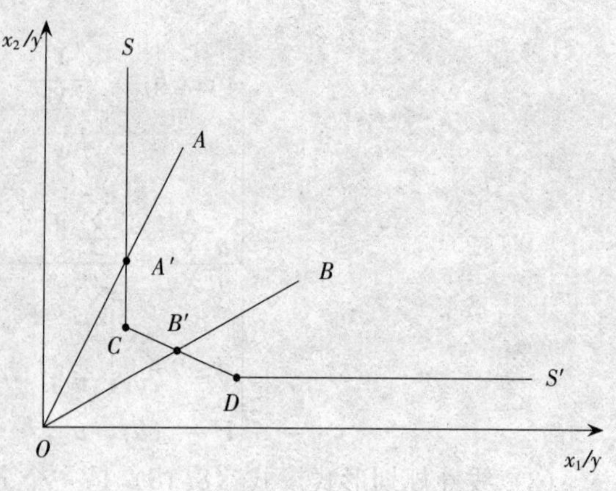

图 8-5 效率度量与投入松弛

根据 Farrell（1957）关于技术效率的测量方法，决策单元 $A'$ 和 $B'$ 的效率分别为 $OA'/OA$ 与 $OB'/OB$。如果投入量 $x_2$ 减少 $CA'$的值，但还是产生同样的产出，因此，$B'$点是有效率的，$A'$点不是有效率的，$CA'$就是投入松弛（Input Slack）。如果考虑多投入多产出的情况，图就变得更复杂，可能出现产出松弛（Output Slack）。

引入投入松弛变量 $IS$ 和产出松弛变量 $OS$，建立具有非阿基米德无穷小量的对偶规划为：

$$\begin{cases}\min[\theta_c - \varepsilon(e_1{}^T IS + e_2{}^T OS)] \\ \sum_{j=1}^{k} X_j\lambda_j + IS = \theta_c X_{j_0} \\ \sum_{j=1}^{k} Y_j\lambda_j - OS = Y_{j_0} \\ \lambda_j \geqslant 0,\ (j=1,\ 2,\ \cdots,\ K) \\ IS \geqslant 0;\ OS \geqslant 0\end{cases} \tag{8.21}$$

设对偶规划（8.21）的最优解为 $\lambda^0$，$IS^0$，$OS^0$，$\theta^0$，则有：

若 $\theta^0<1$，则决策单元 $DMU_{j_0}$ 不为弱 $DEA$ 有效。其经济含义是决策单元 $DMU_{j_0}$ 的生产活动既不是技术效率最佳，也不是规模效率最佳，可通过组合将投入降至原投入 $X_{j_0}$ 的 $\theta^0$ 的比例而保持原产出 $Y_{j_0}$ 不变。

若 $\theta^0=1$，且 $e_1^T IS+e_2^T OS>0$，即至少有某个输入或输出的松弛变量大于零，则 $DMU_{j_0}$ 仅为弱 $DEA$ 有效。其经济含义是决策单元 $DMU_{j_0}$ 不是同时技术有效和规模有效，即此时的经济活动不是同时技术效率最佳和规模效率最佳，决策单元部分投入过剩或部分产出不足，意味着在这 $K$ 个决策单元组成系统中，对于投入 $X_{j_0}$，可减少 $IS^0$ 而保持原产出 $Y_{j_0}$ 不变，或在投入 $X_{j_0}$ 不变的情况下，将产出提高 $OS^0$。

若 $\theta^0=1$，且 $e_1^T IS+e_2^T OS=0$，则决策单元 $DMU_{j_0}$ 为 DEA 有效，其经济含义是决策单元同时为技术有效和规模有效，不存在过剩投入及产出不足，投入和产出组合达到最优。

**3. 基于投入的 CRS 技术效率估计的简单案例** 假设有 5 个具有可比性的决策单元 A、B、C、D 和 E，每个决策单元有 2 种投入要素，生产 1 种产品。基于投入的各决策单元 CRS 数据如表 8-3 所示。

**表 8-3 基于投入的 CRS 的决策单元数据**

| 决策单元 | 投入 $x_1$ | 投入 $x_2$ | 产出 $y$ | $x_1/y$ | $x_2/y$ |
|---|---|---|---|---|---|
| A | 2 | 5 | 1 | 2 | 5 |
| B | 2 | 4 | 2 | 1 | 2 |

（续）

| 决策单元 | 投入 $x_1$ | 投入 $x_2$ | 产出 $y$ | $x_1/y$ | $x_2/y$ |
|---|---|---|---|---|---|
| C | 6 | 6 | 3 | 2 | 2 |
| D | 3 | 2 | 1 | 3 | 2 |
| E | 6 | 2 | 2 | 3 | 1 |

用 DEA 方法对 5 个决策单元进行效率评价，需要求解 5 个线性规划问题，每个决策单元一次。如以决策单元 C 为例，对偶规划模型为：

$$\begin{cases}\min\theta_c \\ (y_1\lambda_1 + y_2\lambda_2 + y_3\lambda_3 + y_4\lambda_4 - y_5\lambda_5) - y_3 \geqslant 0 \\ (x_{11}\lambda_1 + x_{12}\lambda_2 + x_{13}\lambda_3 + x_{14}\lambda_4 + x_{15}\lambda_5) \leqslant \theta_c x_{13} \\ (x_{21}\lambda_1 + x_{22}\lambda_2 + x_{23}\lambda_3 + x_{24}\lambda_4 + x_{25}\lambda_5) \leqslant \theta_c x_{23} \\ \lambda_j \geqslant 0\ (j=1, 2, \cdots, 5)\end{cases} \tag{8.22}$$

考虑松弛变量后，上述线性规划可写成：

$$\begin{cases}\min[\theta_c - \varepsilon(e_1{}^T IS + e_2{}^T OS)] \\ (y_1\lambda_1 + y_2\lambda_2 + y_3\lambda_3 + y_4\lambda_4 + y_5\lambda_5) - OS = y_3 \\ (x_{11}\lambda_1 + x_{12}\lambda_2 + x_{13}\lambda_3 + x_{14}\lambda_4 + x_{15}\lambda_5) + IS_1 = \theta_c x_{13} \\ (x_{21}\lambda_1 + x_{22}\lambda_2 + x_{23}\lambda_3 + x_{24}\lambda_4 + x_{25}\lambda_5) + IS_2 = \theta_c x_{23} \\ \lambda_j \geqslant 0\ (j = 1,2,\cdots,5) \\ IS \geqslant 0; OS \geqslant 0\end{cases} \tag{8.23}$$

式中：$x_{13}$ 为第三个决策单元 C 对投入要素 1 的投入量，在本例中为 6，将各决策单元的数据代入，即得到决策单元 C 的线性规划问题：

$$\begin{cases}\min[\theta_c - \varepsilon(e_1{}^T IS + e_2{}^T OS)] \\ (1\lambda_1 + 2\lambda_2 + 3\lambda_3 + 1\lambda_4 + 2\lambda_5) - OS = 3 \\ (2\lambda_1 + 2\lambda_2 + 6\lambda_3 + 3\lambda_4 + 6\lambda_5) + IS_1 = \theta_c \cdot 6 \\ (5\lambda_1 + 4\lambda_2 + 6\lambda_3 + 2\lambda_4 + 2\lambda_5) + IS_2 = \theta_c \cdot 6 \\ \lambda_j \geqslant 0\ (j = 1,2,\cdots,5) \\ IS \geqslant 0; OS \geqslant 0\end{cases} \tag{8.24}$$

求解5个线性规划问题得到每个决策单元的技术效率 $\theta_c$ 以及相应的 $\lambda$ 值情况，如表8-4所示：

**表 8-4　基于投入的 CRS 的 DEA 分析结果**

| 决策单元 | $\theta$ | $\lambda_1$ | $\lambda_2$ | $\lambda_3$ | $\lambda_4$ | $\lambda_5$ | $IS_1$ | $IS_2$ | $OS$ |
|---|---|---|---|---|---|---|---|---|---|
| A | 0.500 | — | 0.500 | — | — | — | — | 0.500 | — |
| B | 1.000 | — | 1.000 | — | — | — | — | — | — |
| C | 0.833 | — | 1.000 | — | — | 0.500 | — | — | — |
| D | 0.714 | — | 0.214 | — | — | 0.286 | — | — | — |
| E | 1.000 | — | — | — | — | 1.000 | — | — | — |

从表 8-4 可见，决策单元 A、B、C、D、E 的技术效率分别为 50%、100%、83.3%、71.4%和 100%，由于决策单元 B 和 E 的技术效率达到 1，说明其为有效决策单元，即处于

生产前沿上，而决策单元 A、C、D 的技术效率均小于 1，为无效率的决策单元。

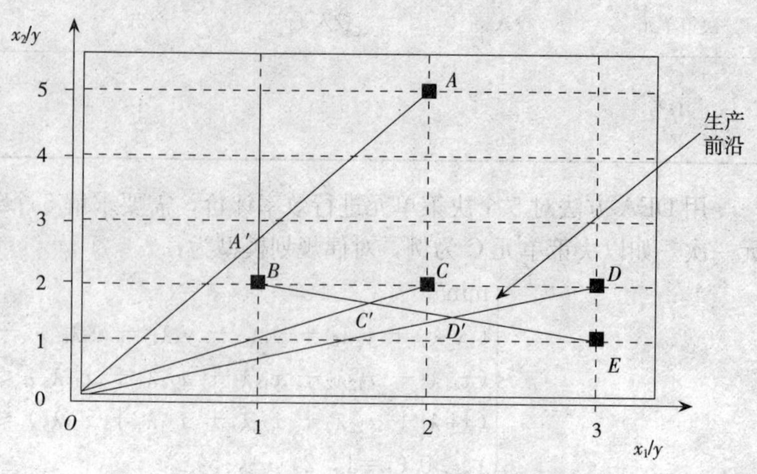


图 8-6 基于投入 CRS 的 DEA 生产函数前沿

图 8-6 是 5 个决策单元的生产前沿面。横坐标为单位产出的 $x_1$ 要素投入，纵坐标为单位产出的 $x_2$ 要素投入。C 的技术效率为 0.833，也就是说在保持产出不变的前提下，所有投入消耗减少到原来的 83.3%，投入消耗为：0.833 × （6，6） = （4.998，4.998），即降低所有投入消耗的 16.7%，投入消耗减少：0.167 × （6，6） = （1.002，1.002）。由于 C 单元的产出为 3，所以单位产出的要素消耗为：（4.998，4.998）/3 = （1.666，1.666），这对应着图 8-6 中的 C′处的生产要素投入量（1.666，1.666），因此，C′就是决策单元 C 的改进目标。由于 C′在 B 和 E 的连线上，因此，B 和 E 通常作为决策单元 C 的参照同行。

D 的技术效率为 0.714，也就是说在保持产出不变的前提下，所有投入减少到原来的 71.4%，投入消耗为：0.714 ×（3，2） = （2.142，1.428），投入消耗减少：0.286 ×（3，2）= （0.858，0.572）。由于 D 单元的产出为 1，所以单位产出的要素消耗也为（2.142，1.428），这对应着图 8-6 中 D′处的生产要素投入量，D′就是决策单元 D 的改进目标。由于 D′在 B 和 E 的连线上，因此，B 和 E 通常作为决策单元 D 的参照同行。可见决策单元 D 与 C 的效率改进方法相同。

决策单元 A 的技术效率为 0.5，其存在 $IS_2$＝0.5，且投影点 $A'$ 位于前沿面上，平行于纵坐标，因此 $A'$ 不代表一个有效点。因为减少 0.5 个 $x_2$ 的投入，即在 $B$ 点生产而保持同样的产出。根据决策单元 A 的技术效率为 0.5，投入松弛 0.5，决策单元 A 的效率改进方法为：两种投入 $x_1$ 和 $x_2$ 各减少 50%，投入消耗为：0.5 ×（2，5） = （1，2.5），在此基础上进一步将 $x_2$ 的投入降低 0.5 个单位，即 $x_2$ 的投入为 2 个单位。此时的投入结果（1，2）就是决策单元 A 的改进目标，也就是点 $B$ 的坐标。

在表 8-4 中，决策单元 B 和 E 的技术效率值均为 1，因此它们的标杆就是本身，可以作为其他技术无效率决策单元效率改进的参照单元。其中 $B$ 作为参照单元的次数为 3（作为 A、C 和 D 决策单元的效率改进参照），$E$ 作为参照单元的次数为 2（作为 C 和 D 决策单元的效率改进参照）。如果某一决策单元作为效率改进的参照单元次数越多，说明该决策单元的投入产出具有一般性，容易推广；如果某一决策单元作为效率改进的参照单元次数少，说明该决策单元的投入产出具有某种特殊性，其他决策单元难以参照，不宜效仿。

## （二）规模报酬可变假设下的 VRS 模型

规模报酬不变条件下的 DEA 模型即 CRS 模型仅仅适用于决策单元处于规模报酬不变阶

段的情况，当所有的决策单元都以最优规模运作时，规模报酬不变的假设是合理的。但由于不完全竞争、政府法规和财政约束等，决策单元往往不能处于规模报酬不变阶段，即决策单元不能以最优规模运作。当不是所有决策单元都以最优规模运作，不能保持规模报酬不变时，使用 CRS 度量的技术效率就会不准确，因为技术效率中存在着规模效率。Banker、Charnes 和 Cooper（1984）在对 CRS 模型进行调整的基础上，提出了可变规模报酬的 DEA 模型 VRS（Variable Return to Scale），以解决规模报酬可变的情况，使计算出的技术效率排除规模效率的影响。

考虑松弛变量后的 CRS 模型很容易修改成 VRS 模型，只需在公式（8.21）中加入凸集限制：$\sum_{j=1}^{k}\lambda_j = 1$

以 $\theta_v$ 表示效率值，VRS 的线性规划模型为：

$$\begin{cases}\min[\theta_v - \varepsilon(e_1^T IS + e_2^T OS)] \\ \sum_{j=1}^{k} X_j\lambda_j + IS = \theta_v X_{j0} \\ \sum_{j=1}^{k} Y_j\lambda_j - OS = Y_{j0} \\ \sum_{j=1}^{k}\lambda_j = 1 \\ \lambda_j \geqslant 0,\ (j=1,\ 2,\ \cdots,\ K) \\ IS \geqslant 0;\ OS \geqslant 0\end{cases} \tag{8.25}$$

与 CRS 模型类似，设对偶规划（8.25）的最优解为 $\lambda^0$，$IS^0$，$OS^0$，$\theta^0$，则有：

若 $\theta^0 < 1$，则决策单元 $DMU_{j0}$ 不为 DEA 有效（不为纯技术有效），即该决策单元投入组合不当，可以做全面的等比压缩；

若 $\theta^0 = 1$，且 $e_1^T IS + e_2^T OS > 0$，则 $DMU_{j0}$ 仅为弱 DEA 有效，意味着在这 $K$ 个决策单元组成的系统中，有部分超量或亏损产出；

若 $\theta^0 = 1$，且 $e_1^T IS + e_2^T OS = 0$，则 $DMU_{j0}$ 为 DEA 有效，表明该决策单元技术效率最佳。

### （三）规模效率的测度

可同时用 CRS 和 VRS 模型对一个决策单元的规模效率进行度量。CRS 所度量的效率值，实际上包含了规模效率和技术效率两部分，我们称其为综合效率，而 VRS 所度量的效率是决策单元的纯技术效率。由于 CRS 模型用于评价决策单元的规模效率与技术效率的总体有效性，而 VRS 模型仅用于评价决策单元的技术有效性，两者结合起来，便于对决策单元进行综合分析。如果同一个决策单元的 CRS 和 VRS 的技术效率值不同，规模效率是引起这种差异的原因。用单投入单产出的例子来说明这一关系，CRS 与 VRS 的前沿面如图 8-7 所示。

在规模报酬不变（CRS）的假设下，点 $P$ 的射影点是 $P_C$，点 $P$ 面向投入的技术无效率为 $PP_C$，技术效率（我们称其为综合效率）为：

$$TE_{CRS}=\frac{AP_C}{AP}\ (0\leqslant TE_{CRS}\leqslant 1)\qquad(8.26)$$

在规模可变（VRS）假设下，点 $P$ 的射影点是 $P_V$，技术无效率是 $PP_V$，技术效率（称其为纯技术效率）为：

$$TE_{VRS}=\frac{AP_V}{AP}\quad(0\leqslant TE_{VRS}\leqslant 1)\qquad(8.27)$$

上述两种技术效率的测度差异为 $P_CP_V$，这是由规模无效率引起的。规模效率为：

$$SE=\frac{AP_C}{AP_V}\quad(0\leqslant SE\leqslant 1)\qquad(8.28)$$

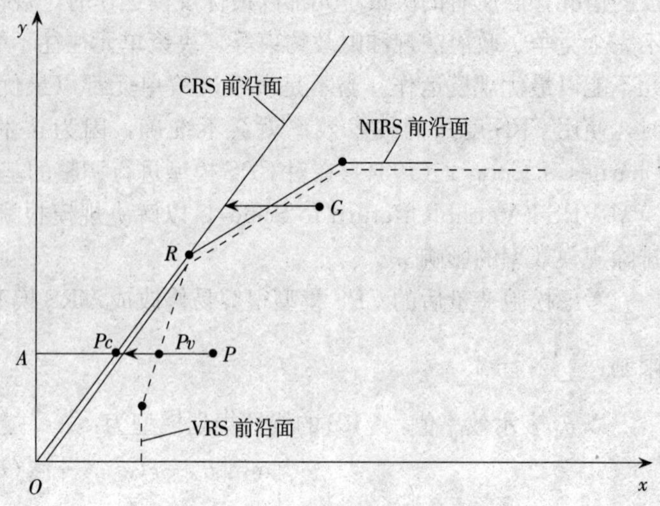


图 8-7 规模效率测度

由于 $$\frac{AP_C}{AP}=\frac{AP_V}{AP}\times\frac{AP_C}{AP_V}$$

可以发现： $$TE_{CRS}=TE_{VRS}\times SE$$

因此，CRS 的技术效率被分解为纯技术效率和规模效率。通过分别运行 CRS 和 VRS 的 DEA 模型（8.21）和（8.25），得到两者的效率值 $\theta_c$ 和 $\theta_v$，便可以推算出规模效率的水平。当 $\theta_c=\theta_v$ 时，某决策单元的规模效率 $SE$ 为 1，说明规模有效且决策单元处于规模报酬不变阶段，生产处于最佳规模；如果 $SE$ 小于 1，说明决策单元无效，规模效率有损失，决策单元规模报酬可变。

上述规模测量存在不足，因为当决策单元处于规模报酬可变时，不能根据度量结果判断决策单元是处于规模报酬递增还是递减。如果计算出非递增规模报酬的技术效率，我们就可以判断出决策单元所处的规模报酬阶段。为解决这一问题，只需将线性规划式（8.25）中的 DEA 模型约束 $\sum_{j=1}^{k}\lambda_j=1$ 替换为 $\sum_{j=1}^{k}\lambda_j\leqslant 1$，通过解一个附加的非递增规模报酬（NIRS）的 DEA 问题就可以确定。以 $\theta$ 表示效率值，非递增规模报酬的 DEA 模型的线性规划模型为：

$$\begin{cases}\min[\theta-\varepsilon(e_1{}^TIS+e_2{}^TOS)]\\ \sum_{j=1}^{k}X_j\lambda_j+IS=\theta X_{j0}\\ \sum_{j=1}^{k}Y_j\lambda_j-OS=Y_{j0}\\ \sum_{j=1}^{k}\lambda_j\leqslant 1\\ \lambda_j\geqslant 0,\ (j=1,2,\cdots,K)\\ IS\geqslant 0;\ OS\geqslant 0\end{cases}\qquad(8.29)$$

图 8-7 中 NIRS 为非递增规模报酬前沿面，在 $R$ 点以下部分与 CRS 生产技术前沿重合，在 $R$ 点以上部分与 VRS 生产技术前沿重合。为了便于标示，图 8-7 中未将其重合，只是画得很近。把非递增规模报酬下的技术效率以 $TE_{NIRS}$ 表示，则 $TE_{NIRS}$、$TE_{CRS}$ 和 $TE_{VRS}$ 三者之间存在如下关系：

$$TE_{VRS} \geqslant TE_{NIRS} \geqslant TE_{CRS}$$

当生产单元处于规模无效（$SE$ 小于 1），即在规模报酬递增或递减条件下，某个决策单元规模无效率的本质，可以通过判断 NIRS 的技术效率值是否等于 VRS 的技术效率值来确定。如果 $TE_{NIRS}$ 与 $TE_{VRS}$ 两者不等（图 8-7 中的 P 点），那么该决策单元处于报酬递增；如果 $TE_{NIRS}$ 与 $TE_{VRS}$ 相等（图 8-7 中的 G 点），则决策单元就是处于报酬递减。

当生产单元处于规模无效（$SE$ 小于 1）时，还可以通过判断 NIRS 的技术效率值与 CRS 的技术效率值的关系来确定某一个决策单元规模无效率的原因。如果 $TE_{NIRS}=TE_{CRS}$（图 8-7 中的 $P$ 点），那么该决策单元处于报酬递增；如果 $TE_{NIRS}>TE_{CRS}$（图 8-7 中的 $G$ 点），则决策单元就是处于报酬递减。

### （四）基于产出的 DEA 模型

**1. 基于投入与产出技术效率的关系** 当规模报酬不变，投入角度的技术效率等于产出角度的技术效率。因此，在 CRS 条件下，在保持产出不变的条件下，按比例减少投入，从而确定技术无效；当投入水平固定，技术无效率的度量也可以按产出成比例增加的形式确认。但是在规模报酬可变，即 VRS 条件下，基于投入和基于产出的技术效率测度值则不一致。

在模型的选择上，有些学者倾向于选择面向投入的模型，因为一些生产单位是根据生产订单进行生产，产出是固定的，争取以最少的投入完成订单，因此，投入量成为关键的决策变量，在这种情况下，选择基于投入的效率测量方法是最合适的。而在某些行业，一些生产单位要求在既定的生产资源条件下，生产尽可能多的产出，在这种情况下，面向产出的模型更为适用。因此，选择基于投入还是基于产出的效率测量方法，主要取决于最需要控制的因素来选择，即是控制投入还是产出。Coelli and Perelman（1999）指出，在很多实例中，导向的选择对最后获得的值只有微小的影响。

**2. 基于产出的 DEA 模型** 根据产出角度的技术效率定义可知，产出角度的技术效率测量是在保持投入要素数量不变的情况下，确定产出量的适宜增长，实现在既定投入下的最大产出。基于产出的 DEA 模型与其基于投入的模型极为相似。

基于产出角度的 CRS 条件下的 DEA 模型为：

$$\begin{cases} \max[\sigma_c - \varepsilon(e_1{}^T IS + e_2{}^T OS)] \\ \sum_{j=1}^{k} X_j\lambda_j + \mathrm{IS} = X_{j_0} \\ \sum_{j=1}^{k} Y_j\lambda_j - \mathrm{OS} = \sigma_c Y_{j_0} \\ \lambda_j \geqslant 0,\ (j=1,\ 2,\ \cdots,\ K) \\ IS \geqslant 0;\ OS \geqslant 0 \end{cases} \tag{8.30}$$

由式（8.30）得到的 $(\sigma_c)^{-1}$ 就是决策单元 $DMU_{j_0}$ 的基于产出的 CRS 条件下的技术效率（综合效率）。

基于产出角度的 VRS 条件下的 DEA 模型为：

$$\begin{cases} \max[\sigma_v - \varepsilon(e_1{}^T IS + e_2{}^T OS)] \\ \sum_{j=1}^{k} X_j\lambda_j + \text{IS} = X_{j_0} \\ \sum_{j=1}^{k} Y_j\lambda_j - \text{OS} = \sigma_v Y_{j_0} \\ \sum_{j=1}^{k} \lambda_j = 1 \\ \lambda_j \geqslant 0，(j=1，2，\cdots，K) \\ IS \geqslant 0；OS \geqslant 0 \end{cases} \tag{8.31}$$

由式（8.31）得到的 $(\sigma_v)^{-1}$ 就是决策单元 $DMU_{j0}$ 的基于产出的 VRS 条件下的技术效率（纯技术效率）。

## （五）配置效率和经济效率的 DEA 模型

如果一个决策单元可以获得价格信息，并且有明确的适宜目标，例如，追求成本最小化或收益、利润最大化，那么就可以同时测量技术效率、配置效率和经济效率。

通过第一节中经济效率 $EE$ 是成本与收益之间关系的阐述，我们知道只有当成本既定收益最大，或收益既定成本最小时，才实现了经济效率。在产出既定的条件下，经济效率体现为成本效率 $CE$；在投入既定的条件下，经济效率体现为收益效率 $RE$。由于技术有效的生产单元不一定是成本最小化或产出最大化的生产单元，因此，技术有效的生产单元不一定具有经济效率，所以也并不一定是配置合理的。实际生产中，在首先确保技术有效性的前提下，通过合理配置投入要素降低成本，或者通过合理配置产出提高收入，以实现利润最大化或经济效率最优化。

**1. 成本最小化 DEA 模型** 成本最小化 DEA 模型是基于投入的配置效率与经济效率的 DEA 模型。第一节中的图 8-2 从投入角度反映了技术效率、配置效率与成本最小化的关系。对于图 8-2 中的代表给定决策单元的点 $P$，其非技术效率由 $QP$ 代表，即在不减少产出的情况下可以减少的投入量，用百分比表示需要减少的投入比例为 $QP/OP$，决策单元 $P$ 的技术效率 $TE$ 表示为 $OQ/OP$。由于 $Q$ 点在等产量线 $SS'$ 上，技术效率为 1，因此，若 $P$ 点的生产能够缩减到 $Q$ 点进行，则可以达到在现有技术条件下的有效生产。如果已知两种投入的价格和成本，$Q$ 点对应的投入成本不是最小。因为根据成本最小的配置理论，由两种投入价格比率决定的等成本线 $AA'$ 与等产量线 $SS'$ 的切点 $Q'$ 才是成本最小的点，即两种投入要素最优配置点。$R$ 与 $Q'$ 在同一条等成本线上，$R$ 点对应的投入要素生产成本与 $Q'$ 点表示的投入要素生产成本相等。$RQ$ 表示配置无效性，则 $OR/OQ$ 表示配置效率。

测算 VRS 条件下成本最小化问题，可以首先运用线性规划式（8.25）定义的面向投入的 DEA 模型计算出各决策单元的技术效率 $TE_1$；然后求解下面的 DEA 模型，得到既定约束条件下的配置效率和成本效率：

$$\begin{cases}\min_{\lambda,x_j^*} W_j'X_j^* \\ \sum_{j=1}^{k}\lambda_j x_j \leqslant X_0^* \\ \sum_{j=1}^{k}\lambda_j y_j \geqslant Y_0 \\ \sum_{j=1}^{k}\lambda_j = 1 \\ \lambda_j \geqslant 0,\ (j=1,2,\cdots,K)\end{cases} \tag{8.32}$$

式中：$W_j'$ ——第 $j$ 个决策单元投入要素价格向量；

$X_j^*$ ——通过线性规划计算出的第 $j$ 个决策单元在既定投入价格 $W'_j$ 和产出水平 $Y_j$ 下，使成本达到最小的投入量。

在产出一定条件下，经济效率 $EE_1$ 表现为成本效率 $CE$，其含义是最优化的成本与实际成本的比率，用公式表示为：

$$EE_1 = CE = \frac{W_j'X_j^*}{W_j'X_j} \tag{8.33}$$

由于配置效率 $AE_1$ 为经济效率 $EE_1$（成本效率 $CE$）与技术效率 $TE_1$ 的比值，即：$AE_1=\dfrac{EE_1}{TE_1}$，因此，基于投入的配置效率与成本效率的测算问题得以解决。

**2. 收益最大化 DEA 模型**　收益最大化 DEA 模型是基于产出的配置效率与经济效率的 DEA 模型。第一节中的图 8-3 从产出角度反映了技术效率、配置效率与收益最大化的关系。同投入角度技术效率、配置效率与成本最小化的关系分析类似，图 8-3 中用 $AB$ 表示单元 A 的非技术效率，即在不额外增加投入的情况下产出量可以增加的部分，$A$ 的技术效率可以表示为 $OA/OB$，$B$ 点是技术有效点，但不是配置有效点。因为等收益线 $DD'$ 与生产可能性曲线 $ZZ'$ 的切点 $B'$ 是收益最大点，与 $B$ 点相比，在不增加投入的情况下，如果该生产部门在 $B'$ 点生产，收益可以增加 $BC$ 量，配置效率为 $OB/OC$。

测算 VRS 条件下收益最大化问题，可以首先运用线性规划式（8-31）定义的面向产出的 DEA 模型计算出各决策单元的技术效率 $TE_2$；然后求解下面的 DEA 模型，得到既定约束条件下的配置效率和收益效率：

$$\begin{cases}\max_{\lambda,y_j^*} P_j'Y_j^* \\ \sum_{j=1}^{k}\lambda_j x_j \leqslant X_0 \\ \sum_{j=1}^{k}\lambda_j y_j \geqslant Y_0^* \\ \sum_{j=1}^{k}\lambda_j = 1 \\ \lambda_j \geqslant 0,\ (j=1,2,\cdots,K)\end{cases} \tag{8.34}$$

式中：$P_j'$ ——第 $j$ 个决策单元产出品的价格向量；

$Y_j^*$ ——通过线性规划计算出的第 $j$ 个决策单元在既定产出价格 $P'_j$ 和投入 $X_j$ 下，使收益达到最大的产出量。

在投入一定条件下，经济效率 $EE_2$ 表现为收益效率 $RE$，其含义是实际收益与最大收益的比率，用公式表示为：

$$EE_2 = RE = \frac{P_j' Y_j}{P_j' Y_j^*} \tag{8.35}$$

由于配置效率 $AE_2$ 为经济效率 $EE_2$（收益效率 $RE$）与技术效率 $TE_2$ 的比值，即：$AE_2 = \frac{EE_2}{TE_2}$，因此，基于产出的配置效率与收益效率的测算问题得以解决。

**3. 利润最大化 DEA 模型** 如果投入物和产出物的价格均已知，求解下面的 DEA 模型，得到既定约束条件下的利润效率。

$$\begin{cases} \max_{\lambda, y_j^* x_j^*} (P_j' Y_j^* - W_j' X_j^*) \\ \sum_{j=1}^{k} \lambda_j x_j \leqslant X_0 \\ \sum_{j=1}^{k} \lambda_j y_j \geqslant Y_0^* \\ \sum_{j=1}^{k} \lambda_j = 1 \\ \lambda_j \geqslant 0, \ (j=1, 2, \cdots, K) \end{cases} \tag{8.36}$$

当每个决策单元的利润最大化点定义在（$Y_j^*$，$X_j^*$），利润效率的测度就可以具体化为实际观察到的利润与最大利润的比值。然而这些测度不是必须为 0～1，当利润为负时，它的取值就是负的，当最大利润是 0，它就失去意义。

## 三、参数方法与非参数方法的比较

参数方法和非参数方法在生产经济学领域的实证分析中都得到了广泛的应用。参数方法与非参数方法的主要区别体现在三方面：一是参数方法需要设定一个确定的生产函数形式，利用统计回归估计限制性较强的参数函数形式构建生产前沿面，非参数方法不需要设定确定的生产函数形式，而是用数学规划方法包络出一个确定的最佳生产前沿面；二是参数方法有确定型和随机型前沿面之分，非参数方法没有随机型前沿面之说；三是两种方法对于实际观测样本相对于生产前沿面偏差的解释不同，即生产相对无效性的原因，在模型设定中主要是指对随机误差项的处理，非参数方法没有考虑随机误差项，而参数方法不仅考虑了外部不可控因素、数据噪声、测量误差等偶然因素造成的随机误差，而且还将其与生产无效可控制影响因素导致的管理误差项进行区分，并给予不同的分布假定。王学渊（2009）对国外农业生产领域和国内近期利用主要参数方法 SFA 和非参数方法 DEA 进行效率测算并比较分析的部分实证文献进行了整理，如表 8-5 所示。

**表 8-5 关于参数与非参数方法比较的实证研究**

| 序号 | 作者/年份 | 国家 | 样本/研究期间 | DEA | | SFA | 效率均值 | | 排序一致性比较 |
|---|---|---|---|---|---|---|---|---|---|
| | | | | 导向 | 规模效益 | 函数形式 | DEA | SFA | |
| 1 | 夏尔马、梁和扎列斯基（Sharma, Leung &Zaleski, 1997） | 美国 | 53 个养猪场<br>1994 年 | 产出 | CRS<br>VRS | C-D | 0.644<br>0.726 | 0.749 | Spearman 系数：0.883<br>Spearman 系数：0.745 |
| 2 | 莱因哈德、洛弗尔和泰臣（Reinhard, Lovell & Thijssen, 2000） | 荷兰 | 613 个奶农<br>1991—1994 年 | 投入<br>产出 | VRS | 超对数 | 0.81～0.82<br>0.78～0.79 | 0.90<br>0.89 | Spearman 系数：0.70<br>Spearman 系数：0.76 |
| 3 | 瓦杜德和怀特（Wadud & White, 2000） | 孟加拉国 | 150 个稻农<br>1997 年 | 产出 | CRS<br>VRS | 超对数 | 0.789<br>0.858 | 0.791 | Spearman 系数：0.777/0.747 |
| 4 | 布鲁默尔（BrÜmmer, 2001） | 斯洛文尼亚 | 147 个私人农场<br>1995—1996 年 | 收益 | VRS | 超对数 | 0.43～0.45 | 0.74～0.75 | Spearman 系数：0.69 |
| 5 | 奥伦和阿莱姆达尔（Oren & Alemdar, 2006） | 安纳托利亚 | 149 个烟农<br>2000—2001 年 | 产出 | CRS<br>VRS | C-D | 0.45<br>0.56 | 0.54 | Spearman 系数：0.802/0.719 |
| 6 | 武黄灵（Vu, 2007） | 越南 | 600 个稻农 | 投入 | VRS | C-D | 0.711 | 0.674 | Spearman 系数：0.5284 |
| 7 | 孙兆斌（2005） | 中国 | 四大国有银行<br>1999—2002 | 投入 | CRS | 超对数 | 0.8436 | 0.8646 | 排序一致 |
| 8 | 许晓雯、时鹏将（2006） | 中国 | 十四家商业银行<br>1997—2001 年 | 成本 | CRS | 超对数 | 0.6426 | 0.9479 | Spearman 系数：0.824 |
| 9 | 李勇、刘新梅（2007） | 中国 | 11 家煤炭行业上市公司<br>2001—2006 年 | 投入 | CRS | C-D | 0.6434 | 0.7418 | Spearman 系数：0.645 |
| 10 | 万兴、范金和、胡汉辉（2007） | 中国 | 江苏制造业 28 个部门<br>1998—2004 年 | 产出 | CRS<br>VRS | 超对数 | Malmquist 指数：<br>−0.1 | 0.65 | Pearson 相关系数：0.475 |

（王学渊．2009. 农业水资源生产配置效率研究．北京：经济科学出版社）

从表 8-5 可以看出应用非参数方法 DEA 得到的效率值明显低于参数方法 SFA 的测算结果，这种差距与两种方法的内在特点有关，另外，也可以发现两种方法所得到的效率排序结果基本上具有一致性。

## 第四节　运用 DEA 和 SFA 方法进行农业技术效率分析案例

### 一、DEA 方法案例

DEA 模型有基于投入和基于产出两大类，基于投入的 DEA 模型主要求解既定产出下的最小投入，基于产出的 DEA 模型主要求解既定投入下的最大产出。以天津为例，选择基于投入的 CRS 模型，运用 DEAP 软件，进行农业生产效率的 DEA 方法分析。关于 DEAP 软件及案例的计算机操作过程详见附录一。

**1. 天津农业生产的效率情况**　运用 DEA 方法，在输入输出指标体系的建立中，首要原则是反映评价目的和评价内容；其次，从技术上应避免输入（输出）集内部指标间的强线性关系；同时考虑指标的重要性和指标的可获得性等。基于这样的原则，输入指标即农业生产的诸要素投入，主要选择 4 个指标，$X_1$表示农林牧渔业从业人员（即第一产业从业人员）（万人），$X_2$表示年末农用地面积（万 $hm^2$），是由年末实有常用耕地面积、林地面积、水产养殖面积加总得到，$X_3$表示农用机械总动力（万 kw），$X_4$表示化肥施用量（折纯）（万 t）；衡量农业产出最常用的指标是农业产值，除此之外，如果农业生产效率高，农民收入也会相应提高，因此，选取的输出指标有 2 个，$Y_1$表示农林牧渔业总产值（亿元）、$Y_2$表示农村居民家庭人均纯收入（元）。各指标采用 1992—2009 年的数据［每一年作为一个决策单元，满足 DMU 选择的“同类型”特征和“自由度”要求，因为 1992—2009 年共 18 个决策单元大于输入输出指标的 2 倍即 2×（4+2）=12］，其中，2006 年耕地面积由“2006 年机耕面积的 37.74”及天津市第二次农业普查主要数据中的“机耕面积占耕地面积的 90.6%”相乘计算得到 41.66；2006 年化肥施用量采用 2005 和 2007 年的平均数 24.56。

将 Deap2.1 运行结果中的“EFFICIENCY SUMMARY”、“SUMMARY OF OUTPUT SLACKS”、“SUMMARY OF INPUT SLACKS”、“SUMMARY OF PEERS”、“PEER COUNT SUMMARY”和“FIRM BY FIRM RESULTS”整理，结果如表 8-6 所示。

**表 8-6　各决策单元的效率情况**

| 决策单元序号 | 年份 | $TE_{CRS}$ | $TE_{VRS}$ | $SE$ | 规模报酬 | 是否冗余 | 是否 DEA 有效 | 是否技术有效 | 效率改进的参照点 | | | | 参照次数 |
|---|---|---|---|---|---|---|---|---|---|---|---|---|---|
| 1 | 1992 | 0.400 | 1.000 | 0.400 | irs | 否 | 否 | 是 | — | — | — | — | 0 |
| 2 | 1993 | 0.464 | 1.000 | 0.464 | irs | 否 | 否 | 是 | — | — | — | — | 1 |
| 3 | 1994 | 0.558 | 1.000 | 0.558 | irs | 否 | 否 | 是 | — | — | — | — | 1 |
| 4 | 1995 | 0.728 | 1.000 | 0.728 | irs | 否 | 否 | 是 | — | — | — | — | 1 |
| 5 | 1996 | 0.734 | 1.000 | 0.734 | irs | 否 | 否 | 是 | — | — | — | — | 0 |
| 6 | 1997 | 0.711 | 1.000 | 0.711 | irs | 否 | 否 | 是 | — | — | — | — | 2 |
| 7 | 1998 | 0.749 | 0.997 | 0.751 | irs | 是 | 否 | 否 | 18 | 6 | 17 | — | 0 |

（续）

| 决策单元序号 | 年份 | $TE_{CRS}$ | $TE_{VRS}$ | $SE$ | 规模报酬 | 是否冗余 | 是否DEA有效 | 是否技术有效 | 效率改进的参照点 | | | | 参照次数 |
|---|---|---|---|---|---|---|---|---|---|---|---|---|---|
| 8 | 1999 | 0.659 | 1.000 | 0.659 | irs | 是 | 否 | 否 | 6 | 17 | — | — | 0 |
| 9 | 2000 | 0.864 | 1.000 | 0.864 | irs | 否 | 否 | 是 | — | — | — | — | 4 |
| 10 | 2001 | 0.901 | 1.000 | 0.901 | irs | 否 | 否 | 是 | — | — | — | — | 1 |
| 11 | 2002 | 0.947 | 0.999 | 0.948 | irs | 是 | 否 | 否 | 12 | 9 | 18 | — | 0 |
| 12 | 2003 | 1.000 | 1.000 | 1.000 | — | 否 | 是 | 否 | — | — | — | — | 1 |
| 13 | 2004 | 0.892 | 0.972 | 0.918 | irs | 是 | 否 | 否 | 2 | 9 | 18 | 17 | 0 |
| 14 | 2005 | 0.943 | 0.981 | 0.961 | irs | 是 | 否 | 否 | 17 | 18 | 10 | — | 0 |
| 15 | 2006 | 0.844 | 0.963 | 0.876 | irs | 是 | 否 | 否 | 17 | 9 | 18 | 3 | 0 |
| 16 | 2007 | 0.886 | 0.999 | 0.886 | irs | 是 | 否 | 否 | 9 | 4 | 17 | — | 0 |
| 17 | 2008 | 0.977 | 1.000 | 0.977 | irs | 否 | 否 | 是 | — | — | — | — | 6 |
| 18 | 2009 | 1.000 | 1.000 | 1.000 | — | 否 | 是 | | — | — | — | — | 5 |

表 8-6 中，$TE_{CRS}$表示规模报酬不变时的技术效率，也称综合效率，$TE_{VRS}$表示规模报酬可变时的技术效率，也称纯技术效率；SE 表示规模效率，三者之间的关系是 $TE_{CRS}=TE_{VRS}\times SE$。

由表 8-6 可知，1992—2009 年天津农业生产要素投入中，只有 2003 年和 2009 年综合效率为 1，处于 DEA 有效状态，即技术效率和规模效率都达到最优的要素配置阶段，天津农业处于高效生产状态。

1992—1997 年、2000—2001 年和 2008 年，技术效率值为 1，且无投入或产出松弛（Deap 运行结果中各个决策单元的 slack movement 指标值均为 0），说明这 9 年天津农业生产处于技术有效状态，生产点处于生产前沿上，在不减少产出的情况下，不能等比例的减少各种投入，也不能个别地减少某种投入。

以上 11 个决策单元可以作为其他决策单元效率改进的参照点，如果某一决策单元作为参照单元的次数多，说明该决策单元的投入与产出比较具有一般性，容易进行推广；反之，说明该决策单元的投入产出具有某种特殊性，其他决策单元难以效仿。由表 8-6 可见，1992—1997 年、2000—2001 年、2003 年和 2008—2009 年作为参照单元的次数分别为 0、1、1、1、0、2、4、1、1、6、5，其中 2008—2009 年及 2000 年分别为 6、5、4 次，说明这三年的农业投入与产出比较具有一般性，容易进行推广。

1999 年技术效率值为 1，但存在投入和产出松弛，因此当年天津农业生产处于弱技术有效状态，说明这一年的生产规模是适当的，仅存在投入或产出结构不合理的问题。在不减少产出（或不增加投入）的情况下，某些投入量（或产出）已达到最小（大）状态，不能缩减（或增加），但有些投入量过大（或产出量过小），可以根据投入或产出松弛量减少相应的数量。

其余年份 1998 年、2002 年和 2004—2007 年技术效率小于 1，而且存在投入松弛或产出松弛，说明这些年天津农业生产处于技术无效率状态，且存在投入或产出结构不合理问题。在产出不变的情况下，可以把投入量同时缩小，而产出保持不变，在此基础上，还可以根据某些投入（或产出）的松弛量减少（或增加）相应的数量。

**2. 天津农业生产技术无效决策单元的效率改进** 根据 Deap2.1 运行结果中的“FIRM BY FIRM RESULTS”部分的 radial movement 和 slack movement（投入和产出指标的松弛变量值）以及 original（原始值）计算得到投入要素调整比例，即技术无效决策单元的效率改进方案，如表 8-7 所示。

**表 8-7 技术无效决策单元的效率改进方案**

| 决策单元序号 | 年份 | 指标 | $X_1$ | $X_2$ | $X_3$ | $X_4$ | 产出不足值 | | 技术效率 |
|---|---|---|---|---|---|---|---|---|---|
| | | | | | | | $Y_1$ | $Y_2$ | |
| 7 | 1998 | 径向调整值 | −0.234 | −0.166 | −1.272 | −0.149 | 0.079 | 645.245 | 0.997 |
| | | 横向调整值 | 0.000 | 0.000 | 0.000 | −5.030 | | | |
| | | 横向调整比例（%） | 0.000 | 0.000 | 0.000 | 9.771 | | | |
| | | 总调整比例（%） | 0.289 | 0.290 | 0.289 | 10.060 | | | |
| 8 | 1999 | 径向调整值 | −0.026 | −0.019 | −0.157 | −0.015 | 34.518 | 2 056.140 | 1.000 |
| | | 横向调整值 | 0.000 | 0.000 | −2.006 | −6.125 | | | |
| | | 横向调整比例（%） | 0.000 | 0.000 | 0.417 | 12.966 | | | |
| | | 总调整比例（%） | 0.033 | 0.032 | 0.449 | 12.997 | | | |
| 11 | 2002 | 径向调整值 | −0.057 | −0.044 | −0.427 | −0.012 | 0.000 | 89.999 | 0.999 |
| | | 横向调整值 | 0.000 | −1.310 | −14.182 | 0.000 | | | |
| | | 横向调整比例（%） | 0.000 | 2.059 | 2.315 | 0.000 | | | |
| | | 总调整比例（%） | 0.069 | 2.128 | 2.384 | 0.068 | | | |
| 13 | 2004 | 径向调整值 | −2.327 | −1.807 | −17.086 | −0.642 | 0.000 | 2 213.047 | 0.972 |
| | | 横向调整值 | −2.066 | 0.000 | 0.000 | 0.000 | | | |
| | | 横向调整比例（%） | 2.494 | 0.000 | 0.000 | 0.000 | | | |
| | | 总调整比例（%） | 5.304 | 2.809 | 2.810 | 2.810 | | | |
| 14 | 2005 | 径向调整值 | −1.556 | −1.230 | −11.641 | −0.443 | 0.000 | 2 451.431 | 0.981 |
| | | 横向调整值 | −1.888 | 0.000 | −1.945 | 0.000 | | | |
| | | 横向调整比例（%） | 2.308 | 0.000 | 0.318 | 0.000 | | | |
| | | 总调整比例（%） | 4.211 | 1.902 | 2.220 | 1.902 | | | |
| 15 | 2006 | 径向调整值 | −2.966 | −2.39 | −22.066 | −0.898 | 3.300 | 1 513.775 | 0.963 |
| | | 横向调整值 | 0.000 | 0.000 | 0.000 | 0.000 | | | |
| | | 横向调整比例（%） | 0.000 | 0.000 | 0.000 | 0.000 | | | |
| | | 总调整比例（%） | 3.657 | 3.657 | 3.657 | 3.656 | | | |
| 16 | 2007 | 径向调整值 | −0.055 | −0.045 | −0.429 | −0.018 | 13.533 | 185.033 | 0.999 |
| | | 横向调整值 | 0.000 | 0.000 | −16.066 | 0.000 | | | |
| | | 横向调整比例（%） | 0.000 | 0.000 | 2.656 | 0.000 | | | |
| | | 总调整比例（%） | 0.071 | 0.071 | 2.727 | 0.070 | | | |
| 平均值 | | 径向调整值 | −1.032 | −0.814 | −7.583 | −0.311 | | | |
| | | 横向调整值 | −0.565 | −0.187 | −4.886 | −1.594 | | | |
| | | 横向调整比例（%） | 0.699 | 0.299 | 0.863 | 5.241 | | | |
| | | 总调整比例（%） | 1.976 | 1.601 | 2.202 | 6.264 | | | |

在表 8-7 中，径向调整值是 Deap2.1 运行结果中的 radial movement 指标的值，它是将技术效率提高到 1，所有投入要素需要同比例减少的数量（指标的绝对值），因此，径向调整的比例就是 1 与技术效率的差值；横向调整值是 Deap2.1 运行结果中的 slack movement 指标的值，它是因为某种投入要素相对其他投入要素投入过多，因此需要减少的数量（指标的绝对值），是对投入结构的调整；横向调整比例等于横向调整值的绝对值与原始值的比值；

总调整比例为横向调整值与纵向调整值之和的绝对值与原始值的比值。

从各年的径向调整值来看，技术效率越低的年份，调整值越大，说明各种投入要素需要同比例缩减的数量越多。以上技术无效的年份其技术效率都在 0.9 以上，说明虽然这些年天津农业生产处于技术无效状态，但各要素投入冗余情况并不严重，投入冗余最多的年份（2006 年）其技术效率为 0.963，各要素投入仅需要同时缩减 3.7%。

从各年的横向调整值来看，在技术无效的年份中，除 2006 年以外，其余各年都存在投入结构不合理的问题，其中 1999 年、2002 年和 2005 年有两种投入要素过多，而 1998、2004 和 2007 年有一种投入要素过多。从调整比例来看，1999 年投入结构不合理问题最为突出，其次是 1998 年，这两年的化肥施用量应缩减的比例分别达到 12.966%和 9.771%，同时 1999 年农用机械总动力还需缩减 0.417%；2002 年投入结构不合理问题也较为突出，农用地面积和农用机械总动力分别需要缩减 2.059%和 2.315%；2004、2005 年农林牧渔业从业人员投入均过多，需要缩减的比例分别为 2.494%和 2.308%，同时 2005 年农用机械总动力还需缩减 0.318%；2007 年只有农用机械总动力投入过多，需要缩减 2.656%。

从各年总的投入冗余情况来看，1999 年和 1998 年要素投入冗余情况最为严重，化肥施用量分别需要缩减 12.997%和 10.060%；其次是 2004 年，农林牧渔业从业人员需要缩减 5.304%，其他三种投入要素都需要缩减 2.810%；2005 年和 2006 各种要素投入冗余也较多，农林牧渔业从业人员分别需要缩减 4.221%和 3.657%，而其他三种要素投入 2006 年都需要缩减 3.657%，2005 年都需要缩减 2%左右。

从各投入要素 7 年的平均值来看，天津农业生产中化肥施用量大量过剩，平均每年应该缩减 6.246%，其次是农用机械总动力，平均每年应该缩减 2.202%，农林牧渔业从业人员和农用地面积平均每年也应该缩减 1.976%和 1.601%。

## 二、SFA 方法案例

Frontier 是专门用于随机前沿分析（SFA）的软件，主要用来处理一个产出变量和若干个投入变量的生产函数形式测定的技术效率分析。关于 Frontier 软件及案例的计算机操作过程详见附录二。

选择 1992—2009 年天津农林牧渔业总产值（亿元）$Y$，和四个投入指标：$X_1$表示农林牧渔业从业人员（万人），$X_2$表示年末农用地面积（万 $hm^2$），$X_3$表示农用机械总动力（万 kw），$X_4$表示化肥施用量（折纯）（万 t），运用 Frontier 软件分析天津农业的生产效率。$Y$、$X_1$、$X_2$、$X_3$和 $X_4$的指标值仍采用 DEAP 软件进行计算机操作案例及分析中数据。由于 Frontier4.1 大都采用截面数据或面板数据，在该案例中，把 1992—2009 年天津农业 18 年的生产数据视作 18 个生产单位，从而把原来的时间序列数据视为一个截面数据，同时在 Excel 表中进行对数运算。

该案例生产前沿面用 Cobb-Douglas 函数表示，根据 Frontier 软件运行结果，1992—2009 年天津农业技术效率情况如图 8-8 所示。

可以看出 1992—2009 年期间，天津农业生产技术效率总体而言呈提高趋势，但期间波动较大，尤其是在 1999 年技术效率曾降至 0.9189，而其他年份基本保持在 0.96 以上。

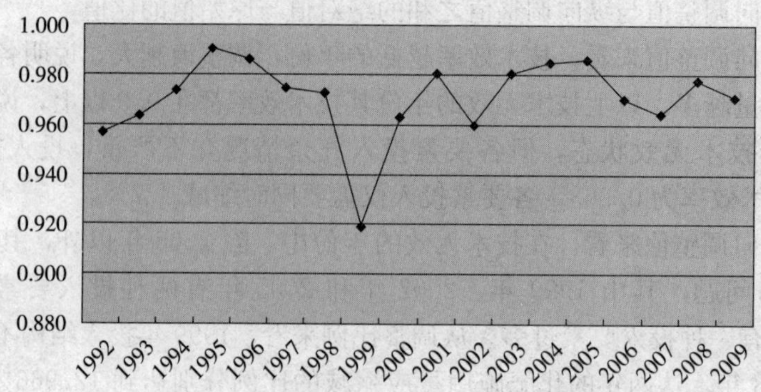


图 8-8　1992—2009 年天津农业生产技术效率变化情况

## 本　章　小　结

在一定的投入要素组合下，技术效率是指获得最大产出的能力；在一定的产出组合下，技术效率是指取得最少要素投入的能力。资源配置效率指在价格已知的条件下，为获得最大产出或最低成本，各种资源能够达到最佳比例的能力。经济效率是成本与收益之间的关系。

理论上生产前沿面是指给定投入所能达到的最大产出边界或是给定产出所需付出的最小投入可能边界。如果企业是技术有效的，它将在生产前沿面上运行；如果不是技术有效的，它将在生产前沿面下部运行。企业实际生产状态与生产前沿面存在的差距是由于技术效率未达到最佳而引起的损失。

投入角度，技术效率表示为 $TE_1=OQ/OP$，配置效率表示为 $AE_1=OR/OQ$，成本效率表示为 $CE=TE_1\times AE_1$。产出角度，技术效率表示为 $TE_2=OA/OB$，配置效率表示为 $AE_2=OB/OC$，收益效率表示为 $RE=TE_2\times AE_2$。

估计生产前沿面的方法有参数方法和非参数方法，参数方法有确定型和随机型之分，非参数方法中 DEA 方法使用较为广泛。CRS 模型假设规模报酬不变，测得效率值包含规模效率和技术效率；VRS 模型假设规模报酬可变，测得效率值排除了规模效率的影响，结果是纯技术效率。

## 复　习　思　考　题

1. 简述技术效率、配置效率和经济效率的含义及三种效率之间的关系。
2. 生产前沿面的含义及其与技术是否有效率的关系？
3. 概述基于投入角度与基于产出角度的技术效率、配置效率、经济效率的测量。
4. 与传统的计量经济方法相比，DEA 方法有哪些优点？
5. 试述规模报酬不变假设下的 CRS 模型和规模报酬可变假设下的 VRS 模型及其估计方法。

# 附录 8-1　农业生产的效率分析软件

## 一、DEAP 软件

### （一）DEAP 软件简介

DEAP 软件是在 WINDOWS 界面下运行的 DOS 程序。该程序包含了一个简单的批处理程序，用户在这个程序里建立数据文件。打开 deap 开始程序，通过程序运行向导后，产生一个文本编辑器能够读取的产出文件。

DEAP2.1 版的运行程序包括 5 个文件：①执行文件 DEAP.EXE；②开始文件 DEAP.000；③数据文件，如 123.DTA；④向导文件，如 123.INS；⑤输出文件，如 123.OUT。如图 8-9 所示：

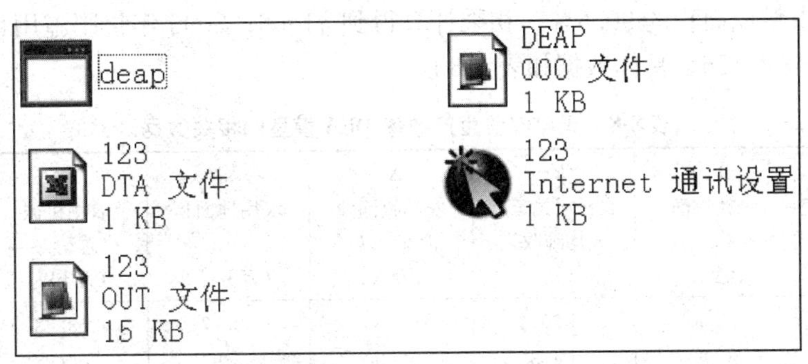


图 8-9　DEAP 运行程序文件

执行文件和开始文件为系统文件，这两个文件在磁盘上读取。DEAP 软件下载后没有安装文件，它直接在执行文件 deap.exe 文件中运行，开始文件 DEAP.000 保存了一些重要的参数值，用户对这些参数值一般不需要改变。数据文件、向导文件和输出文件是用于具体案例的效率分析文件，用户可根据需要进行修改，但数据和向导文件必须在用户执行前书写，而输出文件是在执行的时候由 DEAP 程序创造的。

**1. 数据文件**　DEAP 程序要求数据必须在一个文本（text）文件里按要求的顺序列出。数据排列方式为：每个决策单元 DMU 对应一行，产出和投入按列排列，产出数据在前，投入数据在后（整个文件从左至右）。例如，某一案例，共有 20 个决策单元，每个决策单元有两种投入，生产两种产品，那么每个决策单元对应一行，行为：$DMU_1$，$DMU_2$，…，$DMU_{20}$，共有 20 行数据，列的顺序是：$y_1$，$y_2$，$x_1$，$x_2$。

如果测度成本效率，要为每种投入提供价格信息。这些价格数据可以在投入数据列的右边列出，顺序是一样的。如果某一案例的每个决策单元有 2 种投入、3 种产出，列的顺序就是 $y_1$，$y_2$，$y_3$，$x_1$，$x_2$，$w_1$，$w_2$，其中，$w_1$ 和 $w_2$ 是和投入 $x_1$ 和 $x_2$ 数量相对应的价格。

**2. 向导文件**　向导文件也是文本文件。建立向导文件的最简单办法就是复制空白的 DBLANK.INS 文件（它是和程序一起提供的），然后用文本编辑器或者文本处理软件进行编辑，并输入相关的信息。

**3. 输出文件** 输出文件是向导文件运行时由 DEAP 软件自动生成的文本文件。输出文件可以使用文本编辑器读取，如 NOTEPAD 或 EDIT，或者使用文本处理软件，如 WORD 或 WORD PERFECT。输出文件也可以输出到电子表格软件里，如 EXCEL 或 LOTUS。

## （二）基于投入的可变规模报酬条件下 DEAP 软件的计算机操作案例及分析

以天津农业生产效率的 DEA 模型为例，说明 DEAP 软件的计算机程序操作步骤。在该案例中，产出指标有 2 个：$Y_1$ 表示农林牧渔业总产值（亿元），$Y_2$ 表示农村居民家庭人均纯收入（元）；投入指标有 4 个：$X_1$ 表示农林牧渔业从业人员（即第一产业从业人员）（万人），$X_2$ 表示年末农用地面积（万 $hm^2$），是由年末实有常用耕地面积、林地面积、水产养殖面积加总得到，$X_3$ 表示农用机械总动力（万 kW），$X_4$ 表示化肥施用量（折纯）（万 t）。各指标采用 1992—2009 年的数据（每一年作为一个决策单元，1992—2009 年共 18 个决策单元大于输入输出指标的 2 倍即 2×（4+2）=12，满足 DMU 选择的“自由度”要求），其中，2006 年耕地面积由“2006 年机耕面积的 37.74”及天津市第二次农业普查主要数据中的“机耕面积占耕地面积的 90.6%”相乘计算得到 41.66；2006 年化肥施用量采用 2005 和 2007 年的平均数 24.56。具体数据如表 8-8 所示。

**表 8-8 天津农业生产效率 DEA 模型的相关数据**

| 样本序号 | 年份 | $Y_1$ 农林牧渔业总产值（亿元） | $Y_2$ 农村居民家庭人均纯收入（元） | $X_1$ 农林牧渔业从业人员（万人） | $X_2$ 农用地面积（万 $hm^2$） | $X_3$ 农用机械总动力（万 kW） | $X_4$ 化肥施用量（折纯）（万 t） |
|---|---|---|---|---|---|---|---|
| 1 | 1992 | 58.50 | 1 309 | 92.50 | 52.77 | 308.63 | 41.19 |
| 2 | 1993 | 66.32 | 1 473 | 89.00 | 52.97 | 302.22 | 40.13 |
| 3 | 1994 | 88.74 | 1 836 | 85.60 | 53.96 | 335.72 | 41.06 |
| 4 | 1995 | 125.44 | 2 406 | 82.90 | 54.43 | 364.08 | 45.29 |
| 5 | 1996 | 133.53 | 3 000 | 82.10 | 55.25 | 384.22 | 48.82 |
| 6 | 1997 | 140.47 | 3 244 | 81.26 | 56.18 | 417.37 | 49.15 |
| 7 | 1998 | 156.16 | 3 396 | 80.88 | 57.34 | 440.57 | 51.48 |
| 8 | 1999 | 150.11 | 3 411 | 79.57 | 58.96 | 481.54 | 47.24 |
| 9 | 2000 | 156.30 | 3 622 | 81.29 | 59.76 | 593.40 | 16.64 |
| 10 | 2001 | 169.51 | 3 948 | 82.70 | 60.25 | 603.32 | 17.31 |
| 11 | 2002 | 181.07 | 4 279 | 82.25 | 63.63 | 612.72 | 17.59 |
| 12 | 2003 | 193.44 | 4 566 | 83.19 | 63.89 | 601.66 | 17.80 |
| 13 | 2004 | 221.35 | 5 020 | 82.83 | 64.32 | 608.13 | 22.85 |
| 14 | 2005 | 238.34 | 5 580 | 81.79 | 64.67 | 611.94 | 23.29 |
| 15 | 2006 | 225.04 | 6 228 | 81.11 | 65.35 | 603.39 | 24.56 |
| 16 | 2007 | 240.74 | 8 752 | 76.98 | 63.52 | 604.90 | 25.82 |
| 17 | 2008 | 268.11 | 9 670 | 76.30 | 64.16 | 596.60 | 25.88 |
| 18 | 2009 | 281.65 | 10 675 | 75.70 | 65.83 | 595.00 | 25.96 |

**1. 建立一个 DEAP 文件夹** 建立的 DEAP 文件夹里必须有 4 个文件，即 deap.exe、deap.000、Dblank.ins 和 123.dta，这 4 个文件一般在下载的 DEA PVersion 2.1 中都有，如图 8-10 所示，直接复制过来就可以。前两个文件的文件名不需要更改，后两个文件的文件名可根据需要进行更改，但用户自行定义文件名时，不能超过 8 个字符。

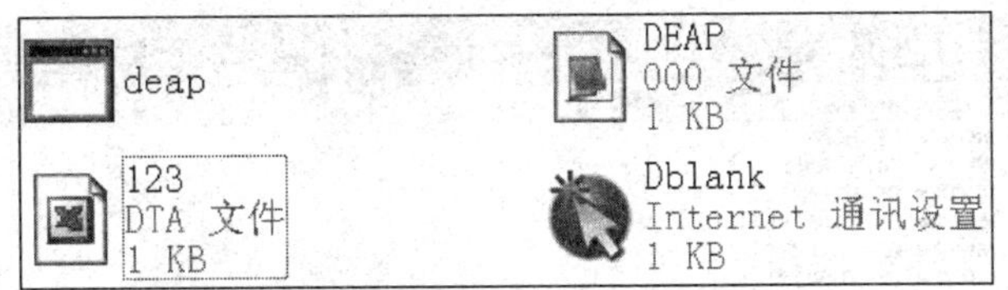


图 8-10　DEA PVersion 2.1 程序包

**2. 建立数据文件**　文件夹中的 123.dta 是一个数据文件，用于存放 DEA 模型所要使用的数据。本例中，拟将数据文件命名为“tjny.dta”，可先 6 个指标数据输入到 excel 中，再复制到“123.dta”中，另存为“tjny.dta”或者关闭“123.dta”后将其重命名为“tjny.dta”。需要注意的是，在记事本下只有数据，不包括决策单元的名称和投入、产出的名称，并且一定要先输入产出，后输入投入，如图 8-11 所示。该案例包括 18 个决策单元（观测值），分别包括 2 种产出和 4 种投入。前两列显示的是产出量，后四列是投入量。

tjny - 记事本

文件(F)　编辑(E)　格式(O)　查看(V)　帮助(H)

```
58.50   1309    92.50   52.77   308.63  41.19
66.32   1473    89.00   52.97   302.22  40.13
88.74   1836    85.60   53.96   335.72  41.06
125.44  2406    82.90   54.43   364.08  45.29
133.53  3000    82.10   55.25   384.22  48.82
140.47  3244    81.26   56.18   417.37  49.15
156.16  3396    80.88   57.34   440.57  51.48
150.11  3411    79.57   58.96   481.54  47.24
156.30  3622    81.29   59.76   593.40  16.64
169.51  3948    82.70   60.25   603.32  17.31
181.07  4279    82.25   63.63   612.72  17.59
193.44  4566    83.19   63.89   601.66  17.80
221.35  5020    82.83   64.32   608.13  22.85
238.34  5580    81.79   64.67   611.94  23.29
225.04  6228    81.11   65.35   603.39  24.56
240.74  8752    76.98   63.52   604.90  25.82
268.11  9670    76.30   64.16   596.60  25.88
281.65  10675   75.70   65.83   595.00  25.96
```

图 8-11　数据文件

数据文件也可自行建立，具体步骤为：

第一步，编制 Excel 数据文件，注意按照产出项、投入项、要素价格排列。

第二步，将 Excel 工作表另存为一个新的文件，其中，文件名称为数字或英文字母，文件类型为“带格式文本文件（空格分开）”，保存位置必须在 DEAP 文件夹中，保存后文件类型为“tjny.prn”，再以记事本方式打开后另存为一个新的文件，将文件名改为“tjny.dta”。

**3. 建立向导文件**　对文件夹中的向导文件 Dblank 进行修改，修改后另存为“tjny.ins”，或者先关闭再重命名为“tjny.ins”。向导文件 Dblank 中主要是关于 DEA 模型的参数设置，其内容如图 8-12 所示。

第一行：“.dta DATA FILE NAME”，表示数据文件名称，文件类型为“.dta”。

第二行：“.out OUTPUT FILE NAME”，表示输出文件名称，文件类型为“.out”。

第三行：“NUMBER OF FIRMS”，表示决策单元（DMU）个数，即总体样本个数（18

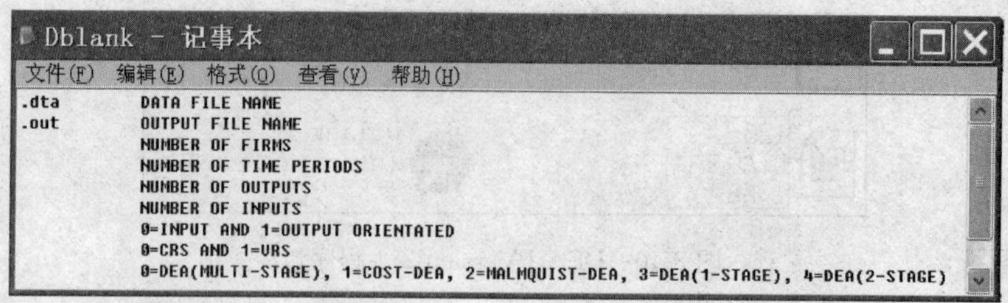


图 8-12 向导文件

个)。

第四行："NUMBER OF TIME PERIODS"，表示面板数据中的年限，如果是横截面数据，就写 1。

第五行："NUMBER OF OUTPUTS"，表示产出指标个数（2 个）。

第六行："NUMBER OF INPUTS" 表示投入指标个数（4 个）。

第七行："0＝INPUT AND 1＝OUTPUT ORIENTATED"，0 表示投入导向模型，1 表示产出导向模型。

第八行："0＝CRS AND 1＝VRS"，0 表示不考虑规模效益的模型，即 CRS 模型，1 表示考虑规模收益模型，即 VRS 模型。

最后一行是内部算法，0 表示标准 DEA 模型，即用多阶段方法计算松弛变量，一般选 0 就可以；1 表示成本效率 DEA 模型；2 表示 MALMQUIST DEA 模型，数据类型为面板数据时选择这一类型；3 表示一阶段方法计算松弛变量的 DEA 模型；4 表示两阶段方法计算松弛变量的 DEA 模型。

在本案例中，数据文件和输出文件名称都为"tjny"；共有 1992—2009 年 18 年的数据，因此决策单元个数为 18；本例是时间序列数据而不是面板数据，因此，"NUMBER OF TIME PERIODS" 项应为 1；有 2 个产出指标和 4 个投入指标；选择基于投入的可变规模报酬的标准 DEA 模型，其向导文件具体设置如图 8-13 所示。

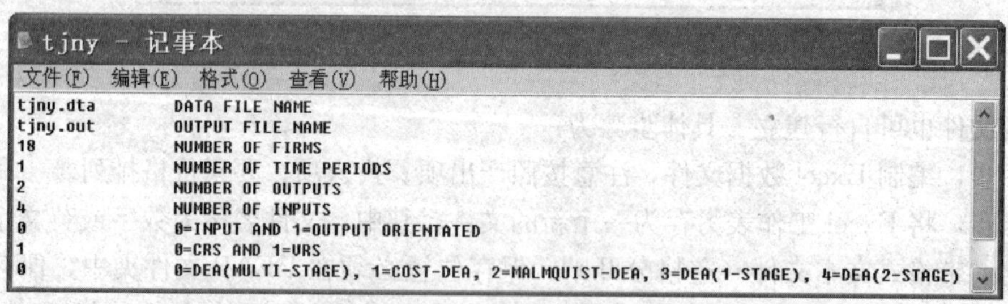


图 8-13 向导文件的设置

**4. 运行 deap. exe 程序** 双击执行文件"deap. exe"，会弹出一个程序窗口，在最后一行输入向导文件的名称"tjny. ins"，如图 8-14 所示，回车后在文件夹中产生一个名为"tjny. out"的输出文件，在这个文件里给出了 DEA 模型的运算结果。

注意事项：

（1）所有的程序文件、数据、向导和输出文件必须储存在相同的目录下。该程序不能访问该程序所在目录以外的目录。

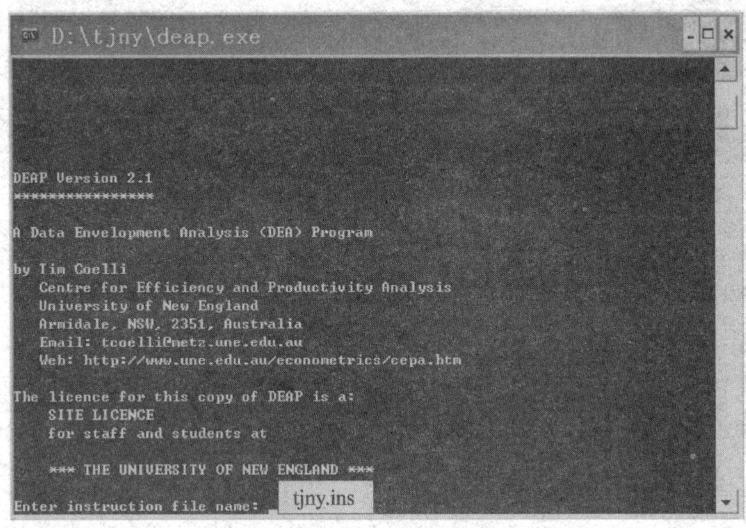


图 8-14　执行文件的运行

（2）文件夹中一定要包括 deap. 000 文件，如果没有这个文件，运行“deap. exe”时，会出现一闪就没有了的情况。

（3）数据文件名和命令文件名一定要一样，如案例中都用“tjny”。

（4）数据文件 . dta、向导文件 . ins 和输出文件 . out 都用记事本打开。

**5. DEAP 计算机程序输出结果的分析**　在文件夹中打开“tjny. out”，其结果分为如下 6 部分：

第一部分：是关于 Deap2. 1 输出结果的一些基本信息，如图 8-15 所示。这部分依次给出了向导文件的名称为“tjny. ins”，数据文件的名称为“tjny. dta”，这是一个输入主导型的，假定规模报酬可变的 DEA 模型。

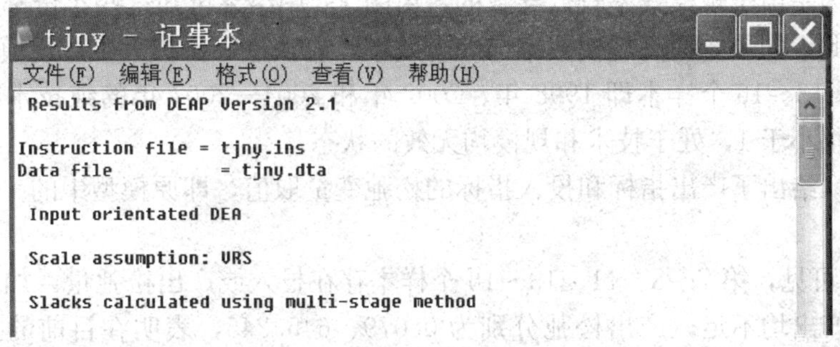


图 8-15　Deap 运行结果之一：基本信息

第二部分：给出了效率分析的结果，如图 8-16 所示。这部分结果中共有五列数据，其含义分别为：

firm：代表样本次序，本例中有 18 个样本，最后一行是 18 个样本的平均值；

crste：不考虑规模收益时的技术效率，也叫综合效率；

vrste：考虑规模收益时的技术效率，也叫纯技术效率；

scale：考虑规模收益时的规模效率，等于技术效率除以纯技术效率；

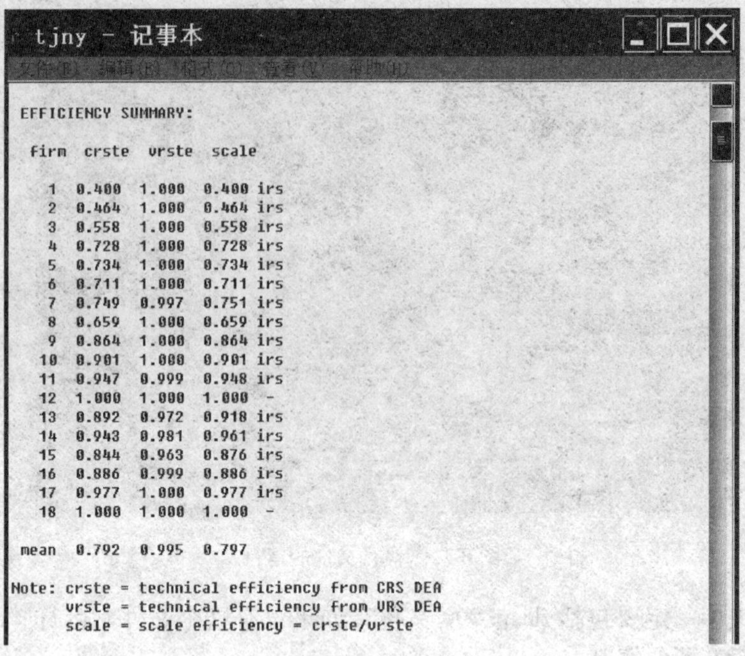

tjny - 记事本

EFFICIENCY SUMMARY:

| firm | crste | vrste | scale | |
|---|---|---|---|---|
| 1 | 0.400 | 1.000 | 0.400 | irs |
| 2 | 0.464 | 1.000 | 0.464 | irs |
| 3 | 0.558 | 1.000 | 0.558 | irs |
| 4 | 0.728 | 1.000 | 0.728 | irs |
| 5 | 0.734 | 1.000 | 0.734 | irs |
| 6 | 0.711 | 1.000 | 0.711 | irs |
| 7 | 0.749 | 0.997 | 0.751 | irs |
| 8 | 0.659 | 1.000 | 0.659 | irs |
| 9 | 0.864 | 1.000 | 0.864 | irs |
| 10 | 0.901 | 1.000 | 0.901 | irs |
| 11 | 0.947 | 0.999 | 0.948 | irs |
| 12 | 1.000 | 1.000 | 1.000 | - |
| 13 | 0.892 | 0.972 | 0.918 | irs |
| 14 | 0.943 | 0.981 | 0.961 | irs |
| 15 | 0.844 | 0.963 | 0.876 | irs |
| 16 | 0.886 | 0.999 | 0.886 | irs |
| 17 | 0.977 | 1.000 | 0.977 | irs |
| 18 | 1.000 | 1.000 | 1.000 | - |
| mean | 0.792 | 0.995 | 0.797 | |

Note: crste = technical efficiency from CRS DEA
vrste = technical efficiency from VRS DEA
scale = scale efficiency = crste/vrste

图 8-16　Deap 运行结果之二：效率分析

最后一列是规模报酬的类型，“drs”表示规模报酬递减，“irs”表示规模报酬递增，“-”表示规模报酬不变。

由图 8-16 可知，第 12 和 18 个样本即 2003 年和 2009 年的纯技术效率与规模效率均为 1，则其综合效率也为 1，处于 DEA 有效率的状态。

第 1～6、8～10 和 17 个样本即 1992—1997 年、1999—2001 年和 2008 年的纯技术效率为 1，但其规模效率小于 1，因此其综合效率也小于 1，处于技术有效但规模无效率的状态，其无效率的原因是由于规模效率较低导致的，由图 1-8 中结果可知这些年份都处于规模报酬递增阶段，因此，如果要提高规模效率与综合效率，应该进一步扩大生产规模①。

第 7、11、13～16 个样本即 1998 年、2002 年和 2004—2007 年的纯技术效率、规模效率和综合效率都小于 1，处于技术和规模均无效的状态。

第三部分：给出了产出指标和投入指标的松弛变量取值，即原模型中的 $s$ 值，如图 8-17 所示。

由图 8-17 可见，第 7～8、11、13～16 个样本存在投入或产出松弛量，如第 7 个样本即 1998 年，2 种产出均不足，产出松弛分别为 0.079、645.245，表明在目前的投入要素数量下，农林牧渔业产值和农村居民家庭人纯收入应该分别增加 0.079 亿元和 645.245 元。在第 7 个样本中第 4 个投入要素有投入冗余 5.030，表明在当前技术效率下，1998 年天津农业生产存在投入产出结构不合理的问题，化肥施用量相对其他要素来讲投入过多，而产出则相对不足。单位农林牧渔业产值的化肥投入量应该减少 0.032 t/万元（5.030/156.16）。

虽然图 8-16 显示第 1～6、8～10、12、17 和第 18 个样本的技术效率为 1，但根据图 8-17 的结果，第 8 个样本存在投入、产出松弛，处于弱技术有效率状态。因此除第 8 个样本

① 张冬平．2009．农业技术经济学［M］．北京：中国农业大学出版社：229．

```
tjny - 记事本
文件(F) 编辑(E) 格式(O) 查看(V) 帮助(H)

SUMMARY OF OUTPUT SLACKS:

firm  output:          1          2
   1               0.000      0.000
   2               0.000      0.000
   3               0.000      0.000
   4               0.000      0.000
   5               0.000      0.000
   6               0.000      0.000
   7               0.079    645.245
   8              34.518   2056.140
   9               0.000      0.000
  10               0.000      0.000
  11               0.000     89.999
  12               0.000      0.000
  13               0.000   2213.047
  14               0.000   2451.431
  15               3.300   1513.775
  16              13.533    185.033
  17               0.000      0.000
  18               0.000      0.000

mean               2.857    508.593

SUMMARY OF INPUT SLACKS:

firm  input:           1          2          3          4
   1               0.000      0.000      0.000      0.000
   2               0.000      0.000      0.000      0.000
   3               0.000      0.000      0.000      0.000
   4               0.000      0.000      0.000      0.000
   5               0.000      0.000      0.000      0.000
   6               0.000      0.000      0.000      0.000
   7               0.000      0.000      0.000      5.030
   8               0.000      0.000      2.006      6.125
   9               0.000      0.000      0.000      0.000
  10               0.000      0.000      0.000      0.000
  11               0.000      1.310     14.182      0.000
  12               0.000      0.000      0.000      0.000
  13               2.066      0.000      0.000      0.000
  14               1.888      0.000      1.945      0.000
  15               0.000      0.000      0.000      0.000
  16               0.000      0.000     16.066      0.000
  17               0.000      0.000      0.000      0.000
  18               0.000      0.000      0.000      0.000

mean               0.220      0.073      1.900      0.620
```

图 8-17　Deap 运行结果之三：产出和投入指标的松弛变量取值

外，上述其余样本处于技术有效状态，说明其技术效率达到 100%，为有效率的决策单元，处于生产前沿上，这些有效率的决策单元成为其他决策单元提高效率的参照点。

第四部分：为“SUMMARY OF PEERS”，表示非 DEA 有效单元根据相应的 DEA 有效单元进行投影即可实现相对有效，后面有相应的权数“SUMMARY OF PEERS WEIGHTS”以及各决策单元作为效率改进参照单元的次数“PEER COUNT SUMMARY”，在图 8-18 中，第 7 个样本效率改进的参照点为第 18、6、17 个样本，其权数分别为 0.010、0.878 和 0.112。本例的第 17、18、9 个样本作为参照单元的次数较多，分别为 6、5、4 次，说明 2008—2009 年及 2000 年的农业投入与产出比较具有一般性，容易进行推广。

第五部分：为各单元的目标值，即达到有效的值，如果是 DEA 有效单元则是原始值，如图 8-19 所示。

第六部分：为针对各个单元的详细结果，图 8-20 显示了第 6 和第 7 个单元的结果。其中，original value 表示原始值；

radial movement 表示投入指标的松弛变量值，即投入冗余值；

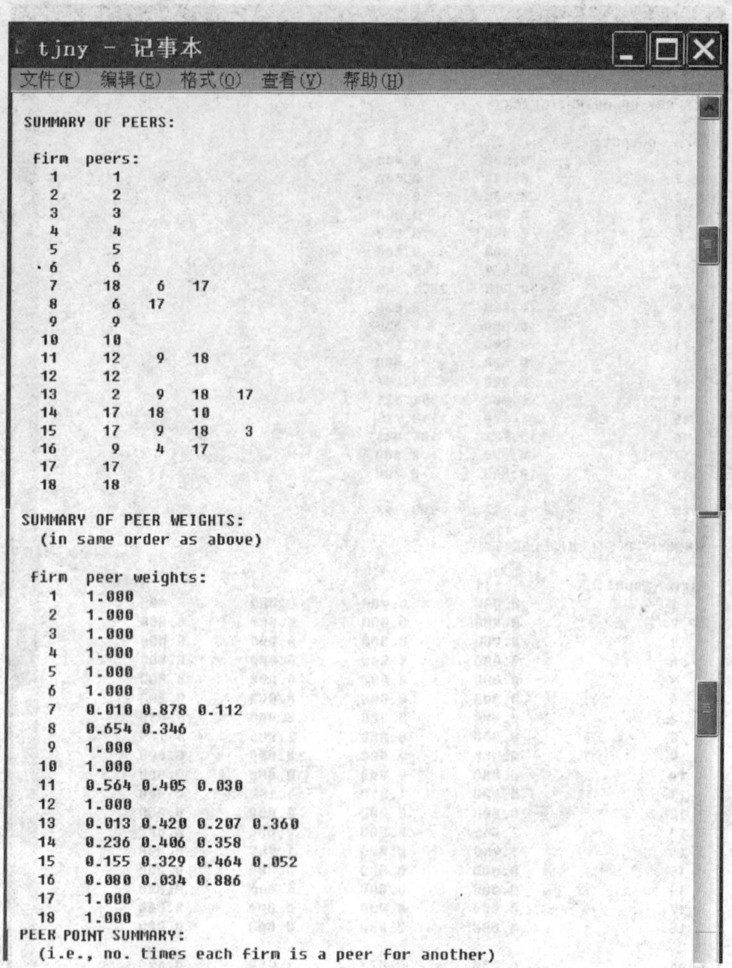

```
tjny - 记事本
文件(F) 编辑(E) 格式(O) 查看(V) 帮助(H)

SUMMARY OF PEERS:

 firm  peers:
   1     1
   2     2
   3     3
   4     4
   5     5
   6     6
   7    18    6   17
   8     6   17
   9     9
  10    10
  11    12    9   18
  12    12
  13     2    9   18   17
  14    17   18   10
  15    17    9   18    3
  16     9    4   17
  17    17
  18    18

SUMMARY OF PEER WEIGHTS:
  (in same order as above)

 firm  peer weights:
   1   1.000
   2   1.000
   3   1.000
   4   1.000
   5   1.000
   6   1.000
   7   0.010 0.878 0.112
   8   0.654 0.346
   9   1.000
  10   1.000
  11   0.564 0.405 0.030
  12   1.000
  13   0.013 0.420 0.207 0.360
  14   0.236 0.406 0.358
  15   0.155 0.329 0.464 0.052
  16   0.080 0.034 0.886
  17   1.000
  18   1.000
PEER POINT SUMMARY:
  (i.e., no. times each firm is a peer for another)
```

图 8-18 Deap 运行结果之四：决策单元效率改进的参照点

slack movement 表示产出指标的松弛变量值，即产出不足值；

projected value 表示达到 DEA 有效的目标值。

第 6 个单元中，纯技术效率＝1.000，规模效率＝0.711，各种投入松弛及产出松弛均为零，因此，对样本单元本身的技术效率而言没有投入需要减少、也没有产出需要增加，其投入和产出均没有冗余情况。样本单元的综合效率没有达到有效（即 1），是因为其规模和投入、产出不相匹配，需要增加规模（irs 表示本样本单元处于规模报酬递增阶段）。

第 7 个单元中：纯技术效率＝0.997，规模效率＝0.751，2 种产出的松弛分别为 0.079 和 645.245，是 2 种产出应分别增加的量；第 1～4 个投入要素分别有投入冗余 0.234、0.166、1.272 和 0.149，这正是将技术效率提高到 1 应该减少的投入数量。4 种投入要素过多的同时还存在投入结构不合理的问题，如第 4 个投入要素化肥还存在 5.030 的 slack movement，该要素投入还相对较多，再减少 5.030，产出仍不变，因此，第 4 种投入要素共冗余 5.179。分别用 4 种要素的投入冗余 0.234、0.166、1.272 和 5.179 除以农林牧渔业产值 156.16，得到第 7 个样本（1998 年）单位农林牧渔业产值的投入减少量，即农林牧渔业从业人员、农用地面积、农用机械总动力和化肥施用量的投入应分别减少 0.001 人/万元、

```
tjny - 记事本
文件(F)  编辑(E)  格式(O)  查看(V)  帮助(H)

 SUMMARY OF OUTPUT TARGETS:

 firm  output:         1          2
    1              58.500   1309.000
    2              66.320   1473.000
    3              88.740   1836.000
    4             125.440   2406.000
    5             133.530   3000.000
    6             140.470   3244.000
    7             156.239   4041.245
    8             184.628   5467.140
    9             156.300   3622.000
   10             169.510   3948.000
   11             181.070   4368.999
   12             193.440   4566.000
   13             221.350   7233.047
   14             238.340   8031.431
   15             228.340   7741.775
   16             254.273   8937.033
   17             268.110   9670.000
   18             281.650  10675.000

 SUMMARY OF INPUT TARGETS:

 firm  input:              1          2          3          4
    1                 92.500     52.770    308.630     41.190
    2                 89.000     52.970    302.220     40.130
    3                 85.600     53.960    335.720     41.060
    4                 82.900     54.430    364.080     45.290
    5                 82.100     55.250    384.220     48.820
    6                 81.260     56.180    417.370     49.150
    7                 80.646     57.174    439.298     46.302
    8                 79.544     58.941    479.376     41.100
    9                 81.290     59.760    593.400     16.640
   10                 82.700     60.250    603.320     17.310
   11                 82.193     62.276    598.111     17.578
   12                 83.190     63.890    601.660     17.800
   13                 78.436     62.513    591.044     22.208
   14                 78.346     63.440    598.354     22.847
   15                 78.144     62.960    581.324     23.662
   16                 76.925     63.475    588.405     25.802
   17                 76.300     64.160    596.600     25.880
   18                 75.700     65.830    595.000     25.960
```

图 8-19　Deap 运行结果之五：决策单元的目标值

```
tjny - 记事本
文件(F)  编辑(E)  格式(O)  查看(V)  帮助(H)

Results for firm:     6
Technical efficiency = 1.000
Scale efficiency     = 0.711  (irs)
 PROJECTION SUMMARY:
  variable               original       radial        slack     projected
                            value     movement     movement         value
 output      1            140.470        0.000        0.000       140.470
 output      2           3244.000        0.000        0.000      3244.000
 input       1             81.260        0.000        0.000        81.260
 input       2             56.180        0.000        0.000        56.180
 input       3            417.370        0.000        0.000       417.370
 input       4             49.150        0.000        0.000        49.150
 LISTING OF PEERS:
  peer    lambda weight
    6        1.000


Results for firm:     7
Technical efficiency = 0.997
Scale efficiency     = 0.751  (irs)
 PROJECTION SUMMARY:
  variable               original       radial        slack     projected
                            value     movement     movement         value
 output      1            156.160        0.000        0.079       156.239
 output      2           3396.000        0.000      645.245      4041.245
 input       1             80.880       -0.234        0.000        80.646
 input       2             57.340       -0.166        0.000        57.174
 input       3            440.570       -1.272        0.000       439.298
 input       4             51.480       -0.149       -5.030        46.302
 LISTING OF PEERS:
  peer    lambda weight
   18        0.010
```

图 8-20　Deap 运行结果之六：第 6 和第 7 个样本单元的详细结果

0.001 hm²/万元、0.008 kW/万元，0.033 t/万元。

**6. 案例小结** DEAP运行的六部分结果可综合为两部分：一是各决策单元的效率情况；二是技术无效单元的投入产出调整情况即效率改进情况。

（1）各决策单元的效率情况。将 Deap2.1 运行结果中的“EFFICIENCY SUMMARY”、“SUMMARY OF OUTPUT SLACKS”、“SUMMARY OF INPUT SLACKS”、“SUMMARY OF PEERS”、“PEER COUNT SUMMARY”、“FIRM BY FIRM RESULTS”整理，得表 8-9，表中 $TE_{CRS}$ 表示规模报酬不变时的技术效率，也称综合效率，$TE_{VRS}$ 表示规模报酬可变时的技术效率，也称纯技术效率；$SE$ 表示规模效率，三者之间的关系是 $TE_{CRS}=TE_{VRS}\times SE$。

**表 8-9 各决策单元的效率情况**

| 决策单元序号 | 年份 | $TE_{CRS}$ | $TE_{VRS}$ | $SE$ | 规模报酬 | 是否冗余 | 是否DEA有效 | 是否技术有效 | 效率改进的参照点 | | | | 参照次数 |
|---|---|---|---|---|---|---|---|---|---|---|---|---|---|
| 1 | 1992 | 0.400 | 1.000 | 0.400 | irs | 否 | 否 | 是 | — | — | — | — | 0 |
| 2 | 1993 | 0.464 | 1.000 | 0.464 | irs | 否 | 否 | 是 | — | — | — | — | 1 |
| 3 | 1994 | 0.558 | 1.000 | 0.558 | irs | 否 | 否 | 是 | — | — | — | — | 1 |
| 4 | 1995 | 0.728 | 1.000 | 0.728 | irs | 否 | 否 | 是 | — | — | — | — | 1 |
| 5 | 1996 | 0.734 | 1.000 | 0.734 | irs | 否 | 否 | 是 | — | — | — | — | 0 |
| 6 | 1997 | 0.711 | 1.000 | 0.711 | irs | 否 | 否 | 是 | — | — | — | — | 2 |
| 7 | 1998 | 0.749 | 0.997 | 0.751 | irs | 是 | 否 | 否 | 18 | 6 | 17 | — | 0 |
| 8 | 1999 | 0.659 | 1.000 | 0.659 | irs | 是 | 否 | 否 | 6 | 17 | — | — | 0 |
| 9 | 2000 | 0.864 | 1.000 | 0.864 | irs | 否 | 否 | 是 | — | — | — | — | 4 |
| 10 | 2001 | 0.901 | 1.000 | 0.901 | irs | 否 | 否 | 是 | — | — | — | — | 1 |
| 11 | 2002 | 0.947 | 0.999 | 0.948 | irs | 是 | 否 | 否 | 12 | 9 | 18 | — | 0 |
| 12 | 2003 | 1.000 | 1.000 | 1.000 | — | 否 | 是 | 否 | — | — | — | — | 1 |
| 13 | 2004 | 0.892 | 0.972 | 0.918 | irs | 是 | 否 | 否 | 2 | 9 | 18 | 17 | 0 |
| 14 | 2005 | 0.943 | 0.981 | 0.961 | irs | 是 | 否 | 否 | 17 | 18 | 10 | — | 0 |
| 15 | 2006 | 0.844 | 0.963 | 0.876 | irs | 是 | 否 | 否 | 17 | 9 | 18 | 3 | 0 |
| 16 | 2007 | 0.886 | 0.999 | 0.886 | irs | 是 | 否 | 否 | 9 | 4 | 17 | — | 0 |
| 17 | 2008 | 0.977 | 1.000 | 0.977 | irs | 否 | 否 | 是 | — | — | — | — | 6 |
| 18 | 2009 | 1.000 | 1.000 | 1.000 | — | 否 | 是 | | — | — | — | — | 5 |

由表 8-9 可见，1992—2009 年天津农业生产要素投入中，只有 2003 年和 2009 年综合效率为 1，处于 DEA 有效状态，即技术效率和规模效率都达到最优的要素配置阶段，天津农业处于高效生产状态。

1992—1997 年、2000—2001 年和 2008 年，技术效率值为 1，且无投入或产出松弛（Deap 运行结果中各个决策单元的 slack movement 指标值均为 0），说明这 9 年天津农业生产处于技术有效状态，生产点处于生产前沿上，在不减少产出的情况下，不能等比例的减少各种投入，也不能个别地减少某种投入。

以上 11 个决策单元可以作为其他决策单元效率改进的参照点，如果某一决策单元作为参照单元的次数多，说明该决策单元的投入与产出比较具有一般性，容易进行推广；反之，说明该决策单元的投入产出具有某种特殊性，其他决策单元难以效仿。由表 1-2 可以看出，1992—1997 年、2000—2001 年、2003 年和 2008—2009 年作为参照单元的次数分别为 0、1、1、1、0、2、4、1、1、6、5，其中 2008—2009 年及 2000 年分别为 6、5、4 次，说明这三年的农业投入与产出比较具有一般性，容易进行推广。

1999 年技术效率值为 1，但存在投入和产出松弛，因此当年天津农业生产处于弱技术有效状态，说明这一年的生产规模是适当的，仅存在投入或产出结构不合理的问题。在不减少产出（或不增加投入）的情况下，某些投入量（或产出）已达到最小（大）状态，不能缩减（或增加），但有些投入量过大（或产出量过小），可以根据投入或产出松弛量减少相应的数量。

其余年份 1998 年、2002 年和 2004—2007 年技术效率小于 1，而且存在投入松弛或产出松弛，说明这些年天津农业生产处于技术无效率状态，且存在投入或产出结构不合理问题。在产出不变的情况下，可以把投入量同时缩小，而产出保持不变，在此基础上，还可以根据某些投入（或产出）的松弛量减少（或增加）相应的数量。

（2）技术无效单元的投入调整情况。根据 Deap 相关运行结果分析技术无效决策单元的投入冗余情况，进一步提出效率改进方案，如表 8-10 所示。

**表 8-10　技术无效决策单元的效率改进方案**

| 决策单元序号 | 年份 | 指　标 | X1 | X2 | X3 | X4 | 产出不足值 | | 技术效率 |
|---|---|---|---|---|---|---|---|---|---|
| | | | | | | | Y1 | Y2 | |
| 7 | 1998 | 径向调整值 | −0.234 | −0.166 | −1.272 | −0.149 | 0.079 | 645.245 | 0.997 |
| | | 横向调整值 | 0.000 | 0.000 | 0.000 | −5.030 | | | |
| | | 横向调整比例（%） | 0.000 | 0.000 | 0.000 | 9.771 | | | |
| | | 总调整比例（%） | 0.289 | 0.290 | 0.289 | 10.060 | | | |
| 8 | 1999 | 径向调整值 | −0.026 | −0.019 | −0.157 | −0.015 | 34.518 | 2056.140 | 1.000 |
| | | 横向调整值 | 0.000 | 0.000 | −2.006 | −6.125 | | | |
| | | 横向调整比例（%） | 0.000 | 0.000 | 0.417 | 12.966 | | | |
| | | 总调整比例（%） | 0.033 | 0.032 | 0.449 | 12.997 | | | |
| 11 | 2002 | 径向调整值 | −0.057 | −0.044 | −0.427 | −0.012 | 0.000 | 89.999 | 0.999 |
| | | 横向调整值 | 0.000 | −1.310 | −14.182 | 0.000 | | | |
| | | 横向调整比例（%） | 0.000 | 2.059 | 2.315 | 0.000 | | | |
| | | 总调整比例（%） | 0.069 | 2.128 | 2.384 | 0.068 | | | |
| 13 | 2004 | 径向调整值 | −2.327 | −1.807 | −17.086 | −0.642 | 0.000 | 2213.047 | 0.972 |
| | | 横向调整值 | −2.066 | 0.000 | 0.000 | 0.000 | | | |
| | | 横向调整比例（%） | 2.494 | 0.000 | 0.000 | 0.000 | | | |
| | | 总调整比例（%） | 5.304 | 2.809 | 2.810 | 2.810 | | | |
| 14 | 2005 | 径向调整值 | −1.556 | −1.230 | −11.641 | −0.443 | 0.000 | 2451.431 | 0.981 |
| | | 横向调整值 | −1.888 | 0.000 | −1.945 | 0.000 | | | |
| | | 横向调整比例（%） | 2.308 | 0.000 | 0.318 | 0.000 | | | |
| | | 总调整比例（%） | 4.211 | 1.902 | 2.220 | 1.902 | | | |
| 15 | 2006 | 径向调整值 | −2.966 | −2.39 | −22.066 | −0.898 | 3.300 | 1513.775 | 0.963 |
| | | 横向调整值 | 0.000 | 0.000 | 0.000 | 0.000 | | | |
| | | 横向调整比例（%） | 0.000 | 0.000 | 0.000 | 0.000 | | | |
| | | 总调整比例（%） | 3.657 | 3.657 | 3.657 | 3.656 | | | |
| 16 | 2007 | 径向调整值 | −0.055 | −0.045 | −0.429 | −0.018 | 13.533 | 185.033 | 0.999 |
| | | 横向调整值 | 0.000 | 0.000 | −16.066 | 0.000 | | | |
| | | 横向调整比例（%） | 0.000 | 0.000 | 2.656 | 0.000 | | | |
| | | 总调整比例（%） | 0.071 | 0.071 | 2.727 | 0.070 | | | |

（续）

| 决策单元序号 | 年份 | 指　标 | X1 | X2 | X3 | X4 | 产出不足值 | | 技术效率 |
|---|---|---|---|---|---|---|---|---|---|
| | | | | | | | Y1 | Y2 | |
| 平均值 | | 径向调整值 | −1.032 | −0.814 | −7.583 | −0.311 | | | |
| | | 横向调整值 | −0.565 | −0.187 | −4.886 | −1.594 | | | |
| | | 横向调整比例（%） | 0.699 | 0.299 | 0.863 | 5.241 | | | |
| | | 总调整比例（%） | 1.976 | 1.601 | 2.202 | 6.264 | | | |

在表 8-10 中，径向调整①值是 Deap2.1 运行结果第六部分中的 radial movement 指标的值，它是将技术效率提高到 1，所有投入要素需要同比例减少的数量；横向调整值是 Deap2.1 运行结果第六部分中的 slack movement 指标的值，它是因为某种投入要素相对其他投入要素投入过多，因此需要减少的数量，是对投入结构的调整；横向调整比例等于横向调整值的绝对值与原始值的比值；总调整比例为横向调整值与纵向调整值之和的绝对值与原始值的比值。

从各年的径向调整值来看，技术效率越低的年份，调整值越大，说明各种投入要素需要同比例缩减的数量越多。以上技术无效的年份其技术效率都在 0.9 以上，说明虽然这些年天津农业生产处于技术无效状态，但各要素投入冗余情况并不严重，投入冗余最多的年份（2006 年）其技术效率为 0.963，各要素投入仅需要同时缩减 3.7%。

从各年的横向调整值来看，在技术无效的年份中，除 2006 年以外，其余各年都存在投入结构不合理的问题，其中 1999、2002 和 2005 年有两种投入要素过多，而 1998、2004 和 2007 年有一种投入要素过多；从调整比例来看，1999 年投入结构不合理问题最为突出，其次是 1998 年，这两年的化肥施用量应缩减的比例分别达到 12.966%和 9.771%，同时 1999 年农用机械总动力还需缩减 0.417%；2002 年投入结构不合理问题也较为突出，农用地面积和农用机械总动力分别需要缩减 2.059%和 2.315%；2004、2005 年农林牧渔业从业人员投入均过多，需要缩减的比例分别为 2.494%和 2.308%，同时 2005 年农用机械总动力还需缩减 0.318%；2007 年只有农用机械总动力投入过多，需要缩减 2.656%。

从各年总的投入冗余情况来看，1999 年和 1998 年要素投入冗余情况最为严重，化肥施用量分别需要缩减 12.997%和 10.060%；其次是 2004 年，农林牧渔业从业人员需要缩减 5.304%，其他三种投入要素都需要缩减 2.810%；2005 年和 2006 各种要素投入冗余也较多，农林牧渔业从业人员分别需要缩减 4.221%和 3.657%，而其他三种要素投入 2006 年都需要缩减 3.657%，2005 年都需要缩减 2%左右。

从各投入要素 7 年的平均值来看，天津农业生产中化肥施用量大量过剩，平均每年应该缩减 6.246%，其次是农用机械总动力，平均每年应该缩减 2.202%，农林牧渔业从业人员和农用地面积平均每年应分别缩减 1.976%和 1.601%。

（3）结论。

第一，从天津农业生产的效率情况来看，在 1992—2010 年的 18 年中，大多数年份（11 年）都处于技术有效状态，这些年份中，在产出不变的情况下，不能等比例地减少各种投入；只有 7 年的农业生产处于技术无效状态，需要同比例减少各种投入；而在技术有效年份

① 张冬平.2009. 农业技术经济学［M］. 北京：中国农业大学出版社：228.

中，2008、2009 和 2010 年这三年的农业生产更具有一般性，其投入产出技术更具有示范推广性，说明天津农业生产效率近年来不断改进，已经达到高效生产状态，这与天津市自 2008 年年初以来实施的加快设施农业发展的“4412”战略有直接关系。

第二，从天津农业生产的投入结构来看。首先，化肥投入过剩的现象最为严重，不仅造成生产资料的巨大浪费，而且已经成为农业污染的最主要诱因，严重影响了农业生态环境，并对农业生产效率产生消极影响。化肥施用过量的原因主要是随着人口的不断增加及城镇化、工业化的发展对粮食的需求量大大增加，而目前农业生产很难通过技术进步解决上述问题，加之使用化肥简单且见效快，所以刺激生产者过量施用化肥。其次，农业劳动力投入过剩现象也较为严重。这是由于农村社会保障体系尚未真正建立，土地仍发挥着重要的社会保障功能，而农村富余劳动力的转移需要逐步进行。虽然近年来，这种过剩状态逐渐好转，但是农业劳动力的过剩主要表现为数量的过剩，天津发展沿海都市型现代农业，要求农业劳动力的质量大幅度提高。最后，农用机械总动力和农用地面积的投入也存在一定的过剩。目前天津农业生产规模化程度很低，影响了二者的利用率，因此，农用机械总动力和农用地面积可能并不是真正的投入过剩，关键是要不断提高农业生产的规模化程度。

第三，从产出指标来看，在农林牧渔业总产值上只有 1998、1999、2006 和 2007 年存在产出不足的情况，而在技术无效的年份中，农村居民家庭人均纯收入全部存在产出不足的情况。因此，提高农业生产效率的着重点应该放在各投入指标和农村居民家庭人均纯收入上，通过提高投入要素的质量和使用效率以及农村居民家庭人均纯收入提高农业综合生产效率。

## 二、Frontier 4.1 软件

### （一）Frontier 4.1 软件简介

Frontier 是专门用于随机前沿分析的软件，主要用来处理一个产出变量和若干个投入变量的生产函数形式测定技术效率系统。Frontier4.1 软件的使用，一般涉及 5 个文件：①执行文件 Front41.exe；双击 Front41.exe 就可直接运行，建议在 DOS 界面运行，以便查看运行结果，否则界面一闪而过后消失；②起始文件 Front41.000，包括许多关键的变量，如收敛标准，打印标记等；③数据文件 tjny.dta；④指令文件 tjny.ins（即地球仪图标文件）；⑤输出文件 tjny.out，该文件只有在运行命令文件后才会自动产生。后面三个文件都是以记事本方式打开的文本文件，均可以用多种程序进行编辑，如 NOTEPAD，WORDPAD，WORD，WORD PERFECT 程序等。最好使用 WORDPAD 格式，方便编辑。用户在执行文件前要先建立数据文件和指令文件。数据文件和指令文件用户自行定义文件名时，不能超过 12 个字符，后缀通常用 txt，便于双击直接查看。另外文件 Front41.for 和 F77L3.eer 也常常包含在 Frontier4.1 软件包中。

**1. 数据文件**

数据文件中不能包含变量名，只包括具体的数据。数据文件的建立有两种方法，可以把数据存储在 excel 中，直接复制，得到带 tab 制表符的数据；也可以打开 excel 文件，另存为“文本文档”类型的文件。

用记事本打开纯文本文件 *.dta，数据文件的格式必须是 $3+k\ [+p]$ 列，并且按照以下顺序列示：

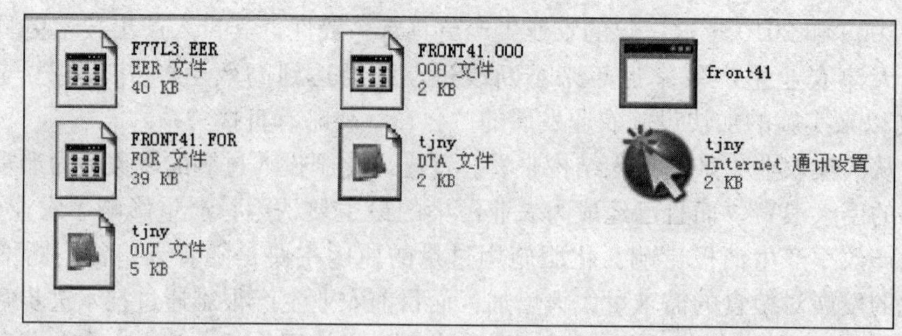


图 8-21　Frontier4.1 运行文件

(1) 公司数量，即决策单元 iDMU (1-N)

(2) 期数 $t$ (1-$T$)

(3) 因变量 Yit

(4) 自变量 x1it

⋮

(3+$k$) x1it

[ (3+$k$+1) zlit

⋮

(3+$k$+$p$) zpit]

方括号中的 $z$ 只有在下面提到的模型 2 估计时才用到。对于 $N$ 个决策单元，每一个必须至少有一条记录，对于第一期和第 $T$ 期，至少有一条记录。如果采用单一的横截面数据，第二列（时期列）全赋值为 1。行间可换，但列序要一致。

**2. 指令文件**

建立指令文件的最便捷方法是使用记事本打开已有的指令文件，如 tjny. ins，然后另存为新的文件名，如 abc. ins。然后，可以根据分析目的对新文件进行编辑。

**3. 输出文件**

在命令程序文件中输入指令文件名回车运行后，程序自动生成输出文件，双击输出文件，打开查看结果。

## (二) Frontier 4.1 软件的计算机操作案例及分析

随机前沿分析不仅可以使用横截面数据进行技术效率分析，而且也可以使用面板数据做随时间变化的技术效率分析。Frontier4.1 广泛应用于最大似然法估计的各种随机前沿生产函数和成本函数。在此仅选取截面数据进行技术效率的案例分析。

选择 1992—2009 年天津农林牧渔业总产值（亿元）$Y$，和四个投入指标：$X_1$——农林牧渔业从业人员（万人）；$X_2$——年末农用地面积（万 $hm^2$）；$X_3$——农用机械总动力（万 kW）；$X_4$——化肥施用量（折纯）（万 t）来分析天津农业的生产效率。$Y$、$X_1$、$X_2$、$X_3$ 和 $X_4$ 的指标值同采用 DEAP 软件进行计算机操作案例及分析的表 8-8 中数据。由于 Frontier4.1 大都采用截面数据或面板数据，在该案例中，把 1992—2009 年天津农业 18 年的生产数据视作 18 个生产单位，从而把原来的时间序列数据视为一个截面数据，同时在 Excel 表中进行对数运算，对数运算处理后的数据如表 8-11 所示：

**表 8-11　天津农业生产效率 Frontier4. 1 的相关数据**

| firm | $Y$ | $X_1$ | $X_2$ | $X_3$ | $X_4$ |
|---|---|---|---|---|---|
| 1 | 1. 767 156 | 1. 966 142 | 1. 722 387 | 2. 489 438 | 1. 614 792 |
| 2 | 1. 821 645 | 1. 949 390 | 1. 724 030 | 2. 480 323 | 1. 603 469 |
| 3 | 1. 948 119 | 1. 932 474 | 1. 732 072 | 2. 525 977 | 1. 613 419 |
| 4 | 2. 098 436 | 1. 918 555 | 1. 735 838 | 2. 561 197 | 1. 656 002 |
| 5 | 2. 125 579 | 1. 914 343 | 1. 742 332 | 2. 584 580 | 1. 688 598 |
| 6 | 2. 147 584 | 1. 909 877 | 1. 749 582 | 2. 620 521 | 1. 691 524 |
| 7 | 2. 193 570 | 1. 907 841 | 1. 758 458 | 2. 644 015 | 1. 711 639 |
| 8 | 2. 176 410 | 1. 900 749 | 1. 770 557 | 2. 682 632 | 1. 674 310 |
| 9 | 2. 193 959 | 1. 910 037 | 1. 776 411 | 2. 773 348 | 1. 221 153 |
| 10 | 2. 229 195 | 1. 917 506 | 1. 779 957 | 2. 780 548 | 1. 238 297 |
| 11 | 2. 257 847 | 1. 915 136 | 1. 803 662 | 2. 787 262 | 1. 245 266 |
| 12 | 2. 286 546 | 1. 920 071 | 1. 805 433 | 2. 779 351 | 1. 250 420 |
| 13 | 2. 345 080 | 1. 918 188 | 1. 808 346 | 2. 783 996 | 1. 358 886 |
| 14 | 2. 377 197 | 1. 912 700 | 1. 810 703 | 2. 786 709 | 1. 367 169 |
| 15 | 2. 352 260 | 1. 909 074 | 1. 815 246 | 2. 780 598 | 1. 390 228 |
| 16 | 2. 381 548 | 1. 886 378 | 1. 802 910 | 2. 781 684 | 1. 411 956 |
| 17 | 2. 428 313 | 1. 882 525 | 1. 807 264 | 2. 775 683 | 1. 412 964 |
| 18 | 2. 449 710 | 1. 879 096 | 1. 818 424 | 2. 774 517 | 1. 414 305 |

该案例生产前沿用为 Cobb-Douglas 函数表示，数据为截面数据。C-D 生产函数前沿面的表达式为：

$$\ln(Y_i)=\beta_0+\beta_1\ln(X_{1i})+\beta_2\ln(X_{2i})+\beta_3\ln(X_{3i})+\beta_4\ln(X_{4i})+(V_i-U_i)$$

其中，$\beta_0\sim\beta_4$ 为待估参数，$V_i$ 是随机变量，服从正态分布 $N\ (0,\ \sigma_v^2)$ 并独立于非效率变量 $U_i$ ，$U_i$ 服从半正态分布。

运用 Frontier 4. 1 软件的具体操作步骤如下：

**1. 打开 Frontier4. 1 文件夹，建立数据文件**　打开保存有投入产出数据的 Excel 文件，另存为“文本文档”类型的文件，命名为 tjny. dta。或打开原有的 *. dta 文件并删除原有数据，再把 Excel 中保存好的数据复制到 *. dta 文件中，并命名为 tjny. dta。

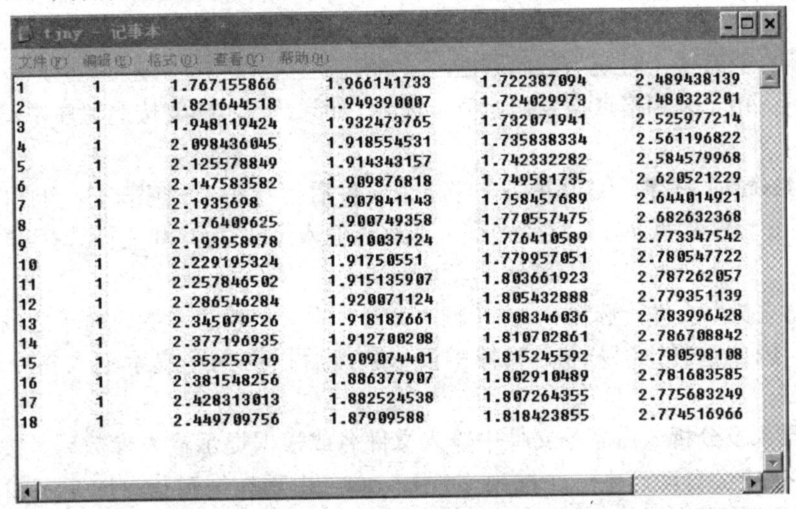

tjny - 记事本

文件(F)　编辑(E)　格式(O)　查看(V)　帮助(H)

```
1   1   1.767155866   1.966141733   1.722387094   2.489438139
2   1   1.821644518   1.949390007   1.724029973   2.480323201
3   1   1.948119424   1.932473765   1.732071941   2.525977214
4   1   2.098436045   1.918554531   1.735838334   2.561196822
5   1   2.125578849   1.914343157   1.742332282   2.584579968
6   1   2.147583582   1.909876818   1.749581735   2.620521229
7   1   2.1935698     1.907841143   1.758457689   2.644014921
8   1   2.176409625   1.900749358   1.770557475   2.682632368
9   1   2.193958978   1.910037124   1.776410589   2.773347542
10  1   2.229195324   1.91750551    1.779957051   2.780547722
11  1   2.257846502   1.915135907   1.803661923   2.787262057
12  1   2.286546284   1.920071124   1.805432888   2.779351139
13  1   2.345079526   1.918187661   1.808346036   2.783996428
14  1   2.377196935   1.912700208   1.810702861   2.786708842
15  1   2.352259719   1.909074401   1.815245592   2.780598108
16  1   2.381548256   1.886377907   1.802910489   2.781683585
17  1   2.428313013   1.882524538   1.807264355   2.775683249
18  1   2.449709756   1.87909588    1.818423855   2.774516966
```

图 8-22　数据文件 tjny. dta

**2. 建立指令文件** 打开指令文件 *. ins，并编辑输出指令，如图 8-23 所示：

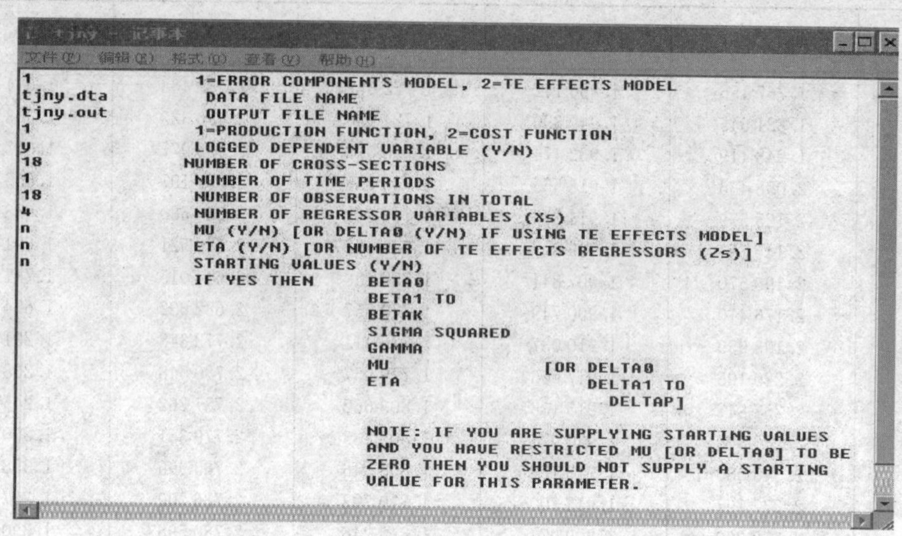

```
1              1=ERROR COMPONENTS MODEL, 2=TE EFFECTS MODEL
tjny.dta        DATA FILE NAME
tjny.out        OUTPUT FILE NAME
1              1=PRODUCTION FUNCTION, 2=COST FUNCTION
y              LOGGED DEPENDENT VARIABLE (Y/N)
18            NUMBER OF CROSS-SECTIONS
1              NUMBER OF TIME PERIODS
18             NUMBER OF OBSERVATIONS IN TOTAL
4              NUMBER OF REGRESSOR VARIABLES (Xs)
n              MU (Y/N) [OR DELTA0 (Y/N) IF USING TE EFFECTS MODEL]
n              ETA (Y/N) [OR NUMBER OF TE EFFECTS REGRESSORS (Zs)]
n              STARTING VALUES (Y/N)
               IF YES THEN     BETA0
                               BETA1 TO
                               BETAK
                               SIGMA SQUARED
                               GAMMA
                               MU                [OR DELTA0
                               ETA                   DELTA1 TO
                                                       DELTAP]

                               NOTE: IF YOU ARE SUPPLYING STARTING VALUES
                               AND YOU HAVE RESTRICTED MU [OR DELTA0] TO BE
                               ZERO THEN YOU SHOULD NOT SUPPLY A STARTING
                               VALUE FOR THIS PARAMETER.
```

图 8-23 指令文件 tjny. ins

第一行：模型的选择 1 = ERROR COMPONENTS MODEL，2 = TE EFFECTS MODEL，这里选 1。

第二行：所读取的数据文件名（tjny. dta）。

第三行：输出文件名称（tjny. out）。

第四行：选择函数类型，1 为生产函数，2 为成本函数，这里选 1。

第五行：变量是否已经进行对数运算，如是选 Y，否则选 N，由于在 Excel 里已经进行了对数运算，这里选 Y。

第六行：评价体系数目（18）。

第七行：时期数目（1）。

第八行：总记录数（18）。

第九行：自变量数（4）。

第十行：当假设 $\mu$ 为半正态分布时选 n。

第十一行：只有一个时期的截面数据时，选 n。

第十二行：由于采用格点搜索初始值，选 n。如果选 y，则要按照顺序手动输入每个参数的初始值。

**3. 运行 Frontier 程序** 编辑并保存好指令文件后运行命令程序文件，打开命令程序文件后，Frontier 程序有两种方式接受命令。即逐步输入 2 法（t）和文件选择法（f）如图 8-24 所示：

如果未建立指令文件，选择 t，逐步输入命令，即一些输入参数；由于之前已经编辑好了指令文件，因此选择 f，从命令文件中读取。然后根据程序提示输入指令程序文件名（tjny. ins）。

**4. 运行结果及分析** 在命令文件中输入文件名或根据提示输入参数后，按回车键，在 Frontier 文件夹中会自动产生一个输出文件 *. out，由于在编辑指令时指定输出文件名为 tjny. out，因此得到该输出文件，打开该文件，就可以看到具体结果。该运行结果主要

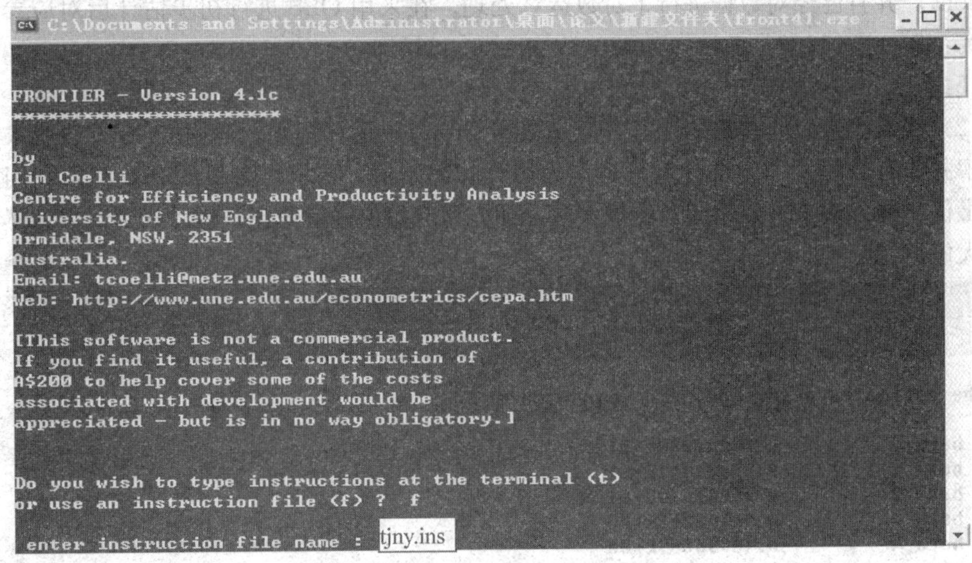


图 8-24 Frontier4.1 运行程序输入对话框

分为以下几部分：

(1) 估计量的初始信息。该部分主要包括 Frontier 运行的基本文件信息，选用的模型与函数、数据是否进行过对数化处理及 OLS 的参数估计值（以此为初始值来估计前沿面确定部分的参量）。

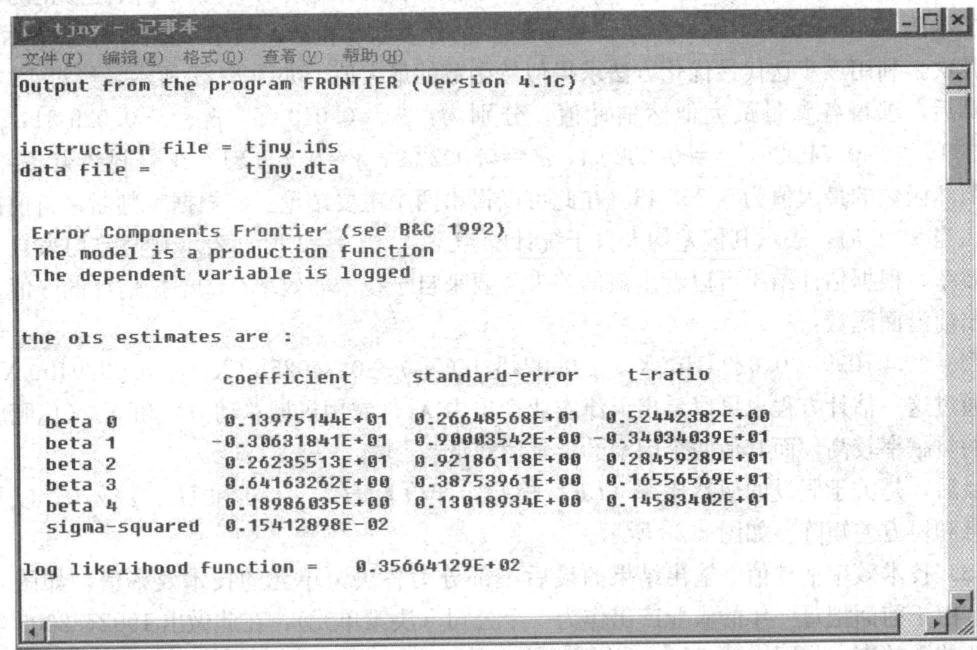


图 8-25 Frontier 估计量的初始信息

由图 8-25 可以看出 Frontier4.1 运行结果是来自于数据文件 tjny.dta 并根据指令文件 tjny.ins 所得，所选用的模型是 Error Components Frontier，采用生产函数（production function)，并且已经对数据进行了对数运算处理。在采用 OLS 进行初步估计后对应参数值分别为：$\beta_0=0.01398$，$\beta_1=-0.03063$，$\beta_2=0.02624$，$\beta_3=0.64163$，$\beta_4=0.18986$，$\sigma^2=0.00154$。

（2）格点搜索后的参数估计值。但是根据 Frontier 运算规则，运用 OLS 方法所求得的参数解并非有效解，OLS 估计量只是作为运算的起始值，要求得参量的有效解须利用逐步迭代最优化的方法来求似然函数的最大值，即先对起始值进行修正，最后找到对数似然函数的最大值。

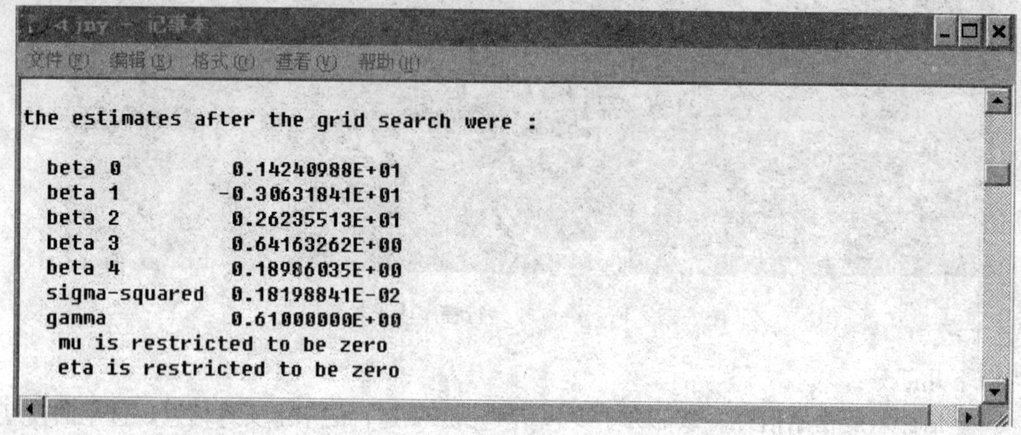


图 8-26 格点搜索各参量值

首先，Frontier 软件系统在 $\mu$ 和 $\eta$ 等于 0 的限制条件下搜索出 $\gamma$ 值，并依据修正的普通最小二乘法（corrected ordinary least squares）估计参数 $\beta$ 和 $\sigma^2$，其结果如图 8-26 所示。

其次，利用逐步迭代最优化方法求得似然函数的最大值。如图 8-27 所示，经过 12 次迭代运算后，求得各参量最大似然估计值。分别为：$\beta_0=0.010\,99$，$\beta_1=-0.029\,31$，$\beta_2=0.024\,81$，$\beta_3=0.740\,25$，$\beta_4=0.232\,94$，$\sigma^2=0.002\,02$，$\gamma=0.706\,81$。在限制约束条件下，对数似然函数的最大值为 0.358 43。在此可以得出两个主要结论：①根据 $\gamma$ 判断来自前沿的偏差。当 $\gamma=0$ 时，表示其偏差均来自于统计噪声 $V_i$；当 $\gamma=1$ 时，表示其偏差均来自于技术非效率。根据估计结果可以看出该偏差来主要来自于技术非效率。②根据估计的 $\beta$ 值，可以得出前沿面函数：

$$\ln(Y)=0.01099-0.02931\ln(X_1)+0.02481\ln(X_2)+0.74025\ln(X_3)+0.23294\ln(X_4)$$

通过这一估计方程也可以看出天津农业产出中 $X_3$（农用机械总动力）和 $X_4$（化肥施用量）的贡献率较高，而其他两个因素的贡献值较低。

最后，是关于假设的似然比率（$LR$）检验，即检验 $H_0$：$\mu=0$ 和 $H_1$：$\mu\neq0$，以及数据信息和协方差矩阵。如图 8-28 所示。

（3）技术效率估计值。输出结果的最后一部分为各决策单元的技术效率值，如图 8-29 所示。由于前面把每一年的农业产出作为一个公司（决策单元），在此做出 1992—2009 年天津农业技术效率，如图 8-30 所示。从天津农业生产技术情况可以看出 1992—2009 年期间，天津农业生产技术效率总体而言呈提高趋势，但期间波动较大，尤其是在 1999 年技术效率曾降至 0.9189，而其他年份基本保持在 0.96 以上。

```
 iteration =     0  func evals =     20  llf =  0.35766463E+02
     0.14240988E+01-0.30631841E+01 0.26235513E+01 0.64163262E+00 0.18986035E+00
     0.18198841E-02 0.61000000E+00
 gradient step
 iteration =     5  func evals =     49  llf =  0.35825108E+02
     0.13999378E+01-0.30590359E+01 0.25469902E+01 0.68522690E+00 0.21550581E+00
     0.19732125E-02 0.69700906E+00
 iteration =    10  func evals =    135  llf =  0.35842970E+02
     0.10993097E+01-0.29309085E+01 0.24806298E+01 0.74028274E+00 0.23294654E+00
     0.20246511E-02 0.70685882E+00
 iteration =    12  func evals =    158  llf =  0.35842970E+02
     0.10992055E+01-0.29308804E+01 0.24807053E+01 0.74025347E+00 0.23294185E+00
     0.20246216E-02 0.70681112E+00


the final mle estimates are :

                 coefficient      standard-error     t-ratio

  beta 0          0.10992055E+01  0.22390759E+01  0.49091928E+00
  beta 1         -0.29308804E+01  0.77359680E+00 -0.37886408E+01
  beta 2          0.24807053E+01  0.80981858E+00  0.30632852E+01
  beta 3          0.74025347E+00  0.35419132E+00  0.20899820E+01
  beta 4          0.23294185E+00  0.12519277E+00  0.18606654E+01
  sigma-squared   0.20246216E-02  0.13116305E-02  0.15435914E+01
  gamma           0.70681112E+00  0.39959062E+00  0.17688381E+01
   mu is restricted to be zero
   eta is restricted to be zero

log likelihood function =   0.35842970E+02
```

图 8-27　最大似然函数的终值

```
LR test of the one-sided error =    0.35768204E+00
with number of restrictions = 1
 [note that this statistic has a mixed chi-square distribution]

number of iterations =      12

(maximum number of iterations set at :   100)

number of cross-sections =      18

number of time periods =      1

total number of observations =      18

thus there are:      0  obsns not in the panel


covariance matrix :

  0.50134608E+01 -0.16064873E+01 -0.46263476E+00 -0.30451565E+00 -0.20662520E+00
 -0.44298501E-03 -0.16859206E+00
 -0.16064873E+01  0.59845201E+00 -0.42793209E-01  0.16213763E+00  0.70524296E-01
  0.19905716E-03  0.75217729E-01
 -0.46263476E+00 -0.42793209E-01  0.65580613E+00 -0.21952945E+00 -0.21949410E-01
 -0.18039253E-03 -0.67458366E-01
 -0.30451565E+00  0.16213763E+00 -0.21952945E+00  0.12545149E+00  0.32836142E-01
  0.11985157E-03  0.44887457E-01
 -0.20662520E+00  0.70524296E-01 -0.21949410E-01  0.32836142E-01  0.15673229E-01
  0.54555815E-04  0.20434408E-01
 -0.44298501E-03  0.19905716E-03 -0.18039253E-03  0.11985157E-03  0.54555815E-04
  0.17203747E-05  0.44582564E-03
 -0.16859206E+00  0.75217729E-01 -0.67458366E-01  0.44887457E-01  0.20434408E-01
  0.44582564E-03  0.15967267E+00
```

图 8-28　参量的其他信息

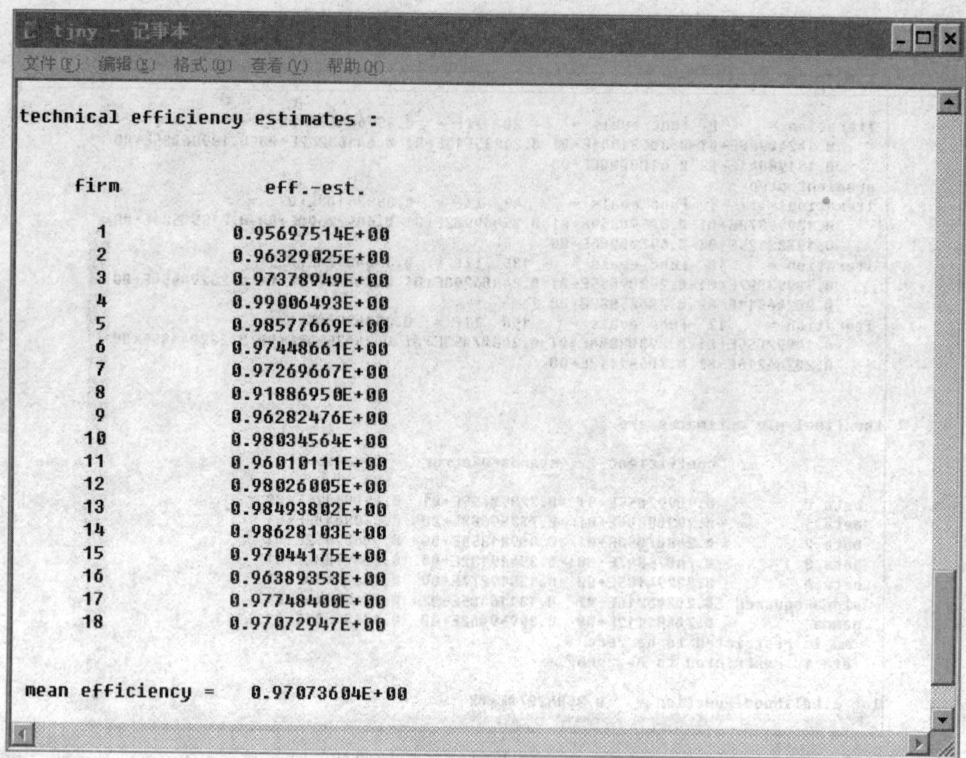



```
technical efficiency estimates :


     firm              eff.-est.

       1          0.95697514E+00
       2          0.96329025E+00
       3          0.97378949E+00
       4          0.99006493E+00
       5          0.98577669E+00
       6          0.97448661E+00
       7          0.97269667E+00
       8          0.91886950E+00
       9          0.96282476E+00
      10          0.98034564E+00
      11          0.96010111E+00
      12          0.98026005E+00
      13          0.98493802E+00
      14          0.98628103E+00
      15          0.97044175E+00
      16          0.96389353E+00
      17          0.97748400E+00
      18          0.97072947E+00


 mean efficiency =    0.97073604E+00
```

图 8-29 技术效率估计值

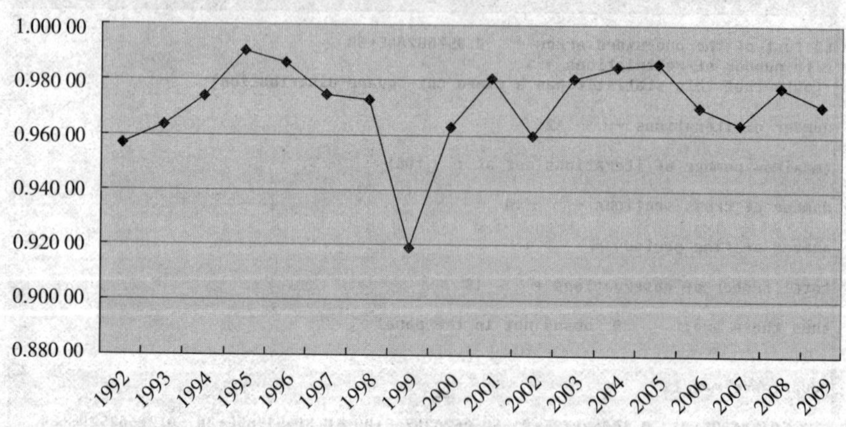



图 8-30 1992—2009 年天津农业生产技术效率变化情况

# 第九章　农业项目可行性研究

**重点提示：**了解农业项目的概念与特点，掌握农业投资项目周期；了解农业项目可行性研究的作用与程序，掌握农业项目可行性研究的主要内容与可行性研究报告编制；掌握农业项目财务效益与费用的构成及估算方法，并编制相关财务估算报表；掌握农业项目财务评价基本报表的编制与财务评价指标的计算；掌握盈亏平衡分析、敏感性分析等不确定性分析方法，以判定项目可能承担的风险。

## 第一节　农业项目及项目周期

### 一、农业项目的概念

我国是世界农业大国，农业的发展在国民经济的发展中起着举足轻重的作用。实现农业现代化是发展我国农业的根本出路，而增加对农业的投资是一个关键的措施。所谓农业投资，是指为农业扩大再生产（即改善农业生产条件、扩大生产能力）而投入的全部资源，它是在原来投入基础上的增量投入，包括追加的人力、物力、财力和科技等资源。在农业发展活动中，农业投资常常以项目投资的形式出现，诸如土地治理项目、产业化经营项目、高新技术示范项目、农业扶贫项目、农业科技开发项目的投资等。这些项目为改善有关地区的农业生产条件、改善农业环境、提高农业资源的利用效率、扩大农业再生产能力、提高农民生活水平，起了重要作用，并为国家带来了极大的社会经济效益。大型的农业投资项目，是加速我国农业现代化进程的关键措施。

关于项目的概念，世界银行前副行长沃伦·C. 鲍姆等人所著的《开发投资》一书中称"项目是作为包括投资、政策措施、机构以及其他为在规定期限内达到某项或某系列发展目标所设计的活动在内的独立的整体。"按其解释，项目是指投入一定资金以获取预期效益的一整套投资活动，是在规定期限内为完成某项开发目标或一组目标而规划投资、实施政策措施、组建机构，以及包括其他活动在内的独立的整体，是独特性、一次性的工作，其具体活动是多种多样的。

J. P. 吉廷格先生编写的《农业项目的经济分析》教材，是农业项目投资评估方面比较有代表性、在世界各国农业项目投资评估中被广泛应用的参考著作。其教材中定义农业项目为"所谓农业项目就是企业运用各种资源以获取利润的全部复杂活动。我们一般把农业项目看成是一个运用资金以形成固定资产，再由它们在一段时间内提供效益的投资活动。"

我国在经济工作中引进项目、项目投资评估等概念是在 20 世纪 80 年代。然而，对于什么是农业投资项目，其实至今还没有形成人们公认的经典性定义。在经济实践中，在农业现代化进程中，农业项目的内涵与外延不断扩大。如农业投资项目按项目的用途，可分为直接用于生产农、林、牧、渔各种农产品的农业生产项目、改善农业生产条件的项目（如灌溉项目、土地开发治理项目、农业机械化项目等）、农产品加工项目、非盈利性的农业公益项目（如水土保持项目、公共防洪、排涝项目，一般无法获得财务利益，但具有很大的社会效果），以及以农业为主，包括多部门的农村发展项目等。

综上所述，可以说，农业投资项目是指通过增加人力、物力、财力和科技的投入，改善农业生产条件，增加农业生产手段，提高农业综合生产能力，在预定的时间和空间范围内达到预期效益的一种扩大再生产的经济行为。作为农业投资项目，应符合以下标准：农业投资项目必须是扩大再生产的经济行为；必须有具体的建设内容和明确的效益目标；必须有明确的时间和空间的限制；必须有确定的参加项目建设并且从中受益的目标人；必须有可靠的投资资金来源和切实可行的投资计划安排；应有明确的投资主体和承担风险的责任人；必须有健全的组织管理机构。

## 二、农业项目的特点

农业项目的特点是与农业生产本身的特点密切相关的。概括起来，农业项目投资的特点主要体现在以下方面：

**1. 农业项目投资的综合性强** 与工业项目相比，许多农业项目投资常常是一业为主多种经营，农林牧渔同时并举。这使得农业项目投资既有独立性，又有综合性。因此，在投资的方向、数量、时间先后等方面应统筹兼顾各方面的需要。

**2. 农业项目投资的长效性** 如大型的水土保持项目、土地治理项目、灌溉项目等，其投资效果要在相当长的时间内才能显现出来，它对于农业扩大再生产具有长效的作用。也有的农业项目投资见效较快，如农产品加工项目。因此，在农业项目投资评价中要注意农业项目投资长效性和速效性同时并存的特点。农业投资的效果方面，既具有当前经济效益又具有长远经济效益。

**3. 农业项目投资效益的不确定性** 农业项目受自然因素，尤其是气候因素的变化影响较大，项目收益预见性相对较弱，风险相对较大。相对于工业项目而言，农业项目投资存在双重风险——自然风险与市场风险，因此农业项目投资的效益往往有较大的不确定性。

**4. 农业项目投资经济评价的复杂性** 大量的农业项目，尤其是种植业项目、农业综合开发项目，项目主体是千家万户独立经营的农户群体。农户与企业的经营形式各不相同，给经济评价带来复杂性。农业项目的经济评价应分别对项目层和经营层进行财务分析。项目层的财务分析通过估算费用效益，判断整个项目的财务可行性；经营层的财务分析考察农民获得的收益和负担的费用。

**5. 多重目标性** 农业项目的多重目标性是指项目的目标不是单一的，而是多方面的。目标的多重性决定了项目效果的多样化。因此，在项目评估时，需要全面地考察和评估项目的经济效益、社会效益和生态效益。

## 三、农业项目周期

投资项目周期是根据项目建设过程的活动规律，分阶段地对项目活动进行规范的程序化管理。一个典型的农业投资项目周期一般划分为三个时期、七个阶段，即投资项目决策期，包括项目设想、项目选定、项目准备、项目评估四个阶段；投资项目建设期，即项目实施阶段；投资项目运营期，包括项目投产经营、评价总结两个阶段。每阶段管理活动前后有序，完成前一阶段活动才能顺序进入下一阶段活动，各阶段有机联系，构成完整严密的项目周期。

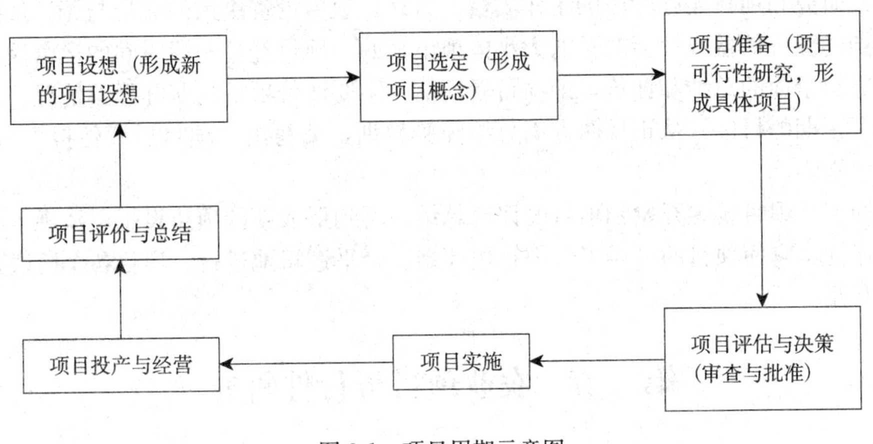


图 9-1　项目周期示意图

**1. 投资项目决策期**　投资项目决策期又称投资前期，包括项目设想、项目选定、项目准备、项目评估四个阶段。通过这四个阶段的工作，使项目的开展建立在科学民主决策的基础上。

项目设想阶段的主要任务是鉴别项目的投资意向，提出项目投资的设想，编写项目建议书。项目建议书是企事业单位根据国家经济发展长远规划和行业、地区发展规划，结合资源条件和市场预测等，在调查研究、资料搜集、综合分析项目建设的必在性和合理性的基础上提出的。它是拟建项目的轮廓设想，主要说明项目提出的理由及主要依据、项目的市场需求、生产建设条件、投资概算和简单的经济效益和社会效益情况。项目建议书需经各级计划部门汇总、平衡、审批，项目建议书获批准即为立项。

在项目建议书得到批准后，应对拟建项目的各种预选的技术方案和建设方案进行筛选，进一步考虑拟建项目的规划方案及建设的可能性和合理性，进行项目初步决策分析，选定较好的实施方案。

项目准备阶段的主要工作是进行项目可行性研究。可行性研究是投资前期工作的核心环节，是项目决策的依据。项目可行性研究，是对拟建项目从技术、组织管理、社会、市场、财务、经济、生态等方面进行深入细致的调查研究和科学预测，分析判断项目投资的必要性、财务盈利性与经济合理性、技术的先进性与适用性以及建设条件的可能性与可行性，从而在项目前期工作中起到预测投资效果，决定项目取舍的重要作用，为投资决策者提供科学依据的一种论证方法。可行性研究工作需编制可行性研究报告。

项目评估是指对拟建项目可行性研究报告的客观真实性及科学合理性的审查和评价。项目评估为项目的投资决策提供最终的依据并编写评估报告。

**2. 投资项目建设期**　即项目实施阶段，这一阶段的主要工作包括：组建项目执行管理机构、进行项目的招投标、谈判和签订各种协议和合同、工程设计和施工等。为保证项目实施的高质量，达到预期目标，在整个实施过程中重点工作是加强管理。实施科学有效的计划管理、资金管理、物资管理、工程技术管理，建立健全统计、会计核算制度，实行严密的科学监测，保证项目顺利实施。

**3. 投资项目运营期** 包括项目投产经营、评价总结两个阶段。项目的投产经营是项目周期内一个非常重要的阶段。它是实现项目预期的经济效益和社会效益的阶段，同时，也反映出可行性研究和项目实施阶段的工作质量。另外，项目投资决策的成功与否，最终也是由生产运营期的经济效益或社会效益的大小体现出来的。项目经过一段时间的运营后，应对项目的运行做出全面的总结和评价，即项目后评估。主要评价项目的实际经营情况，说明项目是否达到了预期的目标，从正反两方面总结经验教训，编写出“项目后评估报告”，以提高项目管理水平。

项目周期从项目设想开始到项目的评价总结，再到形成新的项目设想，体现了项目建设本身的规律性，它使项目的一切工作都是按计划、合乎逻辑地进行。项目各个阶段之间有紧密的内在联系。

## 第二节　农业项目可行性研究

农业项目可行性研究是项目周期中前期准备阶段的核心工作内容，为项目投资决策提供市场、技术、经济、社会、生态等方面的评价依据。在农业项目可行性研究实践中，世界银行发挥了极大的作用。1972 年世界银行出版了吉廷格撰写的《农业项目经济分析》，第一次将项目可行性研究的理论和方法引入农业。世界银行对农业项目的投资管理积累了丰富的实践经验，形成了一套完整而又严格的项目管理制度、程序和方法。同时，在农业项目的可行性研究中，特别关注农民在项目中的经济效益。随着我国农业科学技术和农村经济的高速发展，农业项目的概念和范围不断拓宽。但是，农业是一个自然人工生态系统，农业项目生产周期长，涉及面广，实施难度大，具有明显的农业生产的基本特征。因此，农业项目可行性研究与一般项目可行性研究在内容、形式上有所不同，侧重点也大不一样。

### 一、农业项目可行性研究的作用

对投资项目进行可行性研究，在于为投资决策从技术、经济等方面提供科学依据，以提高项目决策的成功率，促进投资决策的科学化。具体作用有以下几个方面：

**1. 作为项目投资决策的依据** 在可行性研究中，项目的建设规模、产品方案、技术方案、原材料来源、建设地点、工期和经济效益等重大问题都要进行具体研究，并做出明确的评价意见。通过这些分析和评价，鉴定该项目是否可行，从而为投资决策提供可靠依据。决策主要包括两个方面：一是从投资者或企业本身的利益出发决定该项目是否应该兴建；二是从国家利益出发作为上级部门审批项目是否上马的依据。

**2. 作为向银行等金融机构申请贷款的依据** 贷款银行在接受该项贷款申请前，需要对贷款项目进行全面、细致的分析评估。只有在确认该投资项目具有偿还能力和不会承担很大风险的情况下，银行才同意贷款。

**3. 作为向当地政府及环境保护部门申请允许建设和施工的依据** 在可行性研究报告确认可行，并经投资部门和计划部门评审以后，建设项目在设计及施工之前，还必须经地方规划部门及环保部门审查，其审查依据即可行性研究报告。因此可行性研究还应有这方面内容的论证。

**4. 作为编制初步设计的依据**　可行性研究和项目评估经批准后，接着进行初步设计。建设项目应严格按批准的可行性研究报告内容进行设计，不得随意改变可行性研究报告中已经确定的规模、方案、标准、厂址及投资等控制性指标，所以可行性研究是编制初步设计的依据。

**5. 作为建设单位向有关部门签订协议或合同的依据**　一项建设项目从建设开始到正常运转，需要各行各业协作和支持，与许多不同对象进行谈判，并签订相应的协议或合同。如承包合同、设备及原材料供应合同、销售合同等。

**6. 作为拟采用新技术、新设备研制计划的依据**　建设项目采用新技术、新设备必须慎重，只有经过可行性研究后，证明这些新技术、新设备是先进适用的，才能拟订研制计划、进行研制。

**7. 作为项目后评价的依据**　可行性研究确定了项目的投资规模、生产能力、预期的经济效益目标等，项目可行性研究中的有关效益指标将成为项目后评价的重要依据。

## 二、农业项目可行性研究的程序

农业项目可行性研究的工作程序可按以下步骤进行：

**1. 筹划准备**　项目建议书批准后，项目单位即可筹划准备进行项目可行性研究。其方式有两种：一种是将可行性研究工作委托给有能力的专门咨询设计单位，双方签订合同，由专门咨询设计单位承担可行性研究任务；另一种是由项目单位组织有关专家参加的项目可行性研究工作小组进行此项工作。承担可行性研究的单位或专家组，应获得项目建议书和有关项目背景资料、批示文件，了解项目单位的意图和要求，制订详细的工作计划，以便顺利开展可行性研究工作。工作计划内容包括各项研究工作开展的步骤、方式、进度安排、人员配备、工作保证条件、工作质量评定标准和费用预算，并与委托单位交换意见。

**2. 调查研究与收集资料**　收集有关项目的各种资料，如：此类项目建设的有关方针政策，项目地区的历史、文化、风俗习惯、自然资源条件、社会经济状况，国内外市场情况，有关项目技术经济指标和信息。这个阶段主要通过实地调查和技术经济研究，进一步明确拟建项目的必要性和可能性。调查研究主要从市场调查和资源调查两方面着手。市场调查要从产品的需求量、价格、结构和竞争产品等方面进行，以确定拟建项目的产品方案和建设规模。资源调查包括原辅材料、能源、厂址、工艺技术、劳动力、交通运输、生态环境等自然、社会、经济方面的调查，为拟建项目选定建设地点、生产工艺、技术方案、设备、组织机构和劳动定员等提供技术经济分析。调查研究和收集资料要保证以客观实际为基础，力求掌握资料详细、全面、客观、正确。

**3. 分析研究、方案设计与选优**　在收集资料和各种数据的基础上，应按项目可行性研究所要求的内容进行科学的分类整理、计算加工、分析研究，结合项目的具体情况，对项目建设涉及的技术方案、产品方案、组织管理、社会条件、市场条件、实施进度、资金估算、财务效益、经济效益、社会生态效益等各方面的问题进行可行性论证。同时还应设计几套可供选择的方案，进行比较分析，筛选出最优的可行性方案，形成可行性研究的结论性意见。

**4. 编写并提交可行性研究报告** 承担可行性研究任务的单位或专家组根据分析研究的结论性意见，对项目是否可行编制的可行性研究报告初稿，与委托单位交换意见，修改完善后，向委托方提交正式的规范的可行性研究报告。

## 三、农业项目可行性研究的主要内容

就一般意义而言，农业项目可行性研究的规范化内容有：项目市场分析与建设规模、建设条件与厂址选择、技术分析、项目组织与管理、投资估算与资金筹措、经济评价、环境影响评价、项目社会效益评价等方面。它们共同构成农业项目可行性研究体系，并且每一项都影响着项目系统的论证效果和项目投资决策。

**1. 市场分析与建设规模** 在可行性研究中，要详细阐述市场供需预测、价格分析，并确定建设规模。包括：

(1) 市场调查。调查拟建项目产出物用途、现有生产能力、同类产品产量及销售量、替代产品的供求及价格等。

(2) 市场预测。市场预测是利用市场调查所得到的信息资料，对本项目产品未来市场需求量及相关因素所进行的定量定性判断与分析。在可行性研究工作中，市场预测的结论是确定产品方案与项目建设规模的重要依据。包括国内、外市场需求预测；产品价格预测、产品销售费用预测、产品销售收入预测。

(3) 市场营销战略。企业应根据市场情况，制定合理的销售战略，争取扩大市场份额，提高产品竞争力。

(4) 产品方案和建设规模。确定产品名称、产品规格标准及建设规模。

**2. 建设条件与厂址选择** 根据前面部分确定的产品方案和建设规模来研究资源、原料、燃料、动力等需求和供应的可靠性，并对可供选择的厂址作进一步的技术、经济分析，确定新厂址方案。选择厂址除须符合行业布局、国土开发规划外，还应考虑资源、区域地质、交通运输和环境保护等因素。

**3. 工艺技术方案** 主要研究项目拟采用的生产方法、工艺流程、重要设备及其相应的总平面布置，主要车间组成及建构筑物形式等技术方案。在此基础上估算工程量和工程造价。在这一部分中，除文字叙述外，还应将一些重要数据和指标列表说明，并绘制总平面布置图、工艺流程图等。

(1) 项目组成。凡由本项目投资的厂内、外所有单项工程、配套工程包括生产设施、运输、生活福利设施等，均属项目组成的范围。

(2) 生产技术方案。产品标准；生产方法；技术参数和工艺流程；主要工艺设备选择；主要原材料、燃料、动力消耗指标；主要生产车间布置方案。

(3) 土建工程。主要建、构筑物的建筑特征及结构设计；建设材料及土建工程造价估算。

(4) 其他工程。给排水工程、动力及公用工程、生活福利设施等。

**4. 项目组织与管理** 在可行性研究中，应根据项目规模、项目组成和工艺流程，提出相应的项目组织机构、劳动定员总数及劳动力来源及相应的人员培训计划。制定合理的项目实施进度，项目实施时期包括项目实施准备、资金筹集安排、勘察设计和设备订货、施工准备和生产准备，试运转直到竣工验收和交付使用等各工作阶段。这些阶段的各项投资活动和各个工作环节，有些是相互影响、前后紧密衔接的，也有些是同时开展，相互交叉进行的。因此，在可行性研究阶段，需将项目实施时期各个阶段的各项工作环节进行统一规划，综合平衡，做出合理又切实可行的安排。

**5. 投资估算与资金筹措**　每个项目均需计算所需要的投资总额，分析资金的筹措方式，并制定用款计划。

（1）项目总投资估算。包括建设投资估算和流动资金估算。

（2）资金筹措。资金筹措工作是根据对建设项目投资估算的结果，研究落实资金的来源渠道和筹措方式，从中选择条件优惠的资金来源。

（3）制定投资使用计划和借款偿还计划。

**6. 经济评价**　包括财务评价与国民经济评价两个层次，这部分的评价结论是方案取舍的主要依据之一，也是对建设项目进行投资决策的重要依据。

（1）财务评价。财务评价是在国家现行财税制度和市场价格体系下，从项目角度出发，分析预测项目的财务效益与费用，计算财务评价指标，考察拟建项目的盈利能力、清偿能力和财务生存能力，以判断项目的财务可行性，为投资决策、融资决策及银行审贷提供科学依据。财务评价采用静态分析与动态分析相结合，以动态分析为主。盈利能力分析以财务净现值、财务内部收益率、投资回收期、总投资收益率、资本金净利润率为主要评价指标。清偿能力分析以利息备付率、偿债备付率、资产负债率等为主要评价指标。财务生存能力分析则通过考察项目计算期内的投资、融资及经营活动的各项现金流入和流出，计算净现金流量和累计盈余资金，分析项目是否有足够多的净现金流量维持正常运营，以实现财务可持续性。

此外，由于项目经济评价所采用的数据，如投资额、产量、产品售价、产品成本等大部分来自预测和估算，有一定程度的不确定性，为了分析不确定因素对经济评价指标的影响，需进行不确定性分析，以估计项目可能承担的风险。常用的不确定性分析法有盈亏平衡分析法、敏感性分析法与概率分析法。

（2）国民经济评价。国民经济评价是项目经济评价的核心部分，是决策部门考虑项目取舍的重要依据。国民经济评价是按照资源合理配置的原则，从国家整体角度和社会需要出发，采用费用与效益分析法，运用影子价格、影子汇率、影子工资和社会折现率等经济参数，计算分析项目对国民经济的净贡献，以评价项目在经济上的合理性。国民经济评价采用国民经济盈利能力分析，以经济内部收益率（EIRR）和经济净现值（ENPV）为主要评价指标，涉及产品出口创汇或替代进口节汇的项目，要计算经济外汇净现值、经济换汇成本或经济节汇成本。

**7. 环境影响评价**　在项目建设中，必须贯彻执行国家有关环境保护和职业安全卫生方面的法规、法律，对项目可能给环境造成的影响，对影响劳动者健康和安全的因素，都要在可行性研究阶段进行分析，提出防治措施，并对其进行评价，推荐技术可行、经济，且布局合理，对环境的有害影响较小的最佳方案。按照国家现行规定，凡从事对环境有影响的建设项目都必须执行环境影响报告书的审批制度，同时，在可行性研究报告中，对环境保护和劳动安全要有专门论述。内容包括：建设地区的环境现状；项目主要污染源和污染物；项目拟采用的环境保护标准与治理环境的方案；环境监测制度的建议；环境保护投资估算；环境影响评价结论；劳动保护与安全卫生。

**8. 社会评价** 投资项目社会评价是评价项目对社会发展目标所做的贡献和所起的影响。如分析项目建设是否增加了新的就业机会、是否促进项目区区域经济和社会发展、是否增加地方财政收入等。常用的定量分析指标有劳动就业效果、收入分配效果、产品国际竞争能力等。对不能定量的效益影响应进行定性描述。

根据上述八个方面的分析，对项目在市场、技术、经济、社会、生态等方面进行全面系统的评价，对建设方案进行总结，提出结论性意见和建议，做出项目投资是否可行的结论，并撰写项目可行性研究报告。

### 四、农业项目可行性研究报告的编制

在我国农业项目可行性研究实践中，由于受理和支持农业项目的部门较多，如财政部农业综合开发基金项目、农业部农业基本建设项目、科技部农业科技成果转化基金项目、国家发改委农业工程建设和“三绿工程”项目、世界银行的农业贷款项目。不同部门的农业项目均有不同的可行性研究报告编写大纲要求。在格式上，项目可行性研究报告要严格按照国家不同部门的编写提纲编写。可行性研究报告编制的基本要求有：

**1. 符合规范格式** 一份完整规范的可行性研究报告应包括封面、目录、正文、附表、附图、附件。

**2. 符合深度要求** 具有反映客观实际的、可靠的、完备的技术经济分析论证资料，报告内容全面，结构合理，结论科学，符合逻辑。报告的深度应能满足项目决策的要求。

**3. 责任明确** 应有编制单位的总负责人、经济、技术负责人的签字，以示对其报告的质量负责。报告还应有可行性研究承担单位及其负责人的签章。

本章选择国家农发办的国家农业综合开发产业化经营项目可行性研究报告编写大纲（附录 9-1），作为农业项目可行性研究报告编写的大纲范例。

## 第三节 农业项目财务估算

财务估算是依据项目的技术方案和产品方案，依据现行的经济法规和价格政策，采用与企业财务口径相一致的计算方法，对一系列有关的财务数据进行测算和审查，并编制财务估算报表。根据农业项目特点和财务评价需要，农业项目财务估算分为财务费用估算、财务效益估算、资金筹措与借款利息估算等。财务费用，指项目实施全过程中的一次性投入、经常性投入和其他支出，包括投资费用、成本费用、税费等。财务效益主要有营业收入、利润等。财务数据预测和估算的准确性，将直接影响项目财务评价的质量及决策。

### 一、投资估算与资金筹措

#### （一）建设项目总投资

建设项目总投资是指投资项目从建设前期准备工作开始到项目全部建成投产为止所发生的全部投资费用。包括建设投资、建设期利息和流动资金。

### （二）建设投资的构成及估算

建设投资包括建筑工程费、设备及工器具购置费、安装工程费、工程建设其他费用、基本预备费和涨价预备费。

**1. 建筑工程费**　建筑工程费是指为建造永久性建筑物和构筑物所需的费用，如场地平整、厂房、仓库、电站、水塔、水池、环境绿化、水库、水坝、灌区等单项工程的费用。

估算方法：单位建筑工程投资估算法，以单位建筑工程量投资乘以建筑工程量计算。

**2. 设备及工器具购置费**　设备购置费指各种生产设备、传导设备、动力设备、运输设备等设备原价及运杂费用。工具、器具购置费是指为保证初期正常生产必须购置的不构成固定资产标准的设备、仪器、工模具、器具及生产用家具的购置费。

设备及工器具购置费的估算可分为国内设备购置费、进口设备购置费、融资租赁设备费及工具、器具购置费估算。

国内设备购置费＝设备出厂价×（1＋运杂费率）

进口设备购置费＝设备货价＋进口费用＋国内运输费用

**3. 安装工程费**

安装工程费用＝设备原价×安装费率

或　　安装工程费用＝设备吨位×每吨设备安装费

**4. 工程建设其他费用**　工程建设其他费用是指从项目筹建到竣工验收交付使用为止的整个建设期间，除了上述的工程费用以外，为保证项目建设顺利完成和交付使用后能正常发挥效用而发生的各项费用。包括土地使用费、建设单位管理费、勘察设计费、研究试验费、建设单位临时设施费、工程建设监理费、工程保险费、施工机构迁移费、联合试运转费、职工培训费、办公及生活家具购置费、引进技术和进口设备其他费用、可行性研究费用等。按各项费用科目的费率或者取费标准估算。

**5. 基本预备费**　是指在项目实施中可能发生难以预料的支出，需要事先预留的费用，又称工程建设不可预见费。如设计变更及施工过程中可能增加工程量的费用。

基本预备费＝（建筑工程费＋设备及工器具购置费＋安装工程费
＋工程建设其他费用）×基本预备费率

**6. 涨价预备费**　是对建设工期较长的项目，在建设期内可能发生材料、设备、人工等价格上涨引起的投资增加，需预先留存的费用，也称为价格变动不可预见费。

涨价预备费以建筑工程费、设备及工器具购置费、安装工程费为计算基数。

根据以上六项估算数据，编制建设投资估算表（参见附录 9-2 中表 9-3）。

### （三）建设期利息

建设期利息是指项目建设期间因使用债务资金而产生的利息，计入项目总投资，在投资预算中单列，项目竣工投产后，计入固定资产原值，计提折旧。称为“资本化利息”。

建设期利息应按项目可行性研究报告中的项目建设资金筹措方案确定的初步贷款意向规定的利率、偿还方式和偿还期限计算。如没有规定，则按项目适用的现行一般贷款利率、期限和偿还方式计算。建设期利息中还包括融入债务资金时发生的手续费、承诺费、管理费、信贷保险费等融资费用。这些费用应按该债务资金的债权人的要求单独计算，并计入建设期利息。

为简化计算，假定借款发生的当年，均在年中支用，按半年计息，其余年份按全年计息。每年应计利息的近似计算公式如下：

本年应计利息＝（年初借款本息累计＋当年借款额/2）×年实际利率

【例 9-1】 某新设法人项目，建设期 3 年，分别借款 400 万元、500 万元和 400 万元，每年借款平均支用，年利率 6.8%。本项目在建设期无力偿还利息，试计算该项目建设期利息。

解：第 1 年年末应计利息＝400/2×6.8%＝13.60 万元

第 2 年年末应计利息＝（400＋13.60＋500/2）×6.8%＝45.12 万元

第 3 年年末应计利息＝（413.6＋500＋45.12＋400/2）×6.8%＝78.79 万元

则该项目建设期建设投资借款总利息为 13.60＋45.12＋78.79＝137.51 万元，项目竣工投产后，计入固定资产原值。借款本金 1300 万元。则在生产期初（或建设期期末）投资借款余额 1437.51 万元。

### （四）流动资金的构成及估算

流动资金，指生产经营性项目投产后，为进行正常生产运营而用于购买原材料、燃料、支付工资及其他经营费用等所需的周转资金。项目一经建成投产，流动资金分别在生产和流通领域以储备资金、生产资金、成品资金、结算资金、货币资金五种形态存在并循环。

可行性研究阶段，流动资金的估算方法，对于工业项目和农业加工项目而言，主要采用分项详细估算法；而对于种植业和养殖业项目，则往往采取经营成本比例估算法。

**1. 分项详细估算法** 即按占用周转资金的类别分别进行估算后，将各类周转资金数量加总而得。在可行性研究中，为简化计算，仅对存货、现金、应收账款等流动资产和应付账款等流动负债进行估算。在企业实际的资金运行中，可能发生应付账款项目，企业可用的、数量比较稳定的部分应付账款，则可用于抵减部分当期流动资金的需要量。其计算公式如下：

项目所需流动资金＝流动资产－流动负债

＝存货＋现金＋应收账款－应付账款

流动资金本年增加额＝本年流动资金需要量－上年流动资金需要量

（1）周转次数＝360 天/最低周转天数

最低周转天数按实际情况并考虑保险系数分项确定。

（2）存货＝外购原辅材料、燃料动力＋在产品＋产成品

外购原材料、燃料动力＝年外购原材料、燃料动力费/周转次数

在产品＝（年外购原材料、燃料动力费＋年工资及福利费＋年修理费＋其他制造费用）/周转次数

产成品＝年经营成本/周转次数

（3）现金＝（年工资及福利费＋年其他费用）/周转次数

年其他费用＝制造费用＋管理费用＋财务费用＋营业费用－（工资及福利费＋折旧费＋摊销费＋修理费＋利息支出）

（4）应收账款＝年经营成本/周转次数

（5）应付账款＝年外购原材料、燃料及动力费/周转次数

分项详细估算法下的流动资金估算表参见附录 9-2 中表 9-4。

**2. 经营成本比例估算法**　经营成本是项目总成本费用中扣除折旧、摊销、利息以外的成本，它实际上是项目花费在种子、肥料、饲料、燃料、动力、外雇劳动力、农机具修理和工程设备维修等方面的成本。在种植业和养殖业项目中，由于其生产特点，往往没有或难以确定分项详细估算法所要求的科目。在这种情况下，经营成本比例估算法是应用比较广泛的一种估算法。项目每年流动资金需要量与该年的经营成本和年生产周期有关。项目流动资金投资即为项目经营成本的一定比例。在农业项目中，这一比例是根据农业生产的性质和生产周期的长短确定的。其计算公式为：项目所需流动资金＝年经营成本×比例

流动资金本年增加额＝本年流动资金需要量－上年流动资金需要量

流动资金一般应在投产前开始筹措。为简化计算，从投产第一年开始按生产负荷进行安排，其借款部分按全年计算利息，流动资金借款利息计入财务费用。

### （五）资金筹措及资金使用计划

投资估算提供了拟建项目资金占用数据。资金占用必须有相应的资金来源，因此，在项目总投资估算后必须进行资金筹措和资金使用计划的分析预算。编制项目总投资使用计划与资金筹措表参见附录 9-2 中表 9-7。

项目的全部资金来源，可以按资金权益性质的不同区分为权益资本和债务资本。合理安排权益资本与债务资本的比例关系，是筹资管理的一个核心问题。

**1. 权益资本**（Equity Capital）　权益资本亦称自有资金，是企业依法筹集并长期拥有、自主支配的资金来源。根据我国财务制度，企业自有资金包括资本金、资本公积金、盈余公积金和未分配利润。

权益资本具有下列特征：①权益资本的所有权归属企业的所有者，所有者凭其所有权参与企业的经营管理和利润分配，并对企业的经营状况承担有限责任。②企业对权益资本依法享有经营权，在企业存续期内，投资者除依法转让外，不得以任何方式抽回其投入的资本，因而权益资本被视为“永久性资本”。③企业的权益资本是通过国家财政资金、其他企业资金、民间资金、外商资金等渠道，采用吸收直接投资、发行股票、留用利润等方式筹措形成的。

**2. 债务资本**（Debts）　企业的债务资本亦称借入资金，是企业依法筹措并依约使用、按期偿还的资金来源。包括各种借款、债券、应付票据等。

债务资本具有下列特征：①债务资本体现企业与债权人的债权债务关系，它属于企业的债务，是债权人的债权。②企业的债权人有权按期索取本息，但无权参与企业的经营管理，对企业的经营状况不承担责任。③企业对债务资本在约定的期限内享有使用权，承担按期付息还本的义务。④企业的债务资本是通过银行、非银行金融机构、民间等渠道，采用银行借款、发行债券、商业信用、租赁等方式筹措取得的。

在特定条件下，债务资本有的可按规定转化为权益资本，如可转换企业债券。

**3. 资金筹措方案**　对资金筹措方案的分析，应考虑以下几方面因素：

（1）资金需要量。无论通过什么渠道、采用什么方式筹集资金，都应预先确定资金的需要量，使资金的筹集量与需要量达到平衡，防止筹资不足而影响生产经营或筹资过剩而降低

筹资效益。

（2）资金成本。资金成本是企业为筹措和使用资金而付出的代价，包括筹资过程发生的筹资费用和资金使用中支付的利息。企业应综合考查各种筹资渠道和筹资方式的筹资难易程度、资金成本和财务风险，以实现最优的筹资组合，降低综合的资金成本。

（3）资本结构。企业的资本结构指权益资本和债务资本的相互关系及数量比例。筹资时应使企业的权益资本和债务资本保持合理结构，既要防止负债过多，导致财务风险过大，偿债能力过低，又要有效地利用负债经营，提高权益资本的收益水平。

（4）资金投放时机。筹措资金要按照资金的投放使用时间来合理安排，使筹资与用资在时间上相衔接，避免取得资金过早而造成投放前的闲置或取得资金滞后而贻误投放的有利时机。

（5）国家相关法规。企业的筹资活动，影响着社会资金的流向和流量，涉及有关方面的经济权益，为此，必须接受国家宏观指导与控制，遵守国家有关法律法规，实行公开、公平、公正的原则，履行约定的责任，维护有关各方的合法权益。

## 二、总成本费用估算

总成本费用是指在项目运营期内为生产产品或提供服务所发生的全部费用。在目前国内项目财务分析中主要成本费用的划分方法有要素成本法与项目成本法。

### （一）项目成本费用的估算——要素成本法

一般地，项目经济评价中通常采用要素成本法估算项目的总成本费用。按要素成本估算法进行估算时，其总成本费用为：

总成本费用＝外购原材料、燃料及动力费＋工资及福利费＋折旧费＋修理费＋摊销费＋利息支出＋其他费用

**1. 外购原材料、燃料及动力费** 按不同生产负荷时的产量、单耗及单价计算确定。

外购原材料费＝单位产品原材料消耗定额×原材料单价×年产量

外购燃料及动力费＝单位产品燃料或动力消耗定额×燃料或动力单价×年产量

**2. 工资及福利费** 按定员人数和年人均工资及福利费标准估算。

**3. 折旧费** 指固定资产在生产过程中因使用而逐渐损耗转移到产品中的那部分价值。生产实践中，通过提取折旧对固定资产进行价值形态的补偿，通过更新改造对固定资产进行实物形态的补偿。折旧在企业中属内部转移支付，而非企业的现金收入或支出，但折旧提取的数量影响企业应纳税额与利润额，进而影响企业缴纳的所得税和税后利润。项目评价中常采用平均年限法计提折旧，其计算公式为：

年折旧额＝固定资产原值×（1－预计净残值率）/折旧年限

固定资产折旧年限、预计净残值率可在税法允许的范围内自行确定。

**4. 修理费** 修理费是指为保持固定资产的正常运转和使用、充分发挥使用功能，而对其进行的必要的修理所发生的费用。修理费的估算，可按固定资产原值的一定比例提取，比例的选取应考虑行业和项目特点。

**5. 摊销费** 包括无形资产摊销与其他资产摊销。按照有关规定，无形资产从开始使用

之日起，在有效使用期限内平均摊入成本。法律和合同规定了法定有效期限或者受益年限的，摊销年限从其规定，否则摊销年限应符合税法的要求。无形资产的摊销一般采用平均年限法，不计残值。其他资产的摊销也可采用平均年限法，不计残值，摊销年限应符合税法的规定。

**6. 其他费用**　指从制造费用、管理费用和营业费用中扣除了工资及福利费、折旧费、摊销费、修理费以后的其余部分。

**7. 利息支出**　运营期借款利息支出包括长期借款利息、流动资金借款利息和短期借款利息三部分。

（1）长期借款利息。长期借款利息是指对建设期借款余额（含未支付的建设期利息）应在生产运营期支付的利息。建设投资借款在运营期的利息估算与建设投资借款的还本付息方式密切相关，为简化计算，还款当年在年末偿还，按全年计息。其计算方式有以下几种：

①等额利息法。每期付息额相等，借款本金到期一次性归还。

②等额本金法。每期偿还相等的本金，并且支付当期相应利息。

③等额本息法。每期偿还的本息额相等。其计算公式为：

$$A=P\times（A/P，i，n）$$

式中：$A$——每年的还本付息额；

$P$——建设期末建设投资借款本息累计；

$n$——还款年限；

$(A/P,i,n)$——等额资金回收系数。

④任意偿还法。以项目预测的可用于偿还建设投资借款本金的收益进行偿还，可用于偿还建设投资借款本金的收益主要包括生产期每年实现的净利润及折旧、摊销。任意偿还法下，建设投资借款在生产期发生的利息计算公式为：每年支付利息＝年初借款余额×年利率。

（2）流动资金借款和短期借款利息。在项目财务分析中，流动资金借款均假定在年初借用，按全年计算利息。此外，由于流动资金是周转使用的，所以假定流动资金借款本金在运营期不归还，而是在项目终了时一次性归还。项目计算期末回收全部流动资金。

流动资金借款年应计利息＝当年流动资金借款本金累计×流动资金借款年利率

短期借款利息的计算与流动资金借款利息计算相同。

【例 9-2】　建设投资借款和流动资金借款利息的计算及处理

**表 9-1　某农业项目债务融资情况表**

单位：万元

| 年份 / 项目 | 建设期 | | 运营期 | | | | | | | |
|---|---|---|---|---|---|---|---|---|---|---|
| | 1 | 2 | 3 | 4 | 5 | 6 | 7 | 8 | 9 | 10 |
| 建设投资借款 $i=10\%$ | 800 | 600 | | | | | | | | |
| 流动资金借款 $i=8\%$ | | | 200 | 100 | | | | | | |

试根据以上数据，计算并分析：①建设期利息。②若建设投资借款从运营期开始 5 年内还清，还款方式为等额本金法。试计算各年的还本付息额。③运营期流动资金借款利息。④运营期各年的利息支出。

解：①建设期利息：

第一年应计利息＝800/2×10％＝40（万元）

第二年应计利息＝（840＋600/2）×10％＝114（万元）

则该项目建设期建设投资借款利息总额为154万元，项目竣工投产后，计入固定资产原值。建设期末（或运营期初）建设投资借款本息累计为1554万元。

②运营期建设投资借款年还本付息额（等额本金法）：

| 年份 | 3 | 4 | 5 | 6 | 7 |
|---|---|---|---|---|---|
| 年初借款 | 1 554 | 1 243.2 | 932.4 | 621.6 | 310.8 |
| 年末还本付息 | 466.2 | 435.12 | 404.04 | 372.96 | 341.88 |
| 付息 | 155.4 | 124.32 | 93.24 | 62.16 | 31.08 |
| 还本 | 310.8 | 310.8 | 310.8 | 310.8 | 310.8 |

③运营期流动资金借款利息：

流动资金借款年应计利息＝当年流动资金借款本金累计×流动资金借款年利率：

| 年份 | 3 | 4 | 5 | 6 | 7 | 8 | 9 | 10 |
|---|---|---|---|---|---|---|---|---|
| 流动资金借款利息 | 16 | 24 | 24 | 24 | 24 | 24 | 24 | 24 |

④运营期各年的财务费用：

运营期借款利息＝长期借款利息＋流动资金借款利息

| 年份 | 3 | 4 | 5 | 6 | 7 | 8 | 9 | 10 |
|---|---|---|---|---|---|---|---|---|
| 财务费用 | 171.4 | 148.32 | 117.24 | 86.16 | 55.08 | 24 | 24 | 24 |

## （二）项目成本费用的估算——项目成本法

项目成本法，也称为生产成本加期间费用法，是按生产费用的经济用途和发生的地点划分为各种成本项目，把产品成本费用分为生产成本与期间费用。按项目成本估算法进行估算时，其总成本费用为：

总成本费用＝生产成本＋期间费用

生产成本＝直接材料费＋直接燃料和动力费＋直接工资＋其他直接支出＋制造费用

制造费用指企业各生产单位（分厂、车间）为组织和管理生产活动而发生的费用。包括生产单位管理人员工资和福利费、折旧费、修理费、季节性修理期间的停工损失等。

期间费用＝管理费用＋财务费用＋营业费用

管理费用指企业行政管理部门为管理和组织经营活动而发生的各项费用，包括工会经费、职工教育经费、劳动保险费、咨询费、资产评估费、税金（土地使用税、车船使用税、印花税、进口关税、房产税）、无形资产及递延资产摊销费、业务招待费等。

财务费用指企业为筹集资金而发生的各项费用，包括企业生产经营期间发生的利息支出、汇兑净损失、金融机构手续费等。

营业费用指企业在销售产品和提供劳务过程中发生的各项费用及专设销售机构的各项经费，包括由企业负担的运输费、装卸费、包装费、保险费、广告费、展览费和销售部门人员工资福利费、差旅费、办公费、折旧费、修理费等。

项目成本反映产品成本的构成，便于分析、研究和控制各种产品在各个生产环节上的消耗，以便采取相应地降低费用的措施。生产多种产品的企业，为了便于计算分产品品种的成本或中间产品的成本，一般采用项目成本。

### （三）经营成本

经营成本是项目财务评价中所使用的特定概念，是项目现金流量表中运营期现金流出的主体部分，它确保了现金流量分析的收付实现制原则。经营成本指在一定期间内由于生产和销售产品及提供劳务需实际发生的现金支出，其构成和估算可采用以下两种表达式：

经营成本＝外购原材料、辅助材料＋外购燃料及动力费
＋工资及福利费＋修理费＋其他费用

经营成本＝总成本费用－折旧费－摊销费－利息支出

计算经营成本之所以要从总成本费用中剔除折旧费、摊销费和利息支出，主要有以下两个原因：

（1）现金流量表反映项目在计算期内逐年发生的现金流入和流出。现金收支何时发生，就在何时计算，不做分摊。由于投资已按其发生的时间作为一次性支出计入现金流出，所以不能再以折旧费和摊销费的方式计为现金流出，否则会发生重复计算。因此，作为经常性支出的经营成本中不包括折旧费和摊销费。

（2）项目投资现金流量表以全部投资作为计算基础，不分投资资金来源，利息支出不作为现金流出。而资本金现金流量表已将利息支出单列。因此经营成本中也不包括利息支出。

### （四）固定成本与可变成本

为了便于进行项目的盈亏平衡分析，将总成本费用划分为固定成本与可变成本。

固定成本指在一定时期和一定业务量范围内，成本总额不随业务量的增减而变动的成本。一般包括工资及福利费（计件工资除外）、折旧费、修理费、摊销费、利息支出和其他费用。

可变成本指在一定时期和一定业务量范围内，成本总额随业务量的增减而成正比例变动的成本。主要包括原辅材料费用、燃料及动力费、计件工资等。

根据以上估算数据，编制相应的成本费用估算表（包括总成本费用估算表和各分项成本估算表），参见附录 9-2 中的表 9-8、表 9-9、表 9-10、表 9-11。

## 三、营业收入、营业税金及附加估算

营业收入是指销售产品或者提供劳务所得的收入，是利润与利润分配表的主要科目，也是现金流量表中现金流入的主体。营业收入是财务评价的重要数据，其估算的准确程度极大地影响着项目财务效益。营业收入估算的基础数据，包括产品或服务的数量与价格，均与市场预测密切相关。在估算营业收入时，应对市场预测的相关结果、建设规模、产品或服务方案进行确认，特别是保证采用价格的合理性。

项目的年营业收入＝项目的设计生产能力×生产能力利用率×销售单价

项目财务评价中营业收入的估算基于一项重要假设，即当期产出（扣除自用量后）等于当期销售量或产销率为 100％。

自 2006 年起，国家已统一取消了农业税。农产品加工项目的税收可参照工业项目的

标准。

根据以上估算数据，编制营业收入、营业税金及附加估算表参见附录 9-2 中的表 9-12、表 9-13。

### 四、财务估算中几个特殊问题的说明

(1) 为适应农业项目中普遍存在的水土保持、土壤改良、土地整治等工程，在农业项目投资分类中，可将建筑工程费改为土建工程费，更接近农业项目的实际。

(2) 对农业项目中一些特有工程费用，采取比照相应的工业工程费用的方法进行归类。将农业项目中的种畜、种禽、种鱼、种苗的购置费用视同机械设备购置费处理，归为设备费（含种畜、苗木）。

(3) 农业项目除新建项目按常规方法进行估算外，大量项目属改扩建项目。在估算财务效益时都采用有无项目分析法，效益的表现形式为增量效益。计算方法为：

增量净效益＝有项目净效益－无项目净效益

## 第四节 农业项目财务评价

### 一、农业项目财务评价概述

财务评价是在国家现行财税制度和市场价格体系下，从项目角度出发，分析预测项目的财务效益与费用，计算财务评价指标，考察拟建项目的赢利能力、清偿能力和财务生存能力，以判断项目的财务可行性，为投资决策、融资决策及银行审贷提供科学依据。

广义上，根据财务评价过程的时间顺序和内容上的逻辑顺序，可把投资项目财务评价的主要步骤归纳为以下四个步骤：

**1. 估算项目财务效益与费用，编制财务评价辅助报表** 包括：建设投资估算表、流动资金估算表、总成本费用估算表、营业收入、税金及附加估算表等。

**2. 在财务估算基础上，编制财务评价基本报表** 包括：投资现金流量表、资本金现金流量表、利润与利润分配表、财务计划现金流量表、资产负债表、借款还本付息估算表等。

**3. 计算财务评价指标，判断项目的财务可行性** 以财务评价基本报表为依据，计算各项财务评价指标，考察拟建项目的赢利能力、偿债能力和财务生存能力。项目赢利性分析指标有净现值、内部收益率、投资回收期、总投资收益率、资本金净利润率等；偿债能力分析指标有利息备付率、偿债备付率、资产负债率；而财务计划现金流量表中的累计盈余资金则反映项目的财务生存能力。财务评价报表与财务评价指标之间的关系如表 9-2 所示。

在财务评价过程中，可行性研究人员可根据项目的具体情况和委托方的要求对评价指标进行取舍。

**4. 进行不确定性分析，反映项目抗风险能力** 由于项目财务评价所采用的数据，如投资额、产量、产品售价、产品成本等大部分来自预测和估算，有一定程度的不确定性，为了分析不确定因素变化对项目财务效果的影响，需进行不确定性分析，以估计项目可能承担的风险，进一步确认投资项目的财务可行性。不确定性分析包括盈亏平衡分析、敏感性分析与

概率分析。

表 9-2　财务评价报表与财务评价指标的关系

| 评价内容 | 基本报表 | 评价指标 |
|---|---|---|
| 赢利能力分析 | 项目投资现金流量表 | 财务净现值、财务内部收益率、投资回收期 |
| | 项目资本金现金流量表 | 资本金财务内部收益率 |
| | 投资各方现金流量表 | 投资各方财务内部收益率 |
| | 利润与利润分配表 | 总投资收益率、资本金净利润率 |
| 偿债能力分析 | 资产负债表 | 资产负债率 |
| | 借款还本付息计划表 | 利息备付率、偿债备付率 |
| 财务生存能力分析 | 财务计划现金流量表 | 累计盈余资金 |

## 二、农业项目财务评价基本报表

### (一) 现金流量表

现金流量表反映项目计算期内各年的现金收支，用以计算各项动态与静态评价指标，进行项目财务赢利能力分析。现金流量表分为：

**1. 投资现金流量表**　该表不分投资资金来源，以全部投资作为计算基础，用于计算项目投入全部资金的净现值、内部收益率、投资回收期等评价指标，考察项目全部投资的赢利能力（参见附录 9-2 中的表 9-18）。

**2. 资本金现金流量表**　项目资本金现金流量分析，从项目资本金出资者整体的角度，确定其现金流入和现金流出，编制资本金现金流量表，计算项目资本金财务内部收益指标，考察项目资本金可获得的收益水平。

资本金现金流量表中现金流入包括营业收入、补贴收入、回收固定资产余值、回收流动资金。现金流出包括项目资本金投入、借款本金偿还、借款利息支付、经营成本、营业税金及附加、所得税、维持运营投资。

### (二) 利润与利润分配表

反映项目运营期内各年的营业收入、总成本费用、利润额、所得税额及税后利润的分配，用以计算总投资收益率、资本金净利润率等赢利能力分析指标（参见附录 9-2 中的表 9-15、表 9-16、表 9-17）。

### (三) 资产负债表

综合反映项目历年来的资产、负债和资本的增减变化情况，以考察项目的资产、负债、所有者权益结构是否合理，用以计算资产负债率等指标。该表依据会计平衡原理“资产＝负债＋所有者权益”编制（参见附录 9-2 中的表 9-20）。

### (四) 借款还本付息计划表

用于反映项目计算期内各年借款本金偿还和利息支付情况，计算偿债备付率和利息备付率等指标（参见附录 9-2 中的表 9-19）。

### （五）财务计划现金流量表

财务计划现金流量表主要是考察项目计算期内的投资、融资和经营活动所产生的各项现金流入和现金流出，计算净现金流量和累计盈余资金，分析项目是否具有足够的净现金流量维持正常运营，以实现其财务可持续性（参见附录 9-2 中的表 9-21）。

## 三、农业项目财务评价体系

### （一）赢利能力分析

项目赢利性分析指标有财务净现值、财务内部收益率、投资回收期、总投资收益率、资本金净利润率等，其中财务净现值和财务内部收益率为财务评价中的主要指标。

**1. 财务净现值**（FNPV） 指将项目计算期内各年的净现金流量按行业基准收益率或规定的贴现率折现到计算期期初的现值之和。其表达式如下：

$$FNPV = \sum_{t=0}^{n}(CI - CO)_t(1 + i_0)^{-t} \tag{9.1}$$

式中：$CI_t$——第 $t$ 期现金流入量；

$CO_t$——第 $t$ 期现金流出量；

$(CI-CO)_t$——第 $t$ 期净现金流量；

$i_0$——行业基准收益率或规定的贴现率；

$n$——项目计算期。

在利用净现值这一指标来评估项目时，如果 $NPV>0$，说明项目的实际收益率大于行业基准收益率；若 $NPV=0$，说明项目的收益率刚好等于基准收益率；若 $NPV<0$，表明项目达不到基准收益率，项目不可行。净现值指标反映项目在整个计算期内总的获利能力的动态指标。依此指标对项目进行决策的评价标准为：所有 $NPV\geqslant 0$ 的独立项目。

**2. 财务内部收益率**（FIRR） 指在项目计算期内，各年净现值累计和等于零时的贴现率。其计算公式为：

$$FNPV = \sum_{t=0}^{n}(CI - CO)_t(1 + FIRR)^{-1} = 0 \tag{9.2}$$

内部收益率反映项目占用资金的赢利能力，而非项目初期投资的获利能力。用内部收益率法进行单方案分析时，要与行业基准收益率相比较。若 $FIRR\geqslant i_0$，说明项目投资效果达到了要求的水平，则项目可行。若 $FIRR\leqslant i_0$，则项目不可行。对于贷款项目，内部收益率必须大于贷款利率。

内部收益率通常用线性内插法求得，其值为近似值。其计算步骤如下：

（1）按基准收益率（或目标收益率）求净现值，代入方程：

$$FNPV = \sum_{t=0}^{n}(CI - CO)_t(1 + i_0)^{-1}$$

若 $FNPV=0$，则 $FIRR=i_0$；若 $FNPV<0$，则 $FIRR<i_0$，按净现值含义，项目不可取，不再求 $FIRR$；若 $FNPV>0$，则 $FIRR>i_0$，进入第二步。

(2) 通过试算，求出一个折现率 $i_n$，计算出其对应的净现值 $FNPV_n>0$ 且接近于 0；再求一个折现率 $i_{n+1}$，计算出其对应的净现值 $FNPV_{n+1}<0$ 且接近于 0。

(3) 将 $i_n$、$FNPV_n$、$i_{n+1}$、$FNPV_{n+1}$，代入线性内插法计算公式，即可求得 $FIRR$。

$$FIRR = i_n + (i_{n+1} - i_n) \times \frac{FNPV_n}{FNPV_n + |FNPV_{n+1}|}$$

应用插值法计算内部收益率时，应注意：

①$i_{n+1}$ 与 $i_n$ 之差，不宜超过 5%，一般在 2%～5%之间。

②用 $i_n$、$i_{n+1}$ 计算出的两个 $FNPV$ 中，必须一正一负，否则 FIRR 将不存在。

③运用插值法计算的 $FIRR$ 只是一个近似解，用其贴现，净现值只是接近于零。

**3. 投资回收期**　指项目投产后用所获得的净效益抵偿全部投资支出所需的时间，亦称投资返本期。通常从建设期算起，如从投产年算起，应予注明。按是否考虑资金时间价值可分为：

(1) 静态投资回收期。静态投资回收期不考虑资金时间价值，其表达式为：

$$\sum_{t=0}^{P_t}(CI - CO)_t = 0 \tag{9.3}$$

静态投资回收期更为实用的计算公式为：

$$\begin{aligned} P_t = {} & \text{累计净现金流量开始出现正值的年份数} - 1 \\ & + \text{上年累计净现金流量的绝对值/当年净现金流量} \end{aligned} \tag{9.4}$$

(2) 动态投资回收期。动态投资回收期考虑了资金的时间价值，其表达式为：

$$\sum_{t=0}^{P_t}(CI - CO)_t(1 + i_0)^{-1} = 0 \tag{9.5}$$

动态投资回收期更为实用的计算公式为：

$$P_t = \text{累计净现值开始出现正值的年份数} - 1 + \text{上年累计净现值的绝对值/当年净现值} \tag{9.6}$$

该指标反映了资金的回收能力，一般来说，投资回收期越短，反映资金回收的速度越快，资金利用率越高，风险越小。在使用该指标时，要将项目的投资回收期与行业的基准回收期比较：当 $P_t \leqslant P_c$ 时，项目在财务上是可行的；当 $P_t > P_c$ 时，项目不宜采纳。

**4. 总投资收益率**　总投资收益率指项目达到设计生产能力时的正常生产年份的年息税前利润或运营期内年平均息税前利润与项目总投资的比率。其计算公式如下：

$$\text{总投资收益率} = \text{运营期年均息税前利润/项目总投资} \tag{9.7}$$

$$\text{年息税前利润} = \text{年利润总额} + \text{年利息支出}$$

$$\text{项目总投资} = \text{建设投资} + \text{建设期利息} + \text{流动资金}$$

总投资收益率表示总投资的赢利水平，若项目的总投资收益率高于行业收益率参考值，表明该项目盈利能力满足要求。

**5. 资本金净利润率**　资本金净利润率指项目达到设计生产能力时的正常生产年份的年净利润或运营期内年平均净利润与项目资本金的比率。其计算公式如下：

$$\text{资本金净利润率} = \text{运营期年均净利润/项目资本金} \tag{9.8}$$

资本金净利润率表示项目资本金的赢利水平，若项目的资本金净利润率高于同行业的净利润率参考值，表明该项目赢利能力满足要求。

总投资收益率和资本金净利润率指标常用于项目融资后赢利能力分析。

### （二）偿债能力分析

偿债能力分析指标有利息备付率、偿债备付率、资产负债率等。

**1. 利息备付率** 利息备付率指在借款偿还期内的年息税前利润与当年应付利息的比值，该指标从付息资金来源的充裕性角度反映项目偿付债务利息的保障程度，其计算公式如下：

利息备付率＝年息税前利润/当期应付利息费用 (9.9)

利息备付率应分年计算，利息备付率高，表明利息偿付的保障程度高。利息备付率应当大于1，并结合债权人的要求确定。

**2. 偿债备付率** 偿债备付率指项目在借款偿还期内，各年可用于还本付息的资金与当期应还本付息金额的比值。其计算公式为：

偿债备付率＝可用于还本付息资金/当期应还本付息金额 (9.10)

式中可用于还本付息的资金包括：可用于还款的折旧、摊销，成本中列支的利息费用，及所得税后利润等。

当期应还本付息金额包括当期应还贷款本金及计入总成本费用的全部利息，融资租赁费用可视同借款偿还，运营期内的短期借款本息也应纳入计算。

偿债备付率分年计算，偿债备付率高，表明可用于还本付息的资金保障程度高。偿债备付率应当大于1，并满足债权人的要求。

**3. 资产负债率** 资产负债率指各期末负债总额同资产总额的比率。其计算公式为：

资产负债率＝期末负债总额/期末资产总额 (9.11)

适度的资产负债率，表明企业经营安全、稳健，具有较强的筹资能力，也表明企业和债权人的风险较小。对该指标的分析，应结合国家宏观经济状况、行业发展趋势、企业所处竞争环境等具体条件判定。项目财务分析中，在长期债务还清后，可不再计算资产负债率。

### （三）财务生存能力分析

财务生存能力分析通过考察项目计算期内的投资、融资及经营活动的各项现金流入和流出，计算净现金流量和累计盈余资金，分析项目是否有足够多的净现金流量维持正常运营，以实现财务可持续性。

财务可持续性应首先体现在有足够大的经营活动净现金流量，其次各年累计盈余资金不应出现负值。若出现负值，应进行短期借款，同时分析该短期借款的年份长短和数额大小，进一步判断项目的财务生存能力。短期借款应体现在财务计划现金流量表中，其利息应计入财务费用。为维持项目正常运营，还应分析短期借款的可靠性。

## 第五节 农业项目的不确定性分析

由于项目财务评价所采用的数据，如投资额、产量、产品售价、产品成本等大部分来自预测和估算，有一定程度的不确定性，为了分析不确定因素变化对项目财务效果的影响，需进行不确定性分析，以估计项目可能承担的风险。不确定性分析包括盈亏平衡分析、敏感性分析。

## 一、盈亏平衡分析

盈亏平衡分析，又称损益临界分析、量本利分析。是指在一定时期内，一定市场容量、生产能力及技术水平、经营管理条件下，根据项目正常生产年份的产品产量、成本与利润之间的关系，计算使拟建项目的收益与支出相平衡时的产出水平和价格水平，以评价项目承受风险能力的一种分析方法。

**1. 线性盈亏平衡分析前提条件**

（1）假定产量等于销售量，且产品销售价格在项目寿命期内保持不变，则销售收入是产量的线性函数。

（2）总成本可划分为固定成本与可变成本两部分，且单位产品可变成本和年固定成本在项目寿命期内保持不变，则总成本是产量的线性函数。

（3）项目生产单一产品，若生产多种产品时，可以换算为单一产品计算。

**2. 盈亏平衡点 BEP**（Break-Even-Point）**的计算**　盈亏平衡点有以下几种表达式：

（1）用产量表示的盈亏平衡点 $BEP_Q$

$BEP_Q$＝年总固定成本/（单位产品价格－单位产品营业税金及附加－单位产品可变成本）　　(9.12)

（2）以生产能力利用率表示的盈亏平衡点 $BEP_w$

$BEP_w$＝年固定成本/（年营业收入－年营业税金及附加－年可变成本）　　(9.13)

（3）以价格表示的盈亏平衡点 $BEP_P$

$BEP_P$＝单位产品成本＋单位产品营业税金及附加　　(9.14)

$BEP_Q$、$BEP_w$、$BEP_P$越低越好，说明项目承受风险能力强。

项目财务评价中，盈亏平衡点通常根据项目正常生产年份的产品产量（销售量）、可变成本、固定成本、产品价格和营业税金及附加等数据估算。

【例 9-3】 某拟建项目，其正常生产年份设计生产能力为 500t，产品销售价格为 2.1 万元/t，年固定成本为 260 万元，年可变成本为 522 万元，年销售税金为 105 万元。试用盈亏平衡分析原理分析项目风险大小。

由盈亏平衡点的计算式求解得：

$BEP_w$＝61.47%　　　　$BEP_Q$＝307.35（t/年）

$BEP_p$＝1.77（万元/t）　　　　$BEP_{AVC}$＝1.37（万元/t）

计算表明，该项目投产后，只要年产量达到 307.35t，即达到设计生产能力的 61.47%就可保本生产；保本价格为 1.77 万元/t，而市场售价为 2.1 万元/t，每吨可获利3 300元。从成本控制看，单位产品的可变成本不能超过 1.37 万元/t。项目经营风险较小，抗风险能力较强。

**3. 盈亏平衡分析的优点与局限性**　该法计算简单，仅仅通过对投资项目的“量-本-利”之间的平衡关系进行分析计算，找出平衡点，就可让决策者了解项目对市场条件变化的适应能力，以及项目所承受的经营风险，合理确定项目的生产规模。特别是在分析某些不确定因素，如产品产量、价格、成本的变化对项目利润水平的影响时，盈亏平衡分析有着其他方法所不能替代的独到之处。因此这是一种非常简便、实用的不确定性分析方法。但也存在局限性：

（1）这种局限性一方面在于这种方法建立的假定前提条件，如假定产量等于销售量，假定产品销售价格、单位产品可变成本和年固定成本在项目寿命期内保持不变，假定项目在整个生产期内产品单一或产品结构稳定等。这些前提约束条件都是理想化的条件，在实际中很难满足，即使其中个别条件能满足，也不可能所有条件都同时满足。

（2）分析中既不考虑项目的经济寿命期，也不考虑资金的时间价值。所采用数据仅是项目正常生产年份的财务数据，未反映项目整个寿命期的财务变动状况。

（3）对固定成本与可变成本的划分在实际工作中是比较困难的。有一部分成本很难确定是归属固定成本还是变动成本，大致呈现半变动状态。

因此，盈亏平衡分析法适用于项目的财务评价，而不用于国民经济评价。

## 二、敏感性分析

敏感性分析是研究当某个或某些经济因素发生不利变化时，如产品价格下降、投入物价格上涨、工期延长等，对项目评价指标的影响程度，从中找出对评价指标影响大的因素即敏感因素，并测定其敏感程度。敏感性分析所涉及的不确定因素有：产品产量、产品价格、生产资料价格、可变成本、建设投资、建设工期等。敏感性分析不仅可以使决策者了解不确定因素对项目经济评价指标的影响程度，从而提高决策的准确性，还可以启发评价者对那些较为敏感的因素重新进行分析研究，以提高预测的可靠性。

敏感性分析可按以下步骤进行：

**1. 确定进行敏感性分析的经济评价指标** 评价一个项目投资效果的经济指标很多，但并非所有的经济指标都要进行敏感性分析，而应当选择那些最能反映项目经济效益、影响投资决策的指标作为敏感性分析的对象。一般可选用的指标有净现值、投资回收期、内部收益率等。由于敏感性分析是在确定性经济评价的基础上进行的，故选为敏感性分析的指标应与经济评价所采用的指标相一致。

**2. 选择需要分析的不确定因素** 这些因素主要有：产品价格、产量、建设投资、经营成本等。

**3. 计算因不确定因素变动引起的评价指标的变动值** 一般只进行单因素敏感性分析，即在假设其他不确定因素不变的条件下，计算某一不确定因素在一定幅度内变化时对项目经济效果的影响。一般就所选定的不确定因素，设若干级变动幅度，然后计算与每级变动相应的经济评价指标值，并用敏感性分析图或敏感性分析表的形式表示（参见附录 9-2 中的表 9-22）。

**4. 计算敏感度系数并对敏感因素进行排序** 所谓敏感因素是指该不确定因素的数值有较小的变动，就能使项目经济评价指标出现较显著改变的因素。敏感度系数系指项目评价指标变化率与不确定性因素变化率之比。

**5. 计算不确定因素的临界点** 临界点指不确定性因素的不利变化使项目由可行变为不

可行的临界值，即项目允许不确定因素向不利方向变化的极限值。临界点可由敏感性分析图求得近似解。

## 本　章　小　结

农业项目周期一般划分为三个时期、七个阶段，即投资项目决策期，包括项目设想、项目选定、项目准备、项目评估四个阶段；投资项目建设期，即项目实施阶段；投资项目运营期，包括项目投产经营、评价总结两个阶段。

就一般意义而言，农业项目可行性研究的规范化内容有：项目市场分析与建设规模、建设条件与厂址选择、技术分析、项目组织与管理、投资估算与资金筹措、经济评价、环境影响评价、社会效益评价等方面。它们共同构成农业项目可行性研究体系，并且每一项都影响着项目系统的论证效果和项目投资决策。

财务估算包括建设投资估算、建设期利息估算、流动资金估算、总成本费用估算、营业收入、营业税金及附加估算，这些基础财务数据预测和估算的准确性，将直接影响项目财务评价的质量及决策。

财务评价基本报表包括：投资现金流量表、资本金现金流量表、利润与利润分配表、财务计划现金流量表、资产负债表、借款还本付息估算表等。以财务评价基本报表为依据，计算各项财务评价指标，考察拟建项目的赢利能力、偿债能力和财务生存能力。项目赢利性分析指标有净现值、内部收益率、投资回收期、总投资收益率、资本金净利润率等；偿债能力分析指标有利息备付率、偿债备付率、资产负债率；而财务计划现金流量表中的累计盈余资金则反映项目的财务生存能力。

不确定性分析包括盈亏平衡分析、敏感性分析。进行不确定性分析，以判断项目可能承担的风险。

## 复习思考题

1. 什么是农业项目？农业项目有哪些特点？
2. 农业项目周期划分为哪些阶段？各阶段的主要工作任务是什么？
3. 农业项目可行性研究的主要内容包括哪些方面？
4. 农业项目财务估算包括哪些方面的内容？
5. 财务评价基本报表有哪些？如何编制？
6. 财务评价指标有哪些？
7. 盈亏平衡点如何计算？盈亏平衡图如何绘制？
8. 敏感性分析有哪些步骤？

# 附录 9-1 国家农业综合开发产业化经营项目可行性研究报告编写大纲

本章以国家农发办的国家农业综合开发产业化经营项目为例，提供了一个关于农业项目行性研究报告的编制框架。国家农发办对项目的要求是：一是要实现现有农业科技成果转化；二是要加强对农民的科技培训；三是要实现农民增收、农业增效；四是必须有利于生态环境的保护和改善。同时在资金比例上要符合农发资金的配套要求。

## 一、总 论

**1.1 项目概要**

**1.1.1 项目单位基本情况**

**1.1.1.1 概况**

项目单位名称，所有制形式，发展历程，现有产品类型，主营业务，管理制度，管理模式，人员结构等。

**1.1.1.2 财务状况**

近两年项目单位资产总额、固定资产、流动资产、负债总额、所有者权益、实收资本、营业收入、净利润、营业利润率、净资产收益率、投资报酬率、资产负债率、流动比率、速动比率等。

**1.1.1.3 法人代表基本情况**

年龄、学历、职称、业绩以及主要社会兼职等，有无破产、银行欠资或其他需要说明的有关社会形象和诚信问题等。

**1.1.2 项目建设条件**

**1.1.3 项目建设方案**

项目名称、产品方案、建设地点、建设规模、技术来源的可靠性与可得性、进度安排、组织管理方案等。

**1.1.4 投资结构及资金来源**

**1.2 可行性研究报告编制依据**

**1.3 综合评价**

项目建设的必要性、可行性（从技术、经济、环境和市场等方面评价），风险评估，带动作用，问题及解决方案，结论与建议等。

## 二、项目背景及必要性

**2.1 项目建设背景**

阐述项目提出的主要依据（如国家产业政策、行业规划、区域发展规划等）及理由（如区域经济、企业自身发展需求、存在问题等）。

**2.2 项目建设的必要性**

从培育壮大优势主导产业，调整农业和农村经济结构，促进农业产业化经营，提高农民收入，带动区域经济发展和通过完善现代企业制度、加大科技投入、提高产品市场竞争力等，提高企业效益、增强服务“三农”、服务社会的能力等方面阐述项目建设的必要性。

## 三、建设条件

### 3.1　项目区概况

地理位置及区域范围，自然资源状况，社会经济状况，建设地点选择，本行业及关联产业发展现状等。

### 3.2　项目建设条件优劣势分析

**3.2.1**　政策、资源、市场、科技、环境条件、基础设施条件等。如果是扩建、改建项目，特别是申报连续扶持的，须对原有项目建设、运行和资金使用、管理等情况进行详细说明（在第五章项目建设方案中，须具体阐述现有产品类型与新增产品的衔接、原有项目与拟建项目的关系）。

**3.2.2　主要障碍因素及解决方案。**

## 四、市场分析与销售方案

### 4.1　市场分析

#### 4.1.1　项目产品市场供求现状

项目产品国内外市场供求状况和销售价格，目前国内同类产品企业的布局及生产销售情况。

#### 4.1.2　市场前景分析

确定项目产品的目标市场，通过项目产品未来的市场需求量测算（提出依据）、项目产品市场可能占有份额分析和市场壁垒分析等，对项目产品的市场前景做出判断。

#### 4.1.3　项目产品的市场竞争优势分析

技术和装备、新产品研发能力、产品质量性能、价格、商誉等。

### 4.2　营销策略、方案、模式和进度等

### 4.3　市场风险分析

#### 4.3.1　项目产品市场风险因素分析

#### 4.3.2　防范和降低风险对策

## 五、建设方案

### 5.1　产品方案和建设规模

### 5.2　建设规划和布局

### 5.3　建设标准

### 5.4　生产工艺技术方案

#### 5.4.1　生产工艺

#### 5.4.2　生产流程

#### 5.4.3　工艺技术来源的可靠性和可得性

#### 5.4.4　工艺技术方案

#### 5.4.5　工艺流程图

#### 5.4.6　物料消耗定额及平衡

**5.5　设备方案**

**5.5.1　设备选型**

**5.5.2　设备来源**

**5.5.3　设备清单**

**5.6　原料和燃料供应方案。**

**5.7　公用工程、辅助工程及其他配套工程**

**5.8　节能减排措施**

**5.9　实施进度安排**

项目建设工期及分月进度安排，绘制工程建设进度表（图）。

## 六、环境影响评价

**6.1　环境影响**

说明并分析项目建设对周围环境产生的影响。

**6.2　环境保护与治理措施**

如，废弃物处理、污水处理措施，产品质量安全方案等。

**6.3　评价与审批**

**6.3.1　新建项目**

根据国家有关法律法规，开展的环境影响评价工作及审批情况等。

**6.3.2　扩建、改建项目**

环评审批情况等。

## 七、项目组织与管理

**7.1　组织机构与职能划分**

项目建设阶段和项目竣工后的组织机构设置，包括机构职责，运行模式，劳动定员等。

**7.2　经营管理模式**

**7.3　经营管理措施**

项目建设阶段和项目竣工后的管理措施，如工程管理、生产管理、财务管理、营销管理等。

**7.4　技术培训**

根据生产技术要求，对项目单位员工及基地农民开展技术培训的方法、措施和拟开展的主要工作。

**7.5　劳动安全、卫生与消防**

## 八、投资估算与资金来源

**8.1　投资估算依据**

**8.2　投资估算**

**8.2.1　总投资**

**8.2.1.1　建设投资**

固定资产、无形资产等。

**8.2.1.2　流动资金**

其中：铺底流动资金。

**8.2.1.3　其他**

**8.3　资金来源**

**8.3.1　中央财政资金**

**8.3.2　地方财政配套资金能力分析**

**8.3.3　自筹资金及来源**

**8.3.4　银行贷款及筹措**

**8.3.5　其他**

**8.4　资金使用和管理**

**8.4.1　财政资金使用和管理**

**8.4.1.1　财政有偿资金使用和管理**

使用范围、抵押（质押）或担保、还款计划和措施等。

**8.4.1.2　财政无偿资金使用和管理**

使用范围和报账管理等。

**8.4.2　银行贷款使用和管理**

银行贷款使用管理及还款计划等。

**8.4.3　其他**

自筹资金使用管理等。

## 九、财务评价*

（扩建项目须进行有无项目对比分析）

**9.1　财务评价依据**

说明相关的取费标准、财务制度规定、税收政策、资金占用费率、银行贷款利率、贴现率（8%）、项目计算期（10 年）等。

**9.2　营业收入、营业税金和附加估算**

**9.3　总成本及经营成本估算**

**9.3.1　单位产品生产成本估算**

**9.3.2　项目总成本估算**

**9.3.3　经营成本估算**

**9.4　财务效益分析**

**9.4.1　赢利能力分析**

包括投资利润率，投资回收期（税后、动态），财务内部收益率（税后）和财务净现值（税后）等。

**9.4.2　清偿能力分析**

银行贷款、财政有偿资金归还能力、预期时间等。

**9.5　不确定性分析**

**9.5.1　盈亏平衡分析**

需要绘制盈亏平衡分析图。

9.5.2 敏感性分析

需要编制敏感性分析表，绘制敏感性分析图。

9.6 财务评价结论

## 十、社会效益分析

10.1 社会评价基本结论

10.2 农业产业化经营

10.2.1 壮大主导产业，促进结构调整分析

10.2.2 完善产业链条，促进产业化发展，建设现代农业等

10.2.3 辐射带动能力分析

10.2.3.1 项目单位与农户利益联结机制

包括利益分配机制、利益保障机制、利益运行机制、利益监督机制等。

10.2.3.2 辐射带动基地

直接带动基地的规模、方式，间接带动基地的规模、方式，辐射带动的区域、规模、方式等。

10.2.3.3 辐射带动农户

直接安排农业人口数量，直接带动农户和农民的数量、方式，间接带动农户和农民的数量、方式，示范带动农户和农民的数量、方式等。

10.3 农民增收、农业增效评价

10.3.1 农民增收

直接增收的方式、来源和数量，间接增收的方式、来源和数量，辐射示范区农民增收的方式、来源和数量等。

10.3.2 农业增效

培育主导产业，调整农业结构对当地农业的影响；发展农业产业化经营对当地农业、农村经济的影响。

10.3.3 对比分析

项目建设前后农民增收、农业增效对比分析；项目区与非项目区农民增收、农业增效对比分析。

## 十一、结论和建议

根据前面各节的研究分析结果，对项目在技术上、经济上进行全面的评价，对建设方案进行总结，提出结论性意见和建议。

## 十二、附表、附图与附件

**1. 附表。**一份规范的项目可行性研究报告，应有相关的附表，为文字报告所涉及的各种结论提供计算的依据。

（1）辅助财务报表。包括建设投资估算表、土建工程投资明细表、设备投资明细表、流动资金估算表、资金筹措与使用计划表、总成本费用估算表、单位产品生产成本估算表、固定资产折旧、无形资产和其他资产摊销估算表、营业收入、营业税金及附加和增值税估

算表。

(2) 基本财务报表。包括利润及利润分配表、项目投资现金流量表、项目资本金现金流量表、投资各方现金流量表（投资参股经营项目用）、借款（含财政有偿资金）还本付息计算表、财务计划现金流量表、资产负债表等。

**2. 附图。**附图一般有场（厂）址地理位置图、总平面布置图、生产流程图、工艺流程图（加工项目）、项目进度条形图、组织机构系统图等。

**3. 附件。**主要有项目单位营业执照副本复印件、由社会中介机构出具的项目单位近两年财务审计报告、企业信用等级证明和龙头企业级别认定材料、新技术、新工艺证明材料（如新技术认定证书、技术鉴定与推广意见、中试报告等）、加工、流通项目的土地使用证、种养项目的土地使用证或租赁合同、环保部门审批意见、自筹资金来源证明材料、资产抵押（质押）或担保证明材料、其他附件。

# 附录 9-2　某特色水产品精深加工改扩建项目财务评价

## 一、项目概况

该项目是 2008 年国家农业综合开发产业化经营项目。其建设规模及主要建设内容包括：计划建成新增年产 600t 的特色水产品精深加工系列制品规模的加工生产线，其中：新增年产鱼寿司 300t，鱼罐头 300t。并改扩建总建筑面积达 8400 ㎡的厂房及配套设施。本项目在企业现有场址进行扩建，不需新征用土地。

## 二、投资估算与资金来源

### （一）投资估算依据

(1) 本报告按新增年产 600t 特色水产品深加工系列产品生产进行投资估算。

(2) 土建工程投资根据××省建筑工程预算定额（2002 版）、××省建筑安装工程费用定额（2003 版）并参照当地实际情况估算，工程勘察设计费按 20 元/$m^2$ 估算，建设单位管理费按土建造价的 3%估算，工程监理费取费标准 1%。

(3) 设备购置及安装费，根据设备生产厂家的报价和当地市场价综合估算。

(4) 基本预备费为土建、设备费用及其他建设费用的 3%。

(5) 流动资金估算依据生产规模分项估算。

### （二）总投资估算与资金来源

项目投资总额1 656万元。

**1. 建设投资1 486万元，具体估算如下：**

(1) 土建投资及构成。土建投资 887 万元，新建精加工车间3 000$m^2$、氨机车间 800$m^2$、仓库3 000$m^2$、综合化验室 100$m^2$，改建包装车间1 500$m^2$，另建设配套设施及绿化带。

(2) 设备投资及构成：设备及安装投资 344 万元。主要购置单冻机、抽真空自动包装机、自动干燥设备等加工设备及锅炉、冷冻设备、化验仪器等辅助设备。

(3) 工程建设其他费用。工程建设其他费用投资 205 万元，主要用于水产养殖基地改建

150 万元，工程勘察设计费 20 万元，建设单位管理费及工程监理费 35 万元。

（4）预备费 43 万元。

（5）建设期利息 7 万元。

建设投资估算见表 9-3，土建工程投资估算见表 9-4，设备投资估算见表 9-5。

**表 9-3 建设投资估算表**

单位：万元

| 序号 | 工程或费用名称 | 估算价值 | | | | | 比例 |
|---|---|---|---|---|---|---|---|
| | | 建筑工程 | 设备购置 | 安装工程 | 其他费用 | 合计 | |
| 1 | 工程费用 | | | | | 1 231 | 82.79% |
| 1.1 | 主体工程 | | | | | 1 231 | |
| 1.1.1 | 土建工程 | 887 | | | | 887 | 59.68% |
| 1.1.2 | 工艺设备及安装工程 | | 344 | | | 344 | 23.11% |
| | 其中：生产设备 | | 144 | | | 144 | |
| | 制冷系统 | | 100 | | | 100 | |
| | 试验、检验设施 | | 100 | | | 100 | |
| 2 | 工程建设其他费用 | | | | 205 | 205 | 13.83% |
| 2.1 | 水产养殖基地改建 | | | | 150 | 150 | |
| 2.2 | 勘察设计费 | | | | 20 | 20 | |
| 2.3 | 监理费及管理费 | | | | 35 | 35 | |
| 3 | 预备费 | | | | 43 | 43 | 2.90% |
| 3.1 | 基本预备费 | | | | 43 | 43 | |
| 3.2 | 涨价预备费 | | | | | | |
| 4 | 其他费用 | | | | 7 | 7 | |
| | 建设期利息 | | | | 7 | 7 | 0.48% |
| 5 | 建设投资合计 | 887 | 344 | | 256 | 1 486 | 100.00% |
| | 比例（%） | 60% | 23% | | 17% | | |

**表 9-4 土建工程投资明细表**

| 序号 | 工程名称 | 建设性质（新建/改建） | 建设面积（$m^2$） | 单位造价（元/$m^2$） | 投资额（万元） | 其中：财政无偿资金（万元） |
|---|---|---|---|---|---|---|
| 1 | 主要生产车间 | | | | 405 | |
| 1.1 | 精加工车间 | 新建 | 3 000 | 1 100 | 330 | |
| 1.2 | 包装车间 | 改建 | 1 500 | 500 | 75 | |
| 2 | 冷冻车间 | | | | 96 | |
| 2.1 | 氨机车间 | 新建 | 800 | 1 200 | 96 | |
| 3 | 仓库 | 新建 | 3 000 | 1 000 | 300 | |
| 4 | 综合化验室 | 新建 | 100 | 1 100 | 11 | |
| 5 | 配套工程 | | | | 50 | |
| 6 | 绿化工程 | | | | 25 | |
| | 合计 | | 8 400 | | 887 | |

**表 9-5　设备投资明细表**

| 序号 | 项　目 | 数量（台、件、套） | 单价（元/台、件、套） | 投资额（万元） | 其中：财政无偿资金（万元） |
|---|---|---|---|---|---|
| 1 | 生产设备 | | | 144 | |
| 1.1 | 加工设备 | | | 94 | |
| | 抽真空自动包装机 | 1 台 | 15 000 | 2 | |
| | 无菌清洗消毒机械 | 1 套 | 40 000 | 4 | |
| | 各种不锈钢工作台 | 20 张 | 5 000 | 10 | |
| | 自动干燥设备 | 1 套 | 100 000 | 10 | |
| | 自动煮沸设备 | 1 套 | 150 000 | 15 | |
| | 配套配件 | 1 套 | 80 000 | 8 | |
| | 毛发除尘机 | 2 台 | 20 000 | 4 | |
| | 金属探测仪 | 2 台 | 30 000 | 6 | |
| | 国产单冻生产线 | 1 条 | 350 000 | 35 | |
| 1.2 | 附属设备 | | | 50 | |
| | 锅炉 | 1 台 | 300 000 | 30 | |
| | 废水处理设备 | 1 套 | 200 000 | 20 | |
| 2 | 冷库设备 | | | 100 | |
| 2.1 | 主要设备 | | | 60 | |
| | 氨压缩机组 | 2 套 | 200 000 | 40 | |
| | 立式冷凝器 | 2 台 | 50 000 | 10 | |
| | 中冷器 | 2 台 | 30 000 | 6 | |
| | 贮液器 | 2 台 | 20 000 | 4 | |
| 2.2 | 配套设备 | 2 套 | 200 000 | 40 | |
| | 合计 | 42 | | 244 | |

**2. 铺底流动资金 170 万元**　经测算，本次扩建项目达产后新增流动资金需要量 565 万元，其中新增铺底流动资金 169 万元。流动资金估算见表 9-6

**表 9-6　新增流动资金估算表**（加工等项目用）

单位：万元

| 序号 | 项　目 | 最低周转天数 | 周转次数 | 计　算　期 | | | | | | | | | | | 备注 |
|---|---|---|---|---|---|---|---|---|---|---|---|---|---|---|---|
| | | | | 1 | 2 | 3 | 4 | 5 | 6 | 7 | 8 | 9 | 10 | 11 | |
| 1 | 流动资产 | | | | 387 | 699 | 699 | 699 | 699 | 699 | 699 | 699 | 699 | 699 | |
| 1.1 | 现金 | 30 | 12 | | 24 | 34 | 34 | 34 | 34 | 34 | 34 | 34 | 34 | 34 | |
| 1.2 | 应收账款 | 20 | 18 | | 87 | 121 | 121 | 121 | 121 | 121 | 121 | 121 | 121 | 121 | |
| 1.3 | 预付账款 | | | | | | | | | | | | | | |
| 1.4 | 存货 | | | | 277 | 545 | 545 | 545 | 545 | 545 | 545 | 545 | 545 | 545 | |

（续）

| 序号 | 项　目 | 最低周转天数 | 周转次数 | 计　算　期 | | | | | | | | | | | 备注 |
|---|---|---|---|---|---|---|---|---|---|---|---|---|---|---|---|
| | | | | 1 | 2 | 3 | 4 | 5 | 6 | 7 | 8 | 9 | 10 | 11 | |
| 1.4.1 | 原辅材料及燃料 | 20 | 18 | | 78 | 265 | 265 | 265 | 265 | 265 | 265 | 265 | 265 | 265 | |
| 1.4.2 | 在产品 | 24 | 15 | | 94 | 134 | 134 | 134 | 134 | 134 | 134 | 134 | 134 | 134 | |
| 1.4.3 | 产成品 | 24 | 15 | | 104 | 145 | 145 | 145 | 145 | 145 | 145 | 145 | 145 | 145 | |
| 2 | 流动负债 | | | | 94 | 134 | 134 | 134 | 134 | 134 | 134 | 134 | 134 | 134 | |
| 2.1 | 应付账款 | 24 | 15 | | 94 | 134 | 134 | 134 | 134 | 134 | 134 | 134 | 134 | 134 | |
| 2.2 | 预收账款 | | | | | | | | | | | | | | |
| 3 | 流动资金（1−2） | | | | 293 | 565 | 565 | 565 | 565 | 565 | 565 | 565 | 565 | 565 | |
| 4 | 流动资金当期增加额 | | | | 293 | 272 | 0 | 0 | 0 | 0 | 0 | 0 | 0 | 0 | |

**3. 资金来源**　申请中央财政农业综合开发有无偿项目补助资金 400 万元，申请省级财政配套扶持资金 400 万元，公司自筹资金 856 万元。投资计划与资金筹措表见表 9-7。

**表 9-7　投资计划与资金筹措表**

单位：万元

| 序号 | 项　目 | 合计 | 计　算　期 | | |
|---|---|---|---|---|---|
| | | | 1 | 2 | 3 |
| 1 | 总投资使用计划 | 1 656 | 1 486 | 88 | 82 |
| 1.1 | 建设投资 | 1 479 | 1 479 | | |
| 1.2 | 建设期利息 | 7 | 7 | | |
| 1.3 | 铺底流动资金 | 170 | | 88 | 82 |
| 2 | 资金筹措 | 1 656 | 1 486 | 88 | 82 |
| 2.1 | 项目资本金 | 856 | 686 | 88 | 82 |
| 2.1.1 | 用于建设投资 | 679 | 679 | | |
| 2.1.2 | 用于流动资金 | 170 | | 88 | 82 |
| 2.1.3 | 用于建设期利息 | 7 | 7 | | |
| 2.2 | 债务资金 | | | | |
| 2.2.1 | 用于建设投资 | | | | |
| 2.2.2 | 用于流动资金 | | | | |
| 2.2.3 | 用于建设期利息 | | | | |
| 2.3 | 财政投资 | 800 | 800 | | |
| | 其中：财政无偿资金 | 200 | 200 | | |
| | 　　　财政有偿资金 | 600 | 600 | | |
| 2.3.1 | 用于建设投资 | | 800 | | |
| 2.3.2 | 用于流动资金 | | 0 | | |
| 2.3.3 | 用于建设期利息 | | 0 | | |
| 2.4 | 其他资金 | | | | |
| 2.4.1 | 用于建设投资 | | | | |

（续）

| 序号 | 项 目 | 合计 | 计 算 期 | | |
|---|---|---|---|---|---|
| | | | 1 | 2 | 3 |
| 2.4.2 | 用于流动资金 | | | | |
| 2.4.3 | 用于建设期利息 | | | | |

**4. 财政资金使用和管理** 根据农业综合开发产业化项目资金使用和管理办法的规定，申请的财政农业综合开发有无偿项目资金与其他筹集的资金统筹规划使用，主要用于项目土建和设备购置、水产养殖基地改建投资，在项目第一年建设期投入。为了合理地使用和管理财政投资资金，项目投资总额必须以审批后的投资总额为基础，设计核算和施工预算控制在国家规定范围内，资金使用应严格按照工程分项进度完整手续支付，专款专用，资金管理按现行财务制度执行。

## 三、财务评价

本项目是在该公司现有生产规模基础上进行的，属于扩建项目。故项目的财务数据预测采用改扩建项目的效益和费用预测方法，数据类型分为以下几种：

（1）“扩建前”数据：指不实施扩建时，预测企业各年的效益和费用可能变化的趋势所测算的数据。

（2）“扩建后”数据：指在扩建后，预测企业各年的效益和费用可能变化的趋势所测算的数据。

（3）增量数据：指“扩建后”数据减“扩建前”数据的差额。

### （一）财务评价依据

（1）该项目是根据《国家农业综合开发项目资金管理办法》和《建设项目经济评价方法与参数》中规定的计算方法、评价原则，并合项目特点，进行财务估算、经济评价和不确定性分析。

（2）项目计算期按 11 年（含建设期 1 年和效益发挥期 10 年）计算效益和费用，价格统一采用 2005—2006 年的市场平均价格。

（3）财政有偿资金占用费率为年利率 2.4%，建设期按一年内平均投入资金计息，投产期全年计息。财务基准收益率取 10%。

（4）税率及利润分配。对罐头类制成品销售执行 17%的税率，速冻产品执行 13%的税率。出口销售按照工贸增值税一体出口退税办法享受退税，罐头类产品退税率 13%，速冻产品退税率 5%。城建税按实际缴纳流转税额的 5%或 7%计提并缴纳。企业所得税税率为 25%。教育费附加按实际缴纳流转税额的 3%计提并缴纳。按税后利润的 10%、5%提取盈余公积金、公益金。

根据《××公司 2005—2006 年度损益表》，因享受优惠政策，该公司 2005—2006 两年度上缴的营业税金及附加仅为销售收入的 0.1%，考虑到优惠政策的执行有一定的期限，从保守测算原则出发，本报告取未来营业税金及附加占当期销售收入的 2%测算。

### （二）总成本费用估算

**1. 单位产品生产成本估算** 本项目各产品单位生产成本估算见表 9-8。

**表 9-8　单位产品生产成本估算表**

| 序号 | 项　目 | 单位 | 消耗定额 | 单价（元） | 年耗量 | 金额（元） |
|---|---|---|---|---|---|---|
| | 大黄鱼鱼片 | | | | | |
| 1 | 原辅材料 | | | | | 45 200 |
| 1.1 | 大黄鱼 | t | 2.60 | 17 000 | | 44 200 |
| 1.2 | 包装物 | t | | 1 000 | | 1 000 |
| 2 | 燃料、动力及水 | | | | | 485 |
| 2.1 | 水 | t | 50.00 | 2 | | 100 |
| 2.2 | 燃料和动力 | ° | 550 | 0.7 | | 385 |
| 3 | 工资福利 | | | | | 1 500 |
| 4 | 制造费用 | | | | | 150 |
| | 其中：报检费 | | | 150 | | 150 |
| | 其他 | | | | | 0 |
| 5 | 副产品回收 | | | | | |
| 6 | 单位产品生产成本 | | | | | 47 335 |
| | 鱼罐头 | | | | | |
| 1 | 原辅材料 | | | | | 29 500 |
| 1.1 | 鱼 | t | 2.50 | 9 000 | | 22 500 |
| 1.2 | 包装物 | t | | | | 5 000 |
| 1.3 | 其他辅助材料 | t | | | | 2 000 |
| 2 | 燃料、动力及水 | | | | | 430 |
| 2.1 | 水 | t | 40.00 | 2 | | 80 |
| 2.2 | 燃料和动力 | t | 500.00 | 0.7 | | 350 |
| 3 | 工资 | | | | | 1 500 |
| 4 | 制造费用 | | | | | 150 |
| | 其中：报检费 | | | 150 | | 150 |
| | 其他 | | | | | 0 |
| 5 | 副产品回收 | | | | | |
| 6 | 单位产品生产成本 | | | | | 31 580 |
| | 寿司 | | | | | |
| 1 | 原辅材料 | | | | | 33 300 |
| 1.1 | 鱼 | t | 2.70 | 9 000 | | 24 300 |
| 1.2 | 包装物 | t | | | | 5 000 |
| 1.3 | 其他辅助材料 | t | | | | 4 000 |
| 2 | 燃料、动力及水 | | | | | 430 |
| 2.1 | 水 | t | 40.00 | 2 | | 80 |
| 2.2 | 燃料和动力 | t | 500.00 | 0.7 | | 350 |
| 3 | 工资福利 | | | | | 1 500 |
| 4 | 制造费用 | | | | | 350 |
| | 其中：报检费 | | | 150 | | 150 |
| | 其他 | | | | | 200 |
| 5 | 副产品回收 | | | | | |
| 6 | 单位生产成本 | | | | | 35 580 |

**2. 项目总成本费用估算**　本扩建项目达产后，企业年总成本费用为9 412万元，比扩建前年新增2 279万元。具体说明如下：

(1) 原材料消耗及燃料动力、包装等各项成本详见以上“单位成本估算表”。

(2) 修理费按当年固定资产折旧额的30%估算。

(3) 折旧与摊销费。建筑物折旧年限为20年，残值率5%；机器设备折旧年限为10年，残值率5%，无形资产、递延资产摊销年限为5年。

(4) 利息与资金占用费。财政有偿资金占用费率年2.4%，建设期按一年内平均投入资金计息，投产期全年计息。

(5) 其他费用。管理费用、销售费用取本企业“2005—2006年度损益表”中管理费用、销售费用占当期销售收入比例预测。

扩建前总成本费用估算见表9-9，扩建后总成本费用估算见表9-10，新增固定资产折旧及无形资产摊销估算见表9-11。

**表9-9　扩建前总成本费用估算表**

单位：万元

| 序号 | 项　目 | 合计 | 计算期（年） | | | | | | | | | | |
|---|---|---|---|---|---|---|---|---|---|---|---|---|---|
| | | | 1 | 2 | 3 | 4 | 5 | 6 | 7 | 8 | 9 | 10 | 11 |
| | 生产负荷（%） | | | 70 | 100 | 100 | 100 | 100 | 100 | 100 | 100 | 100 | 100 |
| 1 | 外购原辅材料费 | 71 368 | 6 488 | 6 488 | 6 488 | 6 488 | 6 488 | 6 488 | 6 488 | 6 488 | 6 488 | 6 488 | 6 488 |
| 1.1 | 大黄鱼鱼片生产 | 24 860 | 2 260 | 2 260 | 2 260 | 2 260 | 2 260 | 2 260 | 2 260 | 2 260 | 2 260 | 2 260 | 2 260 |
| 1.2 | 鱼罐头生产 | 3 245 | 295 | 295 | 295 | 295 | 295 | 295 | 295 | 295 | 295 | 295 | 295 |
| 1.3 | 鱼寿司生产 | | | | | | | | | | | | |
| 1.4 | 其他产品 | 43 263 | 3 933 | 3 933 | 3 933 | 3 933 | 3 933 | 3 933 | 3 933 | 3 933 | 3 933 | 3 933 | 3 933 |
| 2 | 外购燃料及动力费 | 2 591 | 236 | 236 | 236 | 236 | 236 | 236 | 236 | 236 | 236 | 236 | 236 |
| 2.1 | 大黄鱼鱼片生产 | 267 | 24 | 24 | 24 | 24 | 24 | 24 | 24 | 24 | 24 | 24 | 24 |
| 2.2 | 鱼罐头生产 | 47 | 4 | 4 | 4 | 4 | 4 | 4 | 4 | 4 | 4 | 4 | 4 |
| 2.3 | 鱼寿司生产 | | | | | | | | | | | | |
| 2.4 | 其他产品 | 2 277 | 207 | 207 | 207 | 207 | 207 | 207 | 207 | 207 | 207 | 207 | 207 |
| 3 | 工资及福利费 | 990 | 90 | 90 | 90 | 90 | 90 | 90 | 90 | 90 | 90 | 90 | 90 |
| 4 | 修理费 | 325 | 30 | 30 | 30 | 30 | 30 | 30 | 30 | 30 | 30 | 30 | 30 |
| 5 | 其他费用 | 1485 | 135 | 135 | 135 | 135 | 135 | 135 | 135 | 135 | 135 | 135 | 135 |
| | 其中：报检费 | 99 | 9 | 9 | 9 | 9 | 9 | 9 | 9 | 9 | 9 | 9 | 9 |
| | 管理费 | 594 | 54 | 54 | 54 | 54 | 54 | 54 | 54 | 54 | 54 | 54 | 54 |
| | 销售费用 | 792 | 72 | 72 | 72 | 72 | 72 | 72 | 72 | 72 | 72 | 72 | 72 |
| | 其他 | | | | | | | | | | | | |
| 6 | 经营成本（1+2+3+4+5） | 76 759 | 6 978 | 6 978 | 6 978 | 6 978 | 6 978 | 6 978 | 6 978 | 6 978 | 6 978 | 6 978 | 6 978 |
| 7 | 折旧费 | 1 089 | 99 | 99 | 99 | 99 | 99 | 99 | 99 | 99 | 99 | 99 | 99 |
| 8 | 摊销费 | 118 | 11 | 11 | 11 | 11 | 11 | 11 | 11 | 11 | 11 | 11 | 11 |
| 9 | 利息支出 | 511 | 46 | 46 | 46 | 46 | 46 | 46 | 46 | 46 | 46 | 46 | 46 |

（续）

| 序号 | 项　目 | 合计 | 计算期（年） | | | | | | | | | | |
|---|---|---|---|---|---|---|---|---|---|---|---|---|---|
| | | | 1 | 2 | 3 | 4 | 5 | 6 | 7 | 8 | 9 | 10 | 11 |
| 10 | 资金占用费支出 | | | | | | | | | | | | |
| 11 | 总成本费用 | 78 478 | 7 134 | 7 134 | 7 134 | 7 134 | 7 134 | 7 134 | 7 134 | 7 134 | 7 134 | 7 134 | 7 134 |
| | 其中：固定成本 | 4 762 | 433 | 433 | 433 | 433 | 433 | 433 | 433 | 433 | 433 | 433 | 433 |
| | 可变成本 | 73 704 | 6 700 | 6 700 | 6 700 | 6 700 | 6 700 | 6 700 | 6 700 | 6 700 | 6 700 | 6 700 | 6 700 |

**表 9-10　扩建后总成本费用估算表**

单位：万元

| 序号 | 项　目 | 合计 | 计算期（年） | | | | | | | | | | |
|---|---|---|---|---|---|---|---|---|---|---|---|---|---|
| | | | 1 | 2 | 3 | 4 | 5 | 6 | 7 | 8 | 9 | 10 | 11 |
| | 生产负荷（%） | | | 70 | 100 | 100 | 100 | 100 | 100 | 100 | 100 | 100 | 100 |
| 1 | 外购原辅材料费 | 89 643 | 6 488 | 7 807 | 8 372 | 8 372 | 8 372 | 8 372 | 8 372 | 8 372 | 8 372 | 8 372 | 8 372 |
| 1.1 | 大黄鱼鱼片生产 | 24 860 | 2 260 | 2 260 | 2 260 | 2 260 | 2 260 | 2 260 | 2 260 | 2 260 | 2 260 | 2 260 | 2 260 |
| 1.2 | 鱼罐头生产 | 11 830 | 295 | 915 | 1 180 | 1 180 | 1 180 | 1 180 | 1 180 | 1 180 | 1 180 | 1 180 | 1 180 |
| 1.3 | 鱼寿司生产 | 9 690 | 0 | 699.3 | 999 | 999 | 999 | 999 | 999 | 999 | 999 | 999 | 999 |
| 1.4 | 其他产品生产 | 43 263 | 3 933 | 3 933 | 3 933 | 3 933 | 3 933 | 3 933 | 3 933 | 3 933 | 3 933 | 3 933 | 3 933 |
| 2 | 外购燃料及动力费 | 2 841 | 2 36 | 254 | 261 | 261 | 261 | 261 | 261 | 261 | 261 | 261 | 261 |
| 2.1 | 大黄鱼鱼片生产 | 267 | 24 | 24 | 24 | 24 | 24 | 24 | 24 | 24 | 24 | 24 | 24 |
| 2.2 | 鱼罐头生产 | 172 | 4 | 13 | 17 | 17 | 17 | 17 | 17 | 17 | 17 | 17 | 17 |
| 2.3 | 鱼寿司生产 | 125 | 0 | 9 | 13 | 13 | 13 | 13 | 13 | 13 | 13 | 13 | 13 |
| 2.4 | 其他产品生产 | 2 277 | 207 | 207 | 207 | 207 | 207 | 207 | 207 | 207 | 207 | 207 | 207 |
| 3 | 工资及福利费 | 1 863 | 90 | 153 | 180 | 180 | 180 | 180 | 180 | 180 | 180 | 180 | 180 |
| 4 | 修理费 | 586 | 30 | 56 | 56 | 56 | 56 | 56 | 56 | 56 | 56 | 56 | 56 |
| 5 | 其他费用 | 2 970 | 134 | 275 | 285 | 285 | 285 | 285 | 285 | 285 | 285 | 285 | 285 |
| | 其中：报检费 | 186 | 9 | 15 | 18 | 18 | 18 | 18 | 18 | 18 | 18 | 18 | 18 |
| | 管理费 | 769 | 54 | 67 | 72 | 72 | 72 | 72 | 72 | 72 | 72 | 72 | 72 |
| | 销售费用 | 1 956 | 72 | 188 | 188 | 188 | 188 | 188 | 188 | 188 | 188 | 188 | 188 |
| | 其他 | 58 | 0 | 4 | 6 | 6 | 6 | 6 | 6 | 6 | 6 | 6 | 6 |
| 6 | 经营成本（1+2+3+4+5） | 97 903 | 6 977 | 8 544 | 9 154 | 9 154 | 9 154 | 9 154 | 9 154 | 9 154 | 9 154 | 9 154 | 9 154 |
| 7 | 折旧费 | 1 954 | 99 | 186 | 186 | 186 | 186 | 186 | 186 | 186 | 186 | 186 | 186 |
| 8 | 摊销费 | 121 | 11 | 11 | 11 | 11 | 11 | 11 | 11 | 11 | 11 | 11 | 11 |
| 9 | 利息支出 | 730 | 46 | 72 | 77 | 77 | 77 | 70 | 62 | 62 | 62 | 62 | 62 |
| 10 | 资金占用费支出 | 0 | | | | | | | | | | | |
| 11 | 总成本费用 | 100 708 | 7 134 | 8 812 | 9 427 | 9 427 | 9 427 | 9 420 | 9 412 | 9 412 | 9 413 | 9 413 | 9 413 |
| | 其中：固定成本 | 6 878 | 433 | 627 | 655 | 655 | 655 | 648 | 641 | 641 | 641 | 641 | 641 |
| | 可变成本 | 93 830 | 6 701 | 8 185 | 8 772 | 8 772 | 8 772 | 8 772 | 8 771 | 8 771 | 8 772 | 8 772 | 8 772 |

**表 9-11　新增固定资折旧及无形和递延资产摊销估算表**

单位：万元

| 序号 | 项　目 | 合计 | 折旧及摊销年限 | 计算期 | | | | | | | | | | |
|---|---|---|---|---|---|---|---|---|---|---|---|---|---|---|
| | | | | 1 | 2 | 3 | 4 | 5 | 6 | 7 | 8 | 9 | 10 | 11 |
| 1 | 房屋、建筑物 | | 20 | | | | | | | | | | | |
| 1.1 | 当期折旧费 | | | | 54 | 54 | 54 | 54 | 54 | 54 | 54 | 54 | 54 | 54 |
| 1.2 | 净值 | | | | 1 088 | 1 034 | 980 | 926 | 871 | 817 | 763 | 709 | 654 | 600 |
| 2 | 机器设备 | | 10 | | | | | | | | | | | |
| | 当期折旧费 | | | | 33 | 33 | 33 | 33 | 33 | 33 | 33 | 33 | 33 | 33 |
| | 净值 | | | | 311 | 278 | 246 | 213 | 180 | 148 | 115 | 82 | 50 | 17 |
| 3 | 其他 | | | | | | | | | | | | | |
| | 固定资产原值合计 | | | | 1 486 | | | | | | | | | |
| | 当期折旧费 | | | | 87 | 87 | 87 | 87 | 87 | 87 | 87 | 87 | 87 | 87 |
| | 净值 | | | | 1 399 | 1 312 | 1 226 | 1 139 | 1 052 | 965 | 878 | 791 | 704 | 617 |
| 4 | 无形资产 | | | | | | | | | | | | | |
| 4.1 | 当期摊销费 | | | | | | | | | | | | | |
| 4.2 | 净值 | | | | | | | | | | | | | |
| 5 | 其他资产 | | | | | | | | | | | | | |
| 5.1 | 当期摊销费 | | | | | | | | | | | | | |
| 5.2 | 净值 | | | | | | | | | | | | | |
| | 无形资产、其他资产合计原值 | | | | | | | | | | | | | |
| | 当期摊销费 | | | | | | | | | | | | | |
| | 净值 | | | | | | | | | | | | | |
| 6 | 合计：原值 | | | | 1 486 | | | | | | | | | |
| | 合计：当期折旧费摊销费 | | | | 87 | 87 | 87 | 87 | 87 | 87 | 87 | 87 | 87 | 87 |
| | 合计：净值 | | | | 1 399 | 1 312 | 1 226 | 1 139 | 1 052 | 965 | 878 | 791 | 704 | 617 |

**3. 经营成本估算** 本扩建项目达产后企业经营成本为9 164万元/年，比扩建前新增的经营成本2 176万元。

## （三）营业收入、营业税金和附加估算

**1. 营业收入估算** 本扩建项目投产后，将在公司现有生产规模上新增生产能力 600t/年，其中金枪鱼罐头 300t/年，鱼寿司 300t/年，假设新增项目在生产期第一年达到设计能力的 70%，第二年起达到全部设计生产能力。经测算扩建达产后企业可实现年销售收入10 780万元，比扩建前新增销售收入2 760万元/年。

**2. 营业税金及附加** 扩建项目达产后，公司年上交营业税金及附加 216 万元。

扩建前产品营业收入、营业税金及附加估算见表 9-12，扩建后产品营业收入、营业税金及附加估算见表 9-13，扩建前后营业收入对比表见表 9-14。

**表 9-12 扩建前营业收入、营业税金及附加和增值税估算表**

单位：万元

| 序号 | 项 目 | 税率 | 合计 | 计算期（年） | | | | | | | | | | |
|---|---|---|---|---|---|---|---|---|---|---|---|---|---|---|
| | | | | 1 | 2 | 3 | 4 | 5 | 6 | 7 | 8 | 9 | 10 | 11 |
| | 生产负荷 | | | | 70% | 100% | 100% | 100% | 100% | 100% | 100% | 100% | 100% | 100% |
| 1 | 营业收入 | | 88 220 | 8 020 | 8 020 | 8 020 | 8 020 | 8 020 | 8 020 | 8 020 | 8 020 | 8 020 | 8 020 | 8 020 |
| 1.1 | 大黄鱼鱼片 | | | 3 000 | 3 000 | 3 000 | 3 000 | 3 000 | 3 000 | 3 000 | 3 000 | 3 000 | 3 000 | 3 000 |
| | 单价（万元/t） | | | 6 | 6 | 6 | 6 | 6 | 6 | 6 | 6 | 6 | 6 | 6 |
| | 总销售量 | | | 500 | 500 | 500 | 500 | 500 | 500 | 500 | 500 | 500 | 500 | 500 |
| | 销项税额 | 13% | | 390 | 390 | 390 | 390 | 390 | 390 | 390 | 390 | 390 | 390 | 390 |
| 1.2 | 鱼罐头 | | | 420 | 420 | 420 | 420 | 420 | 420 | 420 | 420 | 420 | 420 | 420 |
| | 单价（万元/t） | | | 4 | 4 | 4 | 4 | 4 | 4 | 4 | 4 | 4 | 4 | 4 |
| | 总销售量 | | | 100 | 100 | 100 | 100 | 100 | 100 | 100 | 100 | 100 | 100 | 100 |
| | 销项税额 | 17% | | 71 | 71 | 71 | 71 | 71 | 71 | 71 | 71 | 71 | 71 | 71 |
| 1.3 | 鱼寿司 | | | | | | | | | | | | | |
| | 单价（万元/t） | | | | | | | | | | | | | |
| | 其中新增销售量 | | | | 0 | 0 | 0 | 0 | 0 | 0 | 0 | 0 | 0 | 0 |
| | 销项税额 | | | | | | | | | | | | | |
| 1.4 | 其他产品收入 | | | 4 600 | 4 600 | 4 600 | 4 600 | 4 600 | 4 600 | 4 600 | 4 600 | 4 600 | 4 600 | 4 600 |
| 2 | 营业税金与附加 | | 1 764 | 160 | 160 | 160 | 160 | 160 | 160 | 160 | 160 | 160 | 160 | 160 |
| 2.1 | 营业税 | | | | | | | | | | | | | |
| 2.2 | 消费税 | | | | | | | | | | | | | |
| 2.3 | 城市维护建设税 | | | | | | | | | | | | | |
| 2.4 | 教育费附加 | | | | | | | | | | | | | |
| 3 | 增值税 | | 1 381 | 126 | 126 | 126 | 126 | 126 | 126 | 126 | 126 | 126 | 126 | 126 |
| | 销项税额 | | 5 075 | 461 | 461 | 461 | 461 | 461 | 461 | 461 | 461 | 461 | 461 | 461 |
| | 进项税额 | | 3 694 | 336 | 336 | 336 | 336 | 336 | 336 | 336 | 336 | 336 | 336 | 336 |

**表 9-13　扩建后营业收入、营业税金及附加和增值税估算表**

单位：万元

| 序号 | 项　目 | 税率 | 合计 | 计算期（年） | | | | | | | | | | |
|---|---|---|---|---|---|---|---|---|---|---|---|---|---|---|
| | | | | 1 | 2 | 3 | 4 | 5 | 6 | 7 | 8 | 9 | 10 | 11 |
| | 生产负荷 | | | | 70% | 100% | 100% | 100% | 100% | 100% | 100% | 100% | 100% | 100% |
| 1 | 营业收入 | | 114 992 | 8 020 | 9 952 | 10 780 | 10 780 | 10 780 | 10 780 | 10 780 | 10 780 | 10 780 | 10 780 | 10 780 |
| 1.1 | 大黄鱼鱼片 | | | 3 000 | 3 000 | 3 000 | 3 000 | 3 000 | 3 000 | 3 000 | 3 000 | 3 000 | 3 000 | 3 000 |
| | 单价（万元/t） | | | 6 | 6 | 6 | 6 | 6 | 6 | 6 | 6 | 6 | 6 | 6 |
| | 总销售量 | | | 500 | 500 | 500 | 500 | 500 | 500 | 500 | 500 | 500 | 500 | 500 |
| | 其中新增销售量 | | | | | | | | | | | | | |
| | 销项税额 | 13% | | 390 | 390 | 390 | 390 | 390 | 390 | 390 | 390 | 390 | 390 | 390 |
| 1.2 | 鱼罐头 | | | 420 | 1 302 | 1 680 | 1 680 | 1 680 | 1 680 | 1 680 | 1 680 | 1 680 | 1 680 | 1 680 |
| | 单价（万元/t） | | | 4.2 | 4.2 | 4.2 | 4.2 | 4.2 | 4.2 | 4.2 | 4.2 | 4.2 | 4.2 | 4.2 |
| | 总销售量 | | | 100 | 310 | 400 | 400 | 400 | 400 | 400 | 400 | 400 | 400 | 400 |
| | 其中新增销售量 | | | | 210 | 300 | 300 | 300 | 300 | 300 | 300 | 300 | 300 | 300 |
| | 销项税额 | 17% | | 71 | 221 | 286 | 286 | 286 | 286 | 286 | 286 | 286 | 286 | 286 |
| 1.3 | 鱼寿司 | | | | 1 050 | 1 500 | 1 500 | 1 500 | 1 500 | 1 500 | 1 500 | 1 500 | 1 500 | 1 500 |
| | 单价（万元/t） | | | 5.0 | 5.0 | 5.0 | 5.0 | 5.0 | 5.0 | 5.0 | 5.0 | 5.0 | 5.0 | 5.0 |
| | 总销售量 | | | | 210 | 300 | 300 | 300 | 300 | 300 | 300 | 300 | 300 | 300 |
| | 其中新增销售量 | | | | 210 | 300 | 300 | 300 | 300 | 300 | 300 | 300 | 300 | 300 |
| | 销项税额 | 13% | | | 137 | 195 | 195 | 195 | 195 | 195 | 195 | 195 | 195 | 195 |
| 1.4 | 其他产品 | | | 4 600 | 4 600 | 4 600 | 4 600 | 4 600 | 4 600 | 4 600 | 4 600 | 4 600 | 4 600 | 4 600 |
| 2 | 营业税金与附加 | | 2 300 | 160 | 199 | 216 | 216 | 216 | 216 | 216 | 216 | 216 | 216 | 216 |
| 2.1 | 营业税 | | | | | | | | | | | | | |
| 2.2 | 消费税 | | | | | | | | | | | | | |
| 2.3 | 城市维护建设税 | | | | | | | | | | | | | |
| 2.4 | 教育费附加 | | | | | | | | | | | | | |
| 3 | 增值税 | | 2 942 | 126 | 238 | 286 | 286 | 286 | 286 | 286 | 286 | 286 | 286 | 286 |
| | 销项税额 | | 9 045 | 461 | 748 | 871 | 871 | 871 | 871 | 871 | 871 | 871 | 871 | 871 |
| | 进项税额 | | 6 103 | 336 | 510 | 584 | 584 | 584 | 584 | 584 | 584 | 584 | 584 | 584 |

**表 9-14　扩建前后销售收入对比表**

| 项　目 | 年产量（t） | 出厂价 | 销售金额（万元） |
|---|---|---|---|
| 扩建前 | | | |
| 大黄鱼冷冻鱼片 | 500 | 6 | 3 000 |
| 鱼罐头 | 100 | 4.2 | 420 |
| 其他产品 | 1 000 | | 4 600 |
| 合计 | 1 600 | | 8 020 |
| 扩建后 | | | |
| 大黄鱼冷冻鱼片 | 500 | 6 | 3 000 |
| 鱼罐头 | 400 | 4.2 | 1 680 |
| 鱼寿司 | 300 | 5 | 1 500 |
| 其他产品 | 1 000 | | 4 600 |
| 合计 | 2 200 | | 10 780 |

## (四) 财务效益分析（扩建投资）

### 1. 赢利能力分析

(1) 增量数据总投资收益率＝年新增息税前利润/项目总投资＝442/1656＝26%，

增量数据资本金净利润率＝年新增净利润/项目资本金＝319/856＝37%，

增量数据销售利润率＝年新增利润总额/新增销售收入＝426/2760＝15.4%。

扩建前利润及利润分配表见表9-15，扩建后利润及利润分配表见表9-16，新增利润及利润分配表见表9-17。

**表9-15 扩建前利润及利润分配表**

单位：万元

| 序号 | 项目 | 合计 | 计算期（年） | | | | | | | | | | |
|---|---|---|---|---|---|---|---|---|---|---|---|---|---|
| | | | 1 | 2 | 3 | 4 | 5 | 6 | 7 | 8 | 9 | 10 | 11 |
| | 生产负荷 | | | | | | | | | | | | |
| 1 | 营业销售收入 | 88 220 | 8 020 | 8 020 | 8 020 | 8 020 | 8 020 | 8 020 | 8 020 | 8 020 | 8 020 | 8 020 | 8 020 |
| 2 | 营业税金及附加 | 1 764 | 160 | 160 | 160 | 160 | 160 | 160 | 160 | 160 | 160 | 160 | 160 |
| 3 | 总成本费用 | 78 466 | 7 133 | 7 133 | 7 133 | 7 133 | 7 133 | 7 133 | 7 133 | 7 133 | 7 133 | 7 133 | 7 133 |
| 4 | 补贴收入 | | | | | | | | | | | | |
| 5 | 利润总额 | 7 990 | 726 | 726 | 726 | 726 | 726 | 726 | 726 | 726 | 726 | 726 | 726 |
| 6 | 弥补以前年度亏损 | | | | | | | | | | | | |
| 7 | 应纳税所得额 | 7 990 | 726 | 726 | 726 | 726 | 726 | 726 | 726 | 726 | 726 | 726 | 726 |
| 8 | 所得税 | 1 997 | 182 | 182 | 182 | 182 | 182 | 182 | 182 | 182 | 182 | 182 | 182 |
| 9 | 净利润（5－8） | 5 992 | 545 | 545 | 545 | 545 | 545 | 545 | 545 | 545 | 545 | 545 | 545 |
| 10 | 期初未分配利润 | | | | | | | | | | | | |
| 11 | 可供分配利润（9＋10） | 5 992 | 545 | 545 | 545 | 545 | 545 | 545 | 545 | 545 | 545 | 545 | 545 |
| 12 | 提取法定盈余公积金 | 599 | 54 | 54 | 54 | 54 | 54 | 54 | 54 | 54 | 54 | 54 | 54 |
| | 提取法定公益金 | 300 | 27 | 27 | 27 | 27 | 27 | 27 | 27 | 27 | 27 | 27 | 27 |
| 13 | 可供投资者分配的利润（11－12） | 5 093 | 463 | 463 | 463 | 463 | 463 | 463 | 463 | 463 | 463 | 463 | 463 |
| 14 | 应付优先股股利 | | | | | | | | | | | | |
| 15 | 提取任意盈余公积金 | | | | | | | | | | | | |
| 16 | 应付普通股股利（13－14－15） | | | | | | | | | | | | |
| 17 | 各投资方利润分配 | | | | | | | | | | | | |
| 18 | 未分配利润（13－14－15－17） | 5 093 | 463 | 463 | 463 | 463 | 463 | 463 | 463 | 463 | 463 | 463 | 463 |
| 19 | 息税前利润 | 8 501 | 773 | 773 | 773 | 773 | 773 | 773 | 773 | 773 | 773 | 773 | 773 |
| 20 | 息税折旧摊销前利润 | 9 708 | 883 | 883 | 883 | 883 | 883 | 883 | 883 | 883 | 883 | 883 | 883 |

**表 9-16　扩建后利润及利润分配表**

单位：万元

| 序号 | 项　目 | 合计 | 计算期（年） | | | | | | | | | | |
|---|---|---|---|---|---|---|---|---|---|---|---|---|---|
| | | | 1 | 2 | 3 | 4 | 5 | 6 | 7 | 8 | 9 | 10 | 11 |
| 1 | 营业收入 | 114 992 | 8020 | 9 952 | 10 780 | 10 780 | 10 780 | 10 780 | 10 780 | 10 780 | 10 780 | 10 780 | 10 780 |
| 2 | 营业税金及附加 | 2 300 | 160 | 199 | 216 | 216 | 216 | 216 | 216 | 216 | 216 | 216 | 216 |
| 3 | 总成本费用 | 100 706 | 7 133 | 8 812 | 9 427 | 9 427 | 9 427 | 9 419 | 9 412 | 9 412 | 9 412 | 9 412 | 9 412 |
| 4 | 补贴收入 | 0 | | | | | | | | | | | |
| 5 | 利润总额（1－2－3＋4） | 11 986 | 726 | 941 | 1 138 | 1 138 | 1 138 | 1 145 | 1 152 | 1 152 | 1 152 | 1 152 | 1 152 |
| 6 | 弥补以前年度亏损 | 0 | | | | | | | | | | | |
| 7 | 应纳税所得得额（5－6） | 11 986 | 726 | 941 | 1 138 | 1 138 | 1 138 | 1 145 | 1 152 | 1 152 | 1 152 | 1 152 | 1 152 |
| 8 | 所得税 | 2 996 | 182 | 235 | 284 | 284 | 284 | 286 | 288 | 288 | 288 | 288 | 288 |
| 9 | 净利润（5－8） | 8 989 | 545 | 706 | 853 | 853 | 853 | 859 | 864 | 864 | 864 | 864 | 864 |
| 10 | 期初未分配利润 | 0 | | | | | | | | | | | |
| 11 | 可供分配利润（9＋10） | 8 989 | 545 | 706 | 853 | 853 | 853 | 859 | 864 | 864 | 864 | 864 | 864 |
| 12 | 提取法定盈余公积金 | 899 | 54 | 71 | 85 | 85 | 85 | 86 | 86 | 86 | 86 | 86 | 86 |
| | 提取法定公益金 | 449 | 27 | 35 | 43 | 43 | 43 | 43 | 43 | 43 | 43 | 43 | 43 |
| 13 | 可供投资者分配的利润（11－12） | 7 641 | 463 | 600 | 725 | 725 | 725 | 730 | 734 | 734 | 734 | 734 | 734 |
| 14 | 应付优先股股利 | 0 | | | | | | | | | | | |
| 15 | 提取任意盈余公积金 | 0 | | | | | | | | | | | |
| 16 | 应付普通股股利（13－14－15） | 0 | | | | | | | | | | | |
| 17 | 各投资方利润分配 | 0 | | | | | | | | | | | |
| 18 | 未分配利润（13－14－15－17） | 7 641 | 463 | 600 | 725 | 725 | 725 | 730 | 734 | 734 | 734 | 734 | 734 |
| 19 | 息税前利润 | 12 716 | 773 | 1 013 | 1 215 | 1 215 | 1 215 | 1 215 | 1 214 | 1 214 | 1 215 | 1 215 | 1 215 |
| 20 | 息税折旧摊销前利润 | 14 791 | 882 | 1 210 | 1 411 | 1 411 | 1 411 | 1 411 | 1 411 | 1 411 | 1 411 | 1 411 | 1 411 |

**表 9-17　新增利润及利润分配表**

单位：万元

| 序号 | 项　目 | 合计 | 计算期（年） | | | | | | | | | | |
|---|---|---|---|---|---|---|---|---|---|---|---|---|---|
| | | | 1 | 2 | 3 | 4 | 5 | 6 | 7 | 8 | 9 | 10 | 11 |
| | 生产负荷 | | | | | | | | | | | | |
| 1 | 新增营业收入 | 26 772 | 0 | 1 932 | 2 760 | 2 760 | 2 760 | 2 760 | 2 760 | 2 760 | 2 760 | 2 760 | 2 760 |
| 2 | 新增营业税金及附加 | 535 | 0 | 39 | 55 | 55 | 55 | 55 | 55 | 55 | 55 | 55 | 55 |
| 3 | 新增总成本费用 | 22 240 | 0 | 1 679 | 2 293 | 2 293 | 2 293 | 2 286 | 2 279 | 2 279 | 2 279 | 2 279 | 2 279 |
| | 新增补贴收入 | 0 | | | | | | | | | | | |
| 4 | 新增利润总额 | 3 996 | 0 | 215 | 411 | 411 | 411 | 419 | 426 | 426 | 426 | 426 | 426 |
| 5 | 新增所得税 | 999 | 0 | 54 | 103 | 103 | 103 | 105 | 106 | 106 | 106 | 106 | 106 |

（续）

| 序号 | 项　目 | 合计 | 计算期（年） | | | | | | | | | | |
|---|---|---|---|---|---|---|---|---|---|---|---|---|---|
| | | | 1 | 2 | 3 | 4 | 5 | 6 | 7 | 8 | 9 | 10 | 11 |
| 6 | 新增净利润 | 2 997 | 0 | 161 | 309 | 309 | 309 | 314 | 319 | 319 | 319 | 319 | 319 |
| 7 | 新增盈余公积金 | 300 | 0 | 16 | 31 | 31 | 31 | 31 | 32 | 32 | 32 | 32 | 32 |
| 8 | 新增盈余公益金 | 150 | 0 | 8 | 15 | 15 | 15 | 16 | 16 | 16 | 16 | 16 | 16 |
| 9 | 新增未分配利润 | 2 548 | 0 | 137 | 262 | 262 | 262 | 267 | 271 | 271 | 271 | 271 | 271 |
| 10 | 新增息税前利润 | 4 216 | 0 | 240 | 442 | 442 | 442 | 442 | 441 | 441 | 442 | 442 | 442 |
| 11 | 新增息税折旧摊销前利润 | 5 083 | (0) | 327 | 529 | 529 | 529 | 529 | 528 | 528 | 529 | 529 | 529 |

（2）依据项目增量投资现金流量表（表 9-18），计算可得：增量数据税后财务内部收益率（IRR）为 19.19％，大于 10％的基准收益率。增量数据税后财务净现值（$i=10\%$）为 887 万元，投资回收期为 6.16 年（含一年建设期）。

**表 9-18　项目增量投资现金流量表**

单位：万元

| 序号 | 项　目 | 合计 | 计算期（年） | | | | | | | | | | |
|---|---|---|---|---|---|---|---|---|---|---|---|---|---|
| | | | 1 | 2 | 3 | 4 | 5 | 6 | 7 | 8 | 9 | 10 | 11 |
| | 生产负荷（％） | | | 70 | 100 | 100 | 100 | 100 | 100 | 100 | 100 | 100 | 100 |
| 1 | “有项目”新增现金流入 | | | 1 932 | 2 760 | 2 760 | 2 760 | 2 760 | 2 760 | 2 760 | 2 760 | 2 760 | 3 999 |
| 1.1 | 营业收入 | | | 1 932 | 2 760 | 2 760 | 2 760 | 2 760 | 2 760 | 2 760 | 2 760 | 2 760 | 2 760 |
| 1.2 | 补贴收入 | | | | | | | | | | | | |
| 1.3 | 回收固定资产余值 | | | | | | | | | | | | 674 |
| 1.4 | 回收流动资金 | | | | | | | | | | | | 565 |
| 2 | “有项目”新增现金流出 | | 1 479 | 1 898 | 2 503 | 2 231 | 2 231 | 2 231 | 2 231 | 2 231 | 2 231 | 2 231 | 2 231 |
| 2.1 | 建设投资 | | 1 479 | | | | | | | | | | |
| 2.2 | 流动资金 | | | 293 | 272 | | | | | | | | |
| 2.3 | 经营成本 | | | 1 566 | 2 176 | 2 176 | 2 176 | 2 176 | 2 176 | 2 176 | 2 176 | 2 176 | 2 176 |
| 2.4 | 营业税金及附加 | | | 39 | 55 | 55 | 55 | 55 | 55 | 55 | 55 | 55 | 55 |
| 2.5 | 维持运营投资 | | | | | | | | | | | | |
| 3 | 所得税前“有项目”净现金流量 | | －1 479 | 34 | 257 | 529 | 529 | 529 | 529 | 529 | 529 | 529 | 1768 |
| 4 | 所得税前累计净现金流量 | | －1 479 | －1 445 | －1 188 | －659 | －131 | 398 | 927 | 1 455 | 1 984 | 2 513 | 4 281 |
| 5 | 调整所得税 | | | 54 | 103 | 103 | 103 | 105 | 106 | 106 | 106 | 106 | 106 |
| 6 | 所得税后净现金流量 | | －1 479 | －20 | 154 | 426 | 426 | 424 | 422 | 422 | 422 | 422 | 1 661 |
| 7 | 累计所得税后净现金流量 | | －1 479 | －1 499 | －1 345 | －919 | －493 | －69 | 353 | 776 | 1 198 | 1 620 | 3 282 |
| 计算指标 | | 所得税前 | 所得税后 | | | | | | | | | | |
| | 项目投资财务内部收益率(％) | 24.56％ | 19.19％ | | | | | | | | | | |
| | 项目投资回收期（年） | 5.25 | 6.16 | | | | | | | | | | |

（续）

| 序号 | 项　目 | 合计 | 计算期（年） | | | | | | | | | | |
|---|---|---|---|---|---|---|---|---|---|---|---|---|---|
| | | | 1 | 2 | 3 | 4 | 5 | 6 | 7 | 8 | 9 | 10 | 11 |
| 计算指标 | 项目投资财务净现值（万元） | | 1 430 | | 887 | | | | | | | | |

以上指标表明该项目赢利能力满足要求，具有财务可行性。

**2. 偿债能力分析**　项目使用有偿财政资金 600 万元（年利率 2.4%），假设以上资金均于建设期投入，有偿财政资金前 4 年还利息，第 5，6 年还本，还款来源为项目未分配利润。经测算，财政有偿资金还款期限 6 年。各年的利息备付率、偿债备付率的计算见借款还本付息计划表（表 9-19），资产负债率的计算见资产负债表（表 9-20）。相关指标值表明该项目有较强的偿债能力。

**表 9-19　借款（含财政有偿资金）还本付息计划表**

单位：万元

| 序号 | 项　目 | 合计 | 计算期（年） | | | | | |
|---|---|---|---|---|---|---|---|---|
| | | | 1 | 2 | 3 | 4 | 5 | 6 |
| 1 | 银行借款 | | | | | | | |
| 1.1 | 期初借款余额 | | | | | | | |
| 1.2 | 当期还本付息 | | | | | | | |
| | 其中：还本 | | | | | | | |
| | 付息 | | | | | | | |
| 1.3 | 期末借款余额 | | | | | | | |
| 2 | 其他借款 | | | | | | | |
| 2.1 | 期初借款余额 | | | | | | | |
| 2.2 | 当期还本付息 | | | | | | | |
| | 其中：还本 | | | | | | | |
| | 付息 | | | | | | | |
| 2.3 | 期末借款余额 | | | | | | | |
| 3 | 财政有偿资金 | | | | | | | |
| 3.1 | 期初借款余额 | | 600 | 600 | 600 | 600 | 600 | 300 |
| | 当期还本付息 | | | 14.4 | 14.4 | 14.4 | 314.4 | 307.2 |
| | 其中：还本 | | | | | | 300 | 300 |
| | 付息（2.40%） | | | 14.4 | 14.4 | 14.4 | 14.4 | 7.2 |
| | 期末有偿资金余额 | | 600 | 600 | 600 | 600 | 300 | 0 |
| 4 | 借款、财政有偿资金合计 | | | | | | | |
| 4.1 | 期初借款余额 | | 600 | 600 | 600 | 600 | 600 | 300 |
| 4.2 | 当期还本付息 | | | 14.40 | 14.40 | 14.40 | 314.40 | 307.20 |
| | 其中：还本 | | | | | | 300 | 300 |
| | 付息 | | | 14.40 | 14.40 | 14.40 | 14.40 | 7.20 |
| 4.3 | 期末余额 | | 600 | 600 | 600 | 600 | 600 | 300 |
| 计算 | 利息备付率（%） | | | 16.68 | 30.69 | 30.69 | 30.69 | 61.36 |
| 指标 | 偿债备付率（%） | | | 16.68 | 30.69 | 30.69 | 1.07 | 1.07 |

**表 9-20　资产负债表**

单位：万元

| 序号 | 项　目 | 合计 | 计算期（年） | | | | | | | | | | |
|---|---|---|---|---|---|---|---|---|---|---|---|---|---|
| | | | 1 | 2 | 3 | 4 | 5 | 6 | 7 | 8 | 9 | 10 | 11 |
| 1 | 资产 | 31 312 | 1 656 | 1 911 | 2 260 | 2 568 | 2 577 | 2 591 | 2 911 | 3 230 | 3 550 | 3 869 | 4 188 |
| 1.1 | 流动资产总额 | 19 743 | 170 | 512 | 948 | 1 343 | 1 438 | 1 539 | 1 946 | 2 353 | 2 759 | 3 165 | 3 571 |
| 1.1.1 | 货币资金 | 326 | | 24 | 34 | 34 | 34 | 34 | 34 | 34 | 34 | 34 | 34 |
| 1.1.2 | 应收账款 | 1 175 | | 87 | 121 | 121 | 121 | 121 | 121 | 121 | 121 | 121 | 121 |
| 1.1.3 | 预付账款 | 0 | | | | | | | | | | | |
| 1.1.4 | 存货 | 5 179 | | 277 | 545 | 545 | 545 | 545 | 545 | 545 | 545 | 545 | 545 |
| 1.1.5 | 其他（累计盈余资金） | 13 063 | 170 | 125 | 248 | 644 | 739 | 840 | 1 247 | 1 653 | 2 060 | 2 466 | 2 872 |
| 1.2 | 非流动资产总额 | 11 569 | 1 486 | 1 399 | 1 312 | 1 226 | 1 139 | 1 052 | 965 | 878 | 791 | 704 | 617 |
| 1.2.1 | 固定资产净值 | 10 082 | | 1 399 | 1 312 | 1 226 | 1 139 | 1 052 | 965 | 878 | 791 | 704 | 617 |
| 1.2.2 | 长期投资净值 | 0 | | | | | | | | | | | |
| 1.2.3 | 在建工程 | 1 486 | 1 486 | | | | | | | | | | |
| 1.2.4 | 无形及其他资产净值 | 0 | | | | | | | | | | | |
| 1.2.5 | 其他 | 0 | | | | | | | | | | | |
| 2 | 负债 | 4 003 | 600 | 694 | 734 | 734 | 434 | 134 | 134 | 134 | 134 | 134 | 134 |
| 2.1 | 流动负债总额 | 1 303 | 0 | 94 | 134 | 134 | 134 | 134 | 134 | 134 | 134 | 134 | 134 |
| 2.1.1 | 短期借款 | 0 | | | | | | | | | | | |
| 2.1.2 | 应付账款 | 1 303 | | 94 | 134 | 134 | 134 | 134 | 134 | 134 | 134 | 134 | 134 |
| 2.1.3 | 预收账款 | 0 | | | | | | | | | | | |
| 2.1.4 | 流动资金借款 | 0 | | | | | | | | | | | |
| 2.1.5 | 其他 | 0 | | | | | | | | | | | |
| 2.2 | 非流动负债总额 | 2 700 | 600 | 600 | 600 | 600 | 300 | 0 | | | | | |
| 2.2.1 | 建设投资借款 | 2 700 | 600 | 600 | 600 | 600 | 300 | 0 | | | | | |
| 2.2.2 | 其他 | 0 | | | | | | | | | | | |
| 3 | 所有者权益 | 27 302 | 1 056 | 1 217 | 1 525 | 1 834 | 2 143 | 2 456 | 2 776 | 3 095 | 3 415 | 3 734 | 4 054 |
| 3.1 | 资本金 | 9 413 | 856 | 856 | 856 | 856 | 856 | 856 | 856 | 856 | 856 | 856 | 856 |
| 3.2 | 资本公积 | 2 200 | 200 | 200 | 200 | 200 | 200 | 200 | 200 | 200 | 200 | 200 | 200 |
| 3.3 | 累计盈余公积金 | 2 354 | | 24 | 70 | 117 | 163 | 210 | 258 | 306 | 354 | 402 | 450 |
| 3.4 | 累计未分配利润 | 13 335 | 0 | 137 | 399 | 661 | 924 | 1 190 | 1 462 | 1 733 | 2 005 | 2 276 | 2 548 |
| 4 | 资产负债率（%） | | 36.23% | 36.31% | 32.49% | 28.59% | 16.85% | 5.18% | 4.61% | 4.16% | 3.78% | 3.47% | 3.21% |

3. **财务生存能力分析**　财务计划现金流量表（表 9-21）中，各年累计盈余资金均为正值，表明项目有足够多的净现金流量维持正常运营，以实现财务可持续性。

**表 9-21　财务计划现金流量表**

单位：万元

| 序号 | 项　目 | 合计 | 计算期（年） | | | | | | | | | | |
|---|---|---|---|---|---|---|---|---|---|---|---|---|---|
| | | | 1 | 2 | 3 | 4 | 5 | 6 | 7 | 8 | 9 | 10 | 11 |
| 1 | 经营活动净现金流量 | | 0 | 274 | 426 | 426 | 426 | 424 | 422 | 422 | 422 | 422 | 422 |
| 1.1 | 现金流入 | | 0 | 2 218 | 3 169 | 3 169 | 3 169 | 3 169 | 3 169 | 3 169 | 3 169 | 3 169 | 3 169 |
| 1.1.1 | 营业收入 | | | 1 932 | 2 760 | 2 760 | 2 760 | 2 760 | 2 760 | 2 760 | 2 760 | 2 760 | 2 760 |
| 1.1.2 | 增值税销项税额 | | 0 | 286 | 409 | 409 | 409 | 409 | 409 | 409 | 409 | 409 | 409 |
| 1.1.3 | 补贴收入 | | | | | | | | | | | | |
| 1.1.4 | 其他流入 | | | | | | | | | | | | |
| 1.2 | 现金流出 | | 0 | 1 945 | 2 743 | 2 743 | 2 743 | 2 745 | 2 747 | 2 747 | 2 747 | 2 747 | 2 747 |
| 1.2.1 | 经营成本 | | | 1 566 | 2 176 | 2 176 | 2 176 | 2 176 | 2 176 | 2 176 | 2 176 | 2 176 | 2 176 |
| 1.2.2 | 增值税进项税额 | | 0 | 174 | 248 | 248 | 248 | 248 | 248 | 248 | 248 | 248 | 248 |
| 1.2.3 | 营业税金及附加 | | | 39 | 55 | 55 | 55 | 55 | 55 | 55 | 55 | 55 | 55 |
| 1.2.4 | 增值税 | | 0 | 113 | 161 | 161 | 161 | 161 | 161 | 161 | 161 | 161 | 161 |
| 1.2.5 | 所得税 | | | 54 | 103 | 103 | 103 | 105 | 106 | 106 | 106 | 106 | 106 |
| 1.2.6 | 其他流出 | | | | | | | | | | | | |
| 2 | 投资活动净现金流量 | | −1 486 | −293 | −272 | 0 | | | | | | | |
| 2.1 | 现金流入 | | | | | | | | | | | | |
| 2.2 | 现金流出 | | 1 486 | 293 | 272 | 0 | | | | | | | |
| 2.2.1 | 建设投资 | | 1 486 | | | | | | | | | | |
| 2.2.2 | 维持运营投资 | | | | | | | | | | | | |
| 2.2.3 | 流动资金 | | | 293 | 272 | | | | | | | | |
| 2.2.4 | 其他流出 | | | | | | | | | | | | |
| 3 | 筹资活动净现金流量 | | 1 656 | −26 | −31 | −31 | −331 | −323 | −16 | −16 | −16 | −16 | −16 |
| 3.1 | 现金流入 | | 1 656 | 0 | 0 | 0 | 0 | 0 | 0 | 0 | 0 | 0 | 0 |
| 3.1.1 | 项目资本金投入 | | 856 | | | | | | | | | | |
| 3.1.2 | 建设投资借款 | | 600 | | | | | | | | | | |
| 3.1.3 | 流动资金借款 | | | | | | | | | | | | |
| 3.1.4 | 债券 | | | | | | | | | | | | |
| 3.1.5 | 短期借款 | | | | | | | | | | | | |
| 3.1.6 | 其他流入 | | 200 | | | | | | | | | | |
| 3.2 | 现金流出 | | 0 | 26 | 31 | 31 | 331 | 323 | 16 | 16 | 16 | 16 | 16 |
| 3.2.1 | 各种利息支出 | | 0 | 26 | 31 | 31 | 31 | 23 | 16 | 16 | 16 | 16 | 16 |
| 3.2.2 | 偿还债务本金 | | | | | | 300 | 300 | | | | | |
| 3.2.3 | 应付利润（股利分配） | | | | | | | | | | | | |
| 3.2.4 | 其他流出 | | | | | | | | | | | | |
| 4 | 净现金流量（1+2+3） | | 170 | −45 | 124 | 395 | 95 | 101 | 407 | 407 | 406 | 406 | 406 |
| 5 | 累计盈余资金 | | 170 | 125 | 248 | 644 | 739 | 840 | 1 247 | 1 653 | 2 060 | 2 466 | 2 872 |

## （五）不确定性分析

**1. 盈亏平衡分析** 本项目建成投产后新增总生产能力的盈亏平衡点计算如下式（按正常年份计算）：

BEP＝新增固定成本÷（新增销售收入－新增销售税金－新增可变成本）×100％
＝208÷（2760－55－2071）×100％
＝33％

计算结果表明，只要达到新增总生产能力的33％时，本项目即可保本。说明本项目具有较强的抗风险能力。

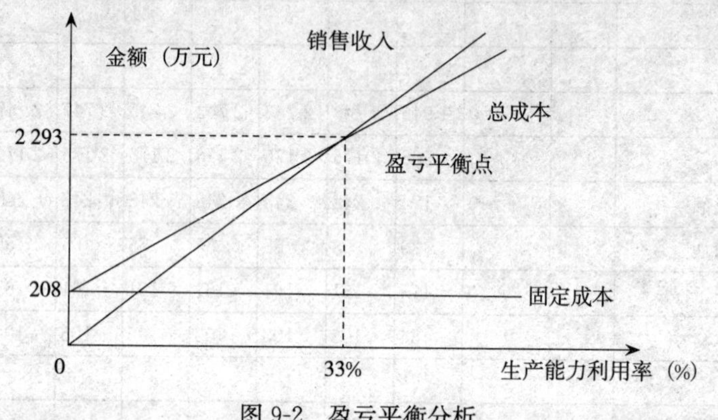


图 9-2　盈亏平衡分析

**2. 敏感性分析** 影响项目收益的主要不确定因素是预期的营业收入、经营成本和建设投资，分别对这三个不确定性因素发生不利变化对净现值、内部收益率的影响进行单因素敏感性分析，见表 9-22。

**表 9-22　销售收入、经营成本、建设投资发生不利变化的敏感性分析**

| 项　目 | 基本方案 | 销售收入 | | 经营成本 | | 建设投资 | |
|---|---|---|---|---|---|---|---|
| | | －5％ | －10％ | ＋5％ | ＋10％ | ＋5％ | ＋10％ |
| IRR（％） | 19％ | 12％ | 4％ | 13％ | 7％ | 18％ | 17％ |
| NPV（万元） | 887 | 151 | －586 | 305 | －278 | 820 | 753 |

综上分析，从盈亏平衡分析看，该项目抗风险能力较强。从营业收入、经营成本及建设投资的敏感性分析看，销售收入变动对项目经济效果的影响最大，其次是经营成本和建设投资。因此，企业应加强产品营销力度，保持销售收入能按计划实现，控制好生产成本及投资总额，是实现项目预期收益的保证。

## （六）财务评价结论

经估算，本项目财务内部收益率 19％，总投资收益率 26％，投资回收期 6.1 年。项目建成后，年新增产值2 760万元，年新增税后利润 319 万元，新增税收 162 万元；工厂可安排就业 50 人，带动养殖户5 430户，户均年增收4 100元。项目盈利能力和清偿能力、抗风险能力较强，具有财务可行性。

# 第十章　农业主要部门的技术经济分析

**重点提示：** 了解种植业、畜牧业、渔业的常用技术经济评价指标，掌握这些指标的计算方法，熟悉一些指标的平均水平与先进水平。

## 第一节　种植业技术经济分析

种植业是以栽培农作物获得植物性产品的农业生产部门。它以农作物为主要生产对象，以农田为基本生产资料，是生态系统中能量变换和物质循环的起点和基础。种植业生产是自然再生产和经济再生产相结合的一个过程，具有季节性和茬口连续性以及生产周期长等特点，同时受自然条件影响较大。因此，要提高种植业的综合经济效益，既要符合自然规律又要符合经济规律，要将劳动消耗、技术应用和农作物的生长过程有机结合起来，因时因地实施农业技术方案，种植业便可以在充分利用自然资源的基础上取得良好的经济效益。

### 一、育种方面的评价指标

**1. 测算育成种增产幅度的指标**　该指标能反映新品种比老品种的增产效果，也是考察新品种经济效益的重要指标之一。该指标数值越大说明增产幅度越大，该新品种的增产效果越明显。其计算公式如下：

$$\text{育成品种的增产幅度}=\frac{\text{育成品种单位面积产量}-\text{老品种单位面积产量}}{\text{老品种单位面积产量}}\times 100\% \tag{10.1}$$

**2. 新品种推广面积**　新品种推广面积这一指标主要用来衡量新品种推广的空间范围，反映的是新品种培育的科技成果转化为现实生产力的最终实际效果。

**3. 新品种推广新增总产量**　该指标主要用于衡量推广的新品种与对照品种相比对产量增长的贡献。新增总产量的公式如下：

$$\text{新品种推广新增总产量}=\left(\text{新品种平均单产}-\text{对照品种平均单产}\right)\times\text{累计有效推广面积} \tag{10.2}$$

【例 10.1】　贵州省农科院旱作所培育的小麦新品种衡4399节水高产效果明显。在黄淮区试验表明，该品种每公顷产量为8 250kg 左右，而对照品种每公顷产量为7 500kg。2011年已在河北省配合微灌技术推广 33 万 $hm^2$。按照小麦新品种衡4 399增产 750 kg/$hm^2$ 计算，其增产幅度＝（8 250－7 500）/7 500＝10%。小麦衡 4399 推广的新增总产量＝750kg/$hm^2$ ×33 万 $hm^2$＝2.475 亿 kg。

**4. 良种覆盖率**　农作物良种系指经国家、省级品种审定委员会审定的农作物新品种。

其遗传特性符合当地农业生产的要求，如早熟性、丰产性、抗逆性、品质、风味、耐贮运性等。良种覆盖率指标反映了良种在一定区域的推广效果和推广力度，从另一个侧面也反映出哪些良种更加适应该区域的市场需求、生态环境和种植习惯等。

不同作物的良种覆盖率相差很大，例如江苏省水稻良种覆盖率达到95%以上，但花生良种覆盖率只有10%～30%左右。良种覆盖率计算公式如下：

$$良种覆盖率=\frac{良种的推广面积}{该作物所有品种的总播种面积}\times 100\% \tag{10.3}$$

## 二、栽培方面的评价指标

**1. 某新技术增产幅度** 该指标衡量的是新技术转化为实际生产力的增产效果，通过采用该新技术的示范户与未采用该技术的对照户之间的单产的对比来计算。该指标数值越大说明该新技术的增产效果越好。其公式是：

$$\begin{matrix}某新技术\\增产幅度\end{matrix}=\frac{\begin{matrix}示范户采用新\\技术的平均单产\end{matrix}-\begin{matrix}对照户未采用该\\新技术的平均单产\end{matrix}}{对照户未采用该新技术的平均单产}\times 100\% \tag{10.4}$$

**2. 某新技术的效益增幅** 该项指标是衡量新技术经济效益的重要指标之一，通过示范户与对照户的净收益之比来考察某项新技术应用所带来的收益增加幅度。计算公式如下：

$$\begin{matrix}某新技术的\\效益增幅\end{matrix}=\frac{\begin{matrix}示范户采用\\新技术的纯收益\end{matrix}-\begin{matrix}对照户未采用该\\新技术的纯收益\end{matrix}}{对照户未采用该新技术的纯收益}\times 100\% \tag{10.5}$$

$$纯收益 = 平均产量\times 平均价格-物质费用-人工费用$$

其中：平均价格可按近年市场价格估算；物质费用是生产过程中消耗的生产资料和管理费用，包括直接费用（种子秧苗、肥料、农药、除草剂、农膜、机械作业、畜力、排灌、燃料动力、棚架材料等费用）以及间接生产费用（固定资产折旧、小农具购置修理费用和管理、销售等其他间接费用）；人工费用包括家庭用工折价和雇工费用。

【例10.2】 烤烟是竹山的主要产业之一，为了增加烤烟产量、提高品质，竹山县应用了地膜覆盖栽培技术。2007年全县移栽地膜烤烟1 166.7hm$^2$，每公顷单产1 957.5kg；移栽露地烤烟166.7hm$^2$，每公顷单产1 761hm$^2$；地膜烤烟比露地烤烟增产196.5kg/hm$^2$，增收1 965元/hm$^2$。则增产幅度=196.5/1 761=11.2%。

扣除农膜费用750元/hm$^2$和铺设农膜的雇工费用375元/hm$^2$，因此实际增收约840元/hm$^2$。而露地烤烟的纯收益约为4 950元/hm$^2$。所以，地膜烤烟相比较露地烤烟其效益增幅=840/4 950=17.0%。

**3. 应用某新技术的节约用工量** 该指标反映采用某项新技术后对劳动量的节约情况，如除草剂、杀虫剂的使用，机械化、免耕技术的推广应用等等，有利于降低用工成本、提高生产效率。单位面积的用工量可用每亩用工量计算，单位：工日/亩。公式如下：

$$\begin{matrix}应用某新技术后单位\\面积的节约用工量\end{matrix}=\begin{matrix}某农作物单位\\面积用工量\end{matrix}-\begin{matrix}应用某新技术后\\单位面积的用工量\end{matrix} \tag{10.6}$$

式中：用工量（工日）=用工人数×用工天数

**4. 综合技术方案增产率** 农业生产效率的提高、效益的改善是多因素综合作用的结果，该指标旨在衡量农业生产过程中采用的各项技术的综合效果对产量的贡献，用综合技术方案使农业生产条件得到改善后的总产量与原总产量之比来计算。公式如下：

$$\text{综合技术方案增产率}=\frac{\text{采用综合技术方案使农业基本条件得到改善后的平均单产}-\text{原平均单产}}{\text{原平均单产}}\times 100\% \quad (10.7)$$

【例 10.3】　鲁中地区山楂园多建在山丘薄地，水资源紧缺。莱芜市相关部门根据实际情况，自 2006 至 2008 年对山楂树进行穴贮肥水、地膜覆盖和树盘覆草、深翻扩穴、改良土壤、增肥养根技术的推广，同时配合科学的整形修剪和激素控冠技术。2006 年产量为37 500 $kg/hm^2$，通过一系列综合技术的应用，产量得到大幅提高，2008 年产量为45 000$kg/hm^2$。则综合技术方案增产率＝（45 000－37 500）/37 500＝20%。

**5. 测算种植制度变化的效益**　该指标主要用于测算当种植制度发生改变时所带来的经济效益的变化。如提高复种指数、不同品种作物的间作、轮作、套作组合等。在计算时考虑该种植制度与其对照组之间的纯收益的对比，扣除生产的物质费用和人工成本。公式如下：

$$\text{种植制度改变后经济效益的变化幅度}=\frac{\text{新种植制度的纯收益}-\text{对照组种植制度的纯收益}}{\text{对照组种植制度的纯收益}}\times 100\% \quad (10.8)$$

纯收益＝该种植制度几种作物的总产值－物质费用－人工费用

【例 10.4】　2006 年，哈密市花园乡、大泉湾乡推广瓜棉间作种植模式，取得较好的经济效益。对花园乡单纯种植西瓜、哈密瓜与瓜棉间作的经济效益进行调查对比发现：通过瓜棉间作的纯收入远远高于单纯种植哈密瓜、西瓜的收入。间作效益对比如表 10-1 所示：

**表 10-1　西瓜、哈密瓜、瓜棉间作每公顷经济效益分析表**

| 作物 | | 产量（$kg/hm^2$） | 单价（元/kg） | 产值（元/$hm^2$） | 物资费用（元） | | | | | | 人工费用（元） | 纯收益（元） |
|---|---|---|---|---|---|---|---|---|---|---|---|---|
| | | | | | 种子 | 肥料 | 地膜 | 水费 | 机耕费 | 合计 | | |
| 哈密瓜 | | 22 500 | 12 | 18 000 | 562.5 | 3 300 | 750 | 1 650 | 375 | 6 637.5 | 7 500 | 3 862.5 |
| 西　瓜 | | 37 500 | 7.5 | 18 750 | 360 | 2 700 | 750 | 1 950 | 375 | 6 322.5 | 7 500 | 4 927.5 |
| 西瓜、棉花间作 | 西瓜 | 37 500 | 7.5 | 18 750 | 360 | 2 700 | 750 | 1 950 | 375 | 6 322.5 | 7 500 | 7 591.5 |
| | 棉花 | 1 500 | 76.5 | 7 650 | 36 | | | 450 | | 486 | 4 500 | |
| 哈密瓜、棉花间作 | 哈密瓜 | 22 500 | 12 | 18 000 | 562.5 | 3 300 | 750 | 1 650 | 375 | 6 637.5 | 7 500 | 6 526.5 |
| | 棉花 | 1 500 | 76.5 | 7 650 | 36 | | | 450 | | 486 | 4 500 | |

西瓜、棉花间作与单纯种植西瓜相比，其种植制度改变后经济效益的变化幅度＝（7 591.5－4 927.5）/4 927.5＝54.1%；哈密瓜、棉花间作与单纯种植哈密瓜相比，其种植制度改变后经济效益的变化幅度＝（6 526.5－3 862.5）/3 862.5＝69.0%。

**6. 复种指数**　复种指数是指一年内农作物总播种面积与耕地面积之比，是反映耕地利用程度的指标。复种指数的高低受当地热量、土壤、水利、肥料、劳动力和科学技术水平等条件的制约。我国人多地少，因地制宜地提高复种指数，是扩大作物播种面积，挖掘耕地利用潜力和提高农作物总产量的有效途径。

全国各类地区复种指数大致为：五岭以南约 200%左右；五岭以北，长江以南地区约

180%～200%；长江以北，黄河、秦岭、白龙江以南地区为 150%～180%；黄河、秦岭、白龙江以北，长城以南地区约 120%～150%；长城以北地区，除部分旗、县外，大部在 100%以下。复种指数公式如下：

$$复种指数=\frac{全年多种作物总播种面积}{总耕地面积} \quad (10.9)$$

**7. 化肥施用强度** 化肥施用强度是指本年内单位面积耕地实际用于农业生产的化肥数量。化肥施用量要求按折纯量计算。折纯量是指将氮肥、磷肥、钾肥分别按含氮、含五氧化二磷、含氧化钾的成分进行折算后的数量。复合肥按其所含主要成分折算。

2008 年江苏省化肥施用强度位列全国第五，仅次于天津、海南、福建、广东，达到 453.7 $kg/hm^2$，远高于全国平均 335.3 $kg/hm^2$ 的水平，而江苏环太湖的一些县市，化肥施用量达到 500 $kg/hm^2$ 以上，成为太湖流域面源污染的重要原因。

该指标公式如下：

$$化肥施用强度=\frac{化肥施用量}{农作物种植面积} \quad (10.10)$$

## 三、植保方面的评价指标

**1. 虫害/病害发生率** 虫害/病害发生率指标反映某作物的病害或虫害危害的普遍程度。例如，水稻的病害种类很多，全世界有 100 多种。我国有记载的有 70 多种，发生普遍且危害较重的病害达 20 多种，其中的稻瘟病、纹枯病和白叶枯病发生面积大，流行性强，危害严重，被认为是水稻的三大病害。根据《全国植保专业统计资料》数据，2001 年中国水稻各种病害发生总面积2 551.26万 $hm^2$，病害发生率约为 88.5%。

$R$ 表示虫害或病害发生率，计算公式如下：

$$R=\frac{某农作物发生病(虫)害的面积}{某作物播种面积}\times 100\% \quad (10.11)$$

**2. 农药残留检出率** 农药残留是在农业生产中施用农药后一部分农药直接或间接残存于谷物、蔬菜、果品、畜产品、水产品中以及土壤和水体中的现象，残留的农药可直接通过植物果实或水、大气进入人、畜体内，或通过环境、食物链最终传递给人、畜。残留农药检出率的高低直接关系到食品安全和人类健康。

2010 年 1 月，武汉市农检中心对几个蔬菜批发市场销售的豇豆进行多次检测，均发现含有禁用农药水胺硫磷，经追溯，超标样本均来自海南，3 596.9kg 问题豇豆依法予以销毁。此后，全国加大了抽检力度。2 月 23—25 日，深圳市各区农产品检测机构对来自海南的豇豆进行抽检，共抽检豇豆 110 批次，经检测水胺硫磷超标的豇豆有 4 批次，农药残留检出率为 3.6%。

该指标计算公式如下：

$$农药残留检出率=\frac{农药残留检出样本数}{送检总样本数}\times 100\% \quad (10.12)$$

**3. 虫口密度** 该指标表示一个单位内的虫口数量，常用每平方米虫口密度或百株虫数表示。计算公式如下：

$$虫口密度=\frac{调查总虫数}{调查面积} \quad 或 \quad 百株虫数=\frac{调查所得总虫数}{调查总株数}\times 100\%$$

**4. 病（虫）情指数**

（1）病情指数。在植株局部被害的情况下各受害单位的受害程度是不同的，用发病率表示不了受害程度，需按被害的严重程度分级，再以病情指数表示。病害的严重程度表示植株或器官的罹病面积所占的比率，如叶片上的病斑面积占叶片总面积的比率。病害的严重程度根据一定的标准，由轻到重划分出级别，分别用各级的代表值或发病面积百分率表示。其中：病虫害严重度的分级可以参考各农作物行业内规定的级别标准。

病情指数的计算公式如下：

$$\text{病情指数} = \frac{\sum(\text{各级病叶(株)数} \times \text{发病级别})}{\text{调查总叶(株)数} \times \text{分级标准最高级}} \times 100\% \qquad (10.13)$$

【例 10.5】　早春调查小麦赤霉病的田间病菌动态，为判断当年病害能否流行提供依据。取样点 10 个，每个样点调查 10 株发病情况。病情严重度分级标准如表 10-2 所示：

**表 10-2　小麦赤霉病严重度分级标准**

| 级别 | 病害程度 | 株数 |
|---|---|---|
| 0 | 无病 | 10 |
| 1 | 发病部分占整个麦穗的 1/4 以下 | 30 |
| 2 | 发病部分占整个麦穗的 1/4～1/2 | 30 |
| 3 | 发病部分占整个麦穗的 1/2～3/4 | 20 |
| 4 | 发病部分占整个麦穗的 3/4 以上 | 10 |

根据调查情况：

$$\text{小麦赤霉病病情指数} = \frac{10 \times 0 + 30 \times 1 + 30 \times 2 + 20 \times 3 + 10 \times 4}{100 \times 4} \times 100\% = 47.5\%$$

（2）虫情指数。也称虫害严重度，如某些小型昆虫（蚜、螨类）或地下害虫，由于对这类害虫的目测和统计非常困难，常常通过调查寄主（全株或某一部位）按量分成级别再进行统计。虫害严重度分级标准可参考业内规定的级别标准。

虫情指数的计算公式为：

$$\text{虫情指数} = \frac{\sum(\text{各级调查样本数} \times \text{级别})}{\text{调查总样本数} \times \text{分级标准最高级}} \times 100\% \qquad (10.14)$$

【例 10.6】　蛴螬是花生的主要地下害虫之一，在花生收获时调查蛴螬危害程度，取 8 个样点，每点调查 10 株花生的荚果受损情况。其危害严重度分级标准和调查情况如表 10-3 所示：

**表 10-3　花生蛴螬危害情况调查分级标准**

| 级别 | 荚果受损程度 | 株数 |
|---|---|---|
| 0 | 荚果完整，无被害状 | 10 |
| 1 | 荚果表皮被害或有被害小洞，但荚果完整，不影响产量 | 50 |
| 2 | 荚果有被害大洞，果仁被害，影响产量 | 20 |

根据调查数据计算虫情指数为：

$$\text{虫情指数} = \frac{10 \times 0 + 50 \times 1 + 20 \times 2}{80 \times 2} \times 100\% = 56.3\%$$

## 四、机械化方面的评价指标

**1. 某项作业机械化后所能节约的活劳动数量** 相比较传统的耕种模式，采用机械化作业后劳动强度小，作业效率高。该指标是考察某项作业的机械化对劳动力替代效果的重要指标之一。该指标的单位：工日。公式如下：

$$\text{某项作业机械化后所能节约的活劳动数量}=\text{该项作业未采用机械化时的用工量}-\text{采用机械化时的用工量} \quad (10.15)$$

其中：用工量（工日）＝用工人数×用工天数。

【例 10.7】 鞍山市实施水稻机械直播栽培技术，与常规栽培技术相比，其用工量如表 10-4 所示：

**表 10-4 水稻直播与人工插秧用工对比**

单位：工/hm²

| 用工项目 | 种子处理 | 育苗播种 | 移秧 | 插秧打药 | 灌溉 | 用工合计 |
|---|---|---|---|---|---|---|
| 人工插秧 | 1.5 | 7.5 | 7.5 | 15 | 7.5 | 39 |
| 机械直播 | 1.5 | 1.5 | 0 | 1.5 | 0 | 4.5 |
| 节省用工 | 0 | 6 | 7.5 | 13.5 | 7.5 | 34.5 |

根据表 10-4 所示，机械旱直播比人工插秧节约人工 34.5 个/$hm^2$。

**2. 劳动效率提高程度** 该指标考察采用机械作业后劳动效率的提高程度，对照组为未采用机械化作业的劳动效率。公式如下：

$$\text{劳动效率提高程度}=\frac{\text{采用机械作业的劳动效率}-\text{未采用机械作业时劳动效率}}{\text{未采用机械作业时的劳动效率}} \quad (10.16)$$

其中：

（1）劳动效率可以通过折算成单位劳动力在单位时间内完成的工作量。

（2）机械化作业量的衡量办法：播种或收获机械的作业量用播种或收获的面积（亩）来表示；加工机械的作业量用加工的产品数量（以重量计量，单位为 kg）来表示。

（3）机械作业的劳动效率按照操作机械的人工算。

【例 10.8】 水稻生产手工插秧每公顷需要 22.5 个工日，而采用步进式插秧机作业每公顷只需要 2.25 个工日。则手工插秧的劳动效率＝1/22.5＝0.04$hm^2$/工日，而步进式插秧机作业的劳动效率＝1/2.25＝0.44$hm^2$/工日。所以，采用步进式插秧机作业比手工插秧劳动效率的提高程度＝（0.44－0.04）/0.04 ＝ 1 000％。

**3. 机械化的效益提高幅度** 机械化效益提高幅度指标也是考察机械化作业对农业生产带来的经济效益的主要指标之一，用采用机械化与未采用机械化的总效益的对照来衡量。计算公式如下：

$$\text{机械化效益的提高幅度}=\frac{\text{采用机械化的纯收益}-\text{未采用机械化的纯收益}}{\text{未采用机械化的纯收益}}\times 100\% \quad (10.17)$$

【例 10.9】 新疆农十二师农业技术推广站积极引进马铃薯播种机和收获机进行试验示范推广取得了较好的效益。机械播种马铃薯收费 300 元/$hm^2$，人力畜力播种折合费用 1 500元/$hm^2$，节约成本1 200元/$hm^2$；机械收获马铃薯费用 300 元/$hm^2$，人工收获费用 900 元/$hm^2$，节约费用 600 元/$hm^2$。合计节约成本1 800元/$hm^2$。采用机械化种植的地块平均增加产量4 500kg/$hm^2$，按近年来的每千克平均销售价 0.50 元计算，平均增收2 250元/$hm^2$。因此，采用机械化比未采用机械化总共新增纯收益4 050元/$hm^2$。若未采用机械化进行马铃薯生产的纯收益为7 800元/$hm^2$。则其机械化效益的提高幅度＝ 4 050/7 800＝51.9 %。

**4. 农机作业增产率** 农机作业增产率考察采用农机作业对单产提高的贡献程度，其对照组为未采用农机作业时的单产。该指标计算公式如下：

$$\text{农机作业增产率}=\frac{\text{采用农机作业后的单位面积产量}-\text{未采用农机作业时的单位面积产量}}{\text{未采用农机作业时的单位面积产量}}\times 100\% \tag{10.18}$$

【例 10.10】 2010 年鞍山市对玉米种植实施机械深松作业，增产效果显著。原产量为 9 000kg/$hm^2$，实行机械深松后平均产量增加1 500kg/$hm^2$。因此，实行机械深松后的增产率＝1 500/9 000 ＝ 16.7%。

**5. 单项作业机械化水平** 该指标衡量某项作业的机械化作业量占该项作业的总作业量（包括机械化作业和人工作业量的总和）的比重。可按照播种、喷洒农药、收获等生产环节分别计算其机械化程度。

中国小麦生产基本实现了全过程机械化作业，2008 年小麦的收获机械化水平达到 83.84%，水稻生产机械化也已步入了快速发展的轨道，2008 年水稻收获机械化水平达到 51.16%，但花生的机械化程度依然偏低，2008 年花生收获机械化水平只有 13.05%。

该指标公式如下：

$$\text{单项作业机械化水平}=\frac{\text{某项作业机械化作业量}^{①}}{\text{某项作业机械化作业量}+\text{人工作业量}} \tag{10.19}$$

## 五、加工方面的评价指标

**1. 农产品深度加工增值系数** 该指标是反映农产品加工利用深度和加工技术水平的重要指标。用单位农产品深度加工的新价值同单位农产品原料价值之间的比较，也就是单位农产品原料经过深度加工后新增的价值。一般来说，该指标值越大表明农产品加工利用程度越深，工艺水平越高。我国大部分农产品加工企业普遍规模偏小、设备工艺落后，没有形成高附加值的农产品加工产业链，加工增值程度低。我国农产品加工业的深度加工系数为 1，而发达国家是 3～5。

其计算公式如下：

$$\text{农产品深度加工增值系数}=\frac{\text{单位农产品加工产品产值}-\text{单位农产品耗用原料价值}}{\text{单位农产品耗用原料价值}} \tag{10.20}$$

① 作业量的计量可参考前文。

## 六、产业经济方面的评价指标

**1. 农业劳动生产率** 该指标是指单位活劳动消耗所产生的农产品产量或产值，是衡量农业劳动效率的重要指标之一。

发达国家的农业劳动生产率远远高于我国。按"国际美元"（1979—1981 年价）计算，我国每个农业劳动力 1991 年生产的农产品产值仅 422 美元，世界平均水平为1 080美元，日本为4 547美元，荷兰为44 339美元，美国为51 561美元。

该指标的单位：kg/人，或者：元/人，计算公式如下：

$$\text{农业劳动生产率}^{①}=\frac{\text{农产品产量或产值}}{\text{活劳动消耗量}}\times 100\% \quad (10.21)$$

**2. 土地生产率** 土地生产率是反映土地生产能力的一项指标。又称作土地生产水平。通常用生产周期内单位面积土地上的产品数量、产值或净产值来表示。

该指标的单位：kg/hm²，或者：元/ hm²。公式如下：

$$\text{土地生产率}=\frac{\text{农产品产量或产值}}{\text{农业用地面积（播种面积或耕地面积）}} \quad (10.22)$$

【例 10.11】 以稻谷为例，2008 年我国稻谷播种面积为29 241千 hm²，产量为19 190万 t，土地生产率$=19\,190\times 10^7/29\,241\times 10^3=6\,562.7$kg/hm²。

**3. 有效保护率**（Effective Rate of Protection，EPR） 有效保护率又称为有效关税率或实际保护率，是指整个关税制度（和有效保护措施）对某类产品在其生产过程中给予净重增值的影响。一种产品在国内外加工增值差额与其国外加工增值的百分率。也就是由于整个关税制度而引起的国内增值的提高部分与自由贸易条件下增值部分相比的百分比。

农业本身的特殊性使得历年来各国都会采取一定的措施保护本国农业，有关学者测算：我国农产品的有效保护率在 1997—2004 年有所下降，但到 2010 年则有所上升，1997 年的保护水平为 17%，2004 年为 9.2%，2010 年上升到 12.6%。

该指标计算公式如下：

$$\text{有效保护率}=\frac{\text{国内加工增值}-\text{国外加工增值}}{\text{国外加工增值}}\times 100\% \quad (10.23)$$

式中：国内加工增值——成品国内市场价格减去国内投入品费用；

国外加工增值——自由贸易条件下的国外成品价格减去国外投入品费用。

**4. 国内资源成本**（DRC） 国内资源成本（Domestic Resource Costs，简称 DRC），用于评价某一产业（产品）是否具有比较优势。国内资源成本指赚取（或节省）一边际的单位外汇而从事某项产品的生产活动所需要消耗国内资源成本的价值。

设 $V$ 为影子汇率，以一单位外汇所代表的本国货币表示。当 $DRC_j=V$ 时，利益平衡；当 $DRC_j>V$ 时，$j$ 生产活动具有比较劣势；当 $DRC_j<V$ 时，$j$ 生产活动具有比较优势。

计算公式如下：

$$DRC_j=\frac{\sum F_{sj}V_s-E_j}{U_j-M_j-R_j} \quad (10.24)$$

① 在实际应用时，一般用来计算某时间段内的劳动生产率（通常为一年）。

式中：$DRC_j$—— 第 $j$ 项生产活动所必须付出的国内资源成本；

$F_{s_j}$——第 $j$ 项生产活动所使用的第 $s$ 项生产要素的数量；

$V_s$——第 $s$ 项生产要素的单位机会成本；

$E_j$——第 $j$ 项生产活动的外部效应；

$U_j$——第 $j$ 项生产活动用外汇表示的按边界价格计算的总产值；

$M_j$——用外汇表示的按到岸价计算的所有进口和可贸易生产要素的总成本；

$R_j$——用外汇表示的外资总报酬的机会成本。

如将 $DRC_j$ 除以 $V$，可得到 $DRC_j$ 系数，即：$DRCC_j = DRC_j/V$。当 $DRCC_j = 1$ 时，利益平衡；当 $DRCC_j > 1$ 时，$j$ 生产活动具有比较劣势；当 $DRCC_j < 1$ 时，$j$ 生产活动具有比较优势。

**表 10-5　中国部分粮食产品和畜产品相对比较优势差异**

| 品　种 | 国内资源成本系数（DRCC） | 有效保护率（EPR） |
|---|---|---|
| 蔬　菜 | 0.11 | 0.14 |
| 蛋　鸡 | 0.97 | 1.05 |
| 玉　米 | 1.09 | 1.11 |

蔬菜的国内资源成本资源系数和有效保护率都小于 1，说明与国际市场相比，国内蔬菜生产具有较大的比较优势，但是其有效保护率水平较低；蛋鸡的国内资源成本资源系数小于 1，而实际保护水平大于 1，说明蛋鸡生产具有比较优势，同时有效保护水平较高；玉米的国内资源成本系数和有效保护率均大于 1，表明就全国平均水平而言我国玉米生产已不具比较优势，但是其有效保护水平较高。

**5. 某产品的显示性比较优势 RCA**（Revealed Comparative Advantage Index）　显示性比较优势指数是衡量一国产品或产业在国际市场竞争力和比较优势的最具说服力的指标。该指标是指一个国家某种商品出口额占其出口总值的份额与世界出口总额中该类商品出口额所占份额的比率。

根据日本贸易振兴协会（JETRO）RCA 设定的标准：$S$ 表示具有极强出口竞争力；$R$ 表示具有次强出口竞争力；$M$ 表示具有中等出口竞争力；$W$ 表示具有较弱出口竞争力。显示性比较优势指数（RCA）评定标准如下：

（1）若 $RCA_{ij} > 2.5$ 则为 $S$，表明该国该产品（或产业）具有极强的国际竞争力；

（2）若 $1.25 < RCA_{ij} < 2.5$ 则为 $R$，表明该国该产品具有较强的国际竞争力；

（3）若 $0.8 < RCA_{ij} < 1.25$ 则为 $M$，表明该产品具有中度竞争力；

（4）若 $RCA_{ij} < 0.8$ 则为 $W$，表明该国该产品的国际竞争力较弱。

从动态观点看，如果该系数上升表明 $j$ 国家的商品 $i$ 的竞争优势扩大；如果该系数下降则表明 $j$ 国家的商品 $i$ 的动态竞争劣势扩大。

该指标计算公式如下：

$$RCA_{ij} = \frac{X_{ij}/X_{tj}}{X_iW/X_tW} \tag{10.25}$$

式中：$X_{ij}$——国家 $j$ 出口产品 $i$ 的出口值；

$X_{tj}$——国家 $j$ 的总出口值；

$X_iW$——世界出口产品 $i$ 的出口值；

$X_tW$——世界总出口值。

**6. 规模优势指数 SAI**（Scale Advantage Indices） 规模优势指数是指某地区某一时期某种作物的面积与该地区所有农作物总播种面积的比值和同一时期高一区域同一比值的比率。它能反映一个地区某一作物生产的规模化和专业化程度，它是市场需求、资源禀赋种植制度等因素相互作用的结果。它在一定程度上可以反映农作物生产的比较优势状况。

当 $SAI_{ij}>1$，表明与区域平均水平相比，$i$ 区 $j$ 作物生产规模较大，具有规模优势，表示该省的这种作物生产具有一定的专业化集中度，而且规模优势指数越大，说明专业化程度越高；$SAI_{ij}<1$，表明 $i$ 区 $j$ 作物相对于区域平均水平来说规模较小，$i$ 区 $j$ 作物生产处于劣势。

其计算公式为：

$$SAI_{ij}=\frac{GS_{ij}/GS_i}{GS_j/GS} \qquad (10.26)$$

式中：$SAI_{ij}$——$i$ 地区 $j$ 作物的规模优势指数；

$GS_{ij}$——$i$ 地区 $j$ 种农作物的播种面积；

$GS_i$——$i$ 地区所有作物的播种面积；

$GS_j$——全国 $j$ 种农作物的播种面积；

$GS$——全国所有农作物总播种面积。

**7. 效率优势指数 EAI**（Efficient Advantage Indices） 效率优势指数是指某地区某一时期某种作物的单产水平与该地区所有农作物平均单产水平的比值和同一时期全国同一比值的比率。效率优势指数主要是从资源内涵生产力的角度来反映作物的比较优势。

$EAI_{ij}>1$，表明与全国平均水平相比，$i$ 区 $j$ 作物生产具有效率优势；$EAI_{ij}<1$，表明 $i$ 区 $j$ 作物生产与全国平均水平相比生产效率处于劣势。$EAI_{ij}$ 值越大，生产效率优势越明显。

计算公式为：

$$EAI_{ij}=\frac{AP_{ij}/AP_i}{AP_j/AP} \qquad (10.27)$$

式中：$EAI_{ij}$——$i$ 地区（或一定区域）$j$ 种农作物的效率优势指数；

$AP_{ij}$——$i$ 地区 $j$ 种作物的单产；

$AP_i$——$i$ 地区全部农作物平均单产；

$AP_j$——全国的 $j$ 种作物平均单产

$AP$——全国全部作物平均单产。

**表 10-6　我国部分地区玉米生产的规模优势和效率优势比较**

| 地　区 | 规模优势（SAI） | 效率优势（EAI） |
|---|---|---|
| 吉　林 | 3.79 | 1.21 |
| 江　苏 | 0.36 | 1.06 |
| 山　东 | 1.56 | 0.71 |

吉林玉米的效率优势指数和规模优势指数都大于 1，表明与全国平均水平相比，在生产效率和规模上都具有比较优势；而江苏玉米生产不具有规模优势，但是具有效率优势；山东

玉米的规模优势显著，然而与全国平均水平相比其生产效率处于劣势。

**8. 投入产出率** 该指标衡量的是农业投入价值和产出价值之间的关系。该指标是反映投资效果和经济效益的一项重要指标，同样适用于农业以外的其他投资项目，投入产出率越高说明经济效益越好。公式如下：

$$\text{投入产出率}=\frac{\text{产出产品总价值}}{\text{生产过程总投入费用}}\times 100\% \tag{10.28}$$

**9. 农产品商品率** 该指标是指农产品商品量在农产品总量中所占的百分比，用以反映农产品生产中自给性生产与商品性生产的比例，因此可作为农业生产发展水平和商品化程度的重要指标。该指标与农业人口、农业生产专业化程度、产品价格、农业经营规模、社会化商品流通条件等因素密切相关。

我国商品率最高的大田作物是棉花，高达95%以上；粮食作物以自给性为主，商品率普遍较低，其中东北地区的粮食商品率比较高，已达到80%左右。该指标计算公式如下：

$$\text{农产品商品率}=\frac{\text{农产品商品量}}{\text{农产品总量}}\times 100\% \tag{10.29}$$

# 第二节 畜牧业技术经济分析

畜牧业是以饲养动物取得畜产品为目的的生产活动，是农业的重要组成部分。畜牧业生产与种植业生产一样是生物生产，但是它比种植业更高级，把植物再进一步转化为动物产品供人类利用。畜牧业生产有其特有的生态经济系统结构，主要包括动物群落（畜禽品种、数量、结构）、植物群落（饲料作物、草场）、自然环境（光、温、土）和社会经济环境（市场需求、经济政策）。人类通过各种生产技术手段对该生态系统进行调节和控制，目的是为了促进畜牧业生态系统的平衡，提高经济效益。由于畜牧业生产的脆弱性，它对环境条件、饲养条件等有着严格的要求，对疾病侵害和市场因素等极度敏感。如果调节控制不当，一旦打破该生态系统的平衡，一方面畜禽的生长发育受阻，另一方面各种资源得不到充分合理利用，将会降低畜牧业的生产转化效率。所以，畜牧业生产一定要协调好该生态系统的动态平衡，才能获得良好的经济效益。

## 一、繁育方面的评价指标

**1. 新品种推广新增纯收益** 该指标采用对比分析的方法，反映畜禽新品种推广的投入和产出与原有对照品种的投入和产出的比较。公式如下：

$$\text{新增纯收益}^{①}=\left[\left(\begin{matrix}\text{新品种头}\\\text{均年产值}\end{matrix}-\begin{matrix}\text{新品种头}\\\text{均年成本}\end{matrix}\right)-\left(\begin{matrix}\text{对照品种头}\\\text{均年产值}\end{matrix}-\begin{matrix}\text{对照品种}\\\text{头均年成本}\end{matrix}\right)\right]\times\begin{matrix}\text{缩值}\\\text{系数}\end{matrix}\times\begin{matrix}\text{累计有效}\\\text{推广规模}\end{matrix}-(\text{科研费}+\text{推广费}) \tag{10.30}$$

例如，青海省自2005年起推广国家级家畜品种“大通牦牛”以来，5年来青海共计推

① 大面积、大范围生产条件下，计算经济效益要用缩值系数来校正产量，使结果更接近实际。开发类成果缩值系数为0.7，推广类成果为0.65。

广大通牦牛种公牛7 520头、细管冻精 8 万支，辐射到这个省 6 州 31 个县的牦牛主产区，改良当地家养牦牛 55.9 万头。项目跟踪测定结果表明，犊牛成活率提高 12.0 个百分点、死亡率下降了 4 个百分点，累计新增效益23 891万元。

**2. 母畜繁殖率** 繁殖率是指在一定时间内（如年度）断奶成活的仔畜数与全群适繁母畜数之比。一般而言，我国各种牛的母畜繁殖率如下：奶牛：70%～90%；黄牛和水牛：35%～45%；牦牛：30%左右。马和驴的繁殖率为 60%左右。公式如下：

$$母畜繁殖率=\frac{当年正产的仔畜头数}{年初适繁母畜头数}\times 100\% \qquad (10.31)$$

**3. 母畜生产力** 该指标是指每头能繁母畜每年提供的育成仔畜数，是衡量一个母畜繁殖性能的重要指标。母畜数量相同的两个畜场，年产并育成的仔畜数多的，表明生产水平高，否则反之。

$$母畜年生产力=窝平均育成仔畜数\times 母畜年产胎次 \qquad (10.32)$$

$$母畜年产育成仔畜数=\frac{畜场年总产育成的仔畜数}{经产母畜年平均存栏数}\times 100\%$$

**4. 母畜产仔数**

(1) 母畜平均每胎产仔数。该指标是衡量母畜繁育能力的重要指标之一，是指母畜一窝所生的全部仔畜数，包括死胎、产后即死和木乃伊。母畜的繁殖力直接关系到养殖生产力水平的高低，影响养殖收益。例如，中国猪一般每胎产仔 10～12 头，太湖猪平均 14～17 头；小尾寒羊每胎 2 只以上，山羊每胎为双羔或三羔；兔每胎产仔 6～8 只。

该指标单位：只/胎，公式为：

$$母畜平均每胎产仔数=\frac{该母畜产仔总数}{生产胎次} \qquad (10.33)$$

(2) 母畜平均每胎活仔数。母畜的繁殖力和繁殖成活率直接关系到养殖生产力水平的高低，影响养殖收益。一般而言，猪的平均每胎活仔数为 10 只左右；獭兔平均每胎活仔数为 8.5 只。该指标单位：只/胎，公式为：

$$母畜平均每胎活仔数=\frac{该母畜生产的活仔总数}{生产胎次} \qquad (10.34)$$

**5. 仔畜成活率** 该指标反映到断奶成活仔畜头数占正产仔畜数的比例。只有保证新生仔畜的成活率，才能壮大畜群、带来养殖收益。例如，兔的仔畜成活率为 60%～80%。该指标公式如下：

$$仔畜成活率=\frac{当年断奶成活的仔畜头数}{当年正产的仔畜头数}\times 100\% \qquad (10.35)$$

**6. 孵化率** 该指标反映受精蛋成功孵化的比例，是统计种蛋孵化成绩和评定种禽质量的指标。孵化率越高说明种蛋孵化效果和种禽质量越好。一般而言，种鸡蛋的孵化率约在 80%左右，鸭蛋（番鸭）的孵化率为 70%左右，种鹅蛋的孵化率为 90%左右，鸽子蛋的孵化率在 90%左右。公式如下：

$$孵化率=\frac{孵出的个体数}{受精蛋总数}\times 100\% \qquad (10.36)$$

## 二、疾病控制方面的评价指标

**1. 死淘率**　该指标是指畜禽的死亡和淘汰比例。有很多因素会影响畜禽的死淘率，如：养殖环境的管理和控制、畜禽疾病的流行、养殖技术水平和措施等等。在科学合理养殖的基础上降低死淘率才能获得良好的预期收益。例如，正常年份禽的死淘率为8%，猪、羊死淘率为5%，牛死淘率为2%。大型猪场的死淘率为2%以下，散养户猪的死淘率为5%左右。该指标公式如下：

$$\text{死淘率} = \frac{\text{畜禽死亡和淘汰数量}}{\text{畜禽总数量}} \times 100\% \tag{10.37}$$

**2. 畜禽发病率**　该指标反映规模化养殖的畜禽疫病流行程度和群体健康状况的一个重要指标。公式如下：

$$\text{畜禽发病率} = \frac{\text{发病的畜禽数量}}{\text{畜禽总数量}} \times 100\% \tag{10.38}$$

## 三、饲养方面的评价指标

**1. 饲料转换率**　该指标是指饲养期内单位饲料消耗所生产的畜产品量。饲料转换率的高低因不同动物而异，一方面和饲料的营养价值、加工工艺、储藏条件有关，另一方面又和饲养环境和动物的应激状态等因素有关。畜禽养殖总成本中支出最多的是饲料费用，因此提高饲养动物的饲料转化率是获得高效益的关键因素。一般来说，猪的饲料转化率为20%～33.3%，鸡为50%，牛为14.3%。公式如下：

$$\text{饲料转化率} = \frac{\text{饲养期内所生产的畜(禽)产品量}}{\text{同期饲料总消耗量}} \times 100\% \tag{10.39}$$

**2. 料肉比、料蛋比和料奶比**　这三个指标反映在畜禽生产过程中饲料报酬和饲料转换效果，是衡量畜禽生产水平和经济产量的重要指标。通常来说，料肉（蛋、奶）比越低，相关畜禽的生产性能越高，经济效益越好。要达到理想的料肉（蛋、奶）比，必须有营养全面的配合饲料、完善的管理方案、较高的产量、适宜的环境条件、良好的疫病防治等综合措施来保障。三个指标公式如下：

$$\text{料肉比} = \frac{\text{畜禽生产过程中消耗的饲料量}}{\text{饲养畜禽的增重量}} \times 100\% \tag{10.40}$$

$$\text{料蛋比} = \frac{\text{蛋鸡生产过程中消耗的饲料量}}{\text{蛋鸡的产蛋量}} \times 100\% \tag{10.41}$$

$$\text{料奶比} = \frac{\text{奶牛生产过程中消耗的饲料量}}{\text{奶牛的产奶量}} \times 100\% \tag{10.42}$$

例如，一般来说猪肉的料肉比为300%～500%；鸡肉为200%；牛肉为700%。

**3. 日增重**　该指标是指饲养动物在饲养阶段每天的增重体重。该指标单位为kg/日，公式如下：

$$\text{日增重} = \frac{\text{饲养阶段末重} - \text{阶段初重}}{\text{饲养天数}} \tag{10.43}$$

例如，某养猪场统计的生猪不同体重阶段的平均饲养时间、日增重、料肉比资料如表

10-7 所示。

**表 10-7　某养猪场生猪不同体重阶段的平均饲养时间、日增重、料肉比**

| 体重（kg） | 时间（天） | 日增重（g） | 料肉比（%） |
|---|---|---|---|
| 80～85 | 6.1 | 741 | 269.40 |
| 85～90 | 6.2 | 746 | 274.80 |
| 90～95 | 6.3 | 749 | 280.30 |
| 95～100 | 6.4 | 750 | 286.10 |
| 100～105 | 6.6 | 751 | 292.20 |
| 105～110 | 6.8 | 750 | 298.60 |

## 四、生产设施方面的评价指标

**饲养密度**　饲养密度是指单位面积畜禽的饲养数量。该指标单位：只（头）/$m^2$，公式如下：

$$饲养密度=\frac{畜禽总头数}{饲养面积}\times 100\% \qquad (10.44)$$

不同种类的家禽适当的饲养密度不同。例如，成年肉鸡的饲养密度约为 12 只/ $m^2$，鸭为 8～12 只/ $m^2$，鹅为 4～6 只/ $m^2$。

## 五、加工方面的评价指标

**1. 畜产品抽检合格率**　该指标是指抽检的畜产品中合格产品占送检总数的比例。公式为：

$$畜产品抽检合格率=\frac{畜产品抽检合格数}{送检畜产品总数}\times 100\% \qquad (10.45)$$

**2. 畜产品加工转化率**　畜产品加工转化率禽畜制品的比例，我国畜产品的加工转化率偏低。如我国禽畜肉加工转化率仅有 3%～4%，奶的加工转化率在 10%左右，而禽蛋转化率不到 1%。发达国家肉转化为肉制品的比例一般为 30%～40%，乳转化为乳制品的比例高达 80%以上，蛋转化为蛋制品的比例已达 40%以上。这个比值越大，说明加工能力越高、效益越高；反之说明加工能力低、经济效益低。

$$畜产品加工转化率=\frac{畜产品加工制品数量}{畜产品生产量}\times 100\% \qquad (10.46)$$

## 六、产业经济评价指标

**1. 牲畜出栏率**　该指标反映畜群周转的速度和畜牧业生产水平的高低，出栏率越高标志着传统畜牧业向商品畜牧业的过渡。该指标公式如下：

$$牲畜出栏率=\frac{饲养期出售和屠宰的成畜头数}{牲畜年平均（或年初）总头数}\times 100\% \qquad (10.47)$$

例如，2006 年年初，河南猪的存栏数量为4 439万头，猪出栏数量为5 957.8万头，则

2006 年河南猪的出栏率为 134.2%。2006 年内蒙古羊的存栏数量为5 420万只；羊的出栏数量为5 011.1万只；内蒙古羊的出栏率为 92.45%。

**2. 猪粮比价**　该指标是反映生猪养殖盈利水平的重要指标之一，是生猪养殖的盈亏平衡点。就是生猪价格和作为生猪主要饲料的玉米价格的比值。猪粮比越高，说明养殖利润越好，反之则越差。但两者比值过大或过小都不正常。

$$\text{猪粮比价} = \frac{\text{生猪价格}}{\text{作为生猪饲料用的玉米价格}} \times 100\% \qquad (10.48)$$

例如，2010 年 7 月，全国 36 个大中城市生猪出栏平均价格为每千克 12.23 元，二等黄玉米批发价格 为每千克 2.02 元，猪粮比价为 605%。通常认为猪粮比价为 600%时，为养猪的盈亏平衡点。

**3. 奶牛年平均产奶量**　该指标反映奶牛产奶量的水平，是奶牛养殖的重要经济指标之一。该指标以规模奶牛养殖场为例计算。单位为：kg/年，公式如下：

$$\text{单位奶牛年平均产奶量} = \frac{\text{饲养场内全群年产奶总量}}{\text{全年每天平均饲养奶牛头数}} \times 100\% \qquad (10.49)$$

$$\text{其中：全年每天平均饲养奶牛头数} = \frac{\text{全群奶牛在群总天数}}{365} \times 100\%$$

荷斯坦牛的产奶量为各乳牛品种之冠，一般母牛平均产奶量为7 500～8 500kg。2007 年，我国平均每头奶牛全年产奶量6 524.8kg。1980 年美国加州露安农场 439 头母牛，平均年产奶量达10 790kg，为美国产奶量最高的荷斯坦牛群。创世界个体产奶量记录者亦是美国一头荷斯坦母牛，年产奶量32 375.5kg。

**4. 家禽产蛋率**　该指标是反映蛋鸡生产水平的一个重要指标，表示每只家禽在饲养期内的每日平均产蛋量。公式如下：

$$\text{单位家禽日产蛋率} = \frac{\text{饲养期产蛋量总数}}{\text{饲养期家禽只日数}} \times 100\% \qquad (10.50)$$

2007 年，全国大中城市大规模蛋鸡日产蛋率如表 10-8 所示。

**表 10-8　全国大中城市大规模蛋鸡日产蛋率**

| 项目 | 北京 | 天津 | 沈阳 | 上海 | 郑州 | 广州 | 成都 |
|---|---|---|---|---|---|---|---|
| 日产蛋率 | 5 201.28% | 5 659.2% | 5 436.8% | 5 032.64% | 5 600.32% | 5 201.28% | 5 659.2% |

**5. 产毛率**　该指标反映绵羊、獭兔等经济动物的产毛状况，是评价以提供动物皮毛为主要目的饲养动物的重要经济指标。该指标单位为 kg/只。公式如下：

$$\text{单位牲畜产毛率} = \frac{\text{总产毛量}}{\text{饲养牲畜数量}} \qquad (10.51)$$

例如，2007 年，各地区本种绵羊单位产毛率如表 10-9。

**表 10-9　2007 年各地本种绵羊单位产毛率**

| 项目 | 单位 | 内蒙古 | 青海 | 宁夏 | 新疆 | 西藏 |
|---|---|---|---|---|---|---|
| 绵羊产毛率 | kg/只 | 13.86 | 7.63 | 9.74 | 5.76 | 6.37 |

**6. 成本收益率**　该指标反映畜禽养殖的投资报酬情况，是衡量畜禽养殖经济效益的重

要指标之一。公式如下：

$$成本收益率=\frac{畜禽养殖总收益}{养殖成本}\times 100\% \tag{10.52}$$

例如，2007 年各地区大规模肉鸡饲养成本收益情况如表 10-10。

**表 10-10　2007 年各地区大规模肉鸡饲养成本收益**

| 项　目 | 北京 | 黑龙江 | 上海 | 浙江 | 河南 |
|---|---|---|---|---|---|
| 每百只收益 | 2 490.29 | 2 178.06 | 1 898.7 | 1 732.37 | 1 823 |
| 每百只总成本 | 2 090.39 | 1 846.64 | 1 543.7 | 1 507 | 1 584.18 |
| 成本收益率 | 119.13% | 117.95% | 123% | 114.95% | 115.08% |

**7. 畜禽商品率**　该指标是指畜禽生产部门或单位在一定时期（通常为一年）内提供出售的畜禽产品数量占畜禽产品总量的比重，一般用百分率表示，计算公式为：

$$畜禽商品率=\frac{畜禽商品量}{全年畜禽产品总量}\times 100\% \tag{10.53}$$

例如，贵州省 2001 年猪出栏 452 万头，其中出售商品猪 234.08 万头，商品率为 51.77%。

## 第三节　渔业技术经济分析

水产业（又称渔业），是指利用水域以取得具有经济价值的鱼类或其他水生动植物产品的生产部门。包括采集水生动植物资源的水产捕捞业和养殖水生动植物的水产养殖业两部分。广义的水产业还包括水产品的贮藏运输和销售，渔具和渔船的制造以及渔港的建设等辅助部门，它们与捕捞、养殖和加工部门一起，构成统一的生产体系。

水产业具有农业和工业双重性质。在江河、湖泊、水库、池塘、浅海滩涂养殖水生动植物的养殖业属农业生产；水产品加工则属加工工业生产。同时，水产业又具有不同于工业和农业的特点：第一，根据水生动植物对不同水层环境的适应性，可以进行多水层立体增殖和捕捞，提高水域生产力；第二，鱼类是冷血动物，能量消耗少，饵料转化效率高，实行精心饲养和合理捕捞能达到增产增收的效果；第三，鱼类繁育过程受自然环境和人类活动影响较大，因而在生产上存在极大的不稳定性。要创造鱼类生长所需要的良好环境，才能保持渔业生产稳定持续增长；第四，水产品是鲜活易腐品，保鲜、冷藏、加工、运销等部门必须密切配合，才能提高质量、减少损失；第五，水产资源大多存在于国际公有或他国管辖的水域中，作业渔场流动性大，因此水产生产特别是海洋捕捞生产还须在国际合作基础上才能顺利发展。

水产品营养丰富，尤其是鱼类蛋白质高、脂肪低、胆固醇少，为人们所喜食；水产品还可以为食品工业、医药工业和其他化学工业提供重要原料；是国际贸易中的畅销品，换汇率较高。发展水产业有利于保持农业生态平衡，实现农业生产各部门的良性循环。

### 一、繁育方面的评价指标

**1. 良种覆盖率**　该指标中的良种来源是由国家良种委员会认定的，从国家或省良种场出来的品种；或养殖个体户把从良种场出来的亲鱼亲本经过繁殖后的 $F_1$ 代、$F_2$ 代、$F_3$ 代。良种覆盖率指标反映的是良种的收获量占总收获量的比重。公式如下：

$$良种覆盖率=\frac{良种收获量}{总收获量}\times 100\% \tag{10.54}$$

例如，2011 年黑龙江省大庆市水产养殖良种覆盖率达到了 94%，湖北省武汉市水产养殖良种覆盖率达到 95%。青岛从 2006 年开始引进美国大西洋浪蛤，美国黑石斑鱼，新西兰彩虹鲍，良种覆盖率达到 80%。

**2. 渔业新品种比重的增加幅度**　渔业新品种比重的增加幅度用于衡量良种覆盖率的变化情况。若良种覆盖率呈现逐年增长态势，说明该地区良种推广力度大，推广效果好。计算公式如下：

$$渔业新品种比重的增加幅度=\frac{R_{n+1}-R_n}{R_n} \tag{10.55}$$

式中：$R_n$ 和 $R_{n+1}$——第 $n$ 年和第 $n+1$ 年的良种覆盖率

**3. 水产良种场数量**　水产良种场包括国家级和省级的良种场。良种场的主要任务是培育、保存良种，并按照良种标准和良种生产技术操作规程，运用完整的工程、技术措施和严格的管理措施，保证良种质量，为苗种厂提供良种亲本。水产良种场对优化水产养殖业结构和增加渔民收入起着重要作用。目前，我国有国家级水产原（良）种站 55 个。

**4. 回捕率**　该指标反映经过一定时间后回捕的尾数与总放养尾数之比的百分率。回捕率指标是关系到产量和经济效益的重要指标之一。回捕率指标值越接近 100%越能说明养殖设施完善、技术合理，并且管理得当。回捕率与养殖环境有关。淡水养殖条件下，人工控制较为精细，回捕率较高。例如，水库中，鲢鱼的回捕率可达 80%～85%，鳙鱼的回捕率可达 85%～90%以上。海水养殖中，由于潮汐、台风、海底环境复杂等各种不可预见因素的影响，一般回捕率较低。例如，鲍鱼的回捕率一般仅 20%。该指标公式如下：

$$回捕率=\frac{收获尾数}{放养尾数}\times 100\% \tag{10.56}$$

## 二、病害防控方面的评价指标

**1. 发病率**　发病率是指一定时期内某群体出现疾病的新病例数占该群体动物的总数。公式如下：

$$发病率=\frac{一定时期内某群体疾病的新病例数}{同期内该群体动物总数}\times 100\% \tag{10.57}$$

例如，在养殖过程中，草鱼的主要病害有烂鳃病、肠炎病、出血病、赤皮病，其发病率高于 6%。鳗鱼的主要病害有爱德华氏病、赤鳍病、烂鳃病、欧曼尼指环虫及狂奔病等，发病率高达 20%。

**2. 死亡率**　该指标衡量的是因疾病或外界突发灾害对苗种培育和成鱼养殖的影响。公式如下：

$$死亡率=\frac{死亡动物数}{易感动物数}\times 100\% \tag{10.58}$$

例如，低温会提高虾的死亡率。28℃是沼虾生长的最佳温度，如果气温降至 16℃以下，沼虾的死亡率就会达到10%～20%。螃蟹在运输过程容易脱水，如果运输过程中不注意降温保湿，螃蟹的死亡率会达到20%～50%。

**3. 某养殖区域病害发生比例** 该指标从病害防控的角度衡量一定养殖区域内养殖场（养殖户）病害的发生率，据此判断病害发生的规模和特征：是小规模集中发病或是大规模流行性疾病。计算公式如下：

$$\begin{matrix}\text{某养殖区域}\\\text{病害发生比例}\end{matrix}=\frac{\begin{matrix}\text{该区域内发生病害的养殖场}\\\text{（养殖户）的养殖面积}\end{matrix}}{\text{该区域总养殖面积}}\times 100\% \tag{10.59}$$

## 三、养殖与工程设施方面的评价指标

**1. 养殖模式相关指标** 不同的水生动植物适应不同的水层环境，作为鱼类活动场所和渔业生产基地的水域，可以立体利用进行多水层增殖和捕捞，从而大大提高水域生产力，增加单位产量。例如，鳙生活在水的中上层，主要吃浮游动物；鲢也生活在水的中上层，主要吃浮游植物；草鱼一般生活在水的中层，主要吃水生植物的茎和叶；青鱼生活在水的下层，主要吃螺、蚌等水底动物，这4种鱼混合饲养能提高饵料的利用率，增加鱼的产量。

（1）放养的鱼的种类。放养种类反映立体养殖模式中水层空间的利用情况。

（2）每个种类放养的比例。该指标是在摸清养殖种类的基础上，进一步了解每种放养鱼类的养殖规模。公式如下：

$$\text{某种类鱼放养比例}=\frac{\text{该种类放养尾数}}{\text{放养的总尾数}}\times 100\% \tag{10.60}$$

例如，以草鱼为主的鱼塘，草鱼的放养量应占80%以上（接近于单养），再适当放养一些滤食性鱼类（鲢、鳙、白鲫之类）。如果饲养商品草鱼，以草鱼为主的池塘，其放养量不能超过50%，因为草鱼的放养量大了，排出的粪便就多，容易造成水质污染，引起泛塘。以鲢鱼、鳙鱼为主的池塘，传统的鲢、鳙鱼搭配比例是3∶1，也就是3鲢带1鳙，分别是75%和25%，在这种放养模式下鳙鱼可正常生长。

（3）放养密度。该指标综合反映养殖水体的空间利用情况，单位：尾/$m^2$。公式如下：

$$\text{放养密度}=\frac{\text{投放的商品鱼类（或其他水产品）放养尾数}}{\text{可养殖水面面积}} \tag{10.61}$$

各种鱼类的合理放养密度主要受池塘单产水平及混养类型的影响，对于一般的高产池塘来说，每亩可放养二到三种规格的鲮鱼种2 000尾左右，在养殖期间重量保持在100kg左右，不能超过200kg；鳙鱼一年可放种3～5次，每次每亩可放养0.25kg的鳙鱼种40～60尾，养殖期间重量不超过60kg；鲢鱼一年可放种2～3次，每次放养四两的鲢鱼种20～30尾，养殖期间重量不超过30kg；每亩还可放养鲫鱼200尾，鲤，鳊鱼各30～50尾。

（4）品种产量。该指标用来衡量立体养殖模式中每种水产品的产出，用亩产量来表示，单位：kg/亩。公式如下所示：

$$\text{某种水产品亩产量}=\frac{\text{该种水产品的总产量}}{\text{养殖面积（亩）}} \tag{10.62}$$

**2. 养殖机械化指标**

（1）增氧机配备。增氧机广泛应用于精养高产的鱼塘。增氧机不但能解决池塘养殖中因为缺氧而产生的鱼浮头的问题，而且可以消除鱼塘的有害气体，促进水体对流交换，改善水质条件，降低饲料系数，提高鱼塘活性和初级生产率，增加放养密度，增加养殖鱼类的摄食强度，促进生长，达到水产养殖增收的目的。

① 增氧机配备比例。增氧机的配备通常和养殖的面积、密度和水质等因素有关。这里用单位面积配备的增氧机的数量来衡量。单位：只/$hm^2$，公式如下：

$$单位面积增氧机配备数量 = \frac{增氧机配备总数量}{养殖面积} \tag{10.63}$$

增氧机有叶轮式、水车式、喷水式和充气式等多种。要根据池塘水体条件、池鱼密度和产量等情况配置增氧机。一般水深在2m以上的池塘，可配置叶轮式或水车式增氧机，水深在1.5m左右的池塘可配置喷水式增氧机。亩产500～800kg的池塘，每4亩水面配置一台3kW的增氧机为宜，则增氧机配备比例为3.75台/$hm^2$。

② 增氧机配备能力。该指标以单位面积增氧机配备的功率来衡量。单位：kW/$hm^2$。公式如下：

$$单位面积增氧机配备功率 = \frac{增氧机配备总功率}{养殖面积} \tag{10.64}$$

（2）投饵机配备。投饵机广泛应用于高密度精养鱼塘的养殖过程中。因投饵机能定时定量投饵，既减少了人工劳动强度，同时还能节约饲料成本。而且，使用投饵机投喂配合饲料的池塘，池底基本无残余饲料，水体中少量溶入的鱼类粪肥和饲料粉末可被水质良好的塘水自净，池塘可保持一个良好的生态体系，鱼类病害也少。

① 投饵机配备数量。该指标以单位面积配备的投饵机的数量来衡量。单位：只/$hm^2$，公式如下：

$$单位面积投饵机配备数量 = \frac{投饵机配备总数量}{养殖面积} \tag{10.65}$$

② 投饵能力。该指标以单位面积投饵机配备功率来衡量。单位：kW/$hm^2$。公式如下：

$$单位面积投饵机配备功率 = \frac{投饵机配备总功率}{养殖面积} \tag{10.66}$$

选择池塘使用的投饵机，还要根据池塘面积及鱼产量进行合理取舍，并不是投饵机电机转速越高、投的距离越远、面积越大越好。比如在0.2～0.3$hm^2$的池塘中，667$m^2$产1 500kg左右，投饵机的抛撒距离在5～8m为好，如果投饵机的抛撒距离过远，面积过大，就会造成边缘部分饲料的浪费。

## 四、饲养方面的评价指标

**饲料系数和饲料效率**　鱼类对饲料的消化吸收率直接影响到鱼类的生长，而鱼类对饲料的消化吸收受到很多因素的影响，如饲料配方、加工工艺、投喂方法和水环境条件等。

（1）饲料系数。鱼类对饲料的营养需要有其自身的特点，且鱼类的食性不同营养需要也不同。所以要因鱼而异制定合理的饲料配方，只有当饲料中的营养成分与鱼类的需求相吻合时才能提高消化吸收率，降低饲料系数。饲料系数是指养殖对象增加一单位重量所消耗饲料的重量。饲料系数越低，说明该饲料转化率越高，使用效果越好。公式如下：

$$饲料系数 = \frac{饲料消耗的重量}{鱼体增长的重量} \times 100\% \tag{10.67}$$

其中：鱼体增长的重量＝饲养末期的鱼体总重量－饲养初期的鱼体总重量

我国常见食用鱼的饲料系数如表 10-11 所示。

**表 10-11　我国常见食用鱼的饲料系数**

| 种　类 | 常见饲料配方 | 饲料系数 |
|---|---|---|
| 鲤　鱼 | 豆饼 50%、鱼粉 15%、麸皮 15%、米糠 15%、维生素 1%、无机盐 1%、抗生素下脚料 1%、黏合剂 2% | 2.7 |
| 罗非鱼 | 米糠 45%、豆饼 35%、蚕蛹粉 10%、次粉 8%、骨粉 1.50%、食盐 0.50% | 2.27 |
| 草　鱼 | 米糠 40%、麸皮 38%、豆饼 10%、鱼粉 10%、酵母粉 2% | 1.9 |
| 青　鱼 | 稻草粉 40%、蚕蛹粉 30%、菜籽饼粉 10%、大麦粉 20% | 3 |

(2) 饲料效率。饲料效率又称“饲料转换率”，是指养殖对象消耗一单位饲料的体重增长量。饲料效率和饲料系数是倒数关系。饲料效率越高，说明该饲料转化率越高，使用效果越好。计算公式如下：

$$饲料效率=\frac{鱼体增长的重量}{消耗饲料的重量}\times 100\% \qquad (10.68)$$

**2. 投饵率**　鱼类的日投饵率，即每天的投饵量占鱼体重的百分比。投饵率与水产动物的种类、数量、大小、食欲、环境及饵料质量等有关。随着养殖动物的生长，必须不断改变相应的投饵率。因为投饵率过低，会导致养殖动物生长参差不齐；投饵率过高，则会浪费饵料、增加成本，并对养殖环境造成污染。因此，确定适宜的投饵率非常重要。投饵率的计算公式如下：

$$投饵率=\frac{每天投放饲料量}{鱼的重量}\times 100\% \qquad (10.69)$$

例如，鲤鱼：一般日投饵率为 2%～5%。5 月份为 2%，六月份 4%，7 月份 5%，8 月份 5%，9 月份 4%，10 月份投 2%左右；草鱼：除投喂草料外，还应补充精料，日投饵率一般为 3%～5%；罗非鱼：5 月份为 3%，6 月 4%，7 月 5%，8 月 5%，9 月 4%；鳜鱼：8～10cm 的鳜鱼，可投喂 3～4cm 的饲料鱼，数量为鳜鱼的 5～10 倍。在养殖的前、后期每 7～10 天投喂一次，中期 5 天一次。

## 五、加工方面的评价指标

**水产品加工率**　鲜活水产品的附加值低和贩运难一直是制约渔业企业发展的瓶颈，而对水产品深加工可破解这一难题。水产品加工率是指水产品加工数量与水产品生产量之比。这个比值越大，说明企业加工能力越强，效益越高；反之则加工能力弱，经济效益低。目前我国的水产品加工率比较低，不到 8%。公式如下：

$$水产品加工率=\frac{水产品加工数量}{水产品生产量}\times 100\% \qquad (10.70)$$

## 六、产业经济方面的评价指标

**1. 单位水面的产量或产值**　该指标反映养殖水面的产出效果，水产品产量或产值与养殖水面面积之比。单位为 $kg/hm^2$ 或者元/$hm^2$。公式如下：

$$单位水面的产量或产值 = \frac{水产品产量或产值}{水面面积} \quad (10.71)$$

2007 年，全国各地区淡水鱼一般户单位水面产量和产值情况如表 10-12：

**表 10-12　2007 年全国各地区淡水鱼一般户单位水面产量和产值**

| 项　目 | 单位 | 黑龙江 | 上海 | 江苏 | 安徽 | 湖北 |
|---|---|---|---|---|---|---|
| 每公顷主产品产量 | kg | 6 645 | 15 913.5 | 8 823 | 8 608.5 | 10 779 |
| 每公顷产值合计 | 元 | 53 899.5 | 155 252.9 | 53 619 | 66 644.7 | 78 817.5 |
| 项　目 | 单位 | 湖南 | 广东 | 重庆 | 云南 | 陕西 |
| 每公顷主产品产量 | kg | 8 629.5 | 13 380 | 8 224.5 | 15 189 | 14 368.5 |
| 每公顷产值合计 | 元 | 61 376.7 | 104 154.8 | 91 257.9 | 128 799.75 | 104 782.2 |

**2. 可养水面利用率**　该指标是实际养殖面积占宜养殖水面面积的比率，反映该区域对池塘、河沟等宜养殖水面的开发利用程度。2004 年，我国内陆水域总面积1 747万 $hm^2$，可养水面 675 万 $hm^2$，已利用 566 万 $hm^2$，利用率 83.8%。我国海岸线 1.8 万多 km，可供养殖的 15m 水深线以内的浅海和潮间带滩涂面积1 330多万 $hm^2$，已养 132.3 万 $hm^2$，利用率约 9.9%。随着养殖技术和工程技术水平的不断提高，可养面积还可以扩大。公式如下：

$$可养水面利用率 = \frac{实际养殖面积}{宜养殖面积} \times 100\% \quad (10.72)$$

**3. 投入产出比**　该指标衡量的是水产养殖业投入价值和产出价值之间的关系，是反映投资效果和经济效益的一项重要指标，投入产出率越高说明经济效益越好。公式如下：

$$投入产出比 = \frac{水产品总产值}{生产过程投入的总费用} \times 100\% \quad (10.73)$$

**表 10-13　2007 年全国各地区淡水鱼一般户的投入产出比**

| 项　目 | 黑龙江 | 上海 | 江苏 | 安徽 | 湖北 |
|---|---|---|---|---|---|
| 投入产出比 | 1.269 856 | 1.242 454 | 1.249 856 | 1.338 336 | 1.241 33 |
| 项　目 | 湖南 | 广东 | 重庆 | 云南 | 陕西 |
| 投入产出比 | 1.271 031 | 1.362 406 | 1.348 313 | 1.220 594 | 1.132 561 |

**4. 水产养殖劳动生产率**　该指标是指单位渔业人员每年生产的水产品产量或产值，是衡量水产养殖业劳动效率的重要指标之一。该指标的单位：万元/（人・年）。计算公式如下：

$$水产养殖年劳动生产率 = \frac{水产品全年总产值}{全年平均折合劳动力数} \quad (10.74)$$

2009 年，全国各地区水产养殖年劳动生产率如下表所示：

表 10-14 2009 年全国各地区水产养殖年劳动生产率

| 项 目 | 单位 | 黑龙江 | 上海 | 江苏 | 安徽 | 湖北 |
|---|---|---|---|---|---|---|
| 从业人员 | 人 | 126 928 | 34 219 | 1 205 614 | 699 640 | 1 287 677 |
| 水产品全年产值 | 万元 | 491 018 | 548 060 | 7 362 308 | 2 591 413.74 | 4 715 398 |
| 年劳动生产率 | 元/（人·年） | 38 684.77 | 160 162.5 | 61 066.88 | 37 039.245 | 36 619.42 |
| 项 目 | 单位 | 湖南 | 广东 | 重庆 | 云南 | 陕西 |
| 从业人员 | 人 | 886 440 | 1 349 629 | 356 776 | 300 230 | 43 197 |
| 水产品全年产值 | 万元 | 1 885 300 | 6 795 167 | 268 088.3 | 315 287.22 | 75 340 |
| 年劳动生产率 | 元/（人·年） | 21 268.22 | 50 348.41 | 7 514.192 | 10 501.52 | 17 441.03 |

## 本 章 小 结

本章按种植业、畜牧业、渔业三大类，围绕现代农业产业技术体系各个功能研究室的设置分别提出一系列评价指标体系。在种植业技术经济分析领域，分育种、栽培、植保、机械化、加工、产业经济方面提出了 31 个评价指标；在畜牧业技术经济分析领域，分繁育、疾病控制、饲养、生产设施、加工、产业经济方面提出了 21 个评价指标；在渔业技术经济分析领域，分繁育、病害防控、养殖与工程设施、饲养、加工、产业经济方面提出了 23 个评价指标；运用案例介绍了一些指标的计算方法，并对一些指标的平均水平和先进水平进行了描述。以便对各产业技术体系任务的效益进行评价，对科技研发与推广的成效进行相对一致的考核。

## 复 习 思 考 题

1. 请根据《全国农产品成本收益资料汇编》，计算你省（市、自治区）某种农作物的化肥施用强度。

2. 请根据《全国植保专业统计资料》数据，计算你省（市、自治区）某种农作物的病害发生率。

3. 请查找有关数据资料，分别计算小麦和水稻的国内资源成本 DRC，并进行比较。

4. 计算你所在省（市、自治区）主要大宗农产品的规模优势指数。

5. 计算你所在省（市、自治区）牲畜（生猪、羊）的出栏率。

# 主要参考文献


白献晓，薛喜梅．农业技术创新主体的界定与特点分析．中国科技论坛，2003 第 4 卷（6）．

财政部国际司．2010. 国际金融组织贷款项目绩效评价操作指南．北京：经济科学出版社．

陈海燕、陆明．2003. 线性规划模型在农业生产结构调整中应用——以安徽凤阳县为例．技术经济（12）：40-42.

陈会英，周衍平．2002. 中国农业技术创新问题研究．农业经济问题（8）．

陈彤．1997. 关于农业技术经济学研究对象的思考．农业技术经济．（2）：25-26.

陈运平，2007. 试论技术进步对经济增长的作用．商业现代化（33）：190-191.

董雪艳，2002. 农业生产力系统发展的三大规律与农业投资．生产力研究（3）51-53.

杜栋，庞庆华，吴炎．2011. 现代综合评价方法与案例精选．第 2 版．北京：清华大学出版社．

杜彦坤．2004. 农业企业技术创新与管理．北京：经济科学出版社．

方天堃．2003. 畜牧业经济管理．北京：中国农业大学出版社．

傅家骥．1998. 技术创新学．北京：清华大学出版社．

高得三，杨瑞生．2008. 害虫防治学．北京：中国农业大学出版社．

高洁，2008. 农业机械化在社会主义现代农业建设中的地位和作用［J］．理论研究（2）：6-7.

高启杰．2003. 农业技术创新：理论·模式与制度．贵阳：贵州科技出版社．

高启杰．2003. 农业推广学．北京：中国农业大学出版社．

古利，宋军，1998. 论农业现代化进程中的技术进步．农业经济（10）：30-31.

顾海英．1997. 农业技术创新的界定．科学管理研究，15（5）．

顾焕章．1992. 农业技术经济学．北京：中国农业出版社．

顾焕章．2001. 农业技术经济学．第 2 版．北京：中国农业出版社．

国家发改委价格司．2007—2010. 全国农产品成本收益资料汇编．北京：中国统计出版社．

国家发展改革委、建设部．2006. 建设项目经济评价方法与参数．3 版．北京：中国计划出版社．

国家统计局．2010. 中国统计年鉴．

国家统计局农村社会经济调查司．2007. 中国农村统计年鉴．北京：中国统计出版社．

国家统计局综合司，第二次全国农业普查主要数据公报（第二号）．http：//www.stats.gov.cn/tjgb/nypcgb/qgnypcgb/t20080222_402463937.htm

郝蓬莱．2011. 鲁中地区山楂低产园改造综合增产技术．农业科技通讯．

何逢标．2010. 综合评价方法 MATLAB 实现．北京：中国社会科学出版社．

何忠伟．2003. 现代农业技术的经济分析．北京：中国农业出版社．

侯军岐．2007.11. 项目管理理论与农业项目管理．北京：经济科学出版社．

侯丽薇．2005. 中国农业结构调整的效应研究．中国农业大学博士学位论文．

黄宝中，唐婧鑫，李莲靖．2009. 我国科技进步对经济发展贡献测算方法研究．科技进步与对策（7）：148-151.

蒋和平，孙炜琳．2005. 关于农业技术经济学学科建设的几点思考．农业技术经济（1）：74-78.

康凯．2004. 技术创新扩散理论与模型．天津：天津大学出版社．

孔祥智，付景远．2010. 对重建农业技术经济学科体系的几点思考．农业技术经济（1）：118-122.

黎红梅．2010. 农户灌溉行为对水稻生产技术效率的影响研究——以湖北漳河灌区为例．北京：中国农业出版社．

李长风 . 2001. 经济计量学 . 上海：上海财经大学出版社 .
李道和 . 2007. 农产品比较优势实证指标体系分析 . 江西农业大学学报（社会科学版）(9) .
李洪连，徐敬友 . 2007. 农业植物病理学实验实习指导 . 北京：中国农业出版社 .
李思聪 . 论技术进步对经济增长的作用，华东船舶工业学院学报 . 1999 第 13 卷第 3 期：58-61.
李维生 . 2007. 构建我多元化农业技术推广体系研究 . 北京：中国农业科学技术出版社 .
李晓等 . 2000. 新型低毒杀虫剂防治花生地下害虫初步研究 . 江西农业学报，23 (5) .
李友华、姚君泽 . 1991. 农业技术经济学 . 哈尔滨：黑龙江科学技术出版社 .
林毅夫 . 2000. 再论制度、技术与中国农业发展 [M] . 北京：北京大学出版社 .
刘艳清 . 2000. 技术进步对经济增长的作用，辽宁教育学院学报 . 17 (2)：20-21.
刘助仁，2006. 美国农业生物技术应用蓬勃发展——兼论美国农业生物产业公共政策的运用 . 理论前沿 (6)：12-16.
柳毅 . 1989. 试论农业技术经济学科的理论体系 . 农业技术经济 (2)：22-24.
吕火明 . 2001. 农业技术经济学 . 成都：西南财经大学出版社 .
马成文 . 2000. 农业生产结果优化测度指标和方法研究 . 财贸研究 (2)：74-77
马红光 . 2007. 技术经济学 . 北京：科学出版社 .
马克思 . 2004. 资本论 · 第一卷，人民出版社：53.
孟令杰 . 2008. 农业技术经济学 . 第 3 版 . 北京：中国农业出版社 .
牛宝俊，2002. 农业技术经济学 . 广州：广东教育出版社 .
牛宝俊 . 2002. 农业技术经济学 . 广州：广东高等农业教育出版社 .
农业部渔业局 . 2010 中国渔业统计年鉴 . 北京：中国农业出版社 .
欧阳辉 . 1989. 农业技术经济学 . 上海：上海交通大学出版社 .
邵建成，2002. 论农业技术创新的涵义、特征、行为主体及其相互关系 . 中国农学通报，18 (2) .
史红亮、陈凯、闫波 . 2010. 11. 我国钢铁行业能源-资本-劳动的替代弹性分析——基于超越对数生产函数 . 工业技术经济 .
宋承先 . 2001. 现代西方经济学 . 上海：复旦大学出版社 .
宋文新 . 2003. 我国农业结构战略性调整研究 . 天津大学博士学位论文 .
宋晓舒，2010. 技术进步对经济增长作用的比较研究 . 生产力研究 (8)：23-25.
孙巍 . 2010. 效率与生产率的非参数分析—方法、软件与应用 . 北京：社会科学文献出版社 .
汤勇，等 . 2006. 中国蔬菜的比较优势与出口竞争力分析 [J] . 农业技术经济，4.
王克军，吴声怡 . 1998. 农业技术经济学 . 长春：吉林科学技术出版社 .
王洛芳 . 2009. 未来农业技术经济学的发展趋势 . 农业知识：科技与三农 (10)：59.
王新利 . 2007. 微观经济学 . 北京：中国农业出版社 .
王学渊 . 2009. 农业水资源生产配置效率研究 . 北京：经济科学出版社 .
王雅鹏 . 2002. 农业技术经济学 [M] . 北京：高等教育出版社 .
闻学良，2007. 试论科技进步在发展现代农业中的作用和地位，江苏农业科学 (6)：17-21.
无 . 1989. 关于农业技术经济学的研究对象，理论体系和方法论 . 农业技术经济 (4)：1-3.
吴方卫，孟令杰，熊诗平 . 2000. 中国农业的增长与效率 . 上海：上海财经大学出版社 .
吴声怡 . 1995. 论农业技术经济学的发展阶段及发展方向 . 农业技术经济 (5)：29-31.
肖焰恒，闫文圣 . 2002. 可续持农业技术创新理论研究 [M] . 济南：山东大学出版社 .
谢正勤 . 2002. 农业市场化与农业增长中的结构效应研究 . 南京农业大学硕士学位论文 .
徐志刚 . 2001. 比较优势与中国农业生产结构调整 . 南京农业大学博士学位论文 .
杨秋林 . 2007. 农业项目投资评估 . 第 4 版 . 北京：中国农业出版社
易丹辉 . 2002. 数据分析与 EViews 应用 . 北京：中国统计出版社 .
袁飞 . 1994. 关于农业技术经济学的几个理论问题 . 农业技术经济 (6)：12-16.
袁飞 . 1995. 农业技术经济学 . 北京：中国农业出版社 .

袁飞.1996.农业技术经济学.北京：中国农业出版社.
袁飞.1998.农业技术经济学.北京：中国农业出版社.
袁士畴.2010.对农业技术经济学的一点认识.农业技术经济（5）：127-128.
曾福生，李明贤.2001.技术进步与农业增长方式的转变.长沙：国防科技大学出版社.
展广伟.1991.农业技术经济学.武汉：武汉大学出版社.
展广伟.1988.农业技术经济学.修订版.北京：中国人民大学出版社.
张冬平.2001.中国农业结构变革与效率研究.浙江大学博士学位论文.
张冬平.2009.农业技术经济学.北京：中国农业大学出版社.
张世英，李忠民等.2002.经济计量学教程.天津：天津大学出版社.
赵绪福.1996.农业技术扩散速度的模型分析.湖北民族学院学报，14（2）.
中国政府网.农业技术推广体系建设发展状况.http：//www.gov.cn/test/2005-07/04/content _ 11974.htm
钟甫宁，朱晶.2000.结构调整在我国农业增长中的作用.中国农村经济（7）：4-7.
周留根.2005.农业生产力评价分析和优化系统研究.南京农业大学.
周曙东，等.2000.加入世贸组织对我国农业的影响及对策.农业经济问题（1）.
朱道华.2005.农业经济学.第4版.北京：中国农业出版社.
朱希刚，黄季焜.1994.农业技术进步测定的理论方法.北京：中国农业科技出版社.
朱希刚.1989.农业技术经济学在我国的形成.农业技术经济（2）：16-22.
Coelli，T. J. No. 7/96.：A Guide to FRONTIER Version 4.1：A Computer Program for Stochastic Frontier Production and Cost Function Estimation.
Timothy J. Coelli，D. S. Prasada Rao，Christopher J. O' Donnell，George E. Battese著.2009.效率与生产效率分析导论.第二版.刘大成，译.北京：清华大学出版社.
D. L. 得贝尔丁.1990.农业生产经济学.西安：天则出版社.
黑迪.O，狄龙.L.著.1991.农业生产函数.沈达尊，译.北京：中国农业出版社.

**图书在版编目（CIP）数据**

农业技术经济学 / 周曙东主编．—4 版．—北京：中国农业出版社，2012.8（2021.7 重印）
普通高等教育农业部“十二五”规划教材 全国高等农林院校“十二五”规划教材
ISBN 978-7-109-16853-4

Ⅰ.①农… Ⅱ.①周… Ⅲ.①农业技术经济学－高等学校－教材 Ⅳ.①F303.2

中国版本图书馆 CIP 数据核字（2012）第 168436 号

中国农业出版社出版
（北京市朝阳区农展馆北路 2 号）
（邮政编码 100125）
责任编辑 何晓燕
文字编辑 何晓燕

北京通州皇家印刷厂印刷 新华书店北京发行所发行
1992 年 10 月第 1 版 2012 年 8 月第 4 版
2021 年 7 月第 4 版北京第 4 次印刷

开本：787mm×1092mm 1/16 印张：19.5
字数：450 千字
定价：42.50 元